社会与情感能力

理论、政策与实践

Social and Emotional Competence

Theory, Policy and Practice

黄忠敬 等◎著

华东师范大学出版社

·上海·

图书在版编目(CIP)数据

社会与情感能力：理论、政策与实践/黄忠敬等著. —上海：华东师范大学出版社，2022
ISBN 978 - 7 - 5760 - 2859 - 1

Ⅰ.①社… Ⅱ.①黄… Ⅲ.①青少年-心理健康-健康教育 Ⅳ.①G444

中国版本图书馆 CIP 数据核字(2022)第 074451 号

社会与情感能力：理论、政策与实践

著　　者	黄忠敬　等
责任编辑	蒋　将
审读编辑	蒋　将　胡瑞颖
责任校对	刘伟敏　时东明
版式设计	宋学宏
封面设计	卢晓红

出版发行	华东师范大学出版社
社　　址	上海市中山北路 3663 号　邮编 200062
网　　址	www.ecnupress.com.cn
电　　话	021 - 60821666　行政传真 021 - 62572105
客服电话	021 - 62865537　门市(邮购)电话 021 - 62869887
地　　址	上海市中山北路 3663 号华东师范大学校内先锋路口
网　　店	http://hdsdcbs.tmall.com

印 刷 者	上海昌鑫龙印务有限公司
开　　本	787 毫米×1092 毫米　1/16
印　　张	25.5
字　　数	522 千字
版　　次	2022 年 11 月第 1 版
印　　次	2022 年 11 月第 1 次
书　　号	ISBN 978 - 7 - 5760 - 2859 - 1

定　　价	98.00 元
出 版 人	王　焰

(如发现本版图书有印订质量问题,请寄回本社客服中心调换或电话 021 - 62865537 联系)

目　录

导　论

　　20 世纪的教育研究发展史,可以说是围绕着智商与情商教育不断发展与相互交融的历史。如果说 20 世纪教育的重点在读、写、算等认知方面的"硬技能"的话,那么 21 世纪教育的重点越来越强调合作交往、批判性思维、毅力等非认知方面的"软技能"。

　　20 世纪初在教育科学化运动的推动下,开始注重社会控制和社会效率,十分强调定量研究,测量与统计学对教育影响越来越大,智力测验风起云涌,进而影响教育实践和教育政策。但是这种标准化的测量和测量表的大量使用,忽略了对学习性质的深入探索、教育的价值性以及对甄别学生价值和必要性的前提思考。[①] 在以往传统的人力资本模型分析框架下,"能力"一词往往被等同于认知能力,在反思传统智力测验弊端的基础之上,越来越多的研究发现非认知能力对于个人的社会经济地位以及生活幸福感的影响十分重要,随着新人力资本理论的提出,非认知能力与传统认知能力共同构成了个体能力的核心。人们发现在影响教育成就和劳动生产率的诸多因素当中,人际关系、内省技能、情绪管理等社会性能力具有不可或缺的重要作用。[②]

　　为此,研究者不断扩大智力的概念,在更加宽泛的意义上理解智力,或者说研究者越来越倾向于强调情商比智商更重要的理念,出现了一场情商教育的全球化思潮,尤其在进入 21 世纪以来,影响一个人成功或幸福的关键因素——社会与情感能力成为教育素养的核心之一。[③] 与此相伴随的,是越来越琳琅满目的相关概念,比如情绪智力(emotional intelligence)、品格教育(character education)、情商教育(EQ education)、社会学习(social learning)、社会与情

---

　　① 埃伦·拉格曼.一门捉摸不定的科学:困扰不断的教育研究的历史[M].花海燕,等译.北京:教育科学出版社,2006:92.

　　② Heckman, J. J., Stixrud, J., & Urzua, S. (2006). The effects of cognitive and noncognitive abilities on labor market outcomes and social behavior. Journal of Labor Economic, 24(3), 411-482.

　　③ 黄忠敬.21 世纪核心教育素养:社会与情感能力[N].文汇报,2018-07-06(07).

感教育(social and emotional education)、社会与情感学习(social and emotional learning)等。人们越来越认识到情商比智商更重要，情商更能预测人的成功和幸福，进而越来越在更宽泛的意义上理解智力的概念。情商不仅重要，而且是可教的。情商具有跨文化的共性，也具有独特性。情商具有稳定性，也具有情境性。每个人除了相对稳定的特质之外，还有一种自由特质。①

面对激烈的国际竞争，提高青少年的社会与情感能力已成为世界共识。社会与情感能力的概念自1994年被提出以来，在国际上已得到相当的重视。1995年，韩国在其教育政策中引入了品格教育课程。2009年修订的国家课程重点是创造力和品格教育，引入了"创造性体验学习活动"，并在中小学课程中加强创造力和品格教育。自2014年9月起，爱尔兰教育部门在低年级采用了一种新课程(小学周期框架)，包括六项"关键能力"：自我管理、生活幸福、沟通、富有创造力、与他人合作以及管理信息并思考，从而提高青少年的社会与情感能力。

2014年在经济合作与发展组织(Organisation for Economic Co-operation and Development，简称OECD)有关"社会进步技能"的大会上，11位教育部长和副部长在巴西圣保罗讨论"哪些技能影响人类幸福和社会进步"。会上他们达成一致意见：需要培养认知、社会与情感能力平衡的全面发展的儿童，以便他们能够更好地应对21世纪的挑战。2015年OECD发布一份题为《促进社会进步的技能：社会与情感能力的力量》(Skills for Social Progress：The Power of Social and Emotional Skills)的报告，报告指出："为更好地应对21世纪社会发展的巨大挑战，儿童和青少年需要一套平衡的认知能力和社会与情感能力才能在现代生活中取得成功。"②报告呈现了OECD对于社会与情感能力作用的全面分析，同时提出了提高这些能力的策略。它分析了社会与情感能力对于个体幸福与社会进步(涵盖了生活的各方面，包括教育、劳动力市场产出、健康、家庭生活、公民参与和生活满意度等)的影响，讨论了政策制定者、学校和家庭如何通过干预计划、教学与养育实践来促进社会与情感能力的培养。2017年OECD发布《社会与情感能力：幸福、关联与成功》(Social and Emotional Skills：Well-being，Connectedness and Success)报告，提出了对社会与情感能力进行全球评估的框架。

2017年，OECD又推出了一项新的项目，即青少年"社会与情感能力测评"(Survey for Social and Emotional Skills，简称SSES)项目，该项目与PISA是平行的大型跨国调查项目，着眼于促进青少年非认知领域的发展，旨在测评参与城市和国家的学龄儿童和年轻人的社会与情感能力发展以及如何通过教育提升这些能力。SSES项目与原先关注认知能力的国际学生评估(PISA)、国际早期学习和儿童幸福研究(IELS)、国际成人能力评估研究(PIAAC)等项目

---

① 布莱恩·利特尔. 突破天性[M]. 黄钰苹，译. 杭州：浙江人民出版社，2019.
② OECD. (2021). Skills for social progress：the power of social and emotional skills. http://dx. doi. org/10. 1787/9789264226159-en.

相比,填补了 OECD 能力测评项目的空白,并且引导全球教育未来发展与人才培养重点的转向。[①] SSES 项目不是简单的国际竞赛,而是旨在通过测评研究发现各国教育政策的有效性和盲点缺失,分析各国教育发展中存在的问题,并且展现各自的成就和优势,为世界各国提供可借鉴的他国经验。[②] 2019 年 OECD 发布《OECD 社会与情感能力研究评估框架》(Assessment framework of the OECD Study on Social and Emotional Skills),详细介绍了开展首轮国际学生测评的相关情况。

在 2017—2021 年间,OECD 组织了青少年社会与情感能力首轮国际测评,在 9 个国家 10 个城市开展[③],作为 OECD 唯一授权代表,华东师范大学积极推进此项目在中国的落地,与苏州教育局合作,参与了全球首轮测评,测评的国际报告于 2021 年 9 月全球发布,中国青少年社会与情感能力报告也同步向全球发布。

一、社会与情感能力:21 世纪核心竞争力

什么样的人更成功或更幸福? 影响人成功或幸福的因素是什么? 有人说是财富,有人说是名望,有人说是成就,不一而足。哈佛大学一项长达 79 年的对 700 多人的研究表明,好的社交能力与高质量的社会关系最为关键。二战期间,心理学家维克多·弗兰克(Frank, V. E.)从纳粹集中营中死里逃生,后来他研究是什么力量让少数人能在集中营存活,发现并非健康、智力、生存技巧,而是对生命的积极乐观性与坚持力。这些研究表明,人的成功或幸福,越来越受制于社会与情感能力的发展水平,这是面向 21 世纪的核心能力。从国内外学者对社会与情感能力的研究看,既有基于个体获得职业成功和生活幸福因素的视角,也有基于个人全面发展适应未来社会素质要求的视角,更微观的还有聚焦对学生学业成就影响的研究。

大量研究证明,社会与情感能力与学生的发展存在紧密联系。从长远发展来看,学生的社会与情感能力越高,未来获得较好职业和更高收入的可能性越大,且社会与情感能力高的人,其身心更健康,寿命也更长。[④] 2011 年,美国芝加哥伊利诺伊大学的学术、社会与情感学习联盟(Collaborative for Academic, Social and Emotional Learning,简称 CASEL)在其针对 213 项相关研究所做的荟萃分析中发现,参与社会与情感学习的学生比未参加的在学业表现上高

---

① 屈廖健,刘华聪. 能力测评转向:经合组织学生社会与情感能力调查项目研究[J]. 比较教育研究,2020,42(07):90—97.

② 高光,张民选. 经济合作与发展组织的三大国际教育测试研究[J]. 比较教育研究,2011,33(10):28—33.

③ OECD 社会与情感能力项目首轮国际测评的参与国家和城市为:美国的休斯顿(Houston)、俄罗斯的莫斯科(Moscow)、韩国的大邱(Daegu)、芬兰的赫尔辛基(Helsinki)、加拿大的渥太华(Ottawa)、土耳其的伊斯坦布尔(Istanbul)、葡萄牙的辛特拉(Sintra)、哥伦比亚的波哥大(Bogota)和马尼萨莱斯(Manizales)以及中国的苏州(Suzhou)。

④ Roberts, B. W., Kuncel, N. R. &Shiner, R. et al. (2007). The power of personality:The comparative validity of personality traits, socioeconomic status, and cognitive ability for predicting important life outcomes. Perspectives on Psychological Science,2(4),313-345.

出 11 个百分点；①2015 年,美国企业研究所和布鲁金斯学会也在其发布的报告中称,社会与情感能力对于所有学生在当前时代的经济生活中能否取得长期成功起到至关重要的作用。② 截至目前已有大量研究表明,社会与情感能力对于个体成就和人生幸福都具有重要意义,它既影响学生的社会和学业适应,也影响其心理健康状况和主观幸福感,是影响个人成功和幸福的关键因素。③

OECD 报告也指出,学生的社会与情感能力能够增加学生的亲社会行为,减少欺凌、攻击行为等问题。④ OECD 在其组织的跟踪研究中发现,良好的社会与情感能力往往与学生更好的学业表现、社交能力、心理健康水平、责任感和自信心表现出相关,同时这些学生也倾向于在未来获得更好的薪酬和生活幸福感。⑤

OECD 社会与情感能力课题组开展的一项研究发现,超过 20％ 的被调查对象最看重的社会与情感能力是责任感、自信、批评性思维、动机、持久力与创造力。家长最看重孩子的社会与情感能力是乐观(总是积极地看待生活)、创造力、动机和好奇心。家长认为与孩子幸福与健康相关度较高的社会与情感能力是自我效能、自我控制、乐观和持久力。研究发现,相较于社会经济背景、父母教育与家庭收入因素,社会与情感能力对学生的学业成绩产生更大的影响,好奇心对语文学习效果影响较大,持久力对数学学习效果影响较大,好奇心对科学学习效果影响较大,创造力对艺术学习效果至关重要。⑥ 在各种多样且多变的社会和经济体中,社会与情感能力的作用和影响越来越重要。无论对于个体还是整个社区和国家来说,都是如此。社会与情感能力发展好的孩子,有更好的学业成绩,在未来有更好的工作与更高的收入,更有可能活得更长,更低的辍学率,更低的实施暴力与犯罪等反社会行为的风险,等等。

社会与情感能力的重要性还体现在对认知能力的提升上。认知技能主要是指读、写、算等基本技能以及知识记忆、获取、反思推理和应用知识解决问题等方面的能力,社会与情感能

---

① Korpershoek, H. , Harms, T. , de Boer, H. , van Kuijk, M. , & Doolaard, S. (2016). A Meta-Analysis of the Effects of Classroom Management Strategies and Classroom Management Programs on Students' Academic, Behavioral, Emotional, and Motivational Outcomes. Review of Educational Research, 86(3), 643 - 680. https://doi. org/10. 3102/0034654315626799

② 参见网站 https://www. brookings. edu/wpcontent/uploads/2016/07/Full-Report. pdf.

③ 陈琴. 从个别干预到全民预防：美国"强健开端"课程及启示[J]. 学前教育研究,2016,(1)：57—65；黄忠敬. 社会与情感能力：影响成功与幸福的关键因素[J]. 全球教育展望,2020(6)：34—35.

④ OECD. (2015). Skills for social progress：the power of social and emotional skills. http://dx. doi. org/10. 1787/9789264226159-en.

⑤ OECD. (2015). OECD Survey on Social and Emotional Skills. Poropat, A. E. (2009). A Meta-analysis of the five-factor model of personality and academic performance. Psychological Bulletin, 135(2), 322 - 338.

⑥ OECD. (2017). Social and emotional skills：well-being, connectedness, and success. http://www. oecd. org/education/ceri/social-emotional-skills-study.

力是非认知方面的软技能,包括目标动机、自我控制、毅力、与他人合作和管理情绪等方面的能力。社会与情感能力对学业成就有显著预测作用。[①] 在社会与情感能力对学业成就影响的研究上,国外的研究表明,非认知能力对学业成就有显著的预测作用。[②][③] 国内有学者利用中国教育追踪调查的基线数据,发现非认知能力对学业成绩存在显著的正向影响。[④] 金迪斯和鲍尔斯的研究认为,由学校教育培养的能力,在劳动力市场得到认可的或给予回报的80%都是非认知能力,而认知能力如阅读和算术,却与之相关性很弱[⑤],并提出在决定教育和职业结果方面,非认知能力比认知能力更加重要。[⑥] 研究发现,认知技能与社会与情感能力之间是相互作用、相互影响的。例如,一个非常有纪律和持之以恒的孩子比一个数学水平相等但纪律和毅力较低的孩子更有可能提高他或她的数学技能。纪律和毅力使孩子更有可能勤奋地做家庭作业,从中获得更多的收获。PISA测评的数据也证明,学生的成就动机、学习意愿与投入的专注度等,在提升学生的认知能力和掌握学术科目方面发挥了重要作用。[⑦] 反过来,改变认知模式与思维方式会带来情感体验的变化,进而增加愉悦度和幸福感,积极心理学在这方面做了很多的探索,鼓励人们正向思考,积极思维。因此,认知技能与社会与情感能力紧密相连。

社会与情感能力影响个人收入和幸福感的获得。社会与情感能力作为人的能力的主要方面,对个人社会经济地位的获得具有不可替代的重要作用。[⑧] 越来越多的实证研究发现,社会与情感能力对个体在劳动力市场的表现和幸福感的获得有着重要作用,诺贝尔经济学奖得主赫克曼(Heckman, J.J.)以美国通识教育发展(General Educational Development)项目参与者为样本发现,非认知能力不仅影响教育决策,而且更主要地影响个体的社会表现和职业收入。[⑨] 有学者的研究发现,社会与情感能力对劳动者收入差异的解释作用独立于认知能力。[⑩]

① OECD. (2017). Social and emotional skills: well-being, connectedness, and success. www. oecd. org/education/ceri/social-emotional-skills-study.

② Heckman, J. J. , Stixrud, J. ,& Urzua, S. (2006). The effects of cognitive and noncognitive abilities on labor market outcomes and social behavior. Journal of Labor Economic, 24(3),411－482.

③ Borghans, Lex, Hubb M. , & Baster W. (2008). The role of noncognitive skills in explaining cognitive test scores. Economic Inquiry, 46(1), 2－12.

④ 李丽,赵文龙. 家庭背景、文化资本对认知能力和非认知能力的影响研究[J]. 东岳论丛,2017(4):142—150.

⑤ Gintis H. (1971). Education, technology and the characteristics of worker productivity. The American Economic Review, 61(2), 266－279.

⑥ Bowles,S. , Gintis H. , & Osborne M. (2001). The Determinants of earnings: a behavioral approach. Journal of Economic Literature, 39(4), 1137－1176.

⑦ OECD. (2015). Skills for social progress: the power of social and emotional skills. http://dx. doi. org/10. 1787/9789264226159-en.

⑧ 王子涵,王小军.包含认知能力的教育回报率估计——基于CHIP 2007年数据的实证研究[J]. 教育与经济,2016(1):39—43.

⑨ Heckman, J. J. , Stixrud, J. ,& Urzua, S. (2006). The effects of cognitive and noncognitive abilities on labor market outcomes and social behavior. Journal of Labor Economic, 24(3),411－482.

⑩ 黄国英,谢宇. 认知能力与非认知能力对青年劳动收入回报的影响[J]. 中国青年研究,2017(2):56—64.

与认知能力相比,社会与情感能力对劳动者收入的影响更大。[①] 社会与情感能力能够提高个体的幸福感,并且更有利于其获得健康和长寿的生活。如毅力、情绪稳定和社交能力,对取得积极的社会成果也很重要,这些能力使人们更好地将意念转化为行动,与家人、朋友和社区建立积极的关系,并避免采取不健康的生活方式和危险行为。

社会与情感能力的敏感期与认知技能的敏感期并不完全相同。虽然早期投资对所有技能都有益,但社会与情感能力比认知技能在生命的后期更具有可塑性。责任心、持久力、社交能力和情绪稳定是一个终身塑造的过程,也是一生成功或幸福的非常重要的驱动力。当然,社会与情感能力的作用发挥具有一定的情境性,也就是说,在某一种情境中的社会与情感能力在另一种情境中不一定都是积极的,也可能产生负面的影响。有些技能在一种文化中特别有效,在另一种文化中则不然。社会与情感能力不是固定不变的,而是发展性的,是情境性的,真正的情商高手具有对不同场合的适应力与应变力。

社会与情感能力是可教的,后天可习得的。技能能够产生技能,技能的习得就像滚雪球,总体趋势来看,会越来越大,越来越强,但有些技能也可能会减弱。一般来说,责任心、情绪稳定性、社会性与亲和力等随着年龄增长而提高,与此同时,创造力与外向性却随着年龄增长而下降。成年以后,社会与情感能力渐趋稳定。这就意味着,在儿童早期,社会与情感能力是波动性的,随着年龄的增长,波动性会降低,稳定性增强。社会与情感能力发展的关键时期是儿童与青少年时期,通过有效的教育干预与系统的学习,可以促进孩子的社会与情感能力发展,提升孩子的幸福感与成就动机,创造更美好的生活。中国有句俗语:台上一分钟,台下十年功。就是强调持久力的重要性,卓越往往是磨炼出来的。说明一个人的成功更多地取决于他的毅力,而不是其天生的禀赋。你可能不是一个聪明的人,但你可以努力成为一个坚毅的人。

"佩里学前教育项目"(Perry Preschool Program)就是干预成功的最好例证。此项目选取了智力发展水平处于85分以下的儿童,对他们进行社会与情感能力的教育干预,教他们如何与别人友好相处,每周开展家访活动,改善亲子关系。此项目进行了两年,并开展实验组与控制组之间的对比研究和持续的跟踪研究,直到这些研究对象到40岁。研究发现,教育干预对这些孩子的认知能力没有产生任何影响,但是极大地提升了他们的社会与情感能力,婚姻更加幸福,家庭关系更加和谐,健康状况更佳,生活质量更高,犯罪率更低。

无独有偶,美国伊利诺伊州制订了社会与情感能力教育标准,要求全州的幼儿园到高中的各个年级的课程必须执行这个标准。小学低年级学生要学会识别和准确表达自身情绪,并了解情绪如何引发行为。小学高年级开设同理心课程,要求儿童根据非言语线索识别他人的

---

① Yu F., Wang C., & Shen J. et al. (2017). Effect of cognitive abilities and non-cognitive abilities on labor wages: empirical evidence from the chinese employer-employee survey. China Economic Journal, 10(1), 76 - 89.

感受。初中阶段,学生应当学会分析哪些东西会造成压力,哪些东西能激发出最佳表现。高中的社会与情绪学习技能包括通过有效的倾听和交谈解决冲突,防止冲突升级,并协调出双赢的解决办法。[①] 例如,2003 年颁布的《儿童心理健康法案》(Children's Mental Health Act)规定,所有高中毕业生必须满足以下的三个学习标准:第一,培养自我意识和自我管理的能力,以实现学校与生活的成功;第二,使用社会意识与人际关系技能,以建立和维持积极的关系;第三,展现在个人、学校和社区中的决策能力与负责任的行为。[②] 过去 20 多年以来,在英国、澳大利亚等国家把社会与情感能力的培养作为一项国家战略推进,有效开展学校为本的改革实践,并提供充足的资金,以提升学生的幸福、心理健康和行为技能。2010 年,英国政府在该国各地推进社会与情感能力学习,大约有三分之二的小学和 15％ 的中学参与。2014 年,澳大利亚政府也资助了 2000 所小学开展社会与情感能力学习项目。[③]

最详细地研究社会与情感学习(social and emotional learning)对学术成功具有重要作用的成果是津斯等人(Zins, Weissberg, Wang & Walberg)共同主编的著作《社会与情感学习的学术成功:研究的启示》(*Building Academic Success on Social and Emotional Learning：What does the Research Say*),此书通过大量的实证研究,阐述了社会与情感学习与学术成功密不可分,社会与情感能力会影响学生的学术表现,对学校的成功作用巨大。基于学校为本的社会与情感项目的大量元分析也证明了,社会与情感能力在从幼儿园到高中阶段的学生成长中的显著价值,无论是在学校归属感、亲社会行为、学术测验成绩等,还是在减少破坏性行为、药物滥用、暴力和攻击性行为等方面,都是如此。[④] 在参与社会与情感学习项目的学校,50％ 的学生成绩得到提高,38％ 的学生平均学分绩点有所提高。学生不良行为平均减少 28％,终止学业的学生平均减少 44％,其他违纪行为平均减少 27％。与此同时,学生出勤率有所提高,63％ 的学生明显表现出更积极的行为。[⑤]

OECD 的研究显示,许多成功的干预计划具有共同的特点:第一,建立父母、教师和儿童之间温暖和支持性的依恋关系,并进行指导;第二,确保家庭、学校、工作场所和社区的学习环境质量的一致性;第三,以有序、积极、聚焦和明确的学习实践为基础对儿童和教师提供技能培

---

① 丹尼尔·戈尔曼. 情商:为什么情商比智商更重要[M]. 杨春晓译. 北京:中信出版社,2018:3.

② Cherniss, C. , Extein, M. , Goleman G. , Weissberg R. P. (2006). Emotional intelligence：what does the research really indicate? Educaional Psychologist,41(4),239-245.

③ Oberle E. et al. (2016). Establishing systemic social and emotional learning approaches in schools：a framework for schoolwide implementation. Cambridge Journal of Education,46(3),277-297.

④ Taylar R. D. , & Dymnicki A. B. (2007). Empirical evidence of social and emotional learning's influence on school success：a commentary on "Building Academic Success on Social and Emotional Learning：What Does the Research Say?," a book edited by Joseph E. Zins, Weissberg R. P. Margaret C. Wang, & Herbert J. W. Journal of Educational and Psychological Consultation,17(2&3):225-231,DOI:10.1080/10474410701346725.

⑤ 丹尼尔·戈尔曼. 情商:为什么情商比智商更重要[M]. 杨春晓,译. 北京:中信出版社,2018:3.

训；第四，在幼儿和青少年之间建立联结项目，并对以前的投入进行跟踪和补充。[①] PISA 的研究数据也表明，父母参与阅读、写作、讲故事和唱歌的孩子不仅在阅读素养方面得分更高，而且更有学习动机，学习习惯更好。良好和谐温暖的家庭教育能够营造一种积极健康的依恋关系，给孩子带来安全感。学校需要开设独立或整合的跨学科的社会与情感能力的课程，比如品德与生活、道德与法治等课程，也可开展相应的社团活动以及加强家校与社区的合作，比如通过服务性学习来提升学生的社会与情感能力。OECD 的研究表明，教师对学生的社会与情感能力的影响比对认知技能的影响更大，而且教师影响认知技能和社会与情感能力在很大程度上具有相对独立性。这就意味着，一些教师可能特别擅长塑造儿童的社会与情感能力，但不一定擅长塑造儿童的认知技能。这说明，教师教育中同样需要社会与情感能力的培训专题，塑造教师的积极思维，提升教师的幸福感，让教师情感与学生情感形成共振频道。社区是儿童成长的非常重要的场域，为孩子的校外学校与非正式学习提供了广泛的空间，通过服务性学习、文化活动和义工服务，鼓励学生关心社区、认同公民身份以及提升公民参与能力。

二、社会与情感能力：概念界定

21 世纪以来，社会与情感能力的重要性日益突出，在世界范围内普遍受到重视。社会与情感能力（social and emotional skills）是 OECD 近几年关注的核心能力，主要回答面对未来和不确定性社会到底培养什么样的人。相对于以前开展的国际学生评估测试（PISA）注重认知能力的评估，社会与情感能力测评（SSES）研究的是学生的非认知能力（non-cognitive skills）。

心理学的发展为社会与情感能力提供了理论基础，1990 年，美国耶鲁大学的萨洛维（Salovey，P.）和新罕布什尔大学的梅耶（Mayer，J. D.）首次提出了情绪智力（emotional intelligence）的概念，他们把情绪智力分为五个方面：了解自身情绪；管理情绪；自我激励；识别他人的情绪；处理人际关系。1995 年，情商研究专家美国哈佛大学心理学教授丹尼尔·戈尔曼（Daniel Goleman）出版了《情商：为什么情商比智商更重要》（*Emotional Intelligence：Why It Can Matter More Than IQ*）一书，对情商进行了系统阐述，认为它包括以下五个方面：认识自己情绪的能力；妥善管理自己情绪的能力；自我激励的能力；理解他人情绪的能力；人际关系的管理能力。[②]

美国的学术、社会与情感学习联盟（Collaborative for Academic，Social and Emotional Learning，简称 CASEL）于 1994 年较早开展社会与情感学习（Social and Emotional Learning，简

---

① OECD. (2015). Skills for social progress: the power of social and emotional skills. http://dx. doi. org/10. 1787/9789264226159-en.

② 丹尼尔·戈尔曼. 情商：为什么情商比智商更重要[M]. 杨春晓，译. 北京：中信出版社，2018：3；Goleman D. (2005). Emotional intelligence: Why it can matter more than IQ [M]. Bantam；10th Anniversary edition.

称 SEL)项目的研究与实践,美国的 CASEL 组织将社会与情感能力界定为:"个体在与社会的互动过程中,驾驭自己的情绪、与他人建立积极的关系、负责任的决策以解决社会生活中各种问题的能力"[1]。其内容包括:自我意识(self-awareness)、自我管理(self-management)、社会意识(social awareness)、关系技能(relationship skills)以及负责任的决策(responsible decision making)的能力。前两者是从个体角度来分析,后三者是从社会和人际角度来考察。"社会与情感能力"反映的是个体在社会与情感发展领域的各种人际间和个人内部的能力[2],是在日常生活的社交互动中驾驭挑战和灵活适应情境需求的能力。2020 年,CASEL 对 SEL 的概念进行了更新,意指儿童和成人理解和管理情感、设定和实现积极目标、感受和表达对他人的同情、建立和保持积极的关系以及做出负责任的决策的过程。[3] 在实践路径上,探索了独立的 SEL 课程、将 SEL 渗透到不同的学科以及创造支持性的学习环境与社区环境等。

社会与情感能力(social and emotional skills),也称为非认知能力、软能力,是与他人合作中以及情绪管理时所涉及的能力,在人生中发挥着重要的作用。OECD 把社会与情感能力界定为:"思维、情感和行为的一致模式,以及个人在一生中获得社会成果的重要驱动力,它包括实现主体目标、与他人合作和管理情绪所涉及的能力,可以通过正式和非正式的学习经历得到发展"[4],是个人的综合能力,具体表现为三个方面:(1)是个人想法、情感与行为的一贯表现;(2)通过正式和非正式学习经验获得发展;(3)是整个人一生中社会经济结果的重要驱动力。OECD 把社会与情感更看作能力而非品格特质,是可培养可塑造的。在此基础上OECD 开发了社会与情感能力测评框架,通过测评实践,回应了"社会与情感能力是否可测"的问题。

三、社会与情感能力:深化中国的素质教育

2010 年,我国颁布的纲领性文件《国家中长期教育改革和发展规划纲要(2010—2020 年)》明确把全面推行素质教育作为教育改革发展的战略主题,强调"坚持以人为本、全面实施素质教育是教育改革发展的战略主题,是贯彻党的教育方针的时代要求,其核心是解决好培养什么人、怎样培养人的重大问题,重点是面向全体学生、促进学生全面发展,着力提高学生服务

---

① Collaborative for Academic, Social, and Emotional Learning. (2017). The 2013 CASEL guide: Effective social and emotional learning programs — Preschool and elementary school edition. http://www. casel. org/preschool-and-elementary-edition-casel-guide/.

② Malti, T. (2011). Developing life skills in youth//Jacobs Foundation (Ed.). Jacobs Foundation guidelines on monitoring and evaluating life skills for youth development. Zurich: Jacobs Foundation, 8 - 23.

③ CASEL. (2021). SEL Framework. https://casel. org/sel-framework/.

④ OECD. (2015). Skills for social progress: The power of social and emotional skills. http://dx. doi. org/10. 1787/9789264226159-en.

国家服务人民的社会责任感、勇于探索的创新精神和善于解决问题的实践能力"。党的十八大报告提出，全面实施素质教育，着力提高教育质量，培养学生社会责任感、创新精神、实践能力。党的十九大报告进一步强调，要全面贯彻党的教育方针，落实立德树人根本任务，发展素质教育，推进教育公平，培养德智体美全面发展的社会主义建设者和接班人。从"实施素质教育"到"发展素质教育"、从创新精神与实践能力到促进学生"综合素质"的新要求，新一轮的教育改革更加强调面向 21 世纪培养能够适应终身学习和未来社会的人才。

进入新时代，人民群众对教育有着许多新期待。回应人民群众期待，必须努力发展素质教育。从实施素质教育，到发展素质教育，需要坚持立德树人，以人的发展为中心，办好人民满意的教育。2019 年教育部在《关于新时代推进普通高中育人方式改革的指导意见》中指出，要着眼于学生的全面发展、综合素质的提高，努力培养德智体美劳全面发展的社会主义建设者和接班人。2020 年，中共中央、国务院发布的《深化新时代教育评价改革总体方案》强调：坚持科学有效，改进结果评价，强化过程评价，探索增值评价，健全综合评价。要改革学生评价，促进学生德智体美劳全面发展，完善综合素质评价体系，切实引导学生坚定理想信念、厚植爱国主义情怀、加强品德修养、增长知识见识、培养奋斗精神、增强综合素质。这一系列政策和理念的转变是从培养目标、育人方式等方面对人的全面发展的落实。

在此背景下，我们更应高度关注社会与情感能力的培养，积极参与国际社会与情感能力测评，及时回应党的十八大以来对教育工作提出的"发展素质"、促进学生"综合素质"的要求，通过开展国际对话与国际比较研究，在国际坐标系中定位中国教育，从国际比较的视角审视自身的教育质量、公平性以及发展效率，建立和完善教育体系，推动教育改革与发展。让中国的教育走出去，扩大中国教育的国际影响力，为人类教育事业的发展探索"中国道路"，做出"中国贡献"。

从实现需要来看，针对我国目前教育中存在重"智育"轻"德育"、重"应试"轻"素养"、重"育分"轻"育人"、重"知识"轻"创新"等问题，通过社会与情感能力测评，进而开展具有针对性的教育干预，还能够有效预防和适当降低目前我国中小学出现的诸多教育问题，比如校园欺凌，暴力冲突，孩子杀害父母，学生杀害老师，学生自杀事件，心理疾病增加等等。2013 年，教育部与联合国儿童基金会就合作开展了"社会与情感学习"（Social and Emotional Learning）项目，并在我国中西部 11 省的 16 个县区的 500 多所学校试点。通过学校教育、家庭教育与社区教育的合作，共同推进青少年儿童"社会与情感学习"。让学生学会自尊与自我管理，具有社会意识和人际沟通的技能，能够理解他人情感，具有同理心，形成积极的人际关系，针对不同情境创造性地解决问题并做出负责任的决策，等等。

结合国家的重点战略主题，我们需要回答的关键问题是：培养什么人？怎样培养人？发展什么样的素质教育？如何发展素质教育？这不仅是世界共同探讨的前沿主题，也是中国面临的世纪问题。从世界教育发展趋势来看,全球都在探讨通过教育如何促进人的成功,如何通过教育促进人的健康与幸福,推动社会的进步。超越传统的知识授受的教育范式,关注学生终身学习能力与全面的核心素养,应对 21 世纪的诸多挑战,已经成为世界教育发展的重大课题。

第一部分

理 论

第一章　社会与情感能力：理论框架

目前得到广泛认可的"大五人格模型"(Big Five Model)已经积累了大量的实证研究基础，并形成了比较一致的体现人格特征的五因素结构，分别为亲和性、尽责性、稳定性、开放性、外向性，而且，这一结构在不同的文化背景下得到了广泛支持①。"大五人格模型"来自对人们用来描述自己和他人语言词汇的分析方法，即描述个人特征的形容词，如"害羞"、"雄心勃勃"、"勤奋"、"乐观"等，这种"词汇方法"背后的基本理念是"人们生活中最显著的与社会相关的个体差异最终会被编码到他们的语言中"，并且"对自然语言中所代表的个性词汇的分析体现了人的最重要的性格特征。"②

第一节　OECD 理论框架：大五人格

OECD 借鉴麻省理工学院心理学教授提出的"大五人格模型"，建构了社会与情感能力的测评框架，此框架主要分为五大维度：任务能力(尽责性)；情绪调节能力(稳定性)；协作能力(亲和性)；开放能力(开放性)；交往能力(外向性)。每个维度又确立了不同的测评指标，任务能力的指标包括自控力、责任感和毅力；情感调节能力的指标包括抗压力、乐观和情绪控制；协作能力的指标包括同理心(又译：共情)、合作与信任；开放能力的指标包括好奇心、创造力和包容度；交往能力的指标包括活力、果敢和乐群。③（见图 1-1）。

① John, O. Naumann, L., & Soto, C. (2008). Paradigm shift to the integrative Big-Five trait taxonomy: History, measurement, and conceptual issues//John, O., Robins, R., & Pervin, L. (eds.). Handbook of Personality: Theory and Research. Guilford Press, New York.

② John, O., Angleitner, A., & Ostendorg, F. (1998). The lexical approach to personality: A historical review of trait taxonomic research [J]. European Journal of Personality, 2, 171-203.

③ OECD. (2017). Social and emotional skills: Well-being, connectedness, andsuccess. https://www.cfchildren.org/wp-content/uploads/research/oecd-social-and-emotional-skills-well-being-connectedness-and success_compressed.pdf.

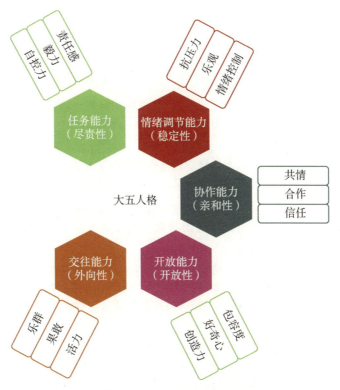

图 1-1 "大五人格模型"图[①]

外向性（乐群、果敢、活力）使用广泛，大家也许最为熟悉，典型的性格外向的人通常有活力，有积极的情绪和自信。亲和性（信任、直率、利他、顺从、谦虚和同情）其特点是体现在共情、合作和信任等方面。因此，这两种因素在与他人合作时都起着核心作用。尽责性（责任感、毅力和自控力）包括尽职尽责、努力实现和以目标为导向的行为，因此，在实现目标方面起着重要作用。稳定性（抗压力、乐观，具焦虑、易怒、抑郁等情绪控制）是指处理负面情绪体验和压力的能力，是管理情绪的核心。开放性也许是最难以捉摸的因素，因为它涉及广泛，如对艺术和美的敏感性，对多样性的需要和对知识的好奇心。

大五分类法是一种简洁而全面的方法，用以总结人格特征的个体差异（见表 1-1），它提供了一个综合性的以经验为基础的社会与情感维度的结构和框架[②]。此外，由大五人格组成的人格特征已被证明是可测量的，并可预测生活的结果，包括教育成就、幸福感、健康和工作

---

① 以 OECD 2022 年发布的框架图为准.

② John, O. , & De Fruyt F. (2015). Education and Social progress: Framework for the longitudinal study of social and emotional skills in cities. paris: OECD Publishings.

绩效[1]，大五人格的每一维度都代表了一组相关的思想、感觉和行为表现特征。

表 1-1 大五人格维度的划分[2]

维　度	倾向性表现特征
尽责性 Conscientiousness	一方面倾向于自我控制、有组织和认真计划的行为；另一方面，雄心勃勃，坚持不懈，为实现个人目标而努力。
外向性 Extraversion	寻求他人陪伴、建立和维持人际关系以及在他人面前感到舒适的倾向。性格外向的人在社交场合也更有可能表现出自信，并表现出领导能力，他们的特点是精力旺盛，对生活充满热情。
亲和性 Agreeableness	和蔼可亲的人往往更擅于合作，保持积极的关系，尽量减少人际冲突。他们更有可能表现出对他人福祉的关注，并对人们普遍持有积极的信念[3]。
稳定性 Emotional Stability	个体能够控制情绪反应和情绪的程度，以及情绪状态的质量。情绪高度稳定的人在紧张的情况下会表现出更强的韧性，不太可能经历愤怒、恼怒或情绪的突然变化，并且会倾向于对世界有更好的看法和对未来充满期望。
开放性 Openness	一方面是反映在他们的好奇心、想象力、创造力、对新奇和变化的偏好上；另一方面表现在人们对体验刺激的偏好程度，表现在对艺术的欣赏、审美体验、自我反思和自我探索等方面。

　　大多数关于社会与情感能力发展特征和长期影响的实证研究都是用大五人格分类指标进行的。美国国家科学院在 2012 年发布的题为《为了生活和工作的教育：在 21 世纪发展可迁移的知识和能力》(Education for Life and Work：Developing Transferable Knowledge and Skills in the 21st Century)的报告中指出："大五人格模式作为一种在人际间和个人领域表征胜任力的方法已被广泛接受"，报告还得出结论："大五人格因素提供了服务于研究的结构，21 世纪能力的各种术语可以映射到这大五结构上，以有助于确定每个主要因素中包含的具体能力和行为范围，作为发展 21 世纪能力的参考"[4]。

　　为了从经验上证明现有的社会与情感能力的结构框架与大五模型之间的联系，约翰

---

① Roberts, B. et al. (2007). The Power of personality：The comparative validity of personality traits, socioeconomic status and cognitive ability for predicting life outcomes. Perspectives on Psychological Science, 2(4), 313-345.

② Borkenau, P., & Ostendorf, F. (1990). Comparing exploratory and confirmatory factor analysis：A study on the 5-Factor model of personality. Personality and Individual Differences, 11, 515-524.

③ Soto, C., & John, O. (2017). The Next Big Five Inventory (BFI-2)：Developing and assessing a hierarchical model with 15 facets to enhance bandwidth, fidelity, and predictive power. Journal of Personality and Social Psychology, 113(1), 117-143.

④ National Academy of Sciences. Education for life and work：Developing transferable knowledge and skills in the 21st Century. National Academic Press, Washington, 2012.

(John，O. P.)等进行了一项在线研究,有 452 名志愿者参与,他们进行了自我报告,对个人社会与情感能力的表现与大五人格中的维度进行了对应①。(如表 1-2 所示)

表 1-2　大五人格的社会与情感阐释:以自我报告的 21 世纪能力为例

因素 1	因素 2	因素 3	因素 4	因素 5
协作能力	任务能力	情绪调节能力	交往能力	开放能力
(与大五人格的亲和性有关)	(与大五人格尽责性有关)	(与大五人格的稳定性有关)	(与大五人格的外向性有关)	(与大五人格的开放性有关)
同情、关怀、合作、善良	自律、专注、毅力、在学校的自控力、勇气	自信、自尊、果断、处理棘手问题	社会交往、团队合作、社会意识、公开演讲	好奇心、愿意尝试新想法、接受度
尊重他人、同理心、宽容、公平	组织、勤奋、精准	开朗、幸福、乐观	自信、领导力、勇气、魅力、直言不讳、表明立场、勇敢	创新、远见、洞察力、从错误和失败中学习、对创造新事物的兴奋
信任、宽恕、感激、欣赏他人	可信任的、可靠的、一致性、可信赖的	平静、平衡、稳定、沉着(在困难情况下保持镇定和沉稳)	热情、激情、灵感、勇气、自发性、俏皮、幽默	欣赏世界的美好、与自然和谐相处、灵性、敬畏、惊奇、崇敬
与他人和谐相处、相互交往、包容	目标导向、动机、职业道德、努力	同情、善待自己(当受苦、失败时,保持积极和理解的态度看待自己)	—	自我反省、自我意识、自觉、自我实现、真实性

表 1-2 中不同的领域和因素代表了普通语言描述的事后分组,而不是根据特定理论或概念框架预先定义的结构。每一组技能是相关态度、偏好、行为描述的类似特征的汇集,并未涵盖所有存在的能力概念,但可以为了解每个维度各项能力的特征提供参考,这些词汇的分类也为社会与情感能力测评量表的开发奠定了基础。这些自我报告的社会与情感定义的广泛领域与经过充分研究的大五人格模型有足够的相似性,这五个社会与情感能力因素的内容强调了它们在积极心理学中的独特起源,表 1-2 中总结的社会与情感特征为 OECD 提出新的、综合的和可操作的社会与情感能力定义提供了一个起点,该定义可以在社会支持系统中实施。

① John，O. P. & De Fruyt，F. (2015). Education and Social progress：Framework for the longitudinal study of social and emotional skills in cities. paris：OECD Publishing.

"大五人格模型"为社会与情感能力更加具体的结构框架研究提供了坚实基础，需要说明的是，"大五人格模型"对于人的社会与情感领域的表现特征更多的在五大维度比较宽泛的层面，而社会与情感能力的结构框架研究将更加具体，层次更加分明，同时也将一些难以划分进大五人格维度的其他能力包含在内，比如成就动机、自我效能感等。

第二节　社会与情感能力：操作性定义与行为指标

OECD对社会与情感能力结构的划分基于"大五人格"测量因素①（见表1-3）的研究，综合多项理论研究、实证研究和数千个人格特征描述分析的经验性总结，同时考虑到能力的可测量性、跨文化的可比性、一致性和普遍性，社会与情感能力对应大五人格因素的5个维度，分别是交往能力、协作能力、任务能力、情绪调节能力、开放能力，分别对应外向性、亲和性、尽责性、稳定性、开放性，再细化为具体能力指标（见表1-4）。社会与情感能力的各层次具体能力的操作性定义和行为指标见下文分析。

表1-3　"大五人格"测量因素

因素	低分	高分
外向性	孤独、不合群	喜欢参加集体活动
	安静	健谈
	被动	主动
	缄默	热情
亲和性	多疑	信任
	刻薄	宽容
	无情	心软
	易怒	好脾气
尽责性	马虎	认真
	懒惰	勤奋
	杂乱无章	井井有条
	不守时	守时
稳定性	自寻烦恼	冷静
	容易激动	平静
	害羞	自在
	感情用事	理性
开放性	刻板	富于想象
	创造性差	创造性强
	遵守习俗	标新立异
	缺乏好奇心	有好奇心

表1-4　社会与情感能力的结构框架

维度	具体能力
交往能力	乐群
	果敢
	活力
协作能力	共情
	信任
	合作
任务能力	自控力
	责任感
	毅力
情绪调节能力	抗压力
	乐观
	情绪控制
开放能力	好奇心
	包容度
	创造力

---

① 袁振国.什么对事业成功、生活幸福更具影响[N].光明日报，2019-07-23(13).

（一）交往能力

交往能力主要强调人际交往的重要性，是寻求与他人互动和建立关系的倾向[1]，表现为比较外向，交往能力的高低主要看一个人是否喜欢与他人沟通、友善待人，交往过程中是否具有决断能力，以及在交往活动中是否能保持活力。交往能力与任务绩效的完成度[2]、领导力发展水平的高低相关[3]。在具体能力层面，包括：乐群、果敢、活力，其操作性定义和典型行为指标见表1-5。

表1-5　交往能力具体能力的定义和行为指标

能力名称	操作性定义	典型行为指标	
		高能力水平	低能力水平
果敢	面对反对意见，有能力坚持自己的意志来完成目标，如在必要时发言、表明立场、与他人对峙；勇气。	主动负责	等待他人领导
乐群	能够接近他人，包括朋友和陌生人，建立和维持社交关系。	乐于结识新朋友	倾向于保持安静
活力	对生活充满激情和热情；以活力、兴奋和自发的主动状态对待日常生活。	充满能量与活力	相对活力不足

（二）协作能力

协作能力主要强调人与人之间合作沟通的方式，从行为上主要考察个人能否将心比心、站在他人的角度来看待问题，能否与他人建立信任关系、善待他人、和谐相处，能否对他人的福祉表现出积极的情感关注。[4] 在具体能力层面，包括共情、信任、合作，其操作性定义和典型行为指标见表1-6。

---

① Cheek, J., & Buss, A. (1981). Shyness and sociability. Journal of Personality and Social Psychology, 41(2), 330-339.

② Judge, T., Rodell, T. A., Klinger, R. L., Simon, L. S., Crawford, E. R., (2013). Hierarchical representations of the five-factor model of personality in predicting job performance: Integrating three organizing frameworks with two theoretical perspectives. Journal of Applied Psychology, 2013, 98(6), 875-925.

③ Langford, P. Fitness, J. (2003). Leadership, power and influence//O'DRISCOLL, MICHAEL; TAYLOR, PAUL AND KALLIATH, THOMAS. Organisational psychology in Australia and New Zealand. Melbourne: Oxford University Press, 279-301.

④ Soto, C., & John, O. (2017). The Next Big Five Inventory (BFI-2): Developing and assessing a hierarchical model with 15 facets to enhance bandwidth, fidelity, and predictive power. Journal of Personality and Social Psychology, 113(1): 117-143.

表1-6　协作能力具体能力的定义和行为指标

能力名称	操作性定义	典型行为指标	
		高能力水平	低能力水平
共情	出自对他人福祉的考量和移情，充满善意和关怀。	同情无家可归的人	可能是冷漠无情的
信任	相信其他人普遍都是怀有善意，对别人慷慨，关心别人的利益，乐于帮助别人。	借用东西给别人	拒绝原谅别人的错误
合作	与他人和谐相处，重视所有人之间的相互联系，不以自我为中心。	容易与他人相处	经常发生争吵

(三) 任务能力

任务能力体现尽责性，主要强调一个人是否有追求的任务目标并能高标准地努力去实现，能否自律、保持专注，能否做负责任的决定并有毅力坚持做成事情，包括一系列描述自我控制、对他人负责、勤奋、有序和遵守规则的倾向的能力结构[1]，任务能力的表现与不健康的行为习惯和负面后果呈现明显的负相关。[2] 现有实证研究表明，任务能力的责任感、毅力和自控力，与学生的学校表现呈正相关，认真负责的学生往往在学校表现更好。[3] 在 OECD 的结构框架中任务能力包括自控力、责任感、毅力，其操作性定义和典型行为指标见表1-7。

表1-7　任务能力具体能力的定义和行为指标

能力名称	操作性定义	典型行为指标	
		高能力水平	低能力水平
自控力	遵守规则，能够专注于当前任务上，避免分心，延迟满足，以实现个人目标。	避免错误	仓促行事
责任感	做好时间管理、守时和履行承诺是可靠、负责的关键。	可靠的、稳定的	可能不负责任的
毅力	对任务和活动持之以恒，难以分心。	完成任务	轻易放弃

① Roberts, B. Lejuez, C., Krueger, R. (2014). What is conscientiousness and how can it be assessed? Developmental Psychology, 2014,50:1407-1425.

② Bogg, T., & Roberts, B. (2004). Conscientiousness and health-related behaviors: A meta analysis of the leading behavioral contributors to mortality. Psychological Bulletin, 130:887-919.

③ OECD. (2015). Skills for social progress: The power of social and emotional skills. http://dx.doi.org/10.1787/9789264226159-en.

（四）情绪调节能力

情绪调节能力对应情绪稳定性，指向积极的情绪，主要强调个人是否能做好情绪管理，能否有效地调节焦虑和应对压力，同时对个人生活和社会事业发展抱有积极乐观的态度。情绪调节能力与身心健康、生活幸福感和满意度等密切相关。在 OECD 的结构框架中包括抗压力、情绪控制、乐观，其操作性定义和典型行为指标见表1-8。

表1-8　情绪调节能力具体能力的定义和行为指标

能力名称	操作性定义	典型行为指标	
		高能力水平	低能力水平
抗压力	能够处理焦虑和压力；不受过度担忧的困扰，能够冷静地解决问题。	大部分时间都很轻松	为事情担忧
情绪控制	能够通过有效的策略来调节脾气、愤怒和烦躁；在面对挫折时能够保持平静和镇定。	很少被激怒	感到生气、愤怒
乐观	对自己和生活报以积极的、乐观的期望；期待成功；有一种"可以做到"的心态。	容易对未来感到乐观	经常感到压抑

（五）开放能力

开放能力所对应的开放性，被认为是解释和理解个人在高度不确定性和变化环境中行为的关键人格变量之一[1]，开放性主要强调个人是否对认识和学习多样性、新奇性事物具有偏好，是否具有创新、创造性的心态和习惯，同时能对不同的观点和文化持有包容、开放的态度。在 OECD 框架中，开放能力包括好奇心、包容度、创造力，其操作性定义和典型行为指标见表1-9。

表1-9　开放能力具体能力的定义和行为指标

能力名称	操作性定义	典型行为指标	
		高能力水平	低能力水平
好奇心	对新事物、新的思想观点感兴趣，热爱学习、理解和智力探索。	喜欢学习新鲜事物	很少做"白日梦"

---

① Hough, L. (2003). Emerging trends and needs in personality research and practice: Beyond main effects// Barrick, M., & Ryan, A. (eds.). Personality and work: reconsidering the role of personality in organizations. Jossey-Bass, San Francisco.

（续表）

能力名称	操作性定义	典型行为指标	
		高能力水平	低能力水平
包容度	对不同观点持开放态度，重视多样性，重视审美体验，欣赏外国人民和文化。	有来自不同背景的朋友	不喜欢与自己生活习惯、习俗有很大差异的人交往
创造力	通过修补、从失败中学习、洞察力和远见，产生做事情或思考问题的新方法。	原创性和创造性	难以想象事物

（六）其他能力

在"大五人格模型"中，除了五维度及其组成子维度外，对模型中无法直接识别的其他人格特征也进行了大量研究，这些有时被称为其他人格特征。其他能力的重要性在于它们是预测重要结果的能力。[①] 在 OECD 的社会与情感能力框架中，其他能力包括成就动机、自我效能感，其操作性定义和典型行为指标见表 1-10。

表 1-10　其他能力具体能力的定义和行为指标

能力名称	操作性定义	典型行为指标	
		高能力水平	低能力水平
成就动机	为自己设定高标准，并努力达到这些标准，具体表现为强烈的"职业道德"、持续的努力和高生产力	努力工作	应付差事
自我效能感	对自己能否成功从事某一成就行为的主观判断；相信自己有能力调动满足特定情境需求所需的动机、认知资源和行动方案。	能够处理大多数问题	避免困难的情况

以上对社会与情感能力的维度划分及其对所包含具体能力操作性定义和典型行为指标的阐释，为理解社会与情感能力提供了较为立体、全面的框架体系。虽然可能还有一些反映社会与情感能力的行为特征没有被提及，但以上结构框架构成了全面理解社会与情感能力的核心维度与能力子集，包含了人在整个生命周期发展过程中很重要的能力，也是人适应当前和未来社会发展、获得成功和幸福的关键能力要素。OECD 的研究实践证明，这些能力都是可

---

① Chernyshenko, O., Kankaras, M., & Drasgow, F. (2018). Social and emotional skills for student success and well-being: Conceptual framework for the OECD study on social and emotional skills. OECD Education Working Papers, No. 173, paris: OECD Publishing. https://doi.org/10.1787/db1d8e59-en.

预测、可测量的,同时又都有很强的可塑性,应成为培养人的重要教育内容。

根据"大五人格"的五个维度,OECD确定了每个维度之下的3—4项社会与情感能力,共计17项技能,每项技能用大约10个题项进行描述,并用李克特五点量表分为五个等级,供调查对象进行选择(见表1-11)。通过对学生、家长和教师的调查,相互印证来测评学生的社会与情感能力发展水平以及哪些因素影响了社会与情感能力的发展。

表1-11　社会与情感能力学生测评框架与题项举例

维度	能力	题项举例
任务能力 (尽责性)	自控力	我对说给别人的话小心谨慎;我能控制自己的行动;我会三思而后行
	责任感	我有时表现得不负责任;我是可依赖的且总被他人依靠;我经常忘记自己的职责
	毅力	我坚持不懈直到任务完成;我做事半途而废;我容易放弃;我知难而退
情绪调节能力 (稳定性)	抗压力	我很放松且能很好地处理压力;我容易紧张;我会担心很多事情
	乐观	我经常感到难过;我相信好事总会发生在我身上;我对未来总是积极乐观的;我总能看到生活中好的一面
	情绪控制	我不容易沮丧;我能控制自己的情绪;我容易生气;我是一个情绪波动起伏的人
协作能力 (亲和性)	共情	我不关心别人发生了什么事情;我乐于助人且不自私;我的朋友过得好对我来说很重要
	合作	我经常与人吵架;我喜欢帮助别人;我和他人相处得很好
	信任	我怀疑别人的意图;我认为我的大多数同学都信守承诺;我相信我的朋友能够保守我的秘密
开放能力 (开放性)	好奇心	我对许多不同事情感到好奇;我有强烈的学习欲望;我喜欢问问题
	创造力	我能找到做事情的新方法;我是有创意的且能提出新想法;我几乎没有创造力
	包容度	我乐意与不同文化的人交朋友;我会问一些其他文化的问题;我在新的文化环境中感到舒服

（续表）

维度	能力	题项举例
交往能力 （外向性）	活力	我精力充沛；我很热情；我不如别人积极主动；我容易筋疲力尽
	果敢	我是一个领导者；我想处于主导地位；我知道如何说服别人做我想做的事
	乐群	我通常话多；我外向且善于交际；我有许多朋友
其他能力	成就动机	我有点懒惰；我总是努力改进；我总是想把事情做好
	自我效能感	我能成功地完成各种任务；我对自己的能力有信心；我缺乏自信

第二章　社会与情感能力：测评方法

越来越多的教育工作者开始重视青少年社会与情感能力的培养，但是一直以来，对于社会与情感能力的测评似乎很少达成共识。社会与情感能力可以测评吗？社会与情感能力如何测评？社会与情感能力如何在中国测评？社会与情感能力能否开展类似 PISA 的跨国比较是研究者比较关注的问题。目前国内学术界对于青少年社会与情感能力的测评仍处于探索与起步阶段，回答上述研究问题对于理解社会与情感能力的测评，促进青少年社会与情感能力的提升具有重要意义。与此同时，在测评工作中完善测评方法与评价方法，对于提升我国社会与情感能力的测评水平、加强国际测评合作等具有重要的战略意义。

第一节　为什么要开展社会与情感能力测评

一、测量学生的社会与情感能力是判断教育质量的一个重要方法

正如前文所说，社会与情感能力（Social and Emotional Skills），也称为非认知能力、软能力，是与他人合作中以及情绪管理时所涉及的能力，在人生的各个阶段中都发挥着重要作用。

大量研究证明，社会与情感能力和学生的发展有着紧密联系。从短期发展来看，对社会与情感能力和学生学业成就的关系研究，最具影响的是亚瑟·波洛帕特（Poropat，A. E.）开展的一个元分析研究，发现智力水平解释了 25％的学习成绩差异，而社会与情感能力尤其是任务表现能力解释了 22％的学习成绩差异，其作用几乎等同于智力。研究还发现，智力对学习成绩的影响在小学阶段最大，升到初高中其作用明显下降，而社会与情感能力对学习成绩的

影响并不随年级的升高而减小。[①] 从长远发展来看，学生的社会与情感能力越高，未来更大可能获得较好的职业和更高的收入，且社会与情感能力高的人，他们的身心更健康，寿命也更长[②]。社会与情感能力尤其是包容和协作能力影响学生的人际交往和社会适应，詹森·坎贝尔（Jensen-Campbell，L. A. ）等人的研究结果显示，学生的包容度和协作能力越低，他们经常报告更高的冲突水平，遇事也更多采用破坏性的冲突策略，且与同龄人和教师的关系也更差。[③] OECD 报告也指出，学生的社会与情感能力能够增加学生的亲社会行为，减少诸如欺凌、攻击等问题行为。[④] 接受了社会与情感能力学习项目的学生对学校、自我和他人的态度都会改善，从而增加积极的社会行为。[⑤]

目前，社会与情感能力和学生发展的关系研究成果被广泛接受，经合组织各国的教育系统都承认社会与情感能力是为学生的未来做准备必不可少的能力，而培养学生的社会与情感能力已成为每一个教育系统的重要目标，并用于监控国家和地区的教育质量状况。各国也越来越多地开设跨学科课程来培养社会与情感能力。[⑥]

二、社会与情感能力测评有助于提高教育质量判断的准确性

社会与情感能力显著影响学生的人生发展已经成为一个共识，许多国家为学生的社会与情感能力评估提供了指导方针，强调评估应倾向于以一种形成性的方式进行，以帮助教师和学生确定他们在社会与情感能力方面的优势和劣势。[⑦] 例如，加拿大安大略省已将对学生社会与情感能力的评估纳入期末评估，编入成绩单模板，将"学习能力和工作习惯"与各科分数分开评估。学生的学习能力和工作习惯主要分为六类：责任心、组织能力、独立工作能力、协作能力、主动性、自我调节能力。针对每类能力，教师按照"优秀""良好""令人满意"和"需要改进"四个等级对每位学生进行评估。爱尔兰则提倡将自我评价作为一种手段以增强学生对自己社会与情感能力的自我意识。在初中，自我评价与基于固定标准的同行评价相辅相成。比

① Poropat，A. E. （2009）. A meta-analysis of the Five Factor model of personality and academic performance. Psychological Bulletin, 135(2)，322 – 338.

② Roberts，B. W. et al. （2007）. The Power of personality：The comparative validity of personality traits, socioeconomic status, and cognitive ability for predicting important life outcomes. Perspectives on Psychological Science，2，313 – 345.

③ Jensen-Campbell，L. A. ，Gleason，K. A. ，Adams，R. ，& Malcolm，K. T. （2003）. Interpersonal conflict, agreeableness, and personality development. Journal of Personality，2003,71(6)，1059 – 1085.

④ OECD. （2015）. Skills for social progress：The power of social and emotional skills. http://dx. doi. org/10. 1787/9789264226159-en.

⑤ Durlak，J. A. ，Weissberg，R. P. ，Dymnicki，A. B. ，Taylor，R. D. ，& Schellinger，K. B. （2011）. The impact of enhancing students' social and emotional learning：A meta-analysis of school-based universal interventions. Child Development，82(1)，405 – 432.

⑥ OECD. （2015）. Skills for social progress：The power of social and emotional skills. http://dx. doi. org/10. 1787/9789264226159-en.

⑦ Ibid.

利时主要使用由体验教育中心(CEGO)开发的量表来评估小学生的行为,比如自发行为、对任何事情都持开放的态度以及自信。美国伊利诺伊州则为社会与情感学习的各个目标提供了详细的基准和表现描述,还帮助教师为学生的社会与情感能力设计课程和评估。

可见,各国在社会与情感能力的构成和测量方法等方面存在差异,目前尚缺乏一套标准化措施来评估学生的社会与情感能力。因此,在研究社会与情感能力与学生的学业成就、职业地位和收入等重要人生结果的关系时,必须考虑到社会与情感能力指标的构成和测量方法是否合理,这有助于增强社会与情感能力的国际比较性,提高教育质量判断的准确性。

第二节　社会与情感能力可以测评吗

社会与情感能力研究的一个重要目标是在教育中提高和发展学生的社会与情感能力,而识别和培养学生的社会与情感能力在很大程度上依赖于社会与情感能力的测量与评估。正如前文所说,OECD 社会与情感能力(SSES)研究借鉴"大五人格模型",建构社会与情感能力的测评框架。此框架包括 15 项社会与情感能力,分为五大维度:任务能力,情绪调节,协作能力,开放能力以及交往能力。

其实,对社会与情感能力的研究最早可追溯到对情绪的研究。例如,以色列著名的心理学家鲁文·巴昂(Reuven Bar-on)一直致力于情绪智力的界定、测量和应用研究,他为情绪智力的量化编制出了标准化的测量工具,并在 1997 年开发了世界上第一个测量情绪智力的标准化量表《巴昂情商量表》(Bar-On Emotional Quotient Inventory, 简称 EQ-i)[1]。《巴昂情商量表》经过严格检验,已被证明具有较高的信效度,被广泛应用于教育、商业、医学等领域的学习能力培养与人格形成和训练之中,在世界范围内受到广泛的认可和使用。[2] 一项针对 243 名大学生的研究发现巴昂情商量表不仅可以有效地比较大学生的情商[3],并且可以用于职业人员情绪智力等相关测量。此外,在情绪测量方面有情绪智力量表(Emotional Intelligence Scale, 简称 EIS),从情绪感知、情绪表达、理解和调控自身情绪能力、理解和调控他人情绪能力四个维度对情绪智力进行测量。[4] 在测量情绪调节过程的研究中,格罗斯(Gross, J. J.)编制的情

---

① 徐小燕,张进辅.巴昂的情绪智力模型及情商量表简介[J].心理科学,2002(03):332—335:374.

② 李超.大学生情商培养课程研究[D].辽宁师范大学,2017.

③ Dawda, D. , & Hart, S. D. (2000). Assessing emotional intelligence: Reliability and validity of the Bar-On Emotional Quotient Inventory (EQ-i) in university students. Personality and Individual Differences, 28(4), 797 - 812.

④ Ciarrochi, J. Chan, A. Y. C. , & Bajgar, J. (2001). Measuring emotional intelligence in adolescents. Personality and Individual Differences, 31(7), 1105 - 1119.

绪调节量表(Emotion Regulation Questionnaire，简称 ERQ)①已在多个国家和地区的不同群体中得到广泛使用，并且均表现出了良好的信效度。另外，还包括评估个体控制愤怒、焦虑和抑郁情绪程度的情绪控制量表(Courtauld Emotional Control Scale，简称 CECS)②，测量情绪稳定性指标的艾森克(Eysenck, H. J.)教授编制的情绪性量表，测量负面情绪调节的负面情绪调节量表(Negative Mood Regulation，简称 NMR)，测量情绪稳定性的情绪稳定量表(Emotional Stability Scale，简称 ESS)，以及测量情绪智力的多重情绪智力量表(Multiple Emotional Intelligence Scale，简称 MEIS)和测量孤独感的成人社会与情感孤独量表(Social and Emotional Loneliness Scale for Adults，SELSA)等。

再如，社会与情感能力中的开放能力包含创造力、包容度和好奇心三个层面，其中创造力的测评是指对创造力的测量与评估。20 世纪 90 年代，美国国家英才研究中心(National Research Center on the Gifted and Talented，简称 NRC)确定了 100 多种创造力测量技术，设计了各种各样的工具和程序来评估创造力，包含创造力测验法、创造力实验法、主观评定法和作品分析法等。其中，创造力测验法是创造力测量的最常见方法，按照一定的程序，利用标准化的题目、问卷或量表对个体的创造力进行测量，将测量结果与常模进行比较，从而确定个体创造力的发展水平。③ 测验法主要包括测量发散思维的南加利福尼亚大学测验(University of Southern California Testing，简称 USC Testing)，测量言语创造思维、图画创造思维以及声音和词的创造思维的托兰斯创造思维测验(Torrance Test of Creative Thinking，简称 TTCT)以及测量语词联想、用途测验、隐蔽图形等的芝加哥大学创造力测验(Chicago University Test of Creativity)。在所有创造力测验中，TTCT 预测创造力最为成功，托兰斯 40 年纵向研究表明 TTCT 得分是成人创造思维的良好预测指标。④ 研究发现创造力高的人更容易接受新体验，富有想象力和外向。⑤ 通过这些测评可以帮助教育工作者在教育环境中更好地使用调节策略来构建和管理他们的课堂，以提高学生的学习成果。

基于上述分析，社会与情感能力是可以客观测评的，而探索社会与情感能力的测评方法及其规律是有效评估学生社会与情感能力的基础条件，也有助于开展基于证据的教育干预，促进学生社会与情感能力的提高。

---

① Gross, J. J., & John, D. P. (2003). Individual differences in two emotion regulation processes: Implications for affect, relationships, and well-being. Journal of Personality and Social Psychology, 85(2), 348.

② Watson, M., & Greer, S. (1983). Development of a questionnaire measure of emotional control. Journal of Psychosomatic Research, 27(4), 299 – 305.

③ 张文新，谷传华.创造力发展心理学[M].合肥：安徽教育出版社,2004:22.

④ Brand, J. (2013). Encyclopedia of creativity, invention, innovation and entrepreneurship. New York: Springer, 473.

⑤ G J FEIST. A meta-analysis of personality in scientific and artistic creativity. Personality and Social Psychology Review, 1998,2(4):290 – 309.

第三节　社会与情感能力如何测评

不同于传统的自我报告法,当前社会与情感能力的测评更注重多元的测评方法和测评工具。研究者们不断推陈出新,从单一方法向三角互证方法转变,从量化分析向量化与质性相结合的方法转变,从标准化测评向个性化测评发展,并且提出更多高信效度的测评方法。

一、测评方法从单一方法到三角互证方法

在社会与情感能力的测评中,较为典型的自我报告法是呈现陈述性问题,要求被试在不同程度的李克特量表上选择最符合自己的选项。自我报告法测评社会与情感能力的关键在于根据测评框架编制具有较高质量的自陈式题目,而使用这一方法的大部分研究依托大五人格框架。[1] 然而,使用自我报告法测评社会与情感能力存在一定的局限性。首先,自我报告法对被试的年龄和认知能力有一定要求,如要求被试须在 10 岁以上,已经掌握了一定的词汇,并且能够进行可靠且有效的自我描述。[2] 其次,测试题目多为程度性的选择题,被试作答结果易受其认知程度的影响,被试间缺少可比性,从而造成测试信度的降低。另外,自我报告法容易受社会赞许的影响,被试往往将自我评价为社会期望的模样,而非自己的真实情况,从而产生回答的偏差。

针对单一使用自我报告法的缺陷,研究者提出在社会与情感能力的测评中,可增加观察者报告的方法:在收集自我报告的同时,针对同一问题,收集教师、父母和同伴等多方面的报告。多个观察者可以为推测青少年的能力提供独特的视角,更为全面、准确地推断出被试的社会与情感能力。[3] 在此基础上,通过收集父母、教师等观察者的报告解决测评低龄儿童社会与情感能力的问题。总体而言,将自我报告法与观察者报告法相结合的三角互证测评方法成为当前研究的标准方法。

在现实中,观察者报告也会受到评价者对受试者熟悉程度的影响。一方面,在对社会与情感能力这一难以标准化的建构进行测评时,观察者报告的信度会随着评价人和被评价人熟悉度的增加而提高。而另一方面,该测评方法也会因观察者的主观印象而形成错误判断。例如,父母对学生的评价会出现正偏向性,教师对学生社会与情感能力的判断会受到

---

① John, O. P. , Srivastava, S. (1999). The Big Five trait taxonomy: History, measurement, and theoretical perspectives. Handbook of Personality: Theory and Research, 1999,2:102 - 138.

② Soto, C. J. , John, O. P. , Gosling, S. D. et al. . (2011). Age differences in personality traits from 10 to 65: Big five domains and facts in a large cross-sectional sample. Journal of Personality and Social Psychology, 100(2), 330 - 348.

③ OECD. (2015). Skills for social progress: The power of social and emotional skills. http://dx. doi. org/10. 1787/9789264226159-en.

学生学业成就和学习行为的影响，同伴关系也会影响同伴报告，而陌生人更偏向对受试者给出较低的评价。因此，观察者报告需要结合自我报告，进行三角互证，从而提高测评的信度。

二、测评方法从量化测评到量化与质性相结合

无论自我报告法，还是观察者报告法，研究者逐渐发现只使用量表进行社会与情感能力的测评往往不能保证测评效度，因此，为了解决效度问题以及矫正自我报告法和观察者报告方法的局限性，研究者将量化与质性测评方法相结合，开发出其他潜在有效的方法，例如锚定情境法、行为观察法。

锚定情境法以真实生活情境为依据，给被试提供不同层次的、能够体现社会与情感能力的假设场景，[①]要求被试根据自己在情境中的真实反应，对既定的选项进行判断，或者对选项进行排序，据此推断其社会与情感能力。这一方法基于真实的生活情境测评，被试的回答容易受到本土文化、社会背景、种族或性别等影响。因此，研究者通常将锚定情境法和自我报告法相结合，对被试进行自我评估测验后再使用随机锚定题设计对其进行锚定情境评估，并且考虑被试的文化背景和性别等因素，从而提高数据质量，减少反应偏差，提高社会与情感能力的跨文化可比性。

行为观察法通过个人任务绩效来衡量。研究者通过在实验室环境中设计具体的行为任务来测评被试的社会与情感能力，如棉花糖测试。[②]研究者也会在被试不知情的自然状态下，对其进行非干扰性的测评，从而得出被试的真实能力。该测试通常利用追踪方法，根据具体的环境、物体或者现象判断测试对象的社会与情感能力。事实上，该测评方法也存在偏差：首先，在非自然状态下的实验室环境中，个体对测试付出的努力程度不同，会影响测试结果；而在自然状态下的非干扰性测评中，被试的评分会受到具体环境和其他干扰因素的影响，测试者很难建立一个标准化与客观的评分。其次，尽管行为评分量表可帮助观察到较为外显化的社会行为，如肢体攻击等，但有很多社会行为不能被精确观察，如共享、认同等。而且这些行为需要根据具体环境进行具体分析，这为评价者带来巨大挑战。其局限在于，该方法会花费大量人力物力，因而不适合大样本的测试。

---

① King, G., Murray, C. J. L., Salomon, J. A. et al. (2003). Enhancing the validity and cross-cultural comparability of measurement in survey research. American Political Science Review, 567 - 583.

② Humphrey, N., Kalambouka, A., & Wigelsworth, M. et al. (2011). Measures of social and emotional skills for children and young people: A systematic review. Educational and Psychological Measurement, 71(4), 617 - 637.

三、测评方法从标准化测评到个性化测评发展

受第四代评估理念的影响,社会与情感能力测评不再仅仅是对学生标准化的评估,更加关注"评价即发展"。研究者认为学生社会与情感能力评估过程也是对学生能力培养与发展的过程。因此,研究者将学生生成性测评法(Student Generated Assessments)应用到社会与情感能力的评估中。该方法要求学生以某种方式参与到评估过程中,例如,研究者要求被试提供评估作品,为其他学生编写测试题目或者使用评估标准对自己的作品进行反馈,参与修订评估标准等。学生除了提供相关的评估材料以供将来使用之外,该方式还能让学生参与其中,给予激励与支持,并且通过参与评估者精心设计的任务或者测试,实现社会与情感能力的学习与发展。[①] 此外,学生不仅是被评估的对象与评价的主体,而且以真实的问题情境为载体,同时还兼顾学生创造力、毅力、情绪调节以及社交互动等高级复杂的建构。

值得注意的是,当前高速发展的科学技术与信息化设备为社会与情感能力的个性化测评提供技术支持。越来越多的研究者关注具有高度真实性、情景化与趣味化的新测评形式,例如游戏化测评、模拟化测评与 VR/AR 测评等。这些新测评形式更加符合社会与情感能力的测评要求,因此,未来的研究应重点关注如何利用先进的信息技术手段和创新型的测评方式构建社会与情感能力的动态多维测评体系。

第四节　社会与情感能力测评的启示

OECD 社会与情感能力测评作为一项全球大规模跨国教育测评,在测评设计、测评框架和测评方法等方面具有鲜明的特点,对于研究社会与情感能力和学生的学业成就、职业地位以及收入等的关系具有重要的学术价值和实践价值。当前国内对社会与情感能力测评的研究还处于探索阶段,但总体而言,在测评的理论框架以及测评方法等方面还存在一些明显的不足。如何更有效地构建本土化的社会与情感能力测评方法是研究我国青少年社会与情感能力的内在要求,也是开展基于证据的社会与情感能力干预的重要依据。在此意义上,科学合理地测评我国青少年的社会与情感能力,须把握以下两个方面。

一、创设情境化的测评任务,开发多维度的测评工具

随着全球化进展的不断深入,世界各国纷纷提出面向 21 世纪的核心能力,强调要以学生为中心,让学生在真实情境中学习相关的知识和技能,并提高解决现实情境中实际问题的能

---

① Ramona Lundberg. (1997). Student-generated assessment. Science Teacher,50 - 53.

力，促进学生素养的提升。① OECD和兰德公司指出学生需要掌握广泛的技能为未来的生活做好准备，这些技能包括认知和元认知能力、社会与情感能力以及解决实际问题的能力等。② 2019年6月国务院在《关于深化教育教学改革全面提高义务教育质量的意见》中提出要重视情境教学，开展研究型、项目化、合作式学习。目前强调提倡教学与测评综合连续的取向，体现为与教学无缝结合的嵌入式测评，要求测试与教学紧密结合，甚至就是教学不可分割的一部分，实现对学习过程的实时监控，持续反馈。社会与情感能力的内涵丰富，它的测评不仅仅是传统意义上的某种观念、品格或者能力，更是学生在复杂现实问题中表现出来的正确观念、必备品格和关键能力的综合体，因此传统的问卷测评方式很难满足社会与情感能力测评的要求。社会与情感能力的测评要以真实的问题情境为载体，考察学生的创造力、毅力、情绪调节与社交互动等高级复杂的建构，助力学生核心素养和全面发展能力的提高。

二、利用智能化的信息技术，探索多元化的测评方法

随着信息化进程与计算机多媒体技术的发展，学习与教学模式正在发生革命性的改变。新型学习环境下的教育数据越来越多元化、复杂化，传统基于问卷调查的教育测评模式已不能满足当前教育评估的需求。新型学习环境下的教育过程数据包括但不限于教室录像、电脑录屏、录音、文本、图像、面部表情、动作姿态、眼动、红外脑成像等。如何分析多维度的教育大数据，测评学生的社会与情感能力、监测教育质量已成为教育测量研究中亟待解决的问题。③ 因此，教育研究者不仅仅要关注传统测验作答的结果，更需用人工智能、大数据等新技术关注过程性数据，形成一套科学的、多元化的社会与情感能力测评方法，提高测评的信效度，推动社会与情感能力测评质量的提升。

总之，在进行社会与情感能力测评时，需要选择合适的测评工具，有效地鉴别学生的发展水平，并且在测评中融合多种方法开展综合评价提高测评结果的信效度。此外，在测试结束时客观、公正地解释测评结果。

第五节　社会与情感能力测评指标本土化的探索

社会与情感能力作为非认知能力方面的软技能，是影响学生成功和幸福的关键因素。④

---

① 刘晟，魏锐，周平艳，师曼，王郢，刘坚，陈有义，刘霞. 21世纪核心素养教育的课程、教学与评价[J]. 华东师范大学学报(教育科学版)，2016，34(03):38—45,116.
② OECD. (2020). The Future of Education and Skills Education 2030. https://www.oecd.org/education/2030/E2030%20Position%20Paper%20(05.04.2018).pdf.
③ 杜盟，杨涛，辛涛. 基于计算机的PISA2015协作问题解决能力测试[J]. 中国考试，2018(10):61—64.
④ 黄忠敬. 社会与情感能力：影响成功与幸福的关键因素[J]. 全球教育展望，2020，49(06):102—112.

OECD社会与情感能力依托"大五人格模型"开展测评,然而,"大五人格"是基于西方文化特征为基础的概念和工具,反映的是西方人日常生活的内涵和经验,并不一定具有跨文化的一致性,当把"大五人格"用于测评中国学生的人格时,就不一定适合中国的本土文化,这样得到的结果只可能是数量或程度上的差异,无法体现人格结构的差异,更不可能发现任何实质性的跨文化差异。[1] 因此,系统地研究中国人的人格结构,既是理论发展的需要,也是建立中国人心理学理论体系的迫切需要。

目前国内使用的人格量表大致上可以分为两类:一类是直接修订国外成熟的量表,如艾森克人格理论(Eysenck's Personality Theory,简称EPQ)、卡特尔16PF人格特征量表(Cattell 16 Personality Factor Test,简称16PF)、明尼苏达多项人格问卷(Minnesota Multiphasic Personality Inventory,简称MMPI)等。在实际人格测量中虽然对个别题目的内容进行一定的修改,但这些量表都是在西方文化背景下建立的,因此它在中国的适用范围和价值存在明显的局限性。[2] 另一类是以中国人的特点为基础,以中国人的实际生活和典型特征为切入点编制的量表,能较好地反映中国人的特点,具有较高的理论价值和实用价值。目前比较有代表性的是中国人人格测量表(Chinese Personality Assessment Inventory,简称CPAI)[3],但其在编制中有部分项目取自修订后的西方量表,在一定程度上影响了量表的客观性,未能反映中国人的实际情况。

因此,建立中国人的人格量表需要建立在中国人的人格结构和日常生活基础上,才能反映中国人的人格结构。实际上中国古代的思想家在其理论中早已闪烁着人格心理学思想的光芒,如我国早期的历史文献《尚书》中就有关于人格类型的描述和划分,具体根据九德(即宽而栗、柔而立、愿而恭、乱而敬、扰而毅、直而温、简而廉、刚而塞、强而义)将人格类型分为九种:一类是宽宏大量且严肃谨慎;二类是性格温柔又能坚持主见;三类是行为谦虚且庄重自尊;四类是有才干且能谨慎认真;五类是柔顺虚心而又能刚毅果断;六类是正直不阿而又能态度温和;七类是大处着眼又能小处着手;八类是性格刚正而又不鲁莽从事;九类是坚强勇敢而又诚实善良。虽然与西方的大五人格类型有所差异,但有些维度却也存在许多相似之处,从文化角度来看,中国的人格九类型为开发中国本土化的社会与情感能力测评指标提供了思想资源。

当前中国学者也做了些本土化尝试,体现了不同的本土化视角。有学者从人格角度切入。黄希庭认为人的心理和行为毕竟不是纯自然的范畴,西方文化也不能代替东方文化。人格研究完全套用西方的价值观理论和测量工具行不通,无法解释一些现象,还应采用人文科

---

① 王登峰.解读中国人的人格[M].北京:社会科学文献出版社,2005:8.
② 王登峰.解读中国人的人格[M].北京:社会科学文献出版社,2005:40.
③ 张建新,周明洁.中国人人格结构探索——人格特质六因素假说[J].心理科学进展,2006(04):574—585.

学的方法。他在孔子倡导的君子人格基础上，并吸收西方人格理论的合理因素，提出了一个叫健全人格的理论。黄希庭认为，健全人格是个人最佳心理和行为的有机整合，最核心的是正确价值观。第二个层次是积极的自我，即主动处理好自我与社会、国家的关系，如自立、自信等。第三个层次是追求理想的优秀品质。这一理论已经被《中国大百科全书》（第三版）收录，是人格研究中国化的代表性理论。也有学者从核心素养切入，立足于中国文化和教育实际。林崇德等将核心素养定义为是适应终身发展和社会发展需要的必备品格和关键能力，凸显个人和社会双重教育价值。于2016年9月发布中国本土化的核心素养框架，强调中国学生发展核心素养以"全面发展的人"为核心，分为文化基础、自主发展、社会参与三个方面，每个方面又包括两大素养，依次为人文底蕴、科学精神、学会学习、健康生活、责任担当、实践创新等六大素养。可见，无论从人格的视角，还是从核心素养的视角，中国学者都做了诸多的本土化尝试，对立足于中国本土化的人格理论和学生核心素养框架、开发中国本土化的社会与情感能力测评框架及其具体指标体系具有启示意义。

尽管国内部分学者尝试使用国外已验证的测评工具，尤其是OECD依托"大五人格"框架编制的社会与情感能力测评工具，在中国文化背景下其信度也达到了测量学可接受的水平，但囿于中西方文化背景和教育制度的差异，其测评效果的有效性受到了各方的质疑。在社会与情感能力作为促进学生全面发展的背景下，测评已经成为制约我国社会与情感能力发展的关键因素，因此亟需构建中国本土化的测评指标。具体而言，测评指标应满足两条标准：一是选取的能力能对人的社会与经济生活产生影响，包括学习成绩、工作和收入、身心健康等；二是选取的能力具有可塑性，可以通过正式或非正式学习获得和提升这些能力。概言之，中国社会与情感能力测评指标的建构需要研究者共同努力，扎根中国大地，遵循科学性和可操作性原则，开展大量的实证研究，对社会与情感能力的指标进行多层次和动态化的监测和测量，形成科学的本土化测评体系，促进学生的全面发展。

第三章 社会与情感能力：首轮全球测评

OECD 开展的 PISA 等测评项目旨在评估青少年在接受教育后是否能够掌握社会所需的知识和技能，随着社会的发展，国际测评已不局限于对学生认知能力的评估，也开始关注学生的非认知能力，注重学生的全面发展。OECD 于 2018 年在其发布的《教育 2030：教育和技能的未来》(The Future of Education and Skills Education 2030)提出教育工作者的共同愿景是致力于帮助每个学习者全面发展，发挥自己的潜能，并帮助构建基于个人、社区和地球福祉的共同未来。[①]

2017 年，OECD 在全球启动了社会与情感能力国际比较研究，参与测评的城市包括美国的休斯顿(Houston)、俄罗斯的莫斯科(Moscow)、韩国的大邱(Daegu)、芬兰的赫尔辛基(Helsinki)、加拿大的渥太华(Ottawa)、土耳其的伊斯坦布尔(Istanbul)、葡萄牙的辛特拉(Sintra)、哥伦比亚的波哥大(Bogota)和马尼萨莱斯(Manizales)以及中国的苏州(Suzhou)，共有 9 个国家的 10 个城市参与了本次国际测评。

表 3-1 参与 SSES 测评的城市列表

序号	国家	城市	序号	国家	城市
1	哥伦比亚	波哥大	6	哥伦比亚	马尼萨莱斯
2	韩国	大邱	7	俄罗斯	莫斯科
3	芬兰	赫尔辛基	8	加拿大	渥太华
4	美国	休斯顿	9	葡萄牙	辛特拉
5	土耳其	伊斯坦布尔	10	中国	苏州

---

① OECD. (2020). The Future of Education and Skills Education 2030. https://www.oecd.org/education/2030/E2030％20Position％20Paper％20(05.04.2018).pdf.

此研究要回答的主要问题是：不同年级或年龄孩子的社会与情感能力发展水平有何不同；不同性别与家庭背景孩子的社会与情感能力的差异是什么；哪些社会与情感能力能够预测儿童的成功或幸福；什么样的家庭环境能够促进孩子的社会与情感能力发展（如教养方式和家庭可获得的学习资源）；什么样的学校环境能够促进学生的社会与情感能力发展（如课程内容、教学方法和学校资源）；什么样的社区环境能够促进孩子的社会与情感能力发展（如运动、文化资源与安全）。

2019 年 11 月在苏州正式实施 OECD SSES 测评，通过参与国际大规模测评中国学生在不同年龄阶段的社会与情感能力发展水平，探讨影响中国学生社会与情感能力发展的诸多因素，并开展基于证据的学校变革教育干预。[①] SSES 测评在样本选取、测评工具与方法的选择上充分考虑了儿童发展的特点、社会与情感能力的测评特性及本土文化等。

第一节　首轮全球测评内容

SSES 测评采用多种测评工具和方法分别对 10 岁年龄组和 15 岁年龄组两个年龄段学生的社会与情感能力进行测评，旨在调查参与国家和城市的不同年级、年龄、性别与家庭背景学生的社会与情感能力的差异。

在具体的测评中，SSES 项目对学生、父母、教师和校长展开问卷调查，采集学生的个人背景信息和自我报告信息，并且采集父母、教师和校长对学生的外部评价信息，通过三角互证综合考察学生的社会与情感能力。与此同时，SSES 测评也采集影响学生社会与情感能力发展的环境因素，包括学生的家庭环境（如教养方式和家庭可获得的学习资源），学校环境（如课程内容、教学方法和学校资源）以及社区环境（如运动、文化资源与安全）等。

总体而言，OECD 通过 SSES 测评不仅可以了解参与国家和城市的学生社会与情感能力，而且有助于了解家庭社会经济地位等因素对社会与情感能力的影响，并在测评基础上进一步开展国际比较研究以及实践干预，为参与国家和城市的决策提供咨询和参考。

第二节　首轮全球测评样本

SSES 测评在选择样本时综合考虑学生年龄段以及样本数量以保证样本数据具有较高的有效性。在样本选取方面，经过多次试测与评估，最终确定苏州市姑苏区、高新区和工业园区等十个区县全部学校都参与抽样，并且从学校与学生两个层面进行随机抽样以确保合理与可

---

① 黄忠敬. 社会与情感能力：影响成功与幸福的关键因素[J]. 全球教育展望,2020,49(06):102—112.

靠的数据。按照抽样计划,苏州市需要有 150 所中小学校参与首轮正式测评,其中,10 岁年龄组参与测评的学校有 75 所,15 岁年龄组参与测评的学校有 75 所,10 岁组与 15 岁组参与测评的学生样本数量分别为 3000 名(见表 3-2)。

表 3-2 测评对象和样本分布

测评对象	测评样本
样本大小-学生	10 岁年龄组和 15 岁年龄组的有效样本分别为 3000 人
样本大小-家长	10 岁年龄组和 15 岁年龄组的有效样本分别为 3000 人
样本大小-校长	每个参与正式测评的学校 1 名
样本大小-教师	根据抽样学生人数决定,每 1 名教师对应不超过 15 名学生

2019 年 11 月开展了正式测评,OECD 青少年社会与情感能力研究的抽样是从参与城市的所有符合条件的学校和学生中系统地进行,具体到苏州市为其所辖的 10 个区县的所有中小学,采用的抽样方法为两阶段分层的整群抽样(stratified two stage cluster sampling)。第一步是学校抽样,从 387 所有 10 岁学生的小学和一贯制学校中实际抽取了 76 所学校,从 88 所高中和职校中抽取了 75 所学校。第二步是学生抽样,根据入样学校提供的师生关联表,从每个入样学校的适龄学生中随机抽取 50 名学生。

在最终样本 7 268 名学生中,10 岁组学生为 3 647 名(占 50.2%),15 岁组学生为 3 621 名(占 49.8%);男生为 3 838 名(占 52.8%),女生为 3 417 名(占 47%),另有 13 名性别不详(占 0.2%);就读于中心城区学校的学生为 3 447 名(占 47.4%),就读于县镇学校的学生为 2 459 名(占 33.8%),就读于农村学校的学生为 1 362 名(占 18.7%)。此外,在 15 岁组学生中,就读于普通高中和职业高中的分别有 2 811 名(占 77.6%)和 810 名(占 22.4%)。在开展学生调查的同时,另有 7 136 名家长、3 732 名教师和 151 名校长分别参与填写了家长问卷、教师问卷和校长问卷。

第三节 首轮全球测评工具

SSES 正式测评中,OECD 为苏州测评提供 7 份在线测评问卷调查,包括学生问卷、父母问卷、教师问卷和校长问卷,问卷的具体情况如下:

学生问卷调查。参与测评的 10 岁组和 15 岁组学生的具体年龄分别为 10 岁 3 个月至 11 岁 2 个月和 15 岁 3 个月至 16 岁 2 个月。学生问卷调查包括两份,一份针对 10 岁年龄组,另一份针对 15 岁年龄组。学生问卷回答时间是 60 分钟。学生问卷包含 67 个问题(15 岁组有

69 个问题），包括身高、体重、家庭藏书量、家庭设备、生活满意度、心理健康等问题。（具体参见附录一）

教师问卷调查。教师问卷包含 43 个问题，分为两个部分，第一部分由两个年龄组的教师完成，包括辅测锚定法问题和教师问卷调查，每位参与测评的教师都要完成这一部分，第二部分包括 10 岁年龄组和 15 岁年龄组两个版本。具体而言，教师被要求为每个"他/她最了解"的学生完成这一部分。（具体参见附录二）

家长问卷调查。10 岁年龄组和 15 岁组年龄组的父母问卷调查是相同的，包含 53 个问题，涉及学生、家庭背景、学前教育详情、与其他群体的关系、父母的受教育程度、父母的健康状况，以及对学生社会与情感能力的看法等问题。（具体参见附录三）

校长问卷调查。校长问卷包括 32 个问题，校长被问及与他们自己作为学校校长有关的问题，以及学校设施、资源和教师队伍等问题。（具体参见附录四）

第四节　首轮全球测评分析方法

社会与情感能力是一项综合性指标，在 OECD 的测评框架中，包含责任感、毅力、自控力、抗压力、乐观、情绪控制、共情、合作、信任、包容度、好奇心、创造力、乐群、果敢和活力 15 项子能力。2018 年 OECD 在全球 11 个国家和地区开展的社会与情感能力试测阶段中，主要根据项目反应理论，采用分部记分模型（Partial Credit IRT Model）获得估计参数[①]，运用加权似然估计（Weighted Likelihood Estimation，简称 WLE）算法得到基于正态分布的各个能力原始值，然后结合因子分析法对学生的社会与情感能力分数合成。[②] 因此，在本次社会与情感能力正式测评中，对所收集的指标进行合成，使用简单相加法、加权算术平均法、因子分析法、项目反应理论分析法等（见表 3 - 3）。

表 3 - 3　测评方法

测评分析方法	测评分析方法内容
加权算术平均法	• 将问题选项所代表的社会与情感能力水平由低到高排列赋值，并且将被试者的作答选项求和，计算一项总分； • 在简单加法求和的基础上，以样本群体在各选项的分布比例为权重，将作答选项乘权重后求和。

---

① OECD. (2015). Skills for social progress: The power of social and emotional skills. http://dx. doi. org/10. 1787/9789264226159-en.

② King, G., Murray, C. J. L., Salomon, J. A., et al. (2003). Enhancing the validity and cross-cultural comparability of measurement in survey research. American Political Science Review, 567 - 583.

（续表）

测评分析方法	测评分析方法内容
因子分析法	• 使用少数几个因子描述多项指标或因素间关系,即将相关比较密切的几个变量归为同一类,每一类变量即为一个因子; • 确定主因子的个数,计算被试在各因子上的得分。若主因子的个数多于一个,需要对主因子进行二次综合,以主因子负荷为权重,乘以各因子分,加和后除以第一个主因子的特征值,即获得每个被试社会与情感能力的综合得分; • 根据综合得分判断其社会与情感能力在总人群中的相对位置。
项目反应理论分析法	• 又称潜在特质理论,是一种基于模型的测评; • 被试在测验项目的反应和分数与他们的潜在特质存在特殊关系; • 假设项目参数不受样本群体的影响,通过等值技术将不同样本群体放在同一测评尺度进行位置标定; • 对不同样本群体的社会与情感能力比较分析; • 通过多种方式对项目的质量进行分析,包括项目特征曲线、项目信息曲线、测试信息曲线等。

第五节　首轮全球测评实施阶段

此项目的推进分为三个阶段,2017 年是工具研发阶段(item trial),2018 年是现场彩排试测阶段(field test),2019 年是正式测评阶段(main study),2020 年是数据分析与撰写报告阶段,2021 年向世界公布测评的结果。

华东师范大学于 2018 年 4 月正式加入此项目,作为 OECD 社会与情感能力测评项目的唯一中方代表,华东师范大学与苏州市教育局合作积极推进社会与情感能力测评项目在中国的实施。为了保证本项目顺利开展,华东师范大学组建了一个跨学科、跨专业、跨部门的科研团队,涉及教育学、心理学、信息技术、统计学等多门学科,开展协同联合攻关研究。

2018 年 7—8 月课题组开展了各类指导手册的翻译、测评工具的本土化工作,并召开了两次专家咨询会,对翻译的工具进行论证修订。2018 年 9—10 月,开展了对测试主任和学校协调员的培训工作。2018 年 11 月,华东师范大学测评团队在苏州市教育局的配合下,对苏州全市的 10 个区县的 30 所中小学校的 1500 名学生进行了现场试测,同时对 1500 名学生家长和 858 名教师以及 30 名校长进行了问卷调查。2018 年底到 2019 年上半年进行跟踪调查以及数据整理与分类工作,并撰写了现场测试调研报告。2018 年 12 月召开了实地测评总结会议,对测评抽样情况、参与率、实测过程中的经验与问题进行了交流反馈。两所学校分享了测评经验。同月,课题组成员分为几个小组,对实地测评学校进行了回访,对校长、教师、学生和家长开展了集体访谈，了解问卷与测评的感受，出现的问题以及建议等。2019 年 11 月，开展了正式测评。2020 年进行了数据整理与分析，并撰写了中国青少年社会与情感能力发展报告，2021 年 9 月向全球发布了报告结果，引起了国内外的广泛关注。[①]

第六节　首轮全球测评的研究发现与启示

一、社会与情感能力的个体差异

（一）数据告诉我们什么

• 平均而言，在所有参与调查的 10 个城市中，社会经济条件优越的学生比社会经济条件差的同龄人报告了更高的社会与情感能力。

• 平均而言，男孩的情绪调节能力更强，更善于社交，更有活力，而女孩则更负责任，更有同理心，更愿意合作。

• 15 岁的孩子，无论性别和社会经济背景如何，其社会与情感能力平均低于 10 岁的孩子。在大多数能力方面，随着学生年龄的增长，女生的能力下降幅度要大于男生。

• 在芬兰赫尔辛基、美国休斯顿、加拿大渥太华和葡萄牙辛特拉等地有移民背景的 15 岁青少年，比本国出生的同龄人更宽容。

（二）这对于政策与实践意味着什么

在幼儿早期乃至整个生命周期中，人的认知能力和社会与情感能力都是相互关联的。然而，学生的社会与情感能力发展并没有呈现出稳步上升的趋势，从童年到青春期的转变伴随着社会与情感能力的暂时下降和波动。一个意料之中但仍然引人注目的结果是，所有 15 岁的学生，不管他们的性别和社会经济背景如何，报告的平均社会与情感能力都低于 10 岁组学生。家长和教师的问卷评分证实，随着学生年龄的增长，他们的社会与情感能力会下降。在这些关键时期，儿童经历了相当大的生理、心理和社会变化，并过渡到成年，观察到社会与情感能力的巨大和消极变化并不罕见。研究结果与纵向数据一致，纵向数据显示，亲和性、责任感和开放性往往从童年后期到青春期早期下降，然后从青春期后期到成年早期迅速上升。情绪稳

---

① 主要报告有：袁振国、黄忠敬、李婧娟、张静. 中国青少年社会与情感能力发展水平报告[J]. 华东师范大学学报（教育科学版），2021（9）：1 - 32. 张静，等. 中国青少年社会与情感能力测评之技术报告. 华东师范大学学报（教育科学版），2021（9）：109 - 121. 高星原，等. 任务能力：中国青少年社会与情感能力测评分报告之一，华东师范大学学报（教育科学版），2021（9）：33 - 46. 刘志等. 情绪调节：中国青少年社会与情感能力测评分报告之二，华东师范大学学报（教育科学版），2021（9）：47 - 61. 唐一鹏，等. 协作能力：中国青少年社会与情感能力测评分报告之三，华东师范大学学报（教育科学版），2021（9）：62 - 76. 邵志芳，等. 开放能力：中国青少年社会与情感能力测评分报告之四，华东师范大学学报（教育科学版），2021（9）：77 - 92. 黄忠敬，等. 交往能力：中国青少年社会与情感能力测评分报告之五，华东师范大学学报（教育科学版），2021（9）：93 - 108.

定性似乎也在青春期下降，随后在生活中恢复。

SSES调查结果提出了一个问题，即家长、学校和教育系统在多大程度上为这些转变提供了准备支持。为什么随着学生年龄的增长，大多数这些能力的下降在女孩中比男孩中更为明显？为什么一些能力，比如包容和自信得到了提高，而另一些能力，比如乐观、信任和活力却下降了？一方面，一些教师和学校可能只是更有效地支持这些能力的发展，而不是在课堂上延续性别刻板印象。包容和果敢是15岁孩子中唯一比10岁孩子高的两项能力，这可能与课堂教学中高度意识到公民和公民权利的重要性有关。多样性的环境也可能起到一定作用，在芬兰赫尔辛基、美国休斯顿、加拿大渥太华和葡萄牙辛特拉的15岁移民比本国出生的同龄人更加包容。另一方面，在校时间的延长和接触更严格的学习环境可能会抑制学生建立和实践自我调节能力（如情绪控制和毅力），危及师生关系。

另一个重要的发现是，社会经济背景和性别不同，学生的社会与情感能力也不同。SSES数据显示，女孩报告了更高水平的任务能力，如责任感和成就动机。她们还报告了在一个相互联系的世界中重要的能力，如共情、合作和包容。相比之下，男孩表现出更高的情绪调节能力，如抗压力、乐观和情绪控制能力，以及自信和活力等重要的社会能力。在所有参与调查的城市中，在各项能力方面，社会经济条件优越的学生比社会经济条件差的同龄人报告了更高的社会与情感能力。这种社会经济差异可能是由于社会经济地位较高的父母将社会与情感能力的重要性传授给他们的孩子，以便在生活中取得成功。具有较高社会经济地位的父母可能也会在孩子的社会与情感能力上投入更多。但是，生活不太好的学生可能有更多的挑战要克服，更少的机会和更少的支持来发展这些能力。不同社会经济地位的孩子所处的环境，如养育方式、父母陪伴孩子的时间的长短和质量、家庭结构等，都会有所不同。这些方面是父母的社会经济地位影响孩子的社会与情感能力的潜在途径。然而，社会经济地位对学生社会与情感能力的影响也可能受到学生学校所在社区的影响。可能的情况是，社会经济地位较高的学生比他们弱势的同龄人有更好的机会通过课外活动发展社会与情感能力。

这里需要提醒的是，这些发现都是在一般意义上说的。当然，也有例外情况。然而，社会与情感能力与年龄、性别和社会经济地位之间的关系在各个城市中非常相似。学生的社会与情感能力在校际差别不大，更大的差异是校内的，很可能是同一个班级。部分原因可能是学生们将他们周边的学习环境作为评估他们能力的参考点。例如，好学校的学生通常比普通学校能力相似的学生的学习自我概念更低，这意味着小池塘里的大鱼对一个人的学习自我概念有好处。从干预和儿童发展的角度来看，需要为学生提供即时学习环境或支架（也称为最近发展区）来发展他们的能力。但是，学校往往没有一个系统的方法来培养学生的社会与情感能力。

一种可能的解释是，课堂实践影响学生的社会与情感能力，但在一所学校的教师之间，甚至在同一班级的不同学科的教师之间，它们有显著差异。经合组织教学与学习国际研究(TALIS)的结果证实，教师的教育实践(如小组工作)和教学信念在校际的差异很小，而主要是在学校内部的差异。在每一所学校里，学生的平均社会与情感能力似乎与在全体学生中观察到的平均能力非常相似。对这一发现的一种可能的解释是，社会与情感能力的发展没有像阅读和数学等认知能力的发展那样系统地纳入学校课程。因此，学生社会与情感能力的发展更具随机性，可能在各个学校中呈平均水平。换句话说，能够促进或阻碍这些能力发展的因素可能在更大程度上依赖于特定的教师或选择性活动，而不是学校之间的共同框架。这也反映了为什么来自社会经济背景优越的学生拥有更好的条件。他们的家庭通常有更多的选择送他们的孩子参加课外活动。他们也可能更愿意支持学校的活动，其中包含有社会与情感能力的教学方法。然而，社会与情感能力的发展不应依赖于经济资源或运气。所有学生都应有权接受高质量的教育，使这些能力的发展成为可能。

二、学业成就、教育期望与职业抱负

(一) 数据告诉我们什么

• 学生的社会与情感能力是学校成绩的重要预测因素，包括学生的背景、年龄组别和城市。

• 对 10 岁和 15 岁的孩子来说，好奇心和毅力是与学校成绩密切相关的社会与情感能力。

• 在社会经济背景相似的学生中，完成高等教育的教育期望的差异与社会与情感能力的差异有关。

• 在所有城市中，对继续教育抱有很高期望的 15 岁青少年与那些没有期望的 15 岁青少年之间的主要区别在于他们的好奇心。

• 与 10 岁孩子相比，15 岁孩子的职业期望似乎更符合就业市场机会。在赫尔辛基(芬兰)、休斯顿(美国)、伊斯坦布尔(土耳其)、莫斯科(俄罗斯)和苏州(中国)的 10 岁组青少年中，期望成为艺术家或运动员的只有 15 岁组的一半。

• 平均而言，报告说希望成为卫生专业人员的学生也表现出更多好奇和合作精神，而希望在武装部队、警察部队或安全部门工作的学生则表现出更有活力。

(二) 这对于政策与实践意味着什么

SSES 数据显示，学生的社会与情感能力是学校成绩的重要预测因素，跨越年龄组、学科和城市。特别的是，对于 10 岁和 15 岁的学生来说，好奇心和毅力是与阅读、数学和艺术学习成绩最密切相关的社会与情感能力。这些发现不仅强调了在追求预定目标(即使面对困难)

时精力投入的重要性,而且强调了培养对各种主题的好奇心的重要性。外部力量,如父母或教师的期望可以强化毅力。然而,外部驱动力可能会随着时间的推移而消失或改变,但好奇心是一个强大的内在动力。那些对各种各样的话题感兴趣、喜欢学习新事物的学生更有能力面对困难,也更有可能实现他们的目标。

研究结果还显示,15 岁学生中抗压力和乐群强的学生学习成绩往往较低。但对于 10 岁的孩子来说,情况并非如此。年龄较小的学生通常受到父母和教师的严格监督,他们的朋友群很可能从童年早期就一直没有改变。年轻的学生可能有一个要求较低的学校环境,周围的成年人帮助他们控制和引导他们的能量和愿望,以不损害他们在学校表现的社交方式。然而,15 岁的孩子通常在他们的学习过程和个人生活上有更多的自主权。义务教育结束后的学校作业可能要求更高。学生们的同伴关系使得高中的学业成绩变得更加困难。与小学教育相比,高中往往更加复杂,可能涉及来自更多样化背景的学生,要求学生重新评估优先事项,并建立新的社会关系。没有一个支持性的家庭和学校学习环境,学生可能会在管理他们的社会互动中挣扎,这可能对他们的学校学习有害。然而,在创造有利于学生发展的学习环境时,应谨慎行事。在家庭作业方面,父母的控制和干预更强,孩子的自控力和责任感更低。学会自主学习是学业成就的一个重要方面。父母教养方式、亲子沟通,与更高的学业成就有关。

另一个有趣的发现是,在考虑了社会经济地位、性别、认知能力测试得分以及其他社会与情感能力后,在 9 个有数据的城市中,有 7 个城市的 15 岁学生的数学成绩与信任呈正相关。那些认为自己可以依靠同伴的支持和信任的学生更容易被信任。数学与一个人对能力的自我认知和对错误的接受能力有关。当学生犯错时,从朋友、老师和家人那里得到的同样的反应是消极的或不一致的(例如,劝阻或不可原谅的反应),他们可能会在别人面前更容易犯错(并从他们身上学到东西)。反过来又会引起人们对自己能力的不安全感。因此,对学习过程中的错误给予安慰和理解的家庭和学校环境可以帮助学生建立信任,并在需要时向他人寻求帮助。这似乎有助于提高数学成绩。

社会与情感能力与学校成绩之间的关联强度相对较弱,这在学生的背景、年龄组别和城市中具有一致性。尽管学生的社会与情感能力因社会经济地位和性别而不同,但是 SSES 数据显示,即使控制了性别、社会经济地位和认知分数,社会与情感能力仍然与学业成就相关。重要的是既不能高估也不能低估这些发现的实际意义。(1)SSES 的范围足够广,能够涵盖广泛的成果,而不仅仅是学业成就。针对特定学科内容可能会显示出更强的相关性。例如,即使在考虑了学生和学校的社会经济状况后,PISA 2018 中的阅读自我效能指数(reading self-efficacy index)仍与阅读成绩有很强的相关性。(2)在预测诸如学业成就等多重决定的结果时,可以预料到小的影响。(3)随着时间的推移,小的影响可能会对结果产生重大影响。行为通过其结果如滚雪球般累积而得到强化和维持。

同样重要的是要考虑到，虽然学生知道他们的学校成绩，但并非所有在学校成绩相同的学生对能力的看法都是相同的。性别成见也发挥了作用。在 2018 年国际学生评估项目 (PISA) 中，和女孩相比，男孩表示他们觉得 PISA 阅读测试更容易。尽管在考虑了学生的社会经济背景后，男孩的阅读分数比女孩低 25 分。

研究结果表明，社会经济地位、性别和认知能力相同的学生，拥有更好的社会与情感能力的学生，更有可能取得更好的成绩。对高等教育的期望也是如此。在所有城市中，对继续教育抱有很高期望的学生与那些没有这种期望的学生之间的主要区别在于他们的好奇心水平。这可能反映了一个事实，即一般来说，具有高好奇心和热爱学习的学生往往对学习有积极的倾向，特别是对正规高等教育机构；这些学生将大学等高等院校视为满足和激发他们求知欲的空间。然而，令人担忧的是，在一些城市，在考虑了学生的好奇心和其他能力后，自认为最有创造力的 15 岁学生可能不太期望完成高等教育；对于这些学生来说，长期的正规教育生涯可能显得太过传统。这表明，培养支持学业表现的有效维度，而不仅仅是支持行为倾向，如坚持和自我控制，具有为学生终身学习做好准备的重要性。

SSES 还考察了学生如何塑造他们的职业期望，以及这些期望与特定的社会与情感能力之间的关系。SSES 调查结果显示，15 岁组的职业期望似乎比 10 岁组的职业期望更符合就业市场。可能是因为，年纪较大的学生对就业机会有更全面的看法，但也因为他们对自己的认知、社会与情感能力以及兴趣都在变化。此外，社会与情感能力与职业期望之间的关系在 15 岁的青少年中要强于 10 岁的青少年。这可能表明这两个因素存在相互依赖，学生可能发展工作偏好适应自己的社会与情感能力，同时也提高他们的能力，以满足他们个人的工作抱负的要求。SSES 数据提供了证据，表明特定的社会与情感能力模式往往与从事特定职业的愿望有关。例如，在大多数城市，报告说希望成为卫生专业人员的学生往往更有好奇心和合作精神，而报告说希望在武装部队、警察或安全部门工作的学生往往表现得更有活力，好奇心更少。这表明，在学校发展某些社会与情感能力可能是有益的，因为学生将对自己的优势和兴趣有更清晰的认识。这可能改善向他们希望参与的行业发出的信号，并减少与行业水平的软能力的不匹配。教育的前瞻性策略不能忽略对未来经济和社会所需的社会与情感能力的分析。

三、学生的心理幸福感

(一) 数据告诉我们什么

- 除去社会经济地位和性别因素，学生的社会与情感能力与学生的心理健康密切相关。
- 乐观与较高水平的生活满意度和当前的心理健康，以及较低水平的考试焦虑有关。抗压力也与较低的考试焦虑有关。这些结果在各个城市都是一致的。

- 从童年到青春期,生活满意度和当前的心理幸福感下降,而考试焦虑上升,尤其是女孩。这些结果在各个城市都是一致的。

- 与社会经济条件差的学生相比,社会经济条件好的学生一般有更高的生活满意度和当前的心理健康水平。

- 学生对学校竞争环境的感知,以及家长和老师对他们的高期望,与10岁儿童当前较高的心理健康水平和10—15岁儿童较高的考试焦虑水平有关。

(二) 这对于政策与实践意味着什么

促进学校幸福已成为教育政策的重要优先事项。一个成功的学生不仅在学业上表现出色,而且享受学习和心理健康。SSES 通过深入了解社会与情感能力如何与学生的幸福感相关,以及如何成为保护因素,为这一教育政策优先事项做出了贡献。

在考虑社会经济地位和性别因素后,学生的社会能力和情感能力与学生的心理健康密切相关。尤其是在抗压力、乐观和情绪控制方面。乐观与城市中较高的生活满意度和当前的心理健康密切相关。抗压力和乐观与较低水平的考试焦虑密切相关。那些自我评估为更具抗压力、乐观和更能控制情绪的学生,心理健康水平更高。此外,那些表现出较高抗压力水平的学生也报告了较低的考试焦虑。这可能是因为,对于那些具有较高抗压力的人来说,避免或调节考试焦虑的认知和情感成分会更容易一些。抗压力较低的人需要付出更大的努力,将考试焦虑的认知和情绪因素调节到同样的程度。暂且不谈乐观的影响是否总是好的、悲观的影响是否总是不好的,乐观不仅仅是(有时)不切实际的期望的功能,而是使用应对策略来应对压力的情况。通过认识到学生的个体差异,并提供满足学生不同需求的学习机会,学校可以找到最合适每个人的应对策略。

如果学校的要求和父母与教育工作者的期望对于男孩和女孩、社会经济背景是否弱势的学生都是一样的,那么为什么来自弱势社会经济背景的学生和女孩似乎经历了更多的困难。SSES 数据显示,15 岁,尤其是女孩的生活满意度较低,心理健康水平较低,考试焦虑程度高于10 岁。这些发现与前文中讨论的社会与情感能力下降相一致,家长和教育工作者也证实了这一点。纵向研究还表明,当儿童,尤其是女孩,进入青春期时,他们的社会与情感能力(暂时)下降。学校是促进学生心理健康的重要资源,特别是那些最弱势的学生,否则,他们将仅得到有限支持或没有支持。学校可以帮助学生认识、理解和调节他们的心理健康。由于学生在学校花了很多时间,教师有更多机会很好地识别早期行为变化和心理困扰的迹象。因此,为教师提供关于学生心理健康和如何最好地支持学生的培训是非常宝贵的。

SSES 的数据显示,学生对竞争性学校氛围和父母或老师的高期望的感知与10 岁儿童当前较高的心理健康水平以及 10 岁和 15 岁儿童较高的考试焦虑水平有关。某种程度的考试焦虑是正常的，有助于保持注意力集中。太放松可能是无聊或对学习不够投入的标志。过多的焦虑会导致情绪和身体上的痛苦，而担忧会损害考试成绩。PISA 的结果显示，决定学生焦虑程度的不是考试的频率，而是他们感觉到的教师支持的缺乏。考试焦虑还可能与缺乏准备、以前考试表现不佳以及害怕失败有关。对于高风险的考试来说更是如此。

在竞争激烈的学习环境和他人的高期望下，当没有足够的社会与情感支持或学习策略来应对考试焦虑时，学生可能会感到不知所措，没有准备好面对挑战。这可能导致学生只在他们认为自己会做得好的任务上竞争，而不是在他们最感兴趣和好奇的任务上竞争，从而限制了他们犯错误、学习和成长的潜力。这一点在当今时代尤为重要，因为年轻人越来越意识到别人对他们、对别人、对自己的要求都越来越高。如前文关于信任和数学表现所讨论的那样，在家庭和学校的学习环境中，对犯错采取非评判和支持性的态度，将帮助学生在犯错时感觉不那么脆弱。最好的情况是，他们甚至可以从中学习。年轻人也可能对自己的能力产生不安全感，更严重的是，成年后会出现焦虑症。

在预防心理疾病和促进心理健康方面，学校通常注重教授学生有效的学习习惯，如时间管理和工作计划，有效的应对策略和放松技巧。更频繁的测试，从简单的目标开始，逐渐增加难度，可以培养学生的能力和控制感。此外，教师的支持，如适应课堂需求和知识水平，为有困难的学生提供个别帮助，对学生的能力显示信心，可能有助于减少学生的考试焦虑。教师可以通过向学生解释定期评估他们的知识和技能的基本原理来减轻恐惧，这些知识和技能对于确定学生仍然需要学习的内容和他们可以提高的学习方法是有用的。定期的测试和反馈可以给学生一种能动性和他们可以影响自己学习的感觉。定期接受评估的学生可以受益于无威胁的评估环境、持续观察的文化、明确的个人和集体目标、支持性教师以及教师和学生之间相互反馈的机会。

四、好奇心和创造力

（一）数据告诉我们什么

• 认为自己富有创造力的 15 岁学生也倾向于描述自己渴望学习新事物和坚持不懈。

• 15 岁的孩子的创造力和好奇心水平明显低于 10 岁的孩子，这表明随着孩子进入青春期，创造力会下降。家长和教师的问卷打分证实，随着学生年龄的增长，他们的创造力和好奇心会下降。

• 在 10 岁和 15 岁的孩子中，女孩的平均创造力水平的差异要大于男孩。这表明，许多青春期男孩认为自己很有创造力，即使他们的创造力水平（由父母和老师评估）与同龄人相似。

- 社会经济地位具有优势的学生在创造力和好奇心方面更具优势。
- 参加课外艺术活动的学生创造力水平更高，尤其是 15 岁的学生。
- 15 岁的孩子如何描述他们的社会与情感优势与他们的职业期望密切相关。认为自己更有创造力的学生更有可能期望从事具有创造性的职业（如演员、记者、广告专业人员）。

（二）这对于政策与实践意味着什么

这些研究结果描述了学生的创造力和求知欲是如何与他们更广泛的社会与情感能力、性别、年龄、社会经济地位、学校经历和职业选择相关的。通过在四大洲的 10 个城市探索这些联系，SSES 研究突出了大量超越文化界限的共性，帮助政策制定者和教育工作者了解创造性自我概念和学生学习倾向的个体差异如何与社会规范和教育实践相互作用。

创造力与其他社会与情感能力的联系表明，自认为富有创造力的学生往往也表现出较高的求知欲和毅力，这两项能力可能在创造性成就中发挥或大或小的重要作用。比如帮助个人使用他们的专业知识来创造一些既新奇又有用的东西。与此同时，创造性自我概念强的学生在自我控制和情绪调节能力方面是一个相对多元化的学生群体，这两方面分别与学业成就和幸福感的关联最强。这意味着，尽管具有强烈创造性自我概念的学生有某些共性，但他们的需求和偏好的多样性不应被低估。相反，在各种形式（例如，作为个人和团体活动的一部分，在竞争和合作形式）中提供实践和学习，增加发挥个人的创造性潜力的机会可能是有益的。

15 岁组学生的创造力和好奇心低于 10 岁组。通过对家长和教育工作者的打分进一步证实，随着学生年龄的增长，他们的创造力和好奇心会下降。因此，这些能力的变化可能是由于反应方式偏差或学生自我形象的变化造成的。这需要从多个维度来做出多种回答，有几种可能的解释。

这些发现可能在一定程度上源于这样一个事实：教育系统通常要求学生遵守规定，随着学生年龄的增长和在教育系统中待的时间的延长，这可能会导致好奇心和创造力被驱逐。如第一章所讨论的，在校时间过长以及接触更严格的学习环境可能会抑制学生建立和实践这些能力；另一个可能的原因是，随着学生年龄的增长，他们可能会感到满足外界期望的压力更大。因此，年龄较大的孩子可能会将自己与更高的个人和同龄人标准进行比较（并被老师和家长要求以更高的标准）。他们可能会更自觉地寻求帮助来发展他们的社会与情感能力，在他们或他们身边的成年人看来，这些能力在那时应该已经本能地发展起来了。为了避免这种情况，在家和在学校的成年人应该谨慎地表达他们对年轻人应该取得或能够取得的成就的期望。成年人对年轻人所犯的错误进行评判可能会导致年轻人对自己产生消极的信念。相反，在家和学校里的成年人可以帮助学生更好地将他们对能力的看法与自己的实际表现进行校准，并培养学生相信一个人的能力和智力可以随着时间的推移而发展（称为成长性思维）。在经合组织国家中，平均而言，在 2018 年国际学生评估项目（PISA）中拥有成长性思维（即不同意或强烈不同意"你的智力是你不能改变太多的东西"这一说法的学生）与阅读表现、学生掌握任务的动机、总体自我效能感、设定学习目标、感知学校的价值呈现正相关，而与他们对失败的恐惧呈负相关。

与年龄相关的创造性自我概念在女孩中比男孩中更明显（相反，好奇心，即对学习的情感倾向，则不是这样）。15 岁时，女孩的平均创造力明显低于男孩。然而，在两个年龄组中，不同性别的家长和教师的评分是相似的。这种模式可能主要是由于男孩对自己的创新能力过于自信，而女孩的平均评价更为现实。但是如果青少年创新性人才（有好的想象力、发现其他人看不到的解决方案）是男人而不是女人，这将反映在性别职业选择上，越来越少的女性将选择那些要求创造性高的教育路径和工作。这与观察到的其他特殊智力能力（天才、才华）类似。父母和老师可以帮助男孩和女孩对自己的优势形成一个现实的评估，通过强调男女两性的榜样，帮助学生将创造力视为一种可学习的能力，而不是一种固定的特性，从而消除潜在的刻板印象。在创造力方面观察到巨大的社会经济差距，尤其是在 10 岁的孩子中。创造力上的差距可能反映了创造力表现上的类似差距。事实上，基于任务的创造力评估也突出了小学毕业时的社会经济差距。15 岁儿童在创造力方面的社会经济差距平均较小，只有少数例外，这一事实表明，父母及其社会阶层对青少年社会与情感学习的影响随着年龄和受教育程度的增加而减少。

虽然在同一所学校的学生中可以观察到，好奇心和创造力与个人特征和经历之间存在着很强的联系，但创造力和创造力的平均水平在各个学校之间并没有太大的差异。换句话说，绝大多数学校认为自己的学生中具有高度创造性或不具有创造性的学生比例相差不大。一种解释是，在缺乏有意识的基于学校的干预来发展创造力时，学校间学生个人创造力水平往往差异不大。然而，也有可能的是，即使在创造力方面存在差异，自我报告和教师报告的问卷测量方法可能无法准确地把握学校或班级之间的变量。

这些发现也强调了学生对自己的社会与情感能力的评估与他们对未来工作的期望之间的一些强烈联系。15 岁的学生可能还远未进入劳动力市场，但他们在义务教育的最后几年以及随后几年所做的选择，可能对他们的未来前景产生持久的影响。SSES 表明，青少年早期是学生对自己的社会与情感能力的感知会迅速变化的时期。在许多城市，与 10 岁的孩子相比，15 岁的孩子在社会与情感能力方面的平均水平非常不同。考虑到学生经常根据他们当前的优势和偏好（基于他们认为在不同的职业中成功需要的东西）做出重要的选择，帮助学生培养积极的身份认同和对他们的优势进行现实的评估是很重要的。这对他们当前的健康很重要。这也将帮助他们在一生中实现自己的潜力。

五、学校中学生的社会关系

(一) 数据告诉我们什么

• 平均每五个 10 岁的学生中就有一个报告说,其他学生每周都会取笑她/他一次或更多。10 岁男孩比女孩更容易受到欺凌。

• 15 岁女孩报告说,与男孩相比,她们对学校的归属感较低,尽管男孩更容易受到大多数类型的欺凌。

• 与社会经济弱势学生相比,社会经济优势学生表现出更高的学校归属感和更好的教师关系。

• 学校归属感更强、与教师关系更好的学生社会与情感能力更高。相比之下,受欺负程度较高的学生社会与情感能力较低。这些关系的本质很可能是双向的。

• 学校归属感与更高的合作、乐观和乐群能力密切相关,而学生对与教师关系的感知与更高的好奇心、成就动机和乐观密切相关。在情绪调节方面,学生受欺负的程度与较低的乐群和情绪管理(较低的情绪控制,乐观和抗压力)密切相关。

(二) 这对于政策与实践意味着什么

如今的教育体制力求学生的全面发展,这不仅仅包括学生认知能力的发展,还包括学生的心理健康和学校环境中社会关系的重要性。一个更具支持性和关怀性的学校环境有助于打击欺凌,并鼓励学生在需要时寻求帮助。当学生感受到自己受到了公平的对待,当学校及其工作人员帮助学生培养归属感,当他们提供一个有纪律的、有组织的和合作的环境,当环境是支持性的,而不是惩罚性的,学生的社会与情感能力发展得更好,他们不太可能参与暴力和消极的互动。

学生在学校的社会关系与年龄、性别和社会经济地位有关。总体而言,学生的学校归属感、受欺负程度和师生关系因学生的人口特征而异。15 岁女孩报告说,她们对学校的归属感较弱。10 岁的学生,尤其是 10 岁的男孩,更容易接触到不同类型的面对面欺凌。尽管如此,男孩仍然比女孩表现出更强的适应学校的意识。此外,社会经济条件较好的学生比较差的学生对学校的归属感更高,师生关系更好。然而,有和没有移民背景的学生在学校关系、社会与情感能力方面几乎没有差异。

分析结果显示,学生学校归属感、师生关系与学生的社会与情感能力具有一致的正相关关系。受到欺凌始终与社会与情感能力呈负相关。此外,不同的社会与情感能力与学生的学校归属感、受欺凌和师生关系密切相关。在学校有较强融入感的学生也倾向于表现出更多的合作、乐观和乐群能力,而良好的师生关系与较强的乐观、好奇心和成就动机密切相关。被欺负的学生在情绪调节方面的乐群和情绪能力，如情绪控制、乐观和抗压力往往较低。

换句话说，觉得自己属于学校的学生更有可能与同学和朋友相处融洽。相比之下，被欺负的学生在情绪控制和信任方面的能力往往较低。这些能力与较低的心理健康相关。受欺负的学生可能会经历负面情绪，变得不信任他人。这可能也会对学术成就产生影响：信任与数学成绩之间存在正相关关系，在9个城市中，有7个城市的15岁学生的数学成绩与信任有关。最后，与老师相处融洽的学生表现出更强的好奇心和成就动机。好奇心和成就动机都表明了对学习和在学校表现良好的热爱或决心。很可能，与老师相处得好的学生比与老师相处不好的学生更投入，更想在学校表现好，更喜欢学习。

有充分的证据表明，提高学生的学校归属感和与老师的关系，以及减少欺凌，与学生的更高的学业成绩和更大的幸福感呈正相关。师生关系与更好的社会功能、学习参与度、学业成就和较低的行为问题有关。与此同时，欺凌和网络欺凌会产生负面和持久的影响。受欺负的学生更有可能出现身体和心理问题，如抑郁和自杀未遂的倾向更高。

恃强凌弱还会对学生的学业表现产生负面影响，甚至会对学生成年后的健康、收入和社交结果产生负面影响。欺凌是一个严重的问题，了解网上和面对面的欺凌的流行可以帮助打击它。提高社会与情感能力也可以帮助学生在学校享受更好的社会关系，反之亦然。有许多基于学校的干预措施来解决欺凌问题。研究发现可以帮助我们更准确地定位这些策略。例如，男孩被欺负的次数多于女孩，言语欺凌是最常发生的欺凌类型。另一方面，女孩和弱势学生在学校的适应能力较弱。重要的是要更多地了解学校的社会关系和社会与情感能力之间的联系，从而更好地了解学校和教师如何创造最有利于学生学习和幸福的学校和教学环境。

SSES数据显示，不同的社会与情感能力与学生生活中被认为重要的不同指标相关。好奇心和毅力与学生的学业成绩显著正相关。乐观、信任和抗压力与学生心理健康的测量尤其呈正相关。那些认为自己创造力很强的学生倾向于描述自己是一个坚持不懈、渴望学习新事物的人。乐观与学校社会关系的所有三项指标都相关，而合作和乐群能力也与学生的学校归属感呈正相关。情绪控制、抗压力和信任与欺凌呈负相关，好奇心和成就动机与师生相处的良好程度相关。这些结果表明，不同的能力对不同的学生产生不同的结果。尽管社会与情感能力经常被用作一个笼统的术语来表示共同特征，但它们实际上是相互补充的，这些能力与不同的结果和背景有不同的关联。其中一些能力，如好奇心、情绪控制和合作，在个人和社会层面上对广泛的结果和背景有隐性的积极影响。在其他情况下，一些能力，如更外向和乐群可能更具体地取决于学生的目标。例如，在就业市场，外向性可能更适合创业和管理角色，因为社会互动是至关重要的。内向可能更适合技术性和专业性的工作，因为这些工作需要注意细节。如果有人内向，但想进入销售行业，学习如何更舒适地进行社交互动将是有用的。

　　相反,性格外向但对开发机器学习算法感兴趣的人,可能会从研究保持专注和避免社交互动的策略中受益。就像管弦乐队中的音乐家一样,当学生们在音乐会中找到自己的角色时,他们可以最大限度地发挥他们的社会与情感潜力,并通过培训让他们成为专业人士。[①]

　　① OECD. (2021). Beyond Academic Learning: First Results from the Survey of Social and Emotional Skills. OECD Publishing, Paris. https://doi. org/10. 1787/92a11084-en;黄忠敬编译. SSES2021 结果聚焦[J]. 上海教育,2021(09):26 - 35.

第二部分

政策

第四章 社会与情感能力：OECD 国家教育政策文本的分析

近年来，在国际社会发展的整体态势和新一轮科技革命的广泛影响下，社会与情感能力成为 21 世纪人才的核心竞争力[①]。培养学生社会与情感能力，使学生为未来生活做好准备成为国际组织及各国关注学校教育与社会发展的重点领域，并逐渐进入各个国家教育政策的议程。在我国，中共中央、国务院在 2019 年颁布的《中国教育现代化 2035》中指出："发展素质教育，促进学生全面发展。全面提升学生意志品质、思维能力、合作能力、创新能力等综合素质，提高身心发展水平，培育担当民族复兴大任的时代新人。"这一面向未来的人才培养战略与全球教育发展的趋势相吻合，其战略要求和内容更加指向学生社会与情感能力的培养。

第一节 问题的提出

当前，社会与情感能力被研究者广泛认为是人类发展和成长的核心要素[②]。脑科学、神经科学、心理学、社会学、经济学等领域的学者结合社会与情感能力的培养形成了重要成果，研究的问题主要集中在对社会与情感能力重要性和价值表现的论证，以及基于证据的社会与情感学习 SEL 项目的实践，以此来推动学校的教育变革。

在政策研究层面除了 OECD 对其成员国的相关政策进行了调查梳理外，尚没有研究对各国与社会与情感能力培养相关的教育政策文本做系统分析。因此，本章以理解社会与情感能力的内涵及价值为基础，聚焦 OECD 国家发展学生社会与情感能力的相关政策及课程实践，意在以国际视角考察社会与情感能力培养在不同教育体系中从政策到实践的关注程度和解

[①] 黄忠敬. 社会与情感能力：影响成功与幸福的关键因素[J]. 全球教育展望，2020,49(06)：102—112.

[②] Collaborative for Academic, Social, and Emotional Learning. (2013). CASEL school kit: A guide for implementing school wide academic, social, and emotional learning. Chicago, IL: Author.

决办法，揭示不同维度的社会与情感能力在教育政策和课程技能框架文本中的话语体系特点。由此，在国际比较的坐标体系中，为我国的教育政策制定者和课程实践者培养学生社会与情感能力提供有益启示和经验借鉴。

OECD 在前期通过对其成员国社会与情感能力培养相关政策的调查发现，各国都将发展学生社会与情感能力有关的教育目标写进教育政策法案，并在国家课程的技能框架中予以体现，在学校实践中，社会与情感能力的培养成为课程教学的重要组成部分。基于此，本研究以 OECD 实施的社会与情感能力测评的结构框架为主要分析维度，对 OECD 国家在教育政策文本中对社会与情感能力的关注程度如何、有哪些特点、国家之间有何差异等问题进行探析，以此总结对我国培养学生社会与情感能力的有益启示。

第二节　研究设计

一、研究思路及方法

本研究基于 OECD 调查研究的理解与参考，在收集、翻译相关政策文本资料的基础上，根据编码框架运用内容分析法对政策文本进行阐释。首先确定分析文本，将 OECD 国家在教育目标及课程技能框架中关于社会与情感能力的表述进行翻译整理。其次，确定分析单位及对应的统计方法，本研究以政策文本中与社会与情感能力相关的术语（指向某种特定且明确的社会与情感能力的词语或短语）为分析单位，若一句完整的表述（以标点符号"。"为判断标准）中反复出现同一项具体能力，以同一细目只记录一次的方式处理。再次，制定内容分析类目，类目是一种工具，是"内容归类的标准"，本研究的分析类目借鉴了 OECD 在 2018 年《为了学生的成功与幸福的社会与情感能力：OECD 社会与情感能力研究的概念框架》（Social and emotional skills for student success and well-being: Conceptual framework for the OECD Study on Social and emotional skills）[①]中基于"大五"人格模型（the Big Five Model）建构的社会与情感能力测评框架。随后，在确定量化资料方法的前提下依据内容分析类目表进行试编码，并进行信、效度检验。最后，根据信、效度检验结果对类目表中的指标进行调整，正式开展编码，计算并借助可视化的图表呈现编码所数据，根据教育目标及社会与情感能力的相关理论对量化的数据加以阐述，以深度挖掘、解释政策文本的信息。

---

① Chernyshenko, O., Kankaraš, M., & Drasgow, F. (2018). Social and emotional skills for student success and wellbeing: Conceptual framework for the OECD study on social and emotional skills.

二、分析文本的确定

本研究的分析主体为 OECD 在 2015 年发布的报告《促进社会进步的技能：社会与情感能力的力量》中列出的附件 5.A.《国家和地方教育系统关于发展社会与情感能力的目标和技能框架》，通过进一步搜集一手材料，更新完善后共有 36 个国家（地区）关于教育制度目标的文本。由于课程标准和指导方针是将教育目标转化为实践的最直接手段，所以将课程技能框架也作为文本分析的重要方面，关于课程技能框架维度，对应 36 个国家（地区）的教育制度目标，共搜集整理到 30 个国家（地区）的课程技能的政策文本，如表 4-1 的示例。

表 4-1　OECD 国家（地区）教育目标及课程能力框架政策名称示例

国家（地区）	教育系统目标政策来源		国家课程的技能框架来源	
	名称	时间	名称	时间
澳大利亚	《澳大利亚教育法》	2013	《澳大利亚课程》	2013
奥地利	《学校组织法》	1962	《小学课程》	2005
芬兰	《基本教育法》第 628 号	1998	《国家基础教育核心课程》	2004
法国	《教育法》	1989	《知识与技能的共同基础》	2006
爱尔兰	《教育法》	1998	《小学课程》《初级周期框架》	2012
以色列	《国家教育法》	1953	《生活技能课程》	2008
……	……	……	……	……
巴西	《国家教育准则基本法》	1996	《初级教育国家课程指南》	2010
俄罗斯	《联邦小学教育标准》	2010	《联邦通识教育标准》	2010

三、分析框架的构建

本研究构建了一个二维分析框架（详见表 4-2），一维是社会与情感能力的六个维度以及 19 项具体能力，主要的依据是 OECD 建构的社会与情感能力学生测评框架以及同级类目间互斥的原则，此外，参考 OECD 在报告中对各项能力的描述和具体的行为举例，并结合中国本土化的语境，对 19 项具体能力进行说明，使得编码过程更具有操作性和可行性。另一维是国家和地方教育制度目标以及国家课程技能框架，分别进行独立编码，课程技能框架通常与国家教育目标相联系，并包括对人才培养目标更详细的描述。

表 4-2　OECD 国家(地区)教育政策文本的二维分析框架

能力维度	具体能力	操作性定义	教育制度目标(M)	课程技能框架(N)
任务能力 A	A-1 成就动机	为自己设定高标准并努力达到		
	A-2 自我控制	保持注意力集中,关注当前任务以达成目标		
	A-3 责任感	遵守对他人或组织的承诺,守时、可靠		
	A-4 毅力	坚持任务和活动,直到达成目标		
情绪调节 B	B-1 抗压力	有效调节焦虑和对压力的反应		
	B-2 乐观	对自我和生活的积极期望		
	B-3 情绪控制	控制情绪和脾气		
协作能力 C	C-1 共情	换位思考,对他人友好并关心他人的福祉		
	C-2 合作	与他人和谐共处,尊重团队的决定		
	C-3 信任	认为其他人都有好的意图,以互相信任的方式行动		
开放能力 D	D-1 好奇心	对观念、想法等的兴趣,以及对知识的探索		
	D-2 创造性	提出全新的做事方式或思维方式、见解或愿景		
	D-3 包容度	尊重多样性,对不同的观点和价值观持开放态度		
交往能力 E	E-1 活力	持续保持旺盛的活力,如长时间工作		
	E-2 乐群	喜欢社交,能建立并维持社会关系		
	E-3 果敢	富有领导力,把握局面的能力,以及做事情果断,如大胆表达自身意愿、想法、需要和感受		
复合能力 F	F-1 元认知	对自己的感知、记忆、思维等认知活动本身的再感知、再记忆、再思维		
	F-2 自信心	个体信任自己有能力成功地完成某项活动		
	F-3 批判性思维	通过一定的标准评价思维,进而改善思维,是合理的、反思性的思维		

说明:本框架参照 OECD 2018 年《为了学生的成功与幸福的社会与情感能力:OECD 社会与情感能力研究的概念框架》中提出的框架。

四、政策文本的编码

对政策文本按照"国家编号-教育制度目标(用 M 表示)或课程技能框架(用 N 表示)-社会与情感能力维度-对应维度下设的具体能力"的形式进行编码,国家编号根据政策文本梳理呈现的顺序确定,如澳大利亚作为第一个国家呈现,编码为1;社会与情感能力维度用大写字母 A—F 表示,依次为任务能力(A)、情绪调节(B)、协作能力(C)、开放能力(D)、交往能力(E)、复合能力(F);具体能力在其对应的社会与情感能力维度内进行编码,如任务能力维度内的成就动机编码为1、毅力编码为4,情绪调节维度下设的具体能力进行重新编码,抗压力编码为1、乐观为2、情绪控制编码为3。编码采用直接在整理的政策文本中与社会与情感能力相关的术语后进行编码的形式(见表4-3)。

表4-3 各国教育制度目标及课程技能框架的编码示例

各国教育制度目标(M)	国家课程技能框架(N)
1-澳大利亚 澳大利亚的教育体系必须是高质量和高度公平的,以便使澳大利亚青年成为成功的学习者、自信(1-M-F-2)和有创造性(1-M-D-2)的个人、积极(1-M-A-1)和知情的公民。 ——《2013 年澳大利亚教育法》	F-10 的课程包括七个综合能力,纳入所有学习领域。这些能力是: • 识字及计算能力 • 信息和通信技术(ICT)的能力 • 批判性(1-N-F-3) • 创造性思维(1-N-D-2) • 个人的社交的能力(1-N-E-2) • 伦理的理解(1-N-D-3) • 跨文化理解(1-N-D-3)
3-比利时(佛兰德社区) 教育应发展开放、多才多艺和坚强(3-M-B-1)的个性。广泛的基础教育将确保儿童和青年能够塑造自己的未来。因此,教育理应包含社交技能(3-M-E-2)、创造性(3-M-D-2)、好奇心(3-M-D-1)、健康、批判意义(3-M-F-3)、尊重(3-M-C-1)、勤奋(3-M-A-1)、自给自足、积极的自我形象和主动性(3-M-A-1;3-M-B-2)。 ——《教育政策函 2013-14》	佛兰德的政府确定了三个相关的教育能力领域: • 个人特点:具有积极的自我形象、积极上进、积极主动(3-N-A-1;3-N-B-2) • 总体发展:具备良好的沟通与合作能力(3-N-C-2),自主性强(3-N-A-1),能创造性地(3-N-D-2)与周围环境打交道(3-N-E-2),善于解决问题,在学习中明确自己的方向 • 具体技能:体育、表达艺术、语言、环境研究和数学

五、信、效度检验

在编码过程中,由于研究者自身具有的相对独立性、主观性以及一系列外在因素的影响,对政策文本进行内容分析时进行可靠性检验至关重要,主要体现在信度和效度指标上。本研究中信度分析的具体方法采用的是评分者信度,即三位研究者运用相同的分析框架对同一份政策文本进行编码时是否将其归入同一个维度和具体能力中。首先,选取国家编号为 1—9 的国家(地区)的教育制度目标政策文本和课程技能框架政策文本作为评分者信度计算的样本。其次,三位研究者各自选取其中的几个文本尝试进行编码,并就编码过程中产生疑惑的概念反复进行交流讨论,最终形成一个相对客观的编码标准。最后,三位评分者独立依据分析框架同时对已选择的 9 个国家(地区)的政策文本中关于社会与情感能力的术语进行归类,并根据编码结果分别计算教育制度目标和课程技能框架的评分者信度。三位评分者的两两间相互比较同意值结果分别见表 4-4 和表 4-5,依据公式 $P=\sum Pi/N$($\sum Pi$ 表示全体评分者相互比较同意值之和,N 表示相互比较总次数)计算出平均相互同意值分别为 0.71 和 0.64,最后利用 $R=nP/[1+(n-1)P]$(n 表示评分者总人数,在本研究中 n 值为 3)计算得出最终的评分者信度,分别为 0.88 和 0.84。

表4-4 教育制度目标维度:评分者相互比较同意值记录表

	评分者1	评分者2	评分者3
评分者1		0.65	0.75
评分者2			0.72
评分者3			

表4-5 课程技能框架维度:评分者相互比较同意值记录表

	评分者1	评分者2	评分者3
评分者1		0.60	0.61
评分者2			0.72
评分者3			

注:两两间的相互同意值计算公式为 $2M/(N_1+N_2)$(其中 M 表示两位评分者一致的编码数量,N_1 和 N_2 分别表示两位评分者各自分析的数量)

本研究中的效度指的是分析框架实际能测出社会与情感能力的程度。上文提到,本章的研究工具即编码框架主要依据 OECD 建构的社会与情感能力学生测评框架,该框架借鉴了"大五人格模型",有较为扎实的学科理论基础,同时该框架也在 OECD 发起的社会与情感能力首轮国际测评中得到了实践运用,具有权威性和可操作性。

第三节 研究发现

本章编码框架有六个主要类目,即任务能力、情绪调节、协作能力、开放能力、交往能力和复合能力，共有一级指标 19 种能力。通过可视化的方式呈现六个类目和相应一级指标的编码结果，在对学生社会与情感能力培养的政策倾向和发展趋势上主要有三方面的研究发现。一是横向对比，不同维度能力的重视程度不一；统计数据表明任务能力、开放能力和协作能力三个类目占比最高，体现了 OECD 国家教育制度目标和课程技能框架的政策文本中对这三个类目的重视程度更高，而对情绪调节、交往能力方面重视程度较低。二是纵向对比，随着时代发展的变迁，为满足社会发展的需要，对具体能力培养的重视程度也有所变化。三是从国家教育法案和课程技能框架的对比分析看，对不同维度社会与情感能力的重视程度具有高度一致性，并通过各类课程安排来明确培养学生的社会与情感能力。

一、政策文本中更强调社会与情感能力的任务能力、开放能力和协作能力，情绪调节和交往能力两个维度重视程度较低

由政策文本的统计数据可得，从主类目的维度来看，"任务能力"维度出现了 89 次，所占比例为 28.89％；其次是"开放能力"维度，出现了 72 次，占比 23.38％。接着是"协作能力"，所占比例 19.81％，"复合能力"维度所占的比例紧随其后，为 12.99％。而"交往能力"和"情绪调节"维度所占的比例最低，分别是 11.04％和 3.89％。占比最高的"任务能力"表现维度比占比最低的"情绪调节"维度多了 25 个百分点。这与类目维度下的一级指标的占比有关。

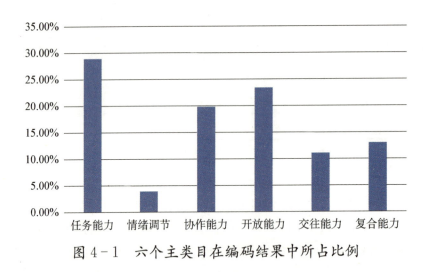

图 4-1 六个主类目在编码结果中所占比例

从一级指标的维度来看，责任感、包容度、合作、创造性和共情是教育制度目标和课程技能框架政策中最常见的能力，出现的次数分别是 47 次、42 次、30 次、29 次和 27 次，占比高达 56.82％。这五种能力分别属于"任务能力"、"开放能力"和"协作能力"维度，使得这三个类目的比重很大，占 72.58％。而国家教育制度目标和课程技能框架的相关政策文本中对果敢、乐

表4-6　主类目和一级指标的编码结果整体呈现

主类目 频数/百分比(%)	一级指标	频数	频数总计	百分比(%)	百分比总计	排序
任务能力 A	A-1 成就动机	24	89	7.79	28.89	6
	A-2 自我控制	13		4.22		9
	A-3 责任感	47		15.26		1
	A-4 毅力	5		1.62		13
情绪调节 B	B-1 抗压力	5	12	1.62	3.89	13
	B-2 乐观	4		1.30		15
	B-3 情绪控制	3		0.97		17
协作能力 C	C-1 共情	27	61	8.77	19.81	5
	C-2 合作	30		9.74		3
	C-3 信任	4		1.30		15
开放能力 D	D-1 好奇心	1	72	0.32	23.38	19
	D-2 创造性	29		9.42		4
	D-3 包容度	42		13.64		2
交往能力 E	E-1 活力	7	34	2.27	11.04	12
	E-2 乐群	24		7.79		6
	E-3 果敢	3		0.97		17
复合能力 F	F-1 元认知	12	40	3.91	12.99	11
	F-2 自信心	15		4.87		8
	F-3 批判性思维	13		4.22		9
总计		308		100		

观、情绪控制、抗压力和活力这5个社会与情感能力的相关表述较少。所以,相应的仅两项类目"情绪调节"和"交往能力"的占比合计就仅仅只有14.93%。

二、对具体能力的关注随年代发展存在差异,创造性的重视程度明显增加

对36个国家的教育制度目标和课程技能框架政策文本以有明确发布时间为依据进行分类,按照等量原则,分别以2008年和2010年为时间分割线将教育制度目标和课程技能框架文本编码结果归入两个组别(详见表4-7和表4-8),以回答"对于具体能力的侧重是否随着时

表 4-7 教育制度目标文本中具体能力在 2008 年前后的数量变化

主类目	一级指标	第一组（2008 年以前）			第二组（2008 年及以后）		
		频数	占比（%）	排序	频数	占比（%）	排序
任务能力 A	A-1 成就动机	2	4.2	6	5	11.2	2
	A-2 自我控制	1	2.0	10	1	2.2	11
	A-3 责任感	11	22.9	2	6	13.3	1
	A-4 毅力	0	0	13	2	4.4	9
情绪调节 B	B-1 抗压力	0	0	13	2	4.4	9
	B-2 乐观	0	0	13	1	2.2	11
	B-3 情绪控制	1	2.0	10	0	0	17
协作能力 C	C-1 共情	7	14.6	3	3	6.7	4
	C-2 合作	2	4.2	6	4	8.9	3
	C-3 信任	0	0	13	1	2.2	11
开放能力 D	D-1 好奇心	0	0	13	1	2.2	11
	D-2 创造性	3	6.3	4	3	6.7	6
	D-3 包容度	13	27.1	1	3	6.7	6
交往能力 E	E-1 活力	2	4.2	6	3	6.7	6
	E-2 乐群	3	6.3	4	4	8.9	3
	E-3 果敢	0	0	13	0	0	17
复合能力 F	F-1 元认知	0	0	13	1	2.2	11
	F-2 自信心	1	2.0	10	4	8.9	3
	F-3 批判性思维	2	4.2	6	1	2.2	11
	总计	48	100		45	100	

表 4-8 课程技能框架文本中具体能力在 2010 年前后的数量变化

主类目	一级指标	第一组（2010 年以前）			第二组（2010 年及以后）		
		频数	占比（%）	排序	频数	占比（%）	排序
任务能力 A	A-1 成就动机	4	16	1	2	5.4	7
	A-2 自我控制	2	8	5	2	5.4	7
	A-3 责任感	4	16	1	4	10.8	3
	A-4 毅力	0	0	13	1	2.7	10

（续表）

主类目	一级指标	第一组（2010年以前）			第二组（2010年及以后）		
		频数	占比（%）	排序	频数	占比（%）	排序
情绪调节 B	B-1 抗压力	0	0	13	1	2.7	10
	B-2 乐观	1	4	8	0	0	16
	B-3 情绪控制	0	0	13	0	0	16
协作能力 C	C-1 共情	3	12	3	2	5.4	7
	C-2 合作	2	8	5	4	10.8	3
	C-3 信任	0	0	13	1	2.7	10
开放能力 D	D-1 好奇心	0	0	13	0	0	16
	D-2 创造性	1	4	8	4	10.8	3
	D-3 宽容度	3	12	3	5	13.5	1
交往能力 E	E-1 活力	1	4	8	0	0	16
	E-2 乐群	2	8	5	5	13.5	1
	E-3 果敢	0	0	13	1	2.7	10
复合能力 F	F-1 元认知	1	4	8	1	2.7	10
	F-2 自信心	1	4	8	3	8.1	6
	F-3 批判性思维	0	0	13	1	2.7	10
	总计	25	100		37	100	

间脉络发生了变化"的问题。

　　由表中数据可知，近十年来，教育制度目标政策文本和课程技能框架最重视的四个能力即责任感、包容度、创造性和合作的占比存在着一定的变化。责任感在能力框架中的占比在下降（教育制度目标编码结果中占比由 22.9% 下降到 13.3%，课程技能框架编码结果中占比由 16% 下降到 10.8%）。而创造性则是占比在增加（教育制度目标编码结果中占比由 6.3% 增加到 6.7%，课程技能框架编码结果中占比由 4% 增加到 10.8%）。可见如今随着经济社会的发展和全球化带来的国家之间的综合国力和人才的竞争，只重视培养负责任的公民已经不能很好地满足这些挑战，具备创新精神和创造能力的人才才能使国家和民族在国际竞争中立于不败之地。

　　另外，社会的快速发展以及一些不稳定因素也导致了一些青少年的心理问题层出不穷，青少年自杀、犯罪等成为大家担忧的现象，学校也越来越重视校园文化氛围和学生精神文明的构建。通过编码统计发现，课程技能框架中情绪控制、交往能力的能力占比也有所增加。

三、教育制度目标所强调的社会与情感能力与课程技能框架具有高度一致性，且在课程实施中的地位越来越高

一方面，在教育制度目标政策文本中，突出强调的社会与情感能力是责任感、包容度和创造性。如表 7 所示，编码中出现的频数分别是 30 次，25 次和 16 次。这三种能力在总的能力编码中占比高达 46.68%。从课程技能框架的政策文本编码结果来看，频数排在前三位的社会与情感能力是责任感、包容度和合作，出现的频数都为 17 次。这和教育制度目标文本中最重视的三种能力高度吻合。

另一方面，如表 4-9 所示，果敢、乐观、情绪控制和好奇心这四种社会与情感能力在国家教育目标政策中出现的频数是最少的。果敢没有出现，乐观、情绪控制和好奇心出现的次数都仅仅为 1 次。同样地，课程技能框架中频数倒数的社会与情感能力分别是果敢、乐观、情绪控制、好奇心和毅力，这也和教育目标的对能力的侧重程度高度一致。

表 4-9　教育制度目标/课程技能框架编码结果对比表

主类目频数/百分比（%）	一级指标	教育目标/课程技能框架的一级指标编码表示	教育目标中一级指标频数/频率	排序	课程技能框架中一级指标频数/频率	排序
任务能力 A	A-1 成就动机	M-A-1/N-A-1	9/5.93%	6	15/9.62%	4
	A-2 自我控制	M-A-2/N-A-2	3/1.97%	11	10/6.41%	8
	A-3 责任感	M-A-3/N-A-3	30/19.7%	1	17/10.90%	1
	A-4 毅力	M-A-4//N-A-4	3/1.97%	11	2/1.28%	16
情绪调节 B	B-1 抗压力	M-B-1/N-B-1	2/1.32%	14	3/1.92%	12
	B-2 乐观	M-B-2/N-B-2	1/0.66%	16	3/1.92%	12
	B-3 情绪控制	M-B-3/N-B-3	1/0.66%	16	2/1.28%	16
协作能力 C	C-1 共情	M-C-1/N-C-1	14/9.21%	4	13/8.33%	6
	C-2 合作	M-C-2/N-C-2	13/8.55%	5	17/10.90%	1
	C-3 信任	M-C-3/N-C-3	2/1.32%	14	2/1.28%	16
开放能力 D	D-1 好奇心	M-D-1/N-D-1	1/0.66%	16	0/0	19
	D-2 创造性	M-D-2/N-D-2	16/10.53%	3	13/8.33%	6
	D-3 包容度	M-D-3/N-D-3	25/16.45%	2	17/10.90%	1

（续表）

主类目 频数/百分比(%)	一级指标	教育目标/课程技能框架的一级指标编码表示	教育目标中一级指标频数/频率	排序	课程技能框架中一级指标频数/频率	排序
交往能力 E	E-1 活力	M-E-1/N-E-1	4/2.63%	10	3/1.92%	12
	E-2 乐群	M-E-2/N-E-2	9/5.93%	6	15/9.62%	4
	E-3 果敢	M-E-3/N-E-3	0/0	19	3/1.92%	12
复合能力 F	F-1 元认知	M-F-1/N-F-1	3/1.97%	11	9/5.77%	9
	F-2 自信心	M-F-2/N-F-2	8/5.27%	8	7/4.49%	10
	F-3 批判性思维	M-F-3/N-F-3	8/5.27%	8	5/3.21%	11
总计			152/100%		156/100%	

在梳理 OECD 国家教育制度目标和课程技能框架等政策文本的基础上,本研究进而对有关国家课程实践的具体案例进行了梳理,发现社会与情感能力的培养在课程中的重视程度越来越高。大多数国家主要通过在课程中开设专门科目促进学生社会与情感能力的培养。这些专门开设的课程常见的有体育和健康教育、市民和公民教育以及道德和宗教教育,主要培养学生的责任感、包容度、合作、共情、情绪控制、成就动机、毅力等。[①] 虽然相比课程中的其他核心科目,这些科目往往处于次要的地位,但是这些课程的开设体现了 OECD 国家对培养学生社会与情感能力的重视。

OECD 国家越来越多地采用跨学科综合课程培养学生的社会与情感能力。鼓励学校调整其课程,注重品格教育和关系教育。例如,美国国会自 1994 年批准了"品格教育伙伴计划"(partnership in Character Education Program)以来,不断向各州和地方教育机构提供资助,支持品格教育的发展。目前美国大多数州已经通过立法强制或鼓励品格教育,将社会与情感能力的培养纳入学校常规课程并制定了详细的实施标准,从幼儿园开始促进个人的社会与情感能力发展。[②] 2019 年,英国教育部颁布关于关系教育的法定指南,要求从 2020 年 9 月起,将关系教育、健康教育等列入中小学的必修课程,帮助学生为未来生活做好充足的准备。[③]

同时,很多国家都重视在学科课程中凸显社会与情感能力的培养,例如,爱尔兰根据本国教育目标法案中学生能力培养的要求,自 2014 年起采用了一种名为"小学周期框架"的新课

---

① Lapsley D., & Yeager D. S. (2012). Moral character education//REYNOLDS WM, Miller G E, &WEINEr I B. (eds.). Handbook of Psychology. Educational Psychology, 2nd ed., New Jersey: John Wiley and Sons, Inc.

② US Department of Education. (2005). Character education, Our shared responsibility. http://www2.ed.gov/admins/lead/character/brochure.html.

③ 马文婷.英国关系、性与健康教育的课程建设[J].上海教育,2020(20):10—13.

程,更加重视学生在所有科目中的社会与情感能力发展。以上这些不同国家的课程实践例证说明了以教育目标为参照,社会与情感能力作为学生核心竞争力的培养在课程中越来越受到重视。

第四节　研究启示

基于对 OECD 国家教育政策文本的梳理研究可知,社会与情感能力与学业学习的技能同样重要,引领了人才培养的政策倾向与发展趋势,根据文本编码分析所呈现的三方面研究发现,可以得出以下三方面的研究启示。

一、政策要充分考虑不同维度社会与情感能力的重要作用,需更加关注个人层面的"情绪调节"和"交往能力"

本章所使用的 OECD 社会与情感能力测评框架包含五个维度的具体能力以及在具体能力基础上所形成的复合能力维度,就五维度在政策中的重视程度来讲,"任务能力""开放能力"和"协作能力"维度普遍受到重视,而"情绪调节"和"交往能力"重视程度较低。而"情绪调节"和"交往能力"更多指向个人层面。这是由于 OECD 国家教育政策文本中对学生社会与情感能力的具体能力培养要求,如责任感、创造性、合作等更多的是从国家培养公民,社会所需人才的角度出发,一定程度上不可避免地忽视了个体身心健康发展所需的能力,而情绪调节能力是人获得健康与幸福的基础能力,交往能力是人的社会性能力的重要方面。因此,为了促进个人的全面发展,促进个人与他人、社会的和谐共处,教育政策的制定应当更加关注个体的内在诉求,把人的健康发展与国家、社会的发展需求有机统一在一起。

二、能力的培养应适应时代与社会发展的新要求与新变化,指向人迎接未来挑战和获得幸福与成功的能力要素

研究发现的纵向比较是根据时代年份的不同对具体能力培养的侧重差异所进行的分析,很明显,很多国家在一如既往地推进责任感、包容、合作等重点能力的培养上,对创造性培养的重视程度越来越高,这与互联网时代的发展特点和人才培养需求紧密相关,尤其是当前进入人工智能时代,新科技技术的开发与应用关系到国家的地位、社会的发展与人的生活,创新与学会创造的能力更加重要,人的复合能力也更加凸显。而在时代与社会快速发展的背景下,在智能机器可以代替人从事多种劳动岗位的趋势下,人与人之间的情感交往、社会性的发展以及个人的心理健康等问题更加受到重视,特别是在发生全球性重大疫情的背景下,学生

群体中因家庭关系、学业压力等问题导致的跳楼自杀、弑杀亲朋等负面、反社会的行为说明良好的情绪调节与人际交往能力的重要作用,片面重视学业成绩已然不符合时代、社会及个人健康发展的需要。因此,要厘清人适应未来发展、满足个人幸福与成功的能力要素,以正确面对各种不确定的挑战。

三、教育政策应明确社会与情感能力培养的重要地位,课程作为育人的核心渠道应拓展社会与情感能力的培养,促进认知能力和社会与情感能力均衡发展

研究发现的第三层面指出教育政策法案中对学生的培养目标与课程技能框架的能力侧重的维度高度一致,课程随政策目标保持一致这本身没有疑问。而就本章关注的具体的社会与情感能力培养看,果敢、乐观、情绪控制、好奇心、毅力等个人层面健康发展所需要的必备能力在政策与课程的实施过程中并没有得到重视,意味着相关教育政策文本中对社会与情感能力的内涵阐释不全面,而社会与情感能力作为人综合素质的重要组成部分,之于国家、社会与个人都极其重要,每一个维度的能力在育人过程中都不能忽略。与此同时,课程作为落实人才培养目标最重要的渠道,应在学科课程中系统研发社会与情感能力要素的实施设计,结合专门课程、主题类课程的实施,拓展社会与情感能力培养的渠道,实现学科课程与活动课程、课内与课外的有机结合。尤其是在我国推进"五育并举""五育融合""发展素质教育"的教育战略和课程政策实施过程中,应将培养学生社会与情感能力作为有效抓手,通过社会与情感能力的发展融通五育,形成认知能力和社会与情感能力的均衡发展的总体趋势,有效促进学生综合素质的全面提升。

第五章　社会与情感学习：美国的政策演变与理性审思

社会与情感学习在美国的变革已有数十载。本章主要回答社会与情感学习运动产生的背景，社会与情感学习的理论和实践开展的情况以及目前针对其定义、可教性与评价方面存在的质疑和争论。其中，CASEL、耶鲁大学等学术组织和团体在变革中发挥着举足轻重的作用，在理论和实践层面都推动着社会与情感学习运动向前发展。美国联邦政府政策的不断关注直至提上政策议程确定了社会与情感学习变革的重要性，加快了其发展。但是作为非认知能力的范畴，社会与情感能力定义具有模糊性，教育实践方面存在不少困难和挑战，评价开展也是一大难题。探索新时代美国教育变革的过程与趋势，有助于推进我国的教育实践。

第一节　社会与情感学习的产生背景和发展脉络

一、社会与情感学习的产生背景

社会与情感学习最早可以追溯至柏拉图的《理想国》。柏拉图希望建立一个全面的教育："保持教育和教养体系的健全，你就可以培养出品行良好的公民……引导孩子成为富有同情心、有建设性、独立和有参与性的公民是一项持久的政治追求，也是教育的目标。"[①]如今，社会与情感学习成为美国教育领域最热门的话题，可以说是进步主义教育运动在 21 世纪的胜利。美国社会与情感学习变革植根于进步主义教育运动。进步主义教育以人为出发点，重视儿童的需要和个性差异，强调学校应创建积极的、主动的、热情的、互助的良好氛围以促进儿童方

---

① Beaty, J. (2018). History of social and emotional learning. International Arab Journal of English for Specific Purposes, 1(2):67 - 72.

方面面的发展。进步主义教育家通常都重视手工、缝纫、木工等活动课程的价值和意义,这些课程有助于促进儿童的兴趣、经验乃至整个人格的发展。进步主义教育这种以儿童为核心的教育思想为社会与情感学习的发展"设定"了起点,影响着社会与情感学习变革的方向和格局。

第二次世界大战之后,美国公共教育秉承着进步主义教育的理念,但是 1957 年苏联发射世界上第一颗人造卫星,震惊了美国朝野,这意味着美国在科学技术方面落后于苏联,美国联邦政府便不断加大对公共教育的干预,旨在消除进步主义教育造成的学生基础知识和基本技能不足的后果,以培养国际竞争所需的经济和国防建设人才。1958 年颁布《国防教育法》强化数学、外语和自然科学的学习;19 世纪 60 年代,按照布鲁纳的认知结构理论进行基础教育改革强化学生认知能力的训练;到了 19 世纪 70 年代的"恢复基础教育运动",立足于学生的学习过程和学习方法等领域;2001 年颁布《不让一个孩子掉队法案》(NCLB)旨在基础教育领域发展数学和科学教育。[①] 这些教育改革强化基础教育阶段对科学知识的学习,注重对学生认知能力的训练,但是学生的学业成绩仍然不尽如人意。

另外,科学知识无法解决学生在社交、情感生活中遇到的难题,无法回答学生对生命终极问题的疑惑,例如"什么是好人""我该如何生活"等。这样的问题和难题被学校教育忽视了,学生的社会、情感生活领域成了贫瘠之地。有学者批判这种单纯的追求学业成绩的政策,认为它忽视了学生的社会情感需求,尤其对那些处境不利的学生来说,一味追求成绩会对他们的发展带来消极的影响。[②] 确实,美国校园里的青少年问题行为和校园危机比比皆是:青少年打架斗殴、吸毒、抑郁、性行为等心理和行为问题层出不穷,校园霸凌等导致学校安全氛围的缺失,这都在一定程度上影响着学生的学习和生活。[③]

在这种情况下,社会与情感学习引起了教育政策制定者和教育实践者的兴趣。社会与情感学习能够促进学生的社交和情感能力、态度、人际关系、学业表现和学校氛围的改善;减少学生的焦虑、问题行为和酒精滥用。[④] 倡导者希望通过推动社会与情感学习运动改善美国基础教育的现状。

二、社会与情感学习的发展脉络

(一) 萌芽期:作为解决校园问题的一种尝试

20 世纪 60 年代末,耶鲁医学院儿童研究中心的詹姆斯·科默(Comer, J.)等人开始试行

---

① 滕大春. 美国教育史[M]. 北京:人民教育出版社,2001.

② Meier D. (2004). Many Children Left Behind: How The No Child Left Behind Act Is Damaging Our Children and Our Schools. Boston: Beacon Press.

③ Centers for Disease Control and Prevention. (2020). Youth Risk Behavior Survey Data Summary & Trends Report 2007–2017. 2020.

④ CASEL. (2020). Benefits of SEL. https://casel.org/what-is-sel/.

一个名为"科默学校发展计划"（Comer School Development Program）的项目，科默学校发展计划的重点是康涅狄格州纽黑文市的两所贫困、成绩低下、以非裔美国人为主的小学，这两所小学的入学率和学业成绩在该市排名最低。在该项目的帮助下，学校建立了一个由教师、家长、校长和心理健康工作者组成的协作团队，从社会与情感的角度来解决存在的问题。到 20 世纪 80 年代，这两所学校的学生学业成绩超过了全国平均水平，逃学和行为问题有所减少，该项目的推行方法奠定了社会与情感学习实践的基础，极大激励了还在萌芽期的社会与情感学习运动向前发展。

纽黑文市成为早期社会与情感学习运动开展的"枢纽"。这里汇集了影响社会与情感学习运动的关键人物如耶鲁大学心理学教授罗杰·魏斯伯格（Weissberg, R. P.）和耶鲁大学毕业生、纽黑文公立学校教育家蒂莫西·施莱弗（Shriver, T.）。1987 年至 1992 年间，魏斯伯格和施莱弗与当地教育工作者密切合作，建立了 K-12 纽黑文社会发展项目。同一时期，由 W. T. 格兰特财团基金会（W. T. Grant Consortium）资助，魏斯伯格和莫里斯·埃利亚斯（Elias, M.）共同主持的"基于学校的社会能力改进"项目也在开展，该项目发布了将社会与情感学习融入学校的框架，在框架里将情感能力描述为"识别和标记情绪、表达情绪、评估情感强度、管理情绪、延迟满足、控制冲动和减轻压力"。

（二）初兴期：成立专业组织开展社会与情感学习实践

在 1994 年菲兹尔研究所（Fetzer Institute）主持的一次会议上，首次提出"社会与情感学习"这一术语。当时学校里充斥着一系列积极的青少年发展项目，如毒品预防、暴力预防、性教育、公民教育和道德教育等。引入社会与情感学习这一概念框架，旨在满足年轻人的需求并帮助调整和协调学校各类学生发展项目。在这次会议上，美国的情商之父丹尼尔·戈尔曼（Daniel Goleman）联合与会者创办"学术、社会与情感学习联盟"（CASEL），CASEL 的目标是建立从学前到高中阶段高质量的、基于证据的社会与情感学习项目，在这个过程中帮助学生获得社会与情感能力，其重要性戈尔曼在著作——《情商：为什么情商比智商更重要》一书中给予了充分的论证，他指出，情感能力和认知技能对一个人的成功具有同等重要的作用。CASEL 从成立之初，一直致力于美国的社会与情感学习变革。1997 年，它和督导与课程开发协会（Association for Supervision and Curriculum Development，简称 ASCD）合作开发了《促进社会与情感学习：教育者指南》（*Promoting Social and Emotional Learning：Guidelines for Educators*），为 K-12 阶段的教育工作者提供社会与情感学习项目的实践策略。CASEL 将这本书视为社会与情感学习领域的开创之作，为美国社会与情感学习教育变革奠定了基础。

（三）发展期：联邦政策和州标准从立法层面上确立其重要性

对社会与情感学习运动影响最大的当属 2015 年时任美国总统签署的《每个学生都成功

法》(ESSA),这是美国政府从立法层面上确立社会与情感学习的重要性。其中有很多支持"社会与情感学习"的条款,包括设置资金支持学校开展与社会与情感学习相关的项目。[①] ESSA的资金不仅用于支持联邦幼儿教育,扩大社会与情感学习,还用于青少年教育计划的开展,比如将针对心理或者学业存在问题或困难的学生开展的特殊教育干预计划"积极行为干预和支持计划"(Positive Behavioral Intervention and Supports, 简称 PBIS)扩展为针对无特殊教育需要的全校范围内学生的教育支持计划,为青少年学生提供更多的心理健康咨询、关系建设、生涯指导等方面的支持以满足他们的社会、情感、学术学习的需要,并将学生的社会与情感学习等非学术性因素纳入评估问责体系之中,评估的指标包括"学校的氛围和安全指标""学生的参与度指标"等,这在一定程度上刺激了州和学区创造更安全、积极的校园文化来促进社会与情感学习的开展。

各州相继通过立法和法案将社会与情感能力纳入学习标准之中,其中有 50 个州颁布了学前教育社会与情感学习能力标准,11 个州把学前能力标准扩展至小学早期阶段,18 个州颁布了 K-12 社会与情感学习能力标准,21 个州设有社会与情感学习网站提供相关资源和帮助。[②] 以伊利诺伊州为例,该州为系统推进社会与情感学习,于 2003 年颁布了《伊利诺伊州儿童心理健康法案》,这是全美第一个建立社会与情感学习标准的州。该法案不仅要求伊利诺伊州教育局制定类似于传统学科标准的社会与情感学习标准,还要求每个学区制定将社会与情感学习纳入教育计划的政策,并就伊利诺伊州的儿童心理健康预防、早期干预和治疗提供州预算建议。[③]

第二节 典型的社会与情感学习的理论和实践

社会与情感学习运动作为美国基础教育变革的新趋向,其产生和发展根植于美国的教育传统,立足于美国当前教育现状,致力于减少学生的身心健康问题和行为问题,同时加强学生的社会与情感能力、学术表现、身心健康、公民意识等。在专业的民间组织、大学等学术机构和联邦、州、学区层面政府协同作用下,美国在社会与情感学习理论和实践领域取得了一定的成果。

一、民间团体的社会与情感学习研究和实践:以 CASEL 为例

在推动美国社会与情感学习运动的进程中,CASEL 起着举足轻重的作用,它集研究者、推

---

① CASEL. (2020). Federal Policy. https://casel.org/federal-policy-and-legislation/.

② CASEL. (2021). Collaborating States Initiative. http://casel.org/about-us/our-mission-work/collaborating states initiative/.

③ Illinois Education Department. (2021). Illinois Children's Mental Health Act. https//www.illinois.gov/.

动者、协调者于一体，不断推动社会与情感学习运动的发展壮大。CASEL 主导的研究为社会与情感学习在学校的开展奠定了知识理论基础。它通过研究论证了社会与情感学习对学生发展的重要性，同时研制了从学前到高中阶段教育的概念框架，这一概念框架于 1998 年提出并在实践中不断完善，至 2015 年社会与情感能力的五大核心要素即自我意识、自我管理、社会意识、关系技能、负责任的决策已得到了充分阐述（见图 5 - 1）。

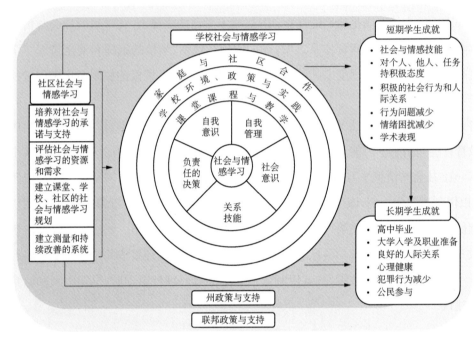

图 5 - 1　CASEL 社会与情感学习框架（2015）

该框架基于循证实践，通过学校内外部环境譬如学区、州、联邦等学生所处的生态系统有机统一、层层递进、逐渐深入地促进学生的社会情感、认知的发展和学业成绩的提高。[①] 2020年，CASEL 又在原来的基础上修订了社会与情感学习概念框架体系，提出各要素之间有机互动的"CASEL Wheel"（见图 5 - 2）。该框架采用系统的方法，强调建立公平的学习环境和协调课堂、学校、家庭和社区实践的重要性，并强调建立"真实的"家庭和社区伙伴关系，把社会与情感学习项目整合进学校实践，关注实践中的基础要素，即高质量的、精心设计的、以证据为基础的课堂项目和学校实践，以便更加有效地提高青少年的社会与情感能力。[②]

CASEL 致力于在实践中推广社会与情感学习。2016 年，CASEL 发起"合作州倡议"

① Roger, P. Weisserg, Durlak, J. A., Domitrovich, C. E., & Gullotta, T. P. (2015). Social and emotional learning: Past, present, and future//Durlak, J. A., Roger, P. W., & Gullotta, T. P. (Eds). Handbook of Social and Emotional Learning: Research and Practice. NY: Guilford.

② CASEL. (2020). What is the SEL framework. https://casel.org/self-framwork.

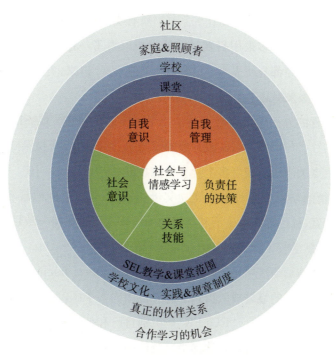

图 5 - 2　CASEL 社会与情感学习框架(2022)

(Collaborating States Initiative),其目的和使命是与各州和学区合作,制定灵活的政策指导方针,鼓励州和学区以及学校创造适当的条件确保学前到高中阶段的学生在社会与情感上做好充分准备,以取得学业、工作和生活上的成功。在这个过程中,CASEL 是推动者和协调者,它记录各州、学区和学校社会与情感学习的实施情况,分享各州开展的最佳实践,促进各州之间社会与情感学习经验的共享。在过去的四五年间,参与"合作州倡议"的州已经从最初的 8 个扩展至 40 余个,各州在推动社会与情感学习方面取得了重大进展。

二、学术机构的研究和实践:耶鲁大学的科默计划和 RULER 项目

耶鲁大学在社会与情感学习的发展中发挥着重要作用。20 世纪 60 年代,耶鲁大学儿童研究中心的詹姆斯·科默博士和他的同事开展了针对贫困学校学生的"科默学校发展计划",也称"科默过程"。根据科默的观察,儿童在家庭和学校的经历会深刻影响他们的社会心理发展,进而影响他们的学业成就。学生学习成绩差在很大程度上是由于未能弥合家庭和学校之间的社会和文化差距。学校发展计划旨在创造一个让孩子感到舒适、受到重视和安全的学校环境,在这种环境下,孩子们会和学校教职员工、家长形成积极的情感纽带,并对学校课程抱有积极的态度,从而促进孩子的全面发展,进而促进学业进步。科默过程有三个主要原则:(1)学校必须在无过错的气氛中公开讨论问题;(2)每所学校都必须在校长、家长、教师、社区负责

人、学监和卫生保健工作者之间建立协作关系；(3)所有决定都必须以协商一致的方式达成，而不是通过命令。评估发现，许多采用科默过程的学校取得了一定的成效，学校学生的社交技能改善，出勤率和学业成绩都有所提高。科默过程实施50年以来，美国已有将近30个州超过1 000所学校使用此方法来提高学生的学业成就。①

可以说，科默过程的方法奠定了社会与情感学习实践的基础。CASEL 组织经过多年的实践，提炼出有效的社会与情感学习实践开展的原则是：开展的活动要保持连贯一致性；学习必须要积极主动；重点关注一个或者多个社会情感技能；能力目标要明确。② OECD 的研究也显示成功的社会与情感学习干预计划要建立父母、教师和儿童之间温暖和支持性的依恋关系，而且学校要和家庭、社区等儿童生活和学习的场所环境质量保持一致性等。③ 这些实践的方法和原则都是在科默学校干预计划基础上的继承和发展。

此外，耶鲁大学的情商研究中心(Yale Center for Emotional Intelligence)进行的"RULER社会与情感学习实践"取得的显著成效得到了世界范围内多个国家的认可并将社会与情感学习理论与实践研究推入高潮阶段。"RULER"是识别自己和他人情绪、理解情绪的前因后果、用恰当词汇表征情绪、根据社会规范表达情绪以及使用有效策略调节情绪这五种情绪智力的英文首字母缩写。④ RULER 的实施依托耶鲁大学情商研究中心20余年的关于情绪智力的研究。通过研究，耶鲁大学首先肯定情绪的重要价值，即情绪影响注意力、记忆力乃至学习、决策、健康和创造力，情绪不仅是学生身心健康不可或缺的一部分，也影响着学生的生活和事业成功的机会。围绕情绪设计的 RULER 项目旨在提高学生的五种情绪智力，它们与学生的学习和生活息息相关，可以增强学生的学业成绩，使其拥有更好的人际关系，减少焦虑和抑郁，获得更多的幸福感。

耶鲁大学为 RULER 项目配套了科学系统的实施方案。以生态系统模型和成就模型为理论基础制定标准化实施路径、实施步骤，开发"情绪智力锚定课程"和"情感词汇课程"助力实践效果达成。研究发现该项目使得师生的社会与情感能力得以提升，学校氛围得以改善，教学质量和学生的学业成绩有所提高。⑤ 自2005年以来，RULER 已被引入2 000多所公立、私立和特许学校，为美国和世界各地的从学前到高中教育阶段的农村、郊区和城市中的学生提供

① Yale School of Medicine. (2021). Comer School Development Program. https://medicine. yale. edu/childstudy/communitypartnerships/comer/.

② Jones, S. M., & Bouffard, S. M. (2012). Social and emotional learning in schools: From programs to strategies. Society for Research in Child Development，2012;33.

③ OECD. (2015). Skills for social progress: The power of social and emotional skills. http://dx. doi. org/10. 1787/9789264226159-en.

④ Yale Center for Emotional Intelligence. (2021). RULER: A systemic approach to SEL. https://www. ycei. org/ruler.

⑤ 曹慧,毛亚庆. 美国"RULER 社会与情感学习实践"的实施及其启示[J]. 比较教育研究,2016(12).

社会情感方面的服务，覆盖了超过 100 万名学生。[①]

三、联邦层面的立法：从《2000 目标：美国教育法》到开端计划

社会与情感学习在联邦法律中获得认可的第一个立足点是 1994 年时任美国总统签署的《2000 目标：美国教育法》(Goals 2000：Educate America Act)，为提高中小学教育质量，该立法编纂八个国家教育目标，由联邦政府拨款资助那些遵循联邦政策的指导致力于达到规定教育目标的州。其中目标一和目标八为社会与情感学习相关法案奠定了基础。目标一要求"美国所有的孩子都要准备好上学学习，"这是从教育机会公平出发，关注儿童尤其是低收入家庭儿童的学习机会，建立相应的配套措施促使他们接受良好的学前教育项目，使他们为上学做好准备。这有利于为学龄前学生营造公平、友好的教育氛围，减少他们上学后问题行为的发生；目标八强调了家校合作对学生社会、情感和学业发展的重要作用，它指出"每所学校都要促进伙伴关系，增加家长的参与，促进儿童的社会、情感和学业发展"。虽然《2000 目标：美国教育法》的某些内容在 2002 年的《不让一个孩子掉队法案》中被废除，但是这八个教育目标仍然保留在联邦的政策法规中，关于社会与情感学习的提案依然是联邦政策议程不可或缺的组成部分。

NCLB 通过学习资助基金会，继续延续目标一和目标八的教育改革计划。如果幼儿"遭受暴力"或"遭受父母的抑郁等精神病折磨"等，幼儿有资格获得由当地教育机构、非营利组织等提供的资助，通过促进情感和社会发展做好入学准备。除了学习资助基金会，NCLB 还通过其他方式促进社会与情感学习，包括拨款用于促进"各种运动技能和体育活动的指导和教学，旨在提高每个学生的身体、心理和社会或情感发展"。除此之外，《不让一个孩子掉队法案》对标准化测试成绩的要求，导致中小学积极探索提升学业成绩的有效手段，而这时社会与情感学习项目对学业表现的积极作用也被多个研究证明，由此激发了学校采取社会与情感能力项目的积极性。[②]

除了《2000 目标：美国教育法》、《不让一个孩子掉队法案》之外，联邦政策工具中对社会与情感学习的推进具有巨大影响力的当属联邦开端计划(Head Start program)。1970 年，开端计划开始使用"社会能力"一词来概括入学前儿童应具备的能力，并以此来作为开端计划的首要目标。通过社会与学习的课程，培养儿童的自我概念、交际能力、价值观等。坚持"全儿童"的教育观念。不仅仅关注儿童的入学准备，还强调优质的早期教育；不仅关注儿童的认知发展，

---

① Resilient Educator. (2020). The emotions of learning: Q&A with Marc Brackett, PhD. https://resilienteducator.com/classroom-resources/teaching-eq-ruler-approach/.

② Hoffman D. M. (2009). Reflecting on social emotional learning: A critical perspective on trends in the United States. Review of Educational Research，79(2)，533 - 556.

也强调儿童的社会性发展。开端计划规划组认为，为社会经济处境不利的儿童做好入学准备，应该"改善儿童身心健康和心理能力；通过激发自信心、自主性、好奇心、自律等帮助儿童发展情感和社会能力；建立儿童对成功的期待和对未来学业的信心；增强儿童与家人以及他人积极相处的能力；发展儿童和家庭对于社会的责任感，增强儿童及其家庭的尊严和自我价值感"。[①] 在"全儿童"观念的指引下，开端计划不仅对儿童的认知有所干预，还改善了儿童的身心健康、营养状况、社会情感、家长投入和社区支持，成为美国影响大、投资多、持续久的早期儿童教育项目，为社会与情感学习尤其是早期儿童社会与情感能力教育的开展奠定了基础。

第三节　对社会与情感学习的质疑和反思

在美国，社会与情感学习成为教育政策和实践领域的热点，其主要目标在于提升学生的社会与情感能力。相关研究已经表明社会与情感能力在学生学校、家庭和未来的职业生活中是影响成功、幸福和健康的重要因素，即关于社会与情感能力的重要性人们已经达成了共识。但是关于社会与情感能力的概念、内涵和如何测量的问题学术界还有待开展研究。

一、对社会与情感能力内涵的质疑

提及社会与情感能力，不少研究者、教育工作者和政策制定者把它和品格/性格教育、个性/特质、软技能、非认知能力等术语混为一谈。其实不同的术语指向的是不同的理论视角和研究范式，属于不同的领域和学科。社会与情感能力与它们不能混淆的原因在于，性格、个性、特质这些术语带有很浓重的心理学科特色，传递了这种能力是先天的、稳定的、后天不容易加以改变的信息。而社会与情感能力更多地强调后天情感/情绪、社交/社会方面能力的发展。社会与情感能力是在反思认知领域的基础上提出来的，是指认知技能、硬技能之外的所有技能，它往往被用来描述那些不能被智力测验或者学业成绩测量出的个人特征。但是什么能力应该被包含在社会与情感能力框架之内，同时什么能力被排除在外困扰着研究者。

已确定的社会与情感技能数量众多，性质各异。其中最有代表性的是 CASEL 的社会与情感能力框架，包括自我意识、自我管理、社会意识、关系技能和负责任的决策五大子能力。琼斯（Jones, S. M.）等人开发的框架也颇具代表性，包括认知调节、情绪过程和人际技能三个子能力。由于不同的理解，在不同的框架体系中，相同的名称可能代表不同的技能和能力或者相同的技能和能力有不同的名称。以"自我控制"为例，在 CASEL 的框架中，"自我控制"属于自我管理的范畴——在不同的情境下，朝着既定目标，成功管理自我情绪、认知和行为的能

---

① Zigler, E., & Styfco, S. J. (2010). The hidden history of Head Start. Oxford University Press.

力。在琼斯等人的框架中,"自我控制"则被划分到认知调节以及情绪过程的范畴,因为自我控制需要个体在认知层面排除干扰,集中注意力,做出最合适而不是最喜欢的选择,同时它也需要个体管理自我情绪的能力。[1]

这种多样性既有积极也有消极影响,一方面它促使研究人员和教育工作者寻找最佳方法来理解和推进社会与情感学习的研究和实践,另一方面,它使人们对这个领域的理解复杂化和模糊化,引发了人们对社会与情感学习内涵的质疑,正如麦克·夏恩(Michael McShane)所说,"社会与情感学习是什么意思? 家长、教师和学生等不同群体是否清楚社会与情感学习是什么,它为什么重要以及它如何影响学校的教学……"。[2]

二、对社会与情感能力评价的质疑

总的来说,社会与情感能力是可以评价的,但是在实际操作的过程中遇到了一系列挑战和问题。首先,评估没有成为教育工作者的优先事项。采用社会与情感能力评价的教育者对评价的实施情况褒贬不一。例如一项全美校长调查发现,尽管大多数校长(71%)认为社会与情感能力是可以评估的,但只有少数校长(24%)采取行动评估学生的社会与情感能力发展。大多数接受社会与情感能力评估的学生(60%)认为评估不是很有用,老师不知道如何使用评估数据来指导他们的实践。[3] 同样,在另一调查中,大多数教育工作者(87%)表示评估"非学术"技能很重要,但只有十分之一的人表示,他们学校对这些技能进行了很好的评估。[4] 这些发现表明,教育工作者对社会与情感能力的评估期待与评估实践之间存在差距。

其次,社会与情感能力的评估更重要的挑战是社会与情感学习标准、评价、项目和专业学习之间缺乏一致性。在标准方面,虽然各州对于幼儿社会与情感学习都有标准,但是大多数州还没有制定从幼儿园到高中的指导方针或标准来说明儿童应该具备什么样的社会与情感技能。[5] 如果标准、评估、项目和专业学习协调起来,将有助于指导教育工作者的努力达到社会与情感学习的明确要求,传授相同的社会与情感能力,将有助于明确指导评估开发人员设计所要测量的内容。最后,社会与情感能力的评估受到来自文化的挑战。具体包括:(1)关于

① Jones, S. M., & Doolittle, E. (2017). Social and emotional learning: Introducing the issue. The Future of Children, 27 (1), 3 – 11.

② Mcshane, M. Q. (2019). What social and emotional learning advocates can learn from Common Core. Washington, DC: American Enterprise Institute.

③ DePaoli, J. L., Atwell, M. N., & Bridgeland, J. (2017). Ready to lead: A national principal survey on how social and emotional learning can prepare children and transform schools. Washington, DC: Civic Enterprises.

④ GALLUP. Assessing soft skills: Are we preparing students for successful futures? https://www.nwea.org/content/uploads/2018/08/NWEA_Gallup-Report_August-2018.pdf.

⑤ Dusenbury, L, Dermody, C. & Roger, P. W. (2018). State scorecard scan. Chicago, IL: collaborative for academic social and emotional learning. Retrieved from https://casel.org/wp-content/uploads/2018/09/csi-scorecard-sept2018.pdf.

考试偏差的问题。(2)评估内容来源的参考框架杂乱的问题。(3)社会与情感学习的不平等问题。这些挑战在社会与情感学习评估中可能比在学术评估中更为尖锐。例如，在学术评估中大多数人都会认为阅读和数学技能对所有人都很重要，但是在社会与情感学习评估中人们对哪种社会与情感能力更重要的看法则不尽相同，文化可能是影响能力被重视的因素之一。

三、对社会与情感能力培养的质疑

已有的研究表明社会与情感能力是可塑的，这意味着它是可以被教的。在学校的教育教学中培养学生的社会与情感能力已经成为一项重大趋势，学校在探索如何教方面也积累了一些经验，但也存在着一些问题。

20 世纪九十年代，在课程中教授学生社会与情感能力最为普遍，这些课程有的是专门课程，即针对有问题行为的学生采用直接教学的方法。有的是学科渗透课程，即在原有的学科课程中加入有助于社会与情感能力发展的教学策略。这种方式针对性强，在实践中最容易为教师和家长所接受，然而，在具体操作中，遭受着内容碎片化、方式边缘化、效果依赖性等现实困境。① 由于没有足够且持久的时间投入，学生很难获得持续一致的教育效果。另外学校的主要教学工作还是以学术知识和认知技能的提高为主，社会与情感能力的效果难以直接衡量，在教学中很容易被边缘化。再者，课程教授的效果很容易受教师个人的主观因素影响，教师的个人能力以及他们和学生互动的方式等影响着实施的效果。

随着社会与情感学习运动的开展，研究者普遍认为项目模式是培养学生社会与情感能力的有效策略。美国学者杜拉克(Durlak, J. A.)等人运用元分析的方法分析了在全美实施的213 个社会与情感学习干预项目的效果，结果发现有质量的项目实施需要满足连贯一致的实施、激发学生的积极主动性、聚焦特定技能和明确实施策略这四项原则。② 但是在实际的操作过程中，项目模式容易受诸多因素的影响而达不到预期的效果，这些因素包括：项目本身的内容和学校文化的契合程度、项目执行人员的观念、人员之间的合作能力等。它们决定着项目实施的效果。

近年来，CASEL 提出学生社会与情感能力的培养需要超越学校范围和项目模式，与学校外部环境即联邦政府、州、学区、社区形成合力，实现社会与情感学习的内外联动。这是一项系统持续的变革，涉及如何将社会与情感能力与学校的发展愿景相融合，如何使其成为教师日常教学工作的有机组成部分，如何实现变革主体如学校教职工、家长和社区人员等之间的

---

① 杜媛，毛亚庆.从专门课程到综合变革:学生社会与情感能力发展策略的模式变迁[J].全球教育展望,2019,048(005):39—53.

② Durlak, J. A. et al. (2011). The impact of enhancing students' social and emotional learning: A meta-analysis of school-based universal interventions. Child Development，82(1):405 - 432.

相互信任和配合。

第四节　社会与情感学习变革的经验与启示

美国的社会与情感学习变革还在进行中，是基于全球竞争的大背景和美国校园问题层出不穷的国内背景而提出，不仅利于国家培养全球竞争力人才，还符合人的身心发展需要。在变革过程中积累了丰富的经验，包括"全儿童"教育观引领，政府和学术团体"共营"，社会与情感学习标准建设等，这些经验对我国未来社会与情感学习的实践具有启示意义。

一、"全儿童"教育观引领着社会与情感学习的变革

社会与情感学习是针对所有学生提出的教育观念，而非针对少数有特殊教育需求的学生。社会与情感能力作为非认知能力，对学生的认知能力具有积极的促进作用。CASEL 推动的社会与情感能力项目的开展即是从非认知能力带动认知能力出发，帮助学生尤其是青少年学生解决面对的压力和问题，而非仅仅停留在某一问题行为的预防和干预。首先，社会与情感学习不仅有助于学校教育的改善，还旨在改善学生所生活和成长的环境，学生社会与情感能力的培养需要学校关爱、关怀的校园氛围以及家—校—社等方面进行的系统的支持。其次，在社会与情感学习的变革中，对学生的评价不再局限于读、写、算等认知能力的衡量，学生的情绪控制、抗压能力、与他人合作等非认知能力同样重要。最后，社会与情感学习对学生的影响并不仅仅是在求学期间，它的影响可以持续一生，为个体成为健康、富有同理心、责任感、积极的公民奠定基础。所以，在"全儿童"教育观的影响下，社会与情感学习的教育变革关注的是和认知能力同样重要的社会与情感能力，培养学生社会与情感能力的途径不仅仅在课堂、在学校，而是在更广泛的学生成长空间内。此外，在"全儿童"教育观念的影响下，任何短视、功利的教育目的都会被有利于学生的幸福乃至一生福祉有益的长远目标所替代。

二、政府和学术团体的"共营"推动着社会与情感学习变革

美国社会与情感学习运动的广泛开展离不开 CASEL、耶鲁大学等学术组织的积极推动。CASEL 在已有研究的基础上，针对当时美国校园危机和青少年行为问题，创造性地提出了以自我意识、自我管理、社会意识、关系技能与负责任地决策为五大核心能力的社会与情感学习概念框架，为社会与情感学习的开展奠定了知识论基础。在实践中，社会与情感学习的框架不断完善，这得益于以"合作州倡议"为纽带的各州、学区的努力，各州不断开发社会与情感学习资源和工具，制定州层面的社会与情感学习课程标准和计划，加强社会与情感学习项目的

实践。继美国各州的积极行动之后，社会与情感学习于 2011 年正式进入联邦的政策议程。2015 年，时任美国总统签署《每个学生都成功法》，从立法层面确定了社会与情感能力的重要性。在政府和学术团体共同致力于社会与情感学习的过程中，学术团体为了增加社会与情感能力这一政策术语的影响力，不断开展基于证据的研究，例证其对学生学业成绩的促进作用，对儿童行为问题的抑制作用，通过政策文本塑造官方和公众对社会与情感学习的理解。与此同时，联邦政府也有通过社会与情感学习解决青少年的问题行为，减少校园欺凌，促进青少年身心健康的政策诉求。以 CASEL 为代表的学术团体进行的研究为政府解决这些问题提供了思路和方案，两者因相同的为了儿童的未来的目标而致力于共同推动社会与情感学习的发展和应用。

三、加强标准的建设提升社会与情感学习的可操作性

在社会与情感学习变革的过程中，关于社会与情感学习的内涵、评估和培养还存在模糊之处，引发了不少争议。作为一项教育政策，在实施的过程中，不同的人对其有不同的描述和理解，这直接影响着社会与情感学习这一政策实施的效果。为此，美国的一些州加强社会与情感学习标准方面的建设，避免在政策实施过程中出现多套话语体系。有关社会与情感能力的内涵框架现有百余种，其中 CASEL 的框架最具代表性，这一框架在提出的时候就有很强的包容性，留给各州很大的解释空间，所以各州互相交流和理解的时候会出现一定程度的偏差。为了有效实施社会与情感学习细化政策，联邦政府制订标准，让教师、家长和社区教育工作者在培养学生社会与情感能力的过程中，遵循明确的操作方式和规范的过程，根据实际情况在不影响效果的前提下，指导和评估儿童的活动。在评估方面，制定相应的标准，配备经过严格培训有经验的专业人员进行评估，增大社会与情感学习评估的预测、指导和反馈作用，反过来更好地促进社会与情感学习的开展。

第六章 社会与情感学习：疫情下美国各州举措的比较研究

自新冠肺炎疫情暴发以来，学生因疫情蔓延、物理隔离、在线教育的影响而受到巨大冲击。美国各州制定相关政策，采取不同措施推动社会与情感学习促进学生的全面发展。本研究通过对美国六州推动社会与情感学习的举措进行比较分析，探寻我国实施社会与情感学习的途径。研究发现美国六州通过传递社会与情感学习的重要性，传播社会与情感学习的实践，及整合多个策略共同推动社会与情感学习的实施。这启示我国在运用社会与情感学习时可采取如下策略：运用媒介强调社会与情感学习的重要性；提供一般和定向的社会与情感学习传播策略；完善社会与情感学习标准，整合多方资源推动社会与情感学习。

第一节 引 言

新冠肺炎疫情被世界卫生组织（WHO）列为国际关注的突发性公共卫生事件。自疫情暴发以来，美国各州种族歧视、游行示威、枪击事件频发。截至 2020 年 9 月 19 日，美国有 30 449 人死于涉枪案。面对疫情的冲击和社会的动荡，人们不可避免地受到不同程度的影响。而在我国，尽管疫情防控到位，社会氛围向好，由于学生身心发展不健全，缺乏社会经验，情绪波动较大，疫情还是不可避免地对学生产生了巨大的影响。

在互联网和社交媒体的冲击下，学生缺乏理性的判断，过度沉浸在与疫情有关的负面信息流中不但会加重其担忧、紧张等消极情绪，还会降低其认知能力和思维能力。长期的居家隔离导致学生远离社交群，缺乏与同伴的交流，使得学生的社交也受到了影响。在居家生活中，学生通常缺乏足够的锻炼、作息不规律、睡眠不充足。这些生活方式的改变与家庭禁闭的心理压力相互作用，可能会进一步加剧对学生身心健康的不利影响，从而导致恶性循环。[1]

新冠肺炎疫情的流行也使得世界各地学校在 2020 年大规模关闭，常规教学难以进行，在线教育成了主要的教学方式。尽管在线教育能够维持正常的教学进度，但同时也向学生提出了新的挑战。远离了具有严格制度规范和浓郁学习氛围的学校，学生需要适应新的学习环境、转变学习方式、克服居家的各种干扰。长时间的自主学习会让学生感到焦虑、孤独、压抑，而不良的心理状态则会导致学习效率的降低，形成恶性循环，对学生的学习和发展造成了巨大影响。

由此可见，由于新冠肺炎疫情的暴发和蔓延，学生的身心健康、全面发展亟需得到关注。CASEL 所提出的社会与情感学习（SEL）成为了美国各州在疫情期间促进学生全面发展的重要工具。社会与情感学习在美国实施二十余年以来，有效提高了学生的学业成就和生活幸福感，促进了学生的全面发展。[2] 本章将采用比较研究对美国各州 2020 年疫情期间采取的社会与情感学习举措进行分析，探究我国借助社会与情感学习以促进学生全人发展的具体策略。

第二节　基本框架与分析对象

自 20 世纪末，CASEL 一直致力于培养学生的社会与情感能力，以应对学生的心理、情感危机，促进学生全面发展，提高教育公平与质量。CASEL 开发的社会与情感能力框架包含了自我意识、自我管理、社会意识、关系技能、负责任的决策五个维度。在此次疫情中，这五个维度中的若干知识、能力与价值则显得尤为重要。

一、疫情下的社会与情感能力的重要性日益凸显

疫情之下，培养学生的自我意识能够帮助学生建立自信，克服长期物理隔离带来的自我怀疑，在复杂的外在环境中进行合理的自我定位，积极乐观地面对挑战；培养学生的自我管理能力能够帮助学生调节自身压力和负面情绪，合理设定目标并尽全力实现；培养学生的社会意识能够培养其同理心，正确认识疫情凸显的教育公平问题；掌握良好人际关系技能的学生能够借助网络和电子资源克服疫情伴随的人际交往冲击，与同伴、老师、家长进行合理沟通，在排解自身压力和负面情绪的同时，帮助他人解决心理问题；具备负责任的决策能力的学生能够充分考虑疫情对自己、对他人、对社会的影响，在不伤害他人和社会的前提下，做出对

① Wang, G., Zhang, Y., Zhao, J., et al. (2020). Mitigate the effects of home confinement on children during the COVID-19 outbreak. Lancet, 395(10228):945-947.

② Durlak, J. A., Weissberg, R. P., Dymnicki, A. B., et al. (2011). The impact of enhancing students' social and emotional learning: A meta-analysis of school-based universal interventions. Child Development, 82(1):405-432.

自己有利的慎重决定。故疫情之下,社会与情感能力培养涉及的议题也有所更新(详见表6-1)。

表6-1　疫情下社会与情感学习的关键议题

能 力 维 度	关 键 议 题
自我意识能够识别和处理我们复杂的情绪,反思我们的力量	当我们处理当前疫情和种族不公时,了解我们的文化、种族和社会身份,并评估隐性偏见
自我管理有助于处理悲痛和损失,发展复原力	通过抵制不公正和反种族主义运动来表达力量
社会意识能够帮助我们从他人的角度看待他人;理解行为的社会和伦理规范;认识到家庭、学校和社区的资源和支持	了解更广泛的历史和由COVID-19所加剧的不平等的社会背景,以及持续的种族主义对个人和机构带来的影响
关系技能可以帮助我们建立和保持跨越种族、文化、年龄和距离的有意义的联系	在共同的悲痛和挣扎中互相支持,并共同寻找解决新障碍的方法
负责任的决策能够帮助我们分析个人和机构的行为对他人健康和安全的影响	做出促进集体福祉的决定,并参与集体行动,以形成一个更加公正和公平的社会

二、研究分析框架

CASEL在2020年5月对美国50个州进行考察时,发现有38个州运用了社会与情感学习应对新冠肺炎疫情对学生的影响。[①] 在对各州运用的SEL举措进行详细分析后,CASEL将举措总结为六点:传递SEL的重要性;传播SEL实践;鼓励使用资金;定义、协调SEL和心理健康支持;利用数据进行持续改进;为成人SEL能力与健康提供专业学习和支持。需要说明的是,以上六项举措并非各州共有,而是根据本州的实际情况采用了不同的举措。

在对六项举措进行详细分析后可以发现,传递SEL的重要性是从认识层面帮助学区、学校、教师、家长认识到SEL的意义。传播SEL实践则从行动层面促进SEL的实施。其余四项举措则是提供资源或问责来促进SEL进一步发展。故根据各州运用SEL的举措,可以形成本章的分析框架(见图6-1)。

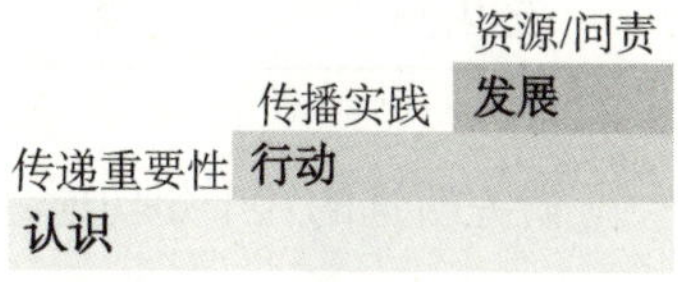

图6-1　研究分析框架

---

① Yoder, N., Posamentier, J., Godek, D., Seibel, K., & Dusenbury, L. (2020). From Response to Reopening: State Efforts to Elevate Social and Emotional Learning during the Pandemic. Collaborative for Academic, Social, and Emotional Learning.

三、研究对象的选择

根据 CASEL 在 2020 年对各州 SEL 学习标准的考察，美国仅有 18 个州制定了 SEL K-12 的学习标准。[①] SEL K-12 学习标准是有效实施 SEL 的基础，依据 SEL 学习标准，各州可以更好地在本州推动 SEL 的实施，亦能根据特殊情况对 SEL 的实施进行灵活调整。同时，在本次疫情中，美国东部为重大灾区，其中以伊利诺伊为显，确诊率达到了 30.28%。[②] 东部各州青少年的确诊率绝大部分已超过了 10%，最高达到了 18.3%。[③] 东部青少年面对疫情感染的风险，学校关闭的不适，身心受到更严重的冲击。因此东部各州的青少年面临更为严峻的环境。美国东部各州均需要强有力的措施来帮助青少年应对新冠肺炎疫情带来的发展危机。

故本研究以各州有无 SEL K-12 学习标准、在疫情中采取的不同举措为依据，选取了美国东部六个州为研究对象：北卡罗来纳州、伊利诺伊州、马里兰州、俄亥俄州、维吉尼亚州、缅因州（见表 6-2）。

表 6-2　六州实施社会与情感学习的举措

州	SEL K-12 学习标准	举措				
		传递 SEL 的重要性	传播 SEL 实践	鼓励使用资金	定义、协调 SEL 和心理健康支持	利用数据进行持续改进
北卡罗来纳州	无	✓	✓		✓	✓
伊利诺伊州	有	✓	✓	✓		
马里兰州	无	✓	✓			
俄亥俄州	有	✓	✓			
维吉尼亚州	无	✓				
缅因州	有	✓				

研究所选的六个州均地处美国东部，其中四个州濒临大西洋（北卡罗来纳州、马里兰州、维吉尼亚州、缅因州）。伊利诺伊州、俄亥俄州、缅因州在疫情前就制定了 SEL K-12 学习标准，北卡罗来纳州、马里兰州、维吉尼亚州则无。在本次疫情中，六个州均受到了巨大冲击，确

[①] Dusenbury, L., Yoder, N., Dermody, C., & Weissberg, R. (2020). An Examination of K-12 SEL Learning Competencies/Standards in 18 States. Frameworks Briefs. Collaborative for Academic, Social, and Emotional Learning.

[②] Jones Hopkins University and Medicine Coronavirus Recourse Center. (2020). COVID-19 map [EB/OL]. [2020-10-18]. https://coronavirus.jhu.edu.

[③] American Academy of Pediatrics. (2019). Children and COVID-19: State-level data report. https://services.aap.org/en/pages/2019-novel-coronavirus-covid-19-infections/children-and-covid-19-state-level-data-report/.

诊率均超过总人口的 17%。[①] 为应对新冠肺炎疫情,各州纷纷关闭学校,转而进行在线教育。六个州所采取的举措在程度和数量上呈依次递进的趋势。

第三节　美国各州推动社会与情感学习实施的举措

在 CASEL 总结的六条推动 SEL 应对新冠肺炎疫情带来的学生发展危机的具体举措中,传递 SEL 的重要性能够使各州教师、家长、学生认识到 SEL 的意义,是实施 SEL 的第一要务。传播 SEL 实践能够在实际实施过程中,帮助学校、教师将 SEL 落地。美国有 15 个州在推动 SEL 时采用了该策略。此外,一些州还整合了其他策略共同推动 SEL 的实施,促进 SEL 在本州进一步发展。

一、认识:传递社会与情感学习的重要性

新冠肺炎疫情传播以来,学生和成人的身心健康和需求成为了各州政府的关注点。CASEL 提出 SEL 是各学区和学校需要了解的重要信息。向教师、家长、学校、学区传递 SEL 的重要性是各州政府的首要任务。教师、家长、学校需要认识到 SEL 对学生和成人的重要性,并清楚 SEL 不是独立的,而是日常教学的重要组成部分。疫情期间,学生不仅陷入了各种负面情绪之中,还需要保持良好的自控能力进行居家学习。自我意识能够帮助学生建立积极的自我应对负面情绪,自我管理则能发展学生的复原力,使其更好地学习、生活。因此,通过传递 SEL 的重要性,教师和家长能够进一步认识到学生的自我意识和自我管理能力的重要性,在日常教学和生活中培养学生的自我意识和自我管理能力。

各州政府采用了不同的方式来传递 SEL 的重要性:州政府领导传达 SEL 的重要性;利用社会媒体为各州的教育工作者、家庭和学生提供持续的支持;利用政府网站和指导性文件来传播 SEL 策略。[②]

表 6-3　推动社会与情感学习实施的策略(一)

州	SEL K-12 学习标准	传递 SEL 重要性的策略	
		官方媒体(文本)	社会媒体
缅因州	有	√	√
维吉尼亚州	无	√	

---

① World Population review. (2020). US States-ranked by population. https://worldpopulationreview.com/states.

② Yoder, N., Posamentier, J., Godek, D., Seibel, K., & Dusenbury, L. (2020). From Response to Reopening: State Efforts to Elevate Social and Emotional Learning during the Pandemic. Collaborative for Academic, Social, and Emotional Learning.

缅因州在 2018 年开始实行 SEL K－12 学习标准，还开发了相应的指导手册和相关资源支持。故学区、学校和教师对 SEL 有充分的了解和充足的实施经验。在疫情期间，缅因州通过社交媒体进一步强调了 SEL 的重要性。缅因州教育局局长彭德马金（Makin, P.）利用社交媒体发布信息，提醒缅因州教育工作者、学生和家长自我照顾、同理心和包容性的价值。

与缅因州相反，维吉尼亚州仅有 0—4 岁儿童的 SEL 学习标准，并没有针对中小学生的 SEL 学习标准。维吉尼亚州的学区、学校和教师也缺乏对 SEL 的认识和实践。故维吉尼亚州利用官方媒体来传达 SEL 的重要性。在州政府宣布关闭学校后，维吉尼亚州政府成立了持续学习工作组（Continuity for Learning Task Force，简称 C4L）。C4L 在 3 天时间内组织了 120 名学者提出了应对新冠肺炎疫情带来的心理危机的相关建议，形成了《处处可学的维吉尼亚》（Virginia Learns Anywhere）的工作报告。该报告讨论了支持学生的社会与情感需求的重要性，并提供了教师可以使用的相关策略以及资源。教师在教学中可采用包含创新教学法的教学模式，包括学习者中心、教师中心、混合模式；采用多种渠道保持和学生的沟通；使用不同的教学材料和教学渠道以满足不同学生的需求；对学生进行持续的多方位的评估。

因而，缅因州和维吉尼亚州均做到了实施 SEL 的第一步，即传递 SEL 的重要性。由于缅因州在疫情前就实行了 SEL K－12 学习标准，故在疫情期间，州政府以社交媒体为主要方式，再次向教师、学生和家长强调 SEL 的重要性。而维吉尼亚州则利用官方媒体对 SEL 的重要性进行详细的讨论。

二、行动：传播社会与情感学习的实践

传递 SEL 的重要性仅从意识层面让教师、家长认识到 SEL 是不够的，还需要为 SEL 的实践提供具体的经验和方法。教师和家长通过实施社会与情感学习培养学生的人际关系技能，可以让学生在疫情期间建立良好的师生、生生、亲子关系，对学生进行心理支持，帮助学生克服疫情带来的负面影响。

各州提出的推动 SEL 实施的新策略包括：提供一般实践；将 SEL 与学术联系起来；提供了明确的 SEL 做法；按等级对 SEL 提供支持；为不同的学习者提供具体的 SEL 建议。[①]

---

① Yoder, N., Posamentier, J., Godek, D., Seibel, K., & Dusenbury, L. (2020). From Response to Reopening: State Efforts to Elevate Social and Emotional Learning during the Pandemic. Collaborative for Academic, Social, and Emotional Learning.

表6-4　推动社会与情感学习实施的策略(二)

州	SEL K-12 学习标准	传递 SEL 重要性的策略		传播 SEL 实践的策略	
		官方媒体 (文件)	社会媒体	一般做法	具体建议
俄亥俄州	有		√	√	
马里兰州	无	√			√

　　基于 CASEL 的 SEL 框架,俄亥俄州在 2019 年 6 月颁布了 SEL K-12 学习标准。SEL 成为俄亥俄州学校教学的一部分。教师和教育管理人员在学习标准的指导下,能够在课堂、学校、学区合理实施 SEL。因此,在疫情期间,俄亥俄州仅通过社交媒体进一步传递 SEL 的重要性。通过推特(Twitter)和现场学习平台,政府同学生进行交流,了解他们对个人经历以及重返校园的看法。同时,由于俄亥俄州早已实施 SEL 的学习标准,学区、学校和教师在实施 SEL 上已有经验,因此在传播 SEL 实践上,俄亥俄州仅提供了一般做法。俄亥俄州提供了一些活动来帮助学生加强人际交往,还为家庭提供了一份文件,当中列出了支持学生社交、情感和行为健康的相关策略。

　　马里兰州仅制定了 0—2 岁幼儿的 SEL 学习标准,无法给中小学在校生提供 SEL 支持。在疫情期间,马里兰州政府同维吉尼亚州一样,利用官方媒体传达 SEL 的重要性。《马里兰在一起》(Maryland Together)是马里兰州政府颁布的恢复计划。该计划中强调了学生社会与情感学习的需要,要求在教学中实施 SEL。同时,由于缺乏实施 SEL 的经验,马里兰州政府在传播 SEL 实践上为不同的学生提供了具体建议。《马里兰在一起》中提供了重返校园时所需要的各项策略和要求,强调了实施 SEL 的过程中家庭的重要性,并详细说明了对有特殊需要的学生的考虑。

　　因而,俄亥俄州和马里兰州在实施 SEL 方面走到了更深的层次,不仅在认识层面传递了 SEL 的重要性,还在行动层面传播了 SEL 的相关实践。而综合分析四个州,可以发现各州因有无学习标准而采取了不同的措施。在传递 SEL 重要性层面,具备 SEL K-12 学习标准的州(缅因州、俄亥俄州)仅需要通过社交媒体做进一步的强调,而未制定 SEL K-12 学习标准的州(维吉尼亚州、马里兰州)则需要通过官方媒体传达 SEL 的重要性。在传播 SEL 实践方面,俄亥俄州由于制定并实施了学习标准,因此仅提供了一般做法,而马里兰州则需要提供具体建议来支持 SEL 实施。

三、发展:多种途径推动社会与情感学习

　　除上述基本举措以外,一些州更是采取不同方式、多途径地推动社会与情感学习在本州

的发展：鼓励使用资金；定义、协调 SEL 和心理健康支持；利用数据进行持续改进。疫情期间，各州学校纷纷进行在线教育。在线教育对家庭环境、家庭的经济提出了一定的要求，加深了原本就存在的教育不公平现象。而种族冲突也在疫情期间频频发生。通过多种途径来促进学生的社会与情感能力的培养，能够帮助学生认识社会、认识他人、做出正确的决定和行动。培养学生的社会意识，负责任的决策两项社会与情感能力，能使学生正确认识社会的不公平和种族问题，认识自己对社会的影响，选择促进社会公平的行动。在采取多种途径来推动社会与情感学习实施的州中，以北卡罗来纳州和伊利诺伊州为显。

伊利诺伊州的州督学不仅指出了学生社会与情感健康的重要性，根据年龄段为不同的学生群体提供具体的 SEL 建议与指导。同时伊利诺伊州政府还明确将资金、资源与 SEL 挂钩，将资金专门用于 SEL。政府向地区主管发出的指导信中指出，要最大限度地提高联邦资金使用的灵活性，"包括心理健康服务和支持、暑期和扩展学习机会、技术、饮食和活动，以满足受到 COVID - 19 影响的有色人种学生、低收入学生、无家可归学生或需要照顾的青年的需求。"

在北卡罗来纳州，社会与情感学习和心理健康支持被视为多层保障体系（MTSS）框架内的一个综合连续体。通过与项目意识网站（Project AWARE）的合作，北卡罗来纳州建立了一个 COVID - 19 SEL 和危机应对网站，利用官方媒体传达 SEL 的重要性。该页面被添加到北卡罗来纳州的学校心理学网站，包括国家和州的相关资源链接，以支持学校心理学家规划和实施服务并提供选择。COVID - 19 SEL 和危机应对网站也提供了需求评估和资源映射的指导，使用数据来更好地了解学生和成年人的经历。与此同时，北卡罗来纳州也善于利用评级和问责数据，在他们的远程学习指南中鼓励不同年级（小学、中学和高中）的教育工作者确定学生的社会与情感优势和需求，以及他们的学术技能，利用数据进行持续改进。

通过两个州的实际举措不难看出，两州针对疫情均提升了 SEL 在本州的地位，且十分注重 SEL 和心理健康的定义与协调，并通过使用资金、数据来进一步推动、改进本州疫情下的 SEL。尽管如此，两州由于 SEL 学习标准的有无，而在具体举措中存在不同的偏向与侧重。

表 6 - 5　推动社会与情感学习实施的策略（三）

州	SEL K - 12 学习标准	传递 SEL 重要性的策略		传播 SEL 实践的策略		多种途径推动 SEL	
		官方媒体（文本）	社会媒体	一般做法	具体建议	资源（资金）	问责（数据评估）
伊利诺伊州	有		√		√	√	
北卡罗来纳州	无	√	√	√		√	√

伊利诺伊州早在 2004 年就已建立了 K - 12 完整的 SEL 学习标准，其面对疫情的冲击，能

够十分全面地考虑到不同年龄段、不同学生群体的需求。相比之下,北卡罗来纳州作为先前未建立 SEL 框架的州,则特意开发了一个应对疫情危机、发展 SEL 的网站,充分利用官方媒体、社交媒体、相关数据展开 SEL 实践,也展现出了对 SEL 的高度重视和有力举措。

对比传播 SEL 教育实践的策略,可以发现尽管伊利诺伊州和俄亥俄州都建立了 SEL K-12 的学习标准,但由于伊利诺伊州已实行十余年,相较于俄亥俄州,学校、教师经验更为丰富,有关 SEL 的相关实践更为成熟。因此通过提供不同年龄段的指导,针对不同学生的建议能够更有针对性地应对疫情带来的危机。北卡罗来纳州相较于马里兰州也有所不同。北卡罗来纳州已有多层保障体系(MTSS)、整体儿童模型(WSCC)等完善的培养体系,因此提供一般做法将 SEL 纳入到教学中即可。

四、各州推动社会与情感学习举措的矩阵分析

在对六个州进行比较后可以发现,SEL 的学习标准能够加深学区、学校、教师对 SEL 的认同,提高实施 SEL 的能动性。而在特殊情况下,如本次新冠肺炎疫情,各州可以以学习标准为基础,进一步提出相应的辅助措施来应对学生的发展问题。故结合各州采用 SEL 的举措可形成如下矩阵:

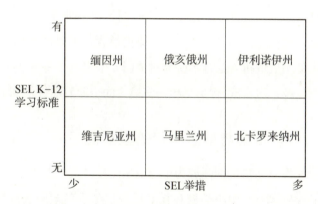

图 6-2　推动社会与情感学习举措的矩阵分析

SEL K-12 学习标准为各州提供了应对疫情的基础。故伊利诺伊州、俄亥俄州、缅因州三个州在采取 SEL 措施时都更为便利。仅从传递 SEL 重要性这一举措来看,三个州通过社交媒体即可传递 SEL 的重要性,而其他三个州则需要通过官方媒体来强调 SEL 的重要性。

对各州采取的 SEL 举措进行具体分析可以发现,三种举措呈现出程度加深、逐层递进的趋势。无论是通过社交媒体还是官方媒体,传达 SEL 的重要性往往是各州行动的第一步,各州只存在途径上的差异。但仅传达其重要性并不能切实提高学生及教育工作者的社会与情

感能力,因而在此基础上,大多数州则进一步通过传播 SEL 实践来提供指导和建议。且在传播 SEL 实践上,各州也因其先前 SEL 标准有无存在差别。经由 CASEL 对各州开展的审查可以发现,多数州大都做到了传播 SEL 实践这一层面,而少数州并未止步于此。这些州通过使用资金、数据,协调 SEL 和心理健康等多种途径,全面、系统地支持本州 SEL 的开展,促进学生、教育工作者乃至成人的全面发展。

作为美国受疫情影响最为严重的州,在此次疫情中,伊利诺伊州在促进学生全面发展方面表现极为突出。其主要原因在于,伊利诺伊州制定了完善的 SEL 学习标准,并且在疫情期间整合多种途径来应对本州的心理危机。故为更有效、更全面地推动 SEL 的实施,应对疫情带来的危机,需要制定 SEL 学习标准,为 SEL 的实施提供清晰的目标,并整合多种举措推动 SEL 的实施与发展。

第四节　总结与启示

对比美国各州开展社会与情感学习、应对心理危机的举措,可以归纳出:传递 SEL 的重要性是具有基础性的第一要务;传播 SEL 实践则是有效开展 SEL,促进社会与情感能力发展的有力举措;而在本州能力、资源允许下综合运用多种途径,以多种方式推动 SEL 则是在疫情期间促进学生全面发展的最优之举。SEL 学习标准则能够提供明确的目标,更有针对性地采取新措施应对疫情带来的发展危机。综合本研究对美国 6 个州 SEL 举措的对比分析,可为我国在疫情下开展社会与情感学习实践,促进学生乃至成人的全面发展提供如下启示:

一、运用媒介强调社会与情感学习的重要性

学生的心理健康和发展在疫情期间成为了与卫生防疫并重的要点之一。2020 年 10 月教育部颁发了《关于印发高等学校、中小学校和托幼机构秋冬季新冠肺炎疫情防控技术方案的通知》,在对各类学校的指示中无一不提到了要及时关注教职员工和学生的心理状况,加强心理健康教育和疏导。[①] 受限于非认知能力(情感、意识、自我关怀等)在学校教育中的地位及局部地区对情感、心理健康的重视,对社会与情感学习的强调则显得尤为重要。在疫情期间尤其是后疫情时代,中央政府、教育部和地方政府应当发挥领导力,有效运用各类媒介(新闻媒体、社交媒体、文化宣传等)向公众传达社会与情感学习的重要性,以提升社会、社区、学校以及家庭对社会与情感学习的关注与重视。

---

① 中华人民共和国教育部. 关于印发高等学校、中小学校和托幼机构秋冬季新冠肺炎疫情防控技术方案的通知[EB/OL]. [2020 - 10 - 18]. http://www.moe.gov.cn/jyb_xxgk/moe_1777/moe_1779/202008/t20200813_477911.html.

二、提供一般和定向的社会与情感学习传播策略

传播社会与情感学习的实践是帮助地区和学校开展社会与情感学习,促进学生及教育工作者心理健康的关键环节。美国各州政府在推进 SEL 时存在一般指引和具体建议两种路径。而中国作为一个地域广袤、内部差异显著的大国,中西部地区、教育资源上的差异都是传播社会与情感学习实践需重点考虑的因素之一。因此,在我国应当采取一般与定向实践并行的方法。针对新冠肺炎疫情,提供诸如自我关怀策略、自我意识唤醒等一般策略,在全国范围内进行推行;而对于所获资源不同的地区、不同等级的学校、不同年龄段的学生甚至于多样的学生群体应提供具有针对性的具体策略,在一般策略之下根据其特殊性给予定向的社会与情感学习建议,切实帮助学生重返校园、全面发展。

三、完善学习标准,整合多方资源推动社会与情感学习

在我国疫情最为严重的时候,教育部以及各个学校纷纷采取措施对此次疫情所引发的影响学生全面发展的相关问题进行干预和预防。2020 年教育部出台了《给全国中小学校新学期加强心理健康教育的指导建议》以帮助学生以积极的心态投入学习。[①] 中国儿童中心等部门就疫情下学生的心理辅导、自我关怀提供了具体建议;部分高校在疫情期间亦采取开放心理咨询热线的形式,供本校师生排解心理压力及恐慌。社会与情感学习作为解决学生心理问题的整体解决方案,其学习标准能够提高学校、教师对社会与情感学习的认识和实践的能动性。在特殊时期,社会与情感学习标准可以帮助地区、学校及时有效地采取新的措施解决学生的心理问题。因而,我国需要完善关于社会与情感学习的学习标准。在此基础上,各地区、学校在开展社会与情感学习的相关活动前,应全面了解已有资源、信息,并积极整合各方资源至自身的地区、学校系统中,合理运用官方资金、数据以改善本地区、学校学生的社会与情感能力,同时也能够避免资源的重叠与浪费。

---

① 中华人民共和国教育部. 给全国中小学校新学期加强心理健康教育的指导建议[EB/OL]. [2020 - 10 - 18]. http://www. moe. gov. cn/jyb_xwfb/gzdt_gzdt/s5987/202004/t20200424_446107. html.

第七章　社会与情感能力：我国学前教育政策的文本分析

　　自 1978 年改革开放以来，我国学前教育政策保障、指导学前教育健康发展的重要作用愈发显著。在过于偏重认知发展而带来负面效应的当下，全面素质教育更是不断地被提及，而作为素质教育的重要抓手——社会与情感能力的培养也被提上日程。学前教育作为人生发展的奠基阶段，根据幼儿身心发展规律和社会与情感能力的特点，在该教育阶段开展社会与情感能力培养将会事半功倍、受益终身。因此本章将基于我国 1978 年以来的学前教育政策文本，采用政策研究常用的文本分析法来探究学前教育政策文本中的幼儿社会与情感能力的培养。

　　本研究聚焦于我国学前教育政策中的社会与情感能力，探讨自 1978 年以来我国出台的学前教育相关政策中关于社会与情感能力有哪些内容体现，对社会与情感能力的培养是如何做出政策规定的？同时在这些涉及社会与情感能力的学前教育政策中，在不同历史发展阶段中呈现怎样的具体内容？并且在这些涉及社会与情感能力的学前教育政策中，政策是如何保障社会与情感能力培养的落实的？

第一节　研究设计

　　本研究中的研究对象主要是来源于以下三个部分：1. 中华人民共和国教育部官方网站；2. 何东昌 1998 年主编的《中华人民共和国重要教育文献》；3. 中国法制出版社出版的 2020 法律法规全书系列中的《中华人民共和国教育法律法规全书》。这三部分数据中的教育政策文献间能够实现相互的补充与互证，进而保证了研究数据来源的权威性、相关性、全面性、真实性和可靠性。

一、选取标准

在明确数据来源之后,依据研究对象的遴选标准,筛选出符合研究需要的研究对象。故根据研究的需求,在遵循权威性、相关性和全面性原则的基础上,特制订了六项遴选标准:1. 国家层面的;2. 时间上的限定;3. 学前教育学段的;4. 和社会与情感能力有关的;5. 针对学前教育学生的;6. 文本类型的选择。最终筛选出了 16 个符合标准的政策文件,具体的研究对象分布情况如下表 7-1 所示。

表 7-1　1978—2019 年我国涉及社会与情感能力的学前教育政策一览表

序号	发布时间	政策文件名称	文件类型
1	1981	《三岁前小儿教养大纲》草案	专门性、专业规范性
2	1981	教育部关于试行幼儿园教育纲要(试行草案)的通知	专门性、专业规范性
3	1988	国家教委、国家计委等 8 单位关于加强幼儿教育工作的意见	专门性、事业发展性
4	1989	幼儿园工作规程(试行)	专门性、专业规范性
5	1991	中华人民共和国未成年人保护法	覆盖性
6	1992	国家教委办公厅关于在幼儿园加强爱家乡、爱祖国教育的意见	专门性、专业规范性
7	1995	中华人民共和国教育法	覆盖性
8	1996	幼儿园工作规程	专门性、专业规范性
9	2001	教育部关于印发《幼儿园教育指导纲要(试行)》的通知	专门性、专业规范性
10	2003	关于幼儿教育改革与发展的指导意见	专门性、事业发展性
11	2009	中华人民共和国教育法	覆盖性
12	2012	教育部关于印发《3—6 岁儿童学习与发展指南》的通知	专门性、专业规范性
13	2015	中华人民共和国教育法	覆盖性
14	2016	幼儿园工作规程	专门性、专业规范性
15	2017	教育部等四部门关于实施第三期学前教育行动计划的意见	专门性、事业发展性
16	2018	中共中央　国务院关于学前教育深化改革规范发展的若干意见	专门性、事业发展性

　　注:此处所讲的专门性文件是指政策文献直指学前教育的政策文件;覆盖性文件是指政策文本内容涉及学前儿童或学前教育阶段的政策文献;事业发展性文件指为推动学前教育事业发展壮大的政策文件;专业规范类文件是指以指导、规范学前教育教学的政策文件。

二、分析框架

本研究旨在以学前教育政策文本为研究对象，来探究我国学前教育政策中的社会与情感能力培养，因此编码分析主要从社会与情感能力维度与教育政策要素维度来展开。

关于社会与情感能力分析维度，本研究是基于 CASEL 所提出的社会与情感能力的五维体系，因其成立 20 余年来受到广泛的关注与运用，经过一定的实践检验和时间的淘洗，在社会与情感能力研究维度内具有很强的影响力与权威性，故以此为基础进行分析框架架构。具体情况如下表 7-2 所示。

表 7-2　社会与情感能力内容分析类目情况表

一级指标	二级指标	解释性定义
自我意识	识别自我情绪	识别或描述自己的情绪（个体对外界事物肯定或否定的心理活动。如高兴、厌恶等）、与情感相联系的想法以及它们是如何影响个体行为的
	识别优势	能够明确认识自身的优势与不足
	自信	确信自己具有规划和进行行动，并实现特定目标的能力的一种信念
自我管理	情绪管理	个体能够在不同的情境当中理性地思考和调控自身情绪
	自律	自觉遵守规章制度，约束个人行为
	设置目标	设定学习目标或人生阶段性目标，并朝之努力靠近
	坚持不懈	对某件事情或者目标不断靠近，保持努力不轻易放弃
社会意识	同理心	能够站在他人的立场上为他人考虑、理解他人的情绪和情感体验
	了解社会规则	了解不同社会行为规范和道德规范
	赏识差异	能够理解来自不同文化背景、不同处境的个人或群体，并对其表示认可
	识别资源与支持	能够准确分析周围环境中的资源并获得各方支持
关系技能	沟通	倾听他人，与他人运用语言、动作等进行交流，表达个人观念与想法
	团队合作	与他人或群体展开合作，承担在群体中的局部工作与职责
	社会参与	个体参与社会活动，但不一定承担群体或团队中的责任与工作
	协商	能够与他人或群体就问题进行讨论解决
	建立人际关系	与他人或者群体建立起相互间的人际关系并做好维持

（续表）

一级指标	二级指标	解释性定义
负责任的 决策	分析情境	对问题有着清楚的认识,辨识问题情境,分析各种解决方法及其后果
	解决问题	能够经过个人分析情境后给出解决方法
	道德责任	能够在社会道德范围内做出抉择,承担个人行为带来的社会责任

在本研究中的主要分析对象为静态的政策文本,不涉及政策的执行过程和实施效果。从教育政策要素维度的分析框架看,它主要是围绕政策问题、政策客体、政策工具、政策环境等诸多要素,故结合研究对象的静态性特点,将教育政策要素的分析框架重新整合为政策主体、政策客体和政策内容三个一级指标,依此展开编码分析。具体如下表7-3所示。

表7-3 政策要素的内容分析类目情况表

一级指标	二级指标	解释性定义
政策主体	主体部门	制定、发行政策文件的主要国家行政部门或权力机关等政治团体
	发文方式	是由单一部门还是多部门联合发文
	公文类型	政策文件下发时采用的文体
政策客体	目标群体	政策文件所针对的事件、个体或群体
	关联客体	与政策权威主体进行配合以实现政策目标的其他个人、团体或国家部门等
政策内容	政策主题	政策文件所围绕的主要政策问题或事件
	方法措施	针对政策主题落实而采用的手段和方法

为更准确、更清晰地探究我国学前教育政策中的幼儿社会与情感能力培养,在社会与情感能力维度与教育要素维度的编码基础之上,采用二维分析框架将更有助于把握社会与情感能力在学前教育政策中的存在现状,如图7-1所示。

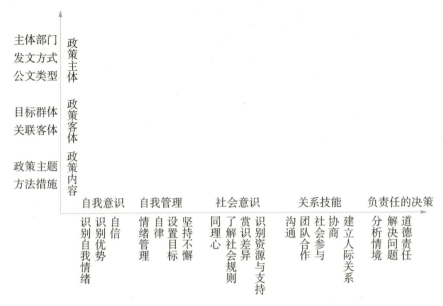

图 7-1　教育政策和社会与情感能力分析二维框架示意表图

三、研究方法

文本分析法能够揭示文本内容中所隐含的深层次信息，是在国外政策研究中应用比较普遍的研究方法。[①] 亦是理解教育政策内涵的基本手段和方法，能够让研究者从教育政策文本中发现当中所内隐的信息，是推动教育政策研究不断发展的重要途径之一。

四、研究的信度与效度

信度是指研究的一致性和稳定性程度，通俗来讲就是不同的研究者在理解或解释同一文本材料时能够保持很大程度上的一致，同时在针对不同文本材料时也能保证同样的稳定。因为政策文本分析过程中研究者自身主观因素的存在会很大程度上干扰研究结果的可靠性，所以信度检测就显得尤其重要。在试编码过程中，依据研究程序进行信度检测，依据 $P=\sum Pi/N$ 和 $R=nP/[1+(n-1)P]$，分别计算并得出信度，结果显示信度可靠。

效度是指运用分析工具能在多大程度上真实地测量出研究者所需要的结果，体现在本研究中就是分析框架能够测出社会与情感能力的程度高低。上述的社会与情感能力的分析框架借鉴了美国 CASEL 关于社会与情感能力的维度划分，该理论的可靠性和实践的可操作性都是经过大量的理论讨论与教学检验的，是当前研究社会与情感能力的主流分析框架之一。政

[①] 涂端午.教育政策文本分析及其应用[J].复旦教育论坛，2009,7(5):22—27.

策要素的分析框架基于公共政策文本多要素的基本特点,从政策主体、政策客体及政策环境的建构出发,结合本研究的重点所在,将政策环境调整为政策内容,增强编码的可操作性。同时还邀请了数位专家、多位博士、硕士研究生以及数名一线幼儿园教育工作者对初拟的分析类目给出建议,并据此做出调整。以确保通过这两个分析维度的交叉分析能更加准确、真实地反映我国学前教育政策中的社会与情感能力培养。

第二节　政策文本中的社会与情感能力分析结果

经过对这 16 项学前教育政策,总计约 14 万余字的编码分析,基于政策要素和社会与情感能力二维的分析结果,从文本分析的视角来对编码结果的总体特征以及具体分析维度的情况来呈现,并展开阐述。

一、总体特征

(一) 社会与情感能力:主题维度的分析

1. 从五个维度来看,关系技能和社会意识占主导地位

经过对这 16 项学前教育政策的文本内容编码分析,从下图 7-2 中发现,横向上来看社会与情感能力范畴内的五大维度,这 16 项学前教育政策文本内容涉及五大维度的从高到低排序分别是"关系技能""社会意识""自我管理""自我意识""负责任的决策"。其中以"关系技能"和"社会意识"为主的"社会性"能力培养占据了五大维度中的主导地位,涉及的条目分别达到了

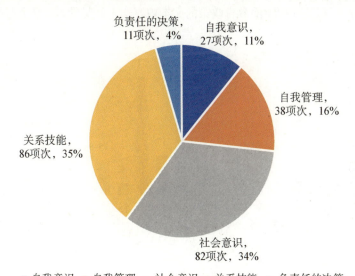

图 7-2　社会与情感能力五大维度在 16 项学前教育政策文本中的分布情况

86 项次和 82 项次之多,在涉及学前教育政策文本的总频次中占比高达 35% 和 34%,这是社会与情感能力的其他几个维度的几倍到数倍不等,是幼儿社会与情感能力培养的重要阵地;其次以"自我管理"和"自我意识"为代表的"个体性"能力也分别涉及了 38 项次和 27 项次,各自占比约为 16% 和 11%,其重要程度也仅次于"关系技能"和"社会意识";"负责任的决策"是这 16 项学前教育政策文本中涉及最少的维度,仅涉及了 11 项次,占比仅约为 4%。基于社会与情感能力五大维度间被涉及频次的不同,我们可以发现我国学前教育政策文本内容中对幼儿社会与情感能力培养的重点所在,即在幼儿从"个体"走向"社会"的过程中更加注重幼儿"关系技能"和"社会意识"这一类"社会性"能力的培养。

2. 从 19 个二级能力指标来看,了解社会规则和沟通能力占比最大

与此同时,除了上述社会与情感能力五大维度在 16 项学前教育政策文本中分布的基本情况外,具体到五大领域内的 19 个分析类目来看,正是这 19 个分析类目涉及频次的多寡直接决定了不同维度下能力培养在整个过程中的重要程度。从图 7-3 中来看,19 个分析类目中有 8 个的涉及频次超过 10 项次,2 个分析类目是没有涉及的。其中在"关系技能"维度下 5 个分析类目中,有 3 个涉及的频次超过 10 项次,分别是 1 个 51 项次和 2 个 15 项次,也正因此提升了"关系技能"维度在幼儿社会与情感能力培养中的重要程度。从图中还可以看出,在"社会意识"维度下的"了解社会规则"这一分析类目高达 57 项次,是这 19 个分析类目中涉及频次最高的,也是唯一贯穿了这 16 项学前教育政策文本的分析类目;在以"关系技能"和"社会意识"为代表的"社会性"能力下的 9 个分析类目中,就有 5 个分析类目涉及的频次是超过 10 项次的,这也就决定了"社会性"能力在幼儿社会与情感能力培养中的主体地位。所以同理,某个维度内的部分类目是 16 项学前教育政策的文本内容均未涉足的,如"负责任的决策"维度下

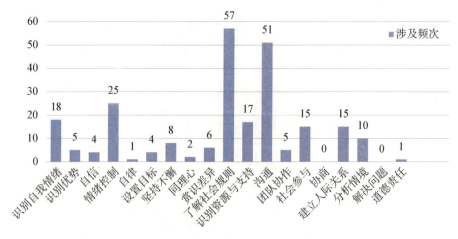

图 7-3 社会与情感能力的 19 个分析类目在 16 项
学前教育政策文本中的分布情况

的"解决问题"就未曾被提及,就直接影响了这一维度在幼儿社会与情感能力培养中所处的地位;因此从横向上来看社会与情感能力的这五大维度,这16项学前教育政策的文本内容基本上能实现社会与情感能力五大维度内涵的全覆盖。

由以上的分析可以发现,我国幼儿社会与情感能力培养在这16项学前教育政策文本中之所以呈现出这种以"社会性"能力培养为主的特点,可以在一定程度上说明学前教育政策在制定过程中是遵循了儿童身心发展的特点和规律,根据皮亚杰提出的认知发展阶段论和道德发展阶段论来看,幼儿在这一年龄阶段一直以自我为中心,不会进行换位思考,也无法摆脱表象思维的控制来进行逻辑思维,所以这也就影响了幼儿社会与情感能力培养过程中"自我意识"和"自我管理"的"个体性"能力发展;同时幼儿还处于一个他律的道德阶段,对绝对规则与权威的服从也决定了我们在培养幼儿社会与情感能力时"社会规则"的重要性,所以在幼儿社会与情感能力培养过程中重"社会",轻"个体"是依据幼儿身心发展所做出的调整,这就可以解释在学前教育政策中为什么更加注重"社会意识"和"关系技能"的"社会性"能力发展了。其次从一线的教育实践来看,培养幼儿的"自我意识"和"自我管理"能力是具有一定困难的,幼儿即便能够实现一定的自我认知,但是对幼儿来说做好自我管理工作就是很高的要求,而不同强化方式的运用以及规训会更有助于幼儿"自我管理"、参以及社会交往和发展社会与情感能力。

所以根据以上呈现的编码结果和分析来说,涉及社会与情感能力的这16项学前教育政策文本中,不同政策的文本内容中涉及社会与情感能力维度的条目存在很大差异;同时这16项学前教育政策的文本内容中对社会与情感能力的五大维度的关注也存在不同程度的偏重;而这些都是由幼儿身心发展的特点和规律以及社会与情感能力不同维度的内部特征所共同决定的。

(二) 社会与情感能力:时间维度的分析

在前一阶段从横向上的主题维度对我国学前教育政策文本内容中的幼儿社会与情感能力培养上有了一定把握之后,对幼儿社会与情感能力培养在不同维度间的特征有了认识,那么从时间维度这一纵向轴上来看,又会呈现出怎样的一个历史变迁特征。在本研究中,作为研究对象的学前教育政策文本选取的时间起点为1978年,所以筛选出的这16项涉及幼儿社会与情感能力培养的学前教育政策主要覆盖的时间范围是1979年至今,根据这些学前教育政策文本的时代分布特征,从时间的发展脉络来看可以大致上分为四个年代,分别是20世纪80年代、20世纪90年代、21世纪00年代和21世纪10年代,因此接下来将从这四个历史发展时期来分析幼儿的社会与情感能力培养在我国学前教育政策文本中的分布特征。

1. 从五个维度来看，社会意识仍占主流地位

根据上述的时间划分，在 20 世纪 80 年代涉及了 4 项学前教育政策文本，20 世纪 90 年代有 4 项，21 世纪 00 年代有 3 项，21 世纪 10 年代占到了 5 项。从图 7－4 中可以发现，20 世纪 80 年代的 4 项学前教育政策文本的内容中涉及了幼儿社会与情感能力培养共计 70 项次。虽然在社会与情感能力的五大维度上有所侧重，但也能实现五大维度的全覆盖，其中涉及了 27 项次的"社会意识"这一维度是最高的，其次是"关系技能"与"自我管理"的 16 项次，再者就是涉及"自我意识"10 项次，"负责任的决策"仅涉及 1 项次。到了 20 世纪 90 年代，这 4 项学前教育政策文本的内容中涉及幼儿社会与情感能力培养的条目有了很大的降低，是这四个年代中最少的；其中"社会意识"依然是以 10 项次占据了社会与情感能力五大维度中最高位，其次是"自我意识"的 2 项次和"自我管理"的 1 项次，剩下的两个维度都没有涉及，但也不影响"社会性"能力在培养幼儿社会与情感能力过程中的重要性。在 20 世纪最初十年，涉及幼儿社会与情感能力培养的 3 项学前教育政策文本中，共涉及了 51 项次，与前两个时代一样，"社会意识"维度的能力培养仍以 18 项次占据了主导地位，其次才是对"个体性"能力的培养。而时间推进到 21 世纪 10 年代的时候，涉及幼儿社会与情感能力培养的学前教育政策文本内容有了可观的增长，5 项学前教育政策文本内容涉及社会与情感能力，共计 110 项次，约占到了总频次的45%。尤其是以"关系技能"和"社会意识"为代表的"社会性"能力的培养，共涉及了 79 项次，远超 25 项次的"个体性"能力培养，也更加明确地表明了"社会性"能力培养在幼儿社会与情感能力培养中的地位。所以通过这四个时代的发展来看，不同年代间的学前教育政策文本中对幼儿社会与情感能力培养的重视的确存在差异，但在幼儿社会与情感能力五大维度的培养

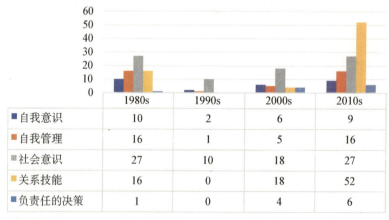

	1980s	1990s	2000s	2010s
自我意识	10	2	6	9
自我管理	16	1	5	16
社会意识	27	10	18	27
关系技能	16	0	18	52
负责任的决策	1	0	4	6

图 7－4 社会与情感能力五大维度在不同年代
学前教育政策文本中的分布情况

中还是以"关系技能"和"社会意识"的培养为主,同时对幼儿的"自我意识"和"自我管理"也表示关注,且对"负责任的决策"这一稍高要求的能力培养没有做出过多的要求。

2. 从 19 个二级能力指标来看,沟通和了解社会规则在稳步增长

在对时间纵向轴上幼儿社会与情感能力培养的五大维度有了一定了解之后,再具体到五大维度的 19 个分析类目上来看。在图 7-5 中,可以清楚地发现"沟通""了解社会规则"是独树一帜的。其中在 20 世纪 80 年代、20 世纪 90 年代和 21 世纪 00 年代的峰值都出现在"了解社会规则"这一类目上,21 世纪 10 年代的高峰则转移到了"沟通"上,但对"了解社会规则"的重视也没有放松,这就指明了幼儿社会与情感能力培养过程中的"社会性"能力培养的落脚之处。具体到 20 世纪 80 年代来看,涉及"识别自我情绪""情绪控制""了解社会规则""社会参与"和"建立人际关系"这 5 个类目的项次都是超过 5 项次的,可以看出在"个体性"能力和"社会性"能力的培养间在努力保持一定的平衡,但从"了解社会规则"的 25 项次就可以发现还是稍微偏向了"社会性"能力的培养。值得注意的是在 20 世纪 90 年代,除了"了解社会规则"涉及的项次达到了 9 项次,同时也涉及了"识别自我情绪""坚持不懈"和"赏识差异",但均不超过 2 项次,剩余的 15 个分析类目都没有任何的涉及,相较于其他几个年代的情况来说,足以见在整个年代对幼儿社会与情感能力的培养存在一定的缺失,仅占总体的 5% 左右。随着 21 世纪的到来,在 21 世纪最初的 10 年中,从这 19 个分析类目被涉及的频数可以发现,仅 3 个分析类目没有被涉及,其余 16 项分析类目共被涉及了 51 项次,约占总频数的 21%,这也就说明对幼儿社会与情感能力的培养需要全局性的覆盖,同时"了解社会规则"和"沟通"的高频次呈现也印证了在该年代依旧保持着"社会性"能力培养为主的这一特点。在 21 世纪 10 年代,学前教育政策文本的内容实现了 14 个分析类目的覆盖,在努力做好各维度类目间发展平衡的同时,该阶段幼儿社会与情感能力的培养重心还是落在了"社会意识"和"关系技能"这两项"社会性"能力上。因此具体到这四个不同年代,除 20 世纪 90 年代外,剩余三个年代在涉及 19 个类目的同时,在保持幼儿"社会性"能力发展为主的培养模式下,尽可能地提升各维度类目间的一个动态平衡,实现幼儿社会与情感能力培养的全覆盖。

与从主题纬度来看社会与情感能力五大维度间的侧重有所不同的是,在学前教育政策发展的这四个历史阶段中,时间纵向上的变化特征不仅是由幼儿身心发展特点和教育教学规律所决定的,还更多地受到社会环境的综合性影响。首先,在这四个不同年代的发展过程当中都受到了不同程度的改革开放所带来的影响,比如经济的发展和市场的繁荣为学前教育事业的发展带来了更多的资金支持和物质支撑,学前教育普惠性事业在很大程度上就是因此而不断向前推进的;其次,脑科学、心理科学等学科的发展也为学前教育的发展提供了科学依据,促进学前教育事业不断朝科学化发展。也正是因为改革开放背景下各领域的高速发展,社会环境也变得更加复杂,社会规则处于不断完善的过程中,以致对学生社会规则的学习和社会

环境的适应做出了更多新的要求，具体到幼儿社会与情感能力培养中就体现为"社会性"能力的培养占据主导地位，而五大维度下的 19 个分析类目中"了解社会规则""沟通""建立人际关系"等就是落实"社会性"能力培养中的重点所在。

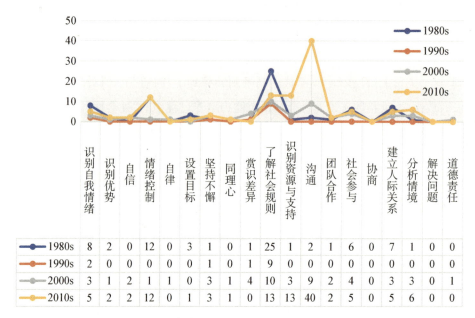

	识别自我情绪	识别优势	自信	情绪控制	自律	设置目标	坚持不懈	同理心	赏识差异	了解社会规则	识别资源与支持	沟通	团队合作	社会参与	协商	建立人际关系	分析情境	解决问题	道德责任
1980s	8	2	0	12	0	3	1	0	1	25	1	2	1	6	0	7	1	0	0
1990s	2	0	0	0	0	0	0	1	0	19	0	0	0	0	0	0	0	0	0
2000s	3	1	2	1	1	0	3	1	4	10	3	9	2	4	0	3	3	0	1
2010s	5	2	2	12	0	1	3	1	0	13	13	40	2	5	0	5	6	0	0

图 7-5　社会与情感能力的 19 个分析类目在不同年代
学前教育政策文本中的分布情况

所以根据以上呈现的编码结果和分析来说，这四个不同年代的 16 项学前教育政策文本的内容中都更加关注"社会意识"和"关系技能"这类"社会性"能力的培养，具体到不同历史发展时期内的学前教育政策文本的内容中所涉及社会与情感能力类目的频次存在很大差异，例如"了解社会规则"和"沟通"的涉及频次就明显高于"自我意识"和"自我管理"维度下的各类目。而这都是由幼儿身心发展规律与社会综合性因素所决定的。

（三）社会与情感能力：政策要素的分析

1. 政策主体间的协作加强

国家党政部门作为公共政策制定、发行的权威主体，部门间权责范围的分布会随着时代的变化发展调整，这在很大程度上也反映了政策的变迁历程。就这 16 项学前教育政策文本的分析过程来看，政策权威主体的更替变动也直接说明了涉及管理学前教育事业发展的国家党政部门有了很大的转变。从这些学前教育政策文本分析的结果中可以发现，从 1978 年至今，共有 17 个国家党政部门与涉及幼儿社会与情感能力培养的学前教育政策存在关联，这些国家党政部门具体包括了：教育部（国家教育委员会）（以下简称教育部）、全国人大及其常务委员会、中共中央、国务院、国家计委、财政部、人事部、劳动部、建设部、卫生部、物价局、中央编办、民政部、劳动保障部、全国妇联、国家发展和改革委员会、人力资源和社会保障部,具体发文情况见表 7-4。

表 7-4　涉及社会与情感能力的学前教育政策权威主体部门发文分布情况

序号	国家党政部门	单独发文	联合发文	总计
1	教育部(国家教育委员会)	7	3	10
2	全国人民代表大会及其常务委员会	4		4
3	卫生部	1	2	3
4	财政部		3	3
5	国务院		2	2
6	建设部		2	2
7	国家计委		2	2
8	民政部		1	1
9	人力资源和社会保障部		1	1
10	全国妇联		1	1
11	劳动部		1	1
12	人事部		1	1
13	物价局		1	1
14	劳动保障部		1	1
15	国家发展和改革委员会		1	1
16	中央编办		1	1
17	中共中央		1	1
	合计	12	24	36

　　从表 7-4 中可见,这 17 个国家党政部门共涉及了上述 16 项学前教育政策 36 项次。教育政策的发布可分由单一国家党政部门独自发布,或多个国家党政部门联合进行发布这两种形式。在这 16 项学前教育政策文本中由单个国家行政部门独自发布的政策文件有 12 项,以中共中央、国务院的国家高层党政部门联合发文的占有 1 项,其次以教育部为主导,财政、卫生、妇联等多部门间的联合发文共有 3 项,涉及了各部门 22 项次。教育部作为我国教育事业发展规划的主管行政部门,也必然承担了绝大部分学前教育发展的职责,从表 7-4 中可以发

现，教育部在包含单独发文和联合发文的情况下，总共发文计 10 项次，其中作为单独部门发文有 7 项次，这占到了教育部总发文量的 70％，同时也占到了单独部门发文总量的 50％以上，由此可见在学前教育政策文件发布过程当中教育部的主体地位与主导角色。除教育部外，全国人民代表大会及其常务委员会单独发布了 4 项相关教育政策文本，且都是以法律文本的形式颁布，这体现了国家最高权力机关对学前教育的重视程度，也体现了对幼儿社会与情感能力培养的相关内容的关注。值得注意的是卫生部在 1981 年也单独出台了《三岁前小儿教养大纲》草案，是除教育部和全国人大及其常委会外，又单一国家党政部门颁布的相关政策，而这正是由学前教育阶段保教结合的特点所决定的。而除了教育部、全国人民代表大会及其常务委员会、卫生部以外，其余的 14 个国家党政部门并未以单独发文的形式颁布文件，而是以一种合力的方式来推进学前教育事业的发展，共联合发布了 4 项政策文件，分别是由 2 部门、4 部门、8 部门以及 10 部门间的共同合作，其中涉及了中共中央、国务院等国家高层党政部门，也涉及了财政、卫生、人事、妇联、民政、计委等众多专职的党政部门；但是相对于 12 项单独发行的政策文件来看，涉及社会与情感能力的学前教育政策还是以单独部门发布为主，因此在涉及幼儿社会与情感能力培养时，单一党政部门或者直接说是教育部就是占了主导地位，不过当然也离不开其他各党政职能部门的密切配合，提供人力、物力和财力的支持。所以整体来看，教育部不管从哪一方面来看，都是在学前教育政策中融入社会与情感能力的主力军，是推进幼儿社会与情感能力培养的重要推手。

2. 文本类型比较多样

教育政策的下发都是以固定的文件类型对外公布的，因权威主体、政策内容需求的不同，所采取的文件类型也有所差异。在本研究中所选取涉及幼儿社会与情感能力培养的学前教育政策文本共有 16 项，如图 7-6 中所示，主要的文件类型有"意见""法律""纲要""规程"和

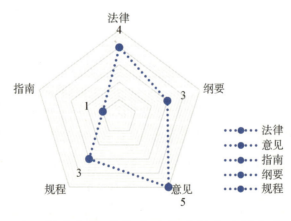

图 7-6 涉及社会与情感能力的学前教育政策文本类型分布

"指南"。"意见"指由上级领导机关向下级机关进行部署工作,指导下级机关开展工作活动的原则、步骤和方法的一种文体,具有很强的指导性;"纲要"指的是对文件的主要的、实质性内容的总结、概述和介绍;"规程"指的是开展一系列工作所要遵循的标准、要求和规定的一套程序,有较强的规范性;"指南"则是指为人们提供指导性操作的手册或资料。

采用不同类型的政策文本,是需要依托不同职责范围的国家党政部门来实现的,以此从多种角度来保障学前教育事业发展目标的落实。所以,从这五类政策文本出发,反观不同党政部门是通过何种文本类型来对学前教育政策中的社会与情感能力培养进行干预。从表7-5中可以看出,作为最高国家权力机关的全国人大及其常务委员会,对学前教育政策的干预都以法律这类覆盖性文件的形式实现,不涉及其他的文本类型。教育部作为国家教育行政的主管部门,除法律文本外,其所涉及的文件类型多样,涵盖了纲要、规程、意见和指南,其中意见占到了最多的4项,纲要与规程各占2项,指南占了1项。在其余15个涉及学前教育政策的国家党政部门中,除卫生部单独以纲要的文本类型颁布学前教育政策外,其他14个部门都是以意见的文本类型参与到学前教育政策的制定与推行之中,并且是通过联合发文的形式实现的,所以意见就成了各部门联合发力推动学前教育发展的主要文本类型。因此可以在一定程度上说明教育部作为教育事业发展的主管部门,除法律外的所有政策文本类型都是会采用的,其他国家党政部门则都是以意见的政策文本类型联合参与到学前教育事业的发展。

表7-5　涉及社会与情感能力的学前教育政策文本
类型与颁布主体部门的分布情况

国家党政部门	法律	纲要	规程	意见	指南	合计
教育部 (国家教育委员会)		2	3	4	1	10
全国人民代表大会及其常务委员会	4					4
卫生部		1		2		3
财政部				3		3
国务院				2		2
建设部				2		2
国家计委				2		2
民政部				1		1
人力资源社会保障部				1		1

（续表）

国家党政部门	法律	纲要	规程	意见	指南	合计
国家发展和改革委员会				1		1
全国妇联				1		1
劳动部				1		1
人事部				1		1
物价局				1		1
劳动保障部				1		1
中央编办				1		1
中共中央				1		1

因此，不管是从学前教育政策权威主体间的相互配合，还是不同国家党政部门与不同文本类型间的合理配置，涉及社会与情感能力的学前教育政策都是在努力实现权威主体、文本类型和发文方式三者间的合理联动。当然也随着时代的发展进步还在继续优化改进，也正是这些多元化的学前教育政策的权威主体、文本类型和发文方式在不同发展时期的合理配置，从不同角度和方向来为幼儿社会与情感能力培养在学前教育政策中的推进提供了助力，使社会与情感能力更好地融入不同时期的学前教育政策当中。

3. 政策客体

政策客体作为政策文本的针对对象，它们包括政策文本围绕着的某个公共问题（事件）或人（个体或群体），也涉及与之相关的某个个体或者群体，主要依托目标客体和关联客体来呈现，作为教育政策的重要因素之一，政策的客体在很大程度上反映了政策文本的倾向性。

从整体上来看这被分析的 16 项学前教育政策文本，不同文本类型的政策文本对应的政策客体也存在不同，例如在表 7-6 中列出的法律类文件，《中华人民共和国未成年人保护法》

表 7-6　涉及社会与情感能力的部分学前教育政策的政策对象情况表

发布时间	政策文件名称	政策客体
1991	中华人民共和国未成年人保护法	未满 18 周岁的公民
1995	中华人民共和国教育法	教育事业
2009	中华人民共和国教育法	教育事业
2015	中华人民共和国教育法	教育事业

的政策客体指的是"未满18周岁的公民";《中华人民共和国教育法》及其两次修正,这当中的政策对象客体指的是我国全方面的教育事业。由此可见在不同的法律文本的范畴内政策客体就存在一定差异。除这4项覆盖性的法律文件外,其余12项政策文本都是学前教育类的专业性文件,目标直指学前教育;其中关注学前教育事业外围建设的事业发展性文件占4项,以及落脚于学前教育事业内在元素的专业规范性文件占8项,也正是这两类政策文件形成了学前教育事业的内外联动合力,实现学前教育事业的长足发展。具体政策客体的情况见表7-7所示。

表7-7　涉及社会与情感能力的部分学前教育政策的政策对象情况表

发布时间	政策文件名称	政策客体
1981	《三岁前小儿教养大纲》草案	三岁前幼儿教育、养育
1981	教育部关于试行幼儿园教育纲要(试行草案)的通知	幼儿园教育
1988	国家教委、国家计委等8单位关于加强幼儿教育工作的意见	幼儿教育事业
1989	幼儿园工作规程	幼儿园工作
1992	国家教委办公厅关于在幼儿园加强爱家乡、爱祖国教育的意见	幼儿的爱家乡、爱祖国教育
1996	幼儿园工作规程	幼儿园工作
2001	教育部关于印发《幼儿园教育指导纲要(试行)》的通知	幼儿园教育
2003	关于幼儿教育改革与发展的指导意见	幼儿教育事业
2012	教育部关于印发《3—6岁儿童学习与发展指南》的通知	3—6岁儿童
2016	幼儿园工作规程	幼儿园工作
2017	教育部等四部门关于实施第三期学前教育行动计划的意见	学前教育事业
2018	中共中央　国务院关于学前教育深化改革规范发展的若干意见	学前教育事业

从表7-7中可以发现,在这16项涉及社会与情感能力的学前教育政策中,政策客体可以主要归结为学前教育事业、幼儿(学习与发展),但具体来看呈现不同的特点。在针对的"事"上,这16项学前教育政策文本中将它表述为"幼儿教育工作""幼儿园工作""学前教育行动计划"等,一般都以该类名词出现在政策名称当中,且都是与学前教育事业的外围概念所关联

的。而在关于"人"的问题上，幼儿则是主要的直接对象，在政策的文本中包括了"三岁前幼儿""3—6岁幼儿""幼儿园幼儿"等，将政策客体直接立足到幼儿身心发展和幼儿教育保育工作上。

具体来看，针对学前教育事业外围建设的4项事业发展性政策文件，都是以"意见"的文件类型出台的，并且都是由多个国家党政部门联合发布的，这在很大程度上说明学前教育事业外延式发展是离不开除教育部外的其他党政部门的协助与支持的；而在这些政策文件中的政策对象客体都是以"学前教育""幼儿教育"等呈现的，这就说明了对待学前教育与幼儿教育还是存在一定的侧重，在"学前教育"事业的发展中则更强调"学前"这一教育阶段的特殊属性，而在"幼儿教育"中则更多地涉及"幼儿"这一年龄特征，但二者都是从不同的侧重点来发展规划学前教育事业的外围建设。在另外8项针对学前教育内部要素建设的专业规范性政策文件中，文件类型有"纲要""规程""指南"和"意见"等，而且各类型政策文件内的文件间还存在一定延续性，如1989年颁布实施的《幼儿园工作规程》（试行）、1996年颁布实施的《幼儿园工作规程》和2016年颁布实施的《幼儿园工作规程》，均是对幼儿园保教的具体工作做出了相应的规范要求，只是在不同的历史阶段结合新形势、新要求做出的一个修正；在《幼儿园教育纲要》（试行草案）、《幼儿园教育指导纲要（试行）》《3—6岁儿童学习与发展指南》中，均是基于在不同的历史背景下对幼儿园保教工作提出了详细的、专业的、科学的标准要求；因此这些专业规范性的政策文件的政策客体都是围绕着幼儿保教的具体工作的标准、内容等，与注重学前教育事业外围建设的4项事业发展性政策文件有很大的区别，但也确是因为两者针对不同的政策对象客体，才能更好地实现学前教育事业的内外联动。

4. 政策内容

在本研究中，因研究对象为静态的学前教育政策文本，除去政策主体、政策客体以及相关的抬头、落款等固定格式话语外，其余部分几乎都可被纳入政策内容的范畴。在这16项学前教育政策文本的编码过程中发现，政策内容中的方法措施是幼儿社会与情感能力培养的主要依托部分，有关于社会与情感能力维度下的各类目能力培养就是糅合在这些教育方法和政策措施当中的，两者呈现出一种密不可分的状态。因本研究后文中将会就有关于幼儿社会与情感能力培养中五大维度的具体情况进行具体的分析讨论，故在此不对政策内容中的方法措施进行展开叙述。

二、具体维度

（一）自我意识：特别强调"识别自我情绪"

"自我意识"作为社会与情感能力五大维度之一，在五个维度的能力发展过程中是作为一个基础性能力而存在的，其余四个维度的能力发展很大程度上是基于"自我意识"而延伸开来的。"自我意识"强调幼儿对自身情绪的认识与理解，对自身优势之处的认知，并学会能够保持一定的自信，为后期进行社会性活动打造一个"个体性"基础。

在这 16 项学前教育政策文本中共有 9 项政策文本的内容没有涉及任何与该维度相关的条目，其余 7 项政策文本中涉及的条目一共为 27 项次，相较于社会与情感能力中的其他四大维度来说处于中下等水平。而就这 7 项学前教育政策来说，其中有 2 项政策文本的内容覆盖了"自我意识"全部的 3 个类目，涉及 2 个类目的政策文本有 2 项，剩余 3 项政策文本仅涉及"识别自我情绪"这一类目。具体到文本内容涉及的 27 项次中，"识别自我情绪"占到了 18 项次，是该维度内 3 个类目中所占最多的，占到了该维度内总频次的 50% 以上；其次是"识别优势""自信"分别占到 5 项次和 4 项次，这表明了在"自我意识"维度内的条目分布也存在较大差异，呈现出基础性的情绪认知占据主要地位的特点。因此基于分析的结果来看，"自我意识"的培养相较于社会与情感能力的其他维度来说，在这 16 项学前教育政策文本中就显得并非十分重视；同时在"自我意识"这一维度内，这些学前教育政策的内容中更强调幼儿"识别自我情绪"能力的培养。

但如果从我国学前教育政策的不同历史发展时期来看这分析结果的话，从图 7-7 中可知，在这四个不同的历史发展时期，培养幼儿"识别自我情绪"的能力是贯穿始末的，且相较于"识别优势"和"自信"来讲始终是处于主导地位的。具体在 20 世纪 80 年代中，涉及社会与情感能力的 4 项学前教育政策中，涉及"自我意识"10 项次，其中"识别自我情绪"占了 8 项次，

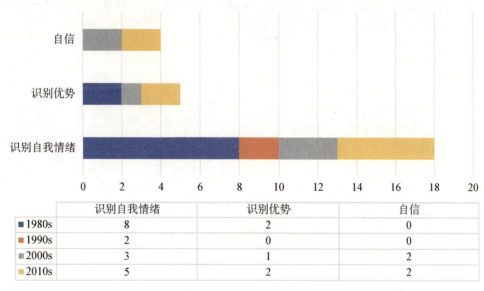

	识别自我情绪	识别优势	自信
1980s	8	2	0
1990s	2	0	0
2000s	3	1	2
2010s	5	2	2

图 7-7　自我意识维度内各分析类目在不同年代
学前教育政策文本中的分布情况

"识别优势"占 2 项次，"自信"并未涉及，这也说明了在这一年代对幼儿能够"识别自我情绪"还是非常看重的。在 20 世纪 90 年代的 4 项学前教育政策文本中，仅涉及了"识别自我情绪"2 项次，对该维度内的剩余两个类目均未涉及，是这四个十年中涉及频次最少、最不均衡的。到了 21 世纪的最初 10 年，仅有的 3 项学前教育政策的文本内容分别涉及了"识别自我情绪"3 项次，"识别优势"1 项次和"自信"2 项次，实现了"自我意识"维度下三个分析类目的全覆盖，并且实现了一定水平的均衡发展，是幼儿"自我意识"培养的巨大进步。随着学前教育政策发展进入到 21 世纪的第二个 10 年，仅有的 5 项学前教育政策文本内容中涉及了该维度能力的条目达到 9 项次，其中"识别自我情绪"占 5 项次，"识别优势"和"自信"各占了 2 项次，继续着前一阶段的均衡式发展。相较于 20 世纪的后 20 年，在一定程度上可以说明进入新的历史发展阶段以来，在对幼儿"识别自我情绪"要求有所降低的同时，更加重视幼儿认识自己优势与不足的培养，强调建立"自信"，在实现基本的"识别自我情绪"后，逐渐注重幼儿全方位"自我意识"能力的发展。所以从学前教育政策发展的这几个历史阶段来看，随着时代的进步，在幼儿"识别自我情绪"能力发展有了一定的基础后，开始对幼儿全面的"自我意识"做出了符合历史发展的结构调整，更加强调幼儿关于自我深层次认知的能力培养，并学会保持"自信"，实现幼儿社会与情感能力培养中"个体性"能力水平的全面提升。

表 7-8　自我意识维度能力在不同年代的学前教育政策文本内容中的表述举例

	识别自我情绪	识别优势	自信
1980s	应有时间轮流抱一抱每一个小儿，经常逗引，使他情绪愉快开始能表示愉快或不高兴等情感，活泼、勇敢、坚毅、团结友爱遵守纪律等优良品质		
2000s	建立良好的师生、同伴关系，让幼儿在集体生活中感到温暖，心情愉快，形成安全感、信赖感	帮助他们正确认识自己和他人，养成对他人、社会亲近、合作的态度	能主动地参与各项活动，有自信心。为每个幼儿提供表现自己长处和获得成功的机会，增强其自尊心和自信心
2010s	营造温暖、轻松的心理环境，让幼儿形成安全感和信赖感。使幼儿在游戏过程中获得积极的情绪情感，促进幼儿能力和个性的全面发展		

从上述对编码结果的分析来看，不管是从"自我意识"和社会与情感能力的其他维度横向上的对比，还是具体到"自我意识"内部各类目间的相互占比来看，"自我意识"维度的重要性，

以及"自我意识"能力范畴内的侧重点都发生着不同的变化。那么具体到部分学前教育政策的文本内容上,在《三岁前小儿教养大纲》草案中提到小儿要识别"喜、怒、哀、乐等"情绪,以及在《幼儿园教育指导纲要(试行)》中提及了要让幼儿"感到温暖,心情愉悦",并培养幼儿"主动、乐观、合作的态度",这些内容都强调了幼儿识别情绪体验能力的培养;同时"正确认识自己和他人""有进步不骄傲",培养"自信心",是将培养幼儿自我认知落到实处的具体体现,是对发展幼儿更高层次情绪认知能力的进一步要求。其实可以结合时代发展的背景来解释政策文本内容呈现的这些特点,比如说对"自我意识"的重视程度就不如"社会意识""关系技能",首先这在很大程度上是受我国传统文化背景所影响的。我国自古以来就是集体主义占据主导地位,个人的发展是要顺应甚至是让位于集体的,而且在建国初期通过学习苏联模式(集体模式)所取得的巨大成就,分别从历史上和现实上给了我们一种深刻影响:那就是集体是首要的,是先于个人的;只有集体好了,个人才能有更好的发展。因此就能解释为什么没有对"自我意识"的过多重视。其次,随着时代的发展,对儿童个体的尊重也在不断上升,在前期不断强调培养幼儿"识别自我情绪"的努力下,该观念开始被社会大众所接受,也被正式编进了《3—6岁儿童学习与发展指南》,幼儿基础层次的情绪认知能力已经得到了很好的保证,那么高要求的认知("自信""识别优势")自然而然的就开始成为了人们进一步的追求。所以呈现在分析结果中就会显示"自我意识"的重要性不如其他维度,同理在"自我意识"内部的各条目之间存在重点的偏向性也不足为奇了。

因此从上述的编码结果的呈现与分析来说,导致社会与情感能力维度内的"自我意识"在我国学前教育政策中呈现出以上特征,是时代发展的历史必然,是对幼儿个体发展的一种尊重,也是社会民众对幼儿培养方向迁移的具体体现。

(二) 自我管理:重点突出"情绪控制"

"自我管理"作为社会与情感能力维度中的重要一环,是衔接个体与社会的一处关键所在。它强调个体在对自我有一定认知的基础之上,学会管理自身的情绪与建立合理化的目标,为幼儿进一步建构社会意识和参与社会活动奠定个人基础。从图7-8中的分析结果来看,16项政策文本中也同样存在9项的内容毫不涉及该维度类目的情况,仅有7项政策文本的内容中共涉及了"自我管理"相关类目38项次,这相较于社会与情感能力中的其他四大维度来说是处于中等水平的。

同时这16项政策文本中并未有任何1项政策文本的内容能够全面覆盖该维度的所有类目,7项政策文本中有3项涉及了3项类目,其余4项政策文本仅涉及"情绪管理"这1项类目。而且在该维度内的4个分析类目中,"情绪管理"以25项次占据了该维度内涉及项次最多的类目,仅此类目涉及的内容条目比整个"自我意识"维度的全部都多,其余3个类目中,"自

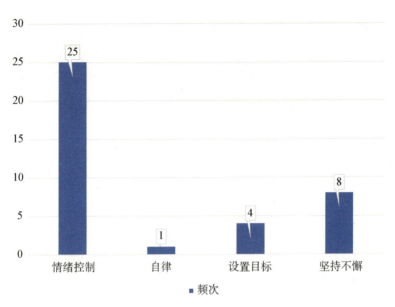

图 7 - 8　自我管理维度内各分析类目在 16 项学前教育政策文本中的分布情况

律"仅涉及 1 项次，"设置目标"涉及 4 项次，"坚持不懈"涉及 8 项次；所以在"自我管理"维度内的类目间也同样存在着分布差异，且相较于"自我意识"维度内类目间的差异更大。因此基于分析结果来看，"自我管理"能力的培养在这 16 项政策的文本内容中还是相对重要的，至少比对"自我意识"的重视程度要高一些；同样，在"自我管理"的维度内的不同类间也存在着一定的偏向性，并且相较于"自我意识"维度内的分布不均来讲也更甚，对幼儿"自我管理"的能力更多地是聚焦于幼儿自我的"情绪管理"之上，并适当地培养幼儿日常的、低难度的"自我管理"能力，对"自我管理"能力并没有做过多的要求。

而从我国学前教育政策发展的四个阶段来看，从图 7 - 9 中可知，在 20 世纪 80 年代，在涉及社会与情感能力的 4 项政策文本中共涉及了"自我管理"这一维度 16 项次，与"自我意识"维度相比，涉及的条目更多一些，也说明了较"自我意识"来讲，幼儿"自我管理"能力的培养更加受重视。其中仅"情绪控制"这一类目就涉及了 12 项次，"坚持不懈"涉及了 1 项次，"设置目标"3 项次，"自律"0 项次，这也就说明了在这一历史发展阶段内，在培养幼儿"情绪控制"能力时，也注重对幼儿"坚持不懈"的品质与"设置目标"的能动性培养，也对幼儿提出了"自律"这一高要求。到了 1991—2000 年，4 项学前教育政策文本中涉及幼儿"自我管理"能力培养的条目出现了急剧的下滑，仅涉及"坚持不懈"1 项次，其余 3 个类目均未涉及，对幼儿"自我管理"能力培养的重视程度跌至低谷。随着 21 世纪的到来，在最初的 10 年内，3 项学前教育政策文本中涉及"自我管理"5 项次，较 20 世纪末有了一定的增长，同时还尽量保持着维度内各类目间的平衡，可以发现更加注重幼儿"坚持不懈"这一品质的培养。进入到 2010 年以来，学前教育政策进入到全面快速的发展期，5 项学前教育政策文本中涉及"自我管理"的内容条目达 16 项

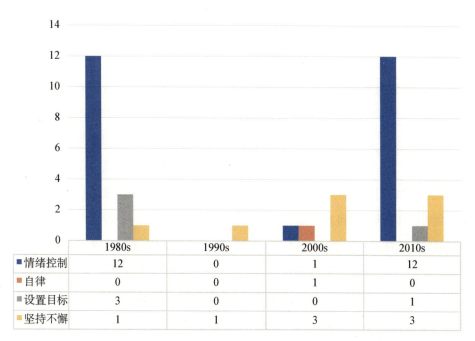

	1980s	1990s	2000s	2010s
■情绪控制	12	0	1	12
■自律	0	0	1	0
■设置目标	3	0	0	1
■坚持不懈	1	1	3	3

图 7-9　自我管理维度内各分析类目在不同年代
学前教育政策文本中的分布情况

次,相较于前两个阶段有了明显的增长,回到了与 20 世纪 80 年代相持平的水平;其中涉及"情绪控制"的培养 12 项次,"设置目标"仅 1 项次,"坚持不懈"涉及 3 项次,"自律"未有任何涉及;在这个阶段又重提了"情绪控制"的重要性,降低了对"设置目标"这一强目的性的要求,转向注重"坚持不懈"的品质培养。纵观"自我管理"在整个学前教育政策文本中的发展,且不说"自律"类目涉及的内容几乎可忽略不计,连"设置目标"这一类目涉及的内容条目都有了明显的减少,不论是总量上还是在"自我管理"维度内的各类目间,受重视程度不断走低,这也说明了对幼儿"自我管理"的高要求是在下降的,但这高要求的下降并不影响对幼儿"情绪控制"的基本管理能力和"坚持不懈"的优良品质的培养。"情绪控制"作为幼儿"自我管理"能力培养的重头戏,可以发现随着时间的推移,学前教育政策体系的进一步发展和完善,在明确"自我管理"在社会与情感能力培养中的重要性后,幼儿"自我管理"能力的培养将会更加注重培养幼儿以"情绪控制"为主的关键性能力与"坚持不懈"的良好品质。

　　从以上对编码结果的横向和纵向分析来看,不论是从"自我管理"和社会与情感能力的其他各维度相比,还是具体到"自我管理"内部各类目间的相互占比,"自我管理"这一维度范畴的内外都发生着变化。在不同的学前教育政策文本中,涉及"自我管理"的内容条目中一般都含有"保持稳定的情绪""不乱发脾气""保持活泼愉快的情绪"等关键话语信息,是出现在不同的政策文本中强调对培养幼儿"情绪控制"的话语表达,这些类似的话语较多地出现在保教活动的指导建议中，如体育活动、课堂活动的教学过程中，也出现在幼儿用餐、盥洗、睡眠等日常活动中。特别是在《3—6岁儿童学习与发展指南》中，针对"学会恰当表达和调控情绪""表达情绪的方式比较适度"等做出了程度性的界定，此类话语多次出现在幼儿发展阶段性的目标要求中，也出现在日常保教活动的具体措施中，实现了从目标到实践的贯通式要求，相较于萌芽时期政策文本内容中的分类更为科学，目标分级也更加合理，也更加有助于培养幼儿"自我管理"能力的层次递进。之所以对幼儿"情绪控制"能力十分重视，一方面是因为情绪控制在"自我管理"中本身处于一个基础性地位，还有就是因为幼儿在这个年龄阶段正是情绪管控发展的重要关键期，是后期融入社会、进行社会参与，构建人际关系所必需的"个体性"能力；还有就是随着社会的快速发展，来自各方面的讯息十分繁杂，导致个体的各种情绪体验也越来越多，比如网络信息时代的快速发展，网络社交开始占据了年轻人社交的主流，使得年轻人在现实世界中出现众多的社交问题，同时因社会、生活等各方面压力所导致的情绪障碍、抑郁等，这引起了社会大众对心理健康、社会性适应的关注；而良好的情绪控制能力有助于平衡个人与社会、工作与生活的关系，排解不良情绪的干扰，解决这些问题又被落脚到要"从娃娃抓起"，通过在幼儿学前或者低龄阶段进行"自我管理"的教育，以减少后期因社会交往导致的各种问题发生，起到积极的预防作用，而不是仅关注后期的补救措施。为了实现事半功倍的效果，那么自然就不会错过幼儿期这一关键阶段。而对于幼儿"坚持不懈"的良好品质培养，涉及的政策文本中出现最多的字眼就是"努力""坚持""不怕困难""尝试"等，主要集中出现在目标和培养具体措施中，还有与之一同出现的是"学习""目标""做力所能及的事"等强调幼儿"设置目标"的关键词语，培养幼儿基本的规划能力。"坚持不懈""不怕困难""立大志"等一直都是我们中华民族所提倡的，是优秀传统文化在我们血液中的深刻烙印，同时也是在激烈的社会竞争中所必备的能力，这的确是"自我管理"的有效之处。但这对幼儿来说也是存在很大困难的，幼儿自我中心的这一身心发展特征就是一个很大的阻碍，过大、过高的目标不适合幼儿身心发展的特点和规律，所以也需要做好基本的调整工作，在培养幼儿"自我管理"的过程中要从小事、小习惯抓起，同时注重"他律"性的社会规则对幼儿的约束作用，从内外联动上来培养幼儿"自我管理"的能力，使之在幼儿教育中开展起来更加合理。因此在幼儿"自我管理"这

表7-9　自我管理维度能力在不同年代的学前教育政策文本内容中的表述举例

	情绪控制	自律	设置目标	坚持不懈
1980s	表扬时表示高兴，批评时表示不愉快。培养幼儿经常保持活泼愉快的情绪		自己能做的事自己做，愿意为同伴和集体服务	能认真地、有始有终地做自己能做的事和为同伴、集体服务

（续表）

	情绪控制	自律	设置目标	坚持不懈
1990s				努力学习,完成规定的学习任务
2000s	在集体生活中情绪安定、愉快	学习自律和尊重他人	能努力做好力所能及的事。支持幼儿自主地选择、计划活动	不怕困难。鼓励他们通过多方面的努力解决问题,不轻易放弃克服困难的尝试
2010s	经常保持愉快的情绪,不高兴时能较快缓解。有比较强烈情绪反应时,能在成人提醒下逐渐平静下来。知道引起自己某种情绪的原因,并努力缓解。表达情绪的方式比较适度,不乱发脾气。能随着活动的需要转换情绪和注意。换新环境时情绪能较快稳定,睡眠、饮食基本正常		鼓励幼儿做力所能及的事情,对幼儿的尝试与努力给予肯定。努力学习,完成规定的学习任务	帮助幼儿逐步养成积极主动、认真专注、不怕困难、敢于探究和尝试、乐于想象和创造等良好学习品质。鼓励幼儿坚持下来,不怕累。努力学习,完成规定的学习任务

一维度内的话,多层级性的"自我管理"是建立在良好"情绪控制"基础上的,要学会管理自身的目标规划以及行动能力的保持,而过高要求的"自律"对幼儿来说就显得不是十分恰当了。

的确,从上述的分析可以看出,在培养幼儿社会与情感能力的过程中,"自我管理"占据了幼儿社会与情感能力培养中从"个体"转向"社会"的重要一环,是在"自我意识"基础上的向前一步,是实现幼儿"自我"与"社会"项联结的关键桥梁,也是幼儿从个人走向社会的必经之路。

三、社会意识:持续关注"了解社会规则"

"社会意识"是社会与情感能力维度中实现"个体"向"社会"转向的标志,这是建立在幼儿在有了一定"自我意识"的基础,并且学会去"自我管理"的情况下,来尝试发展社会能力,形成对社会的基本认知,学会适应社会的规则,辨识个体所处的社会环境,为进一步的社会交往提供观念性储备。结合图 7-10 来看,经过对这 16 项学前教育政策文本的编码分析后发现,在"社会意识"这一维度内,16 项学前教育政策文本中都有涉及该维度内分析类目的内容,并且这是五大维度之中唯一的一个涉及所有政策文本的,足以见幼儿"社会意识"培养在我国学前教育政策文本中所受到的重视。这 16 项政策文本中的内容条目共涉及了"社会意识"82 项次，涉及频次之多是仅次于"关系技能"维度的。再具体到该维度内的 4 个类目来说，"了解社会规则"以 57 项次占据第一，是每个政策文本内容都涉及了的类目，同时也是整个五大维度下 19 个类目中仅有的一个，可以说是幼儿社会与情感能力培养中最重要的一个类目；其次是"识别资源与支持"占到了 17 项次，"赏识差异"占 6 项次，"同理心"占 2 项次。但这 16 项学前教育政策文本中仅有 1 项政策文本覆盖了该维度内的全部类目，6 项政策文本涉及了 2 个类目，其余 13 项政策文本仅涉及单个类目。所以从"社会意识"内部的类目间不同占比的情况，以及多项学前教育政策文本仅涉及"了解社会规则"这一类目就可以看出，对幼儿"社会意识"的培养还是更多地侧重于对社会规则的认知，同对身边环境的辨识，培养"自我意识"和"自我管理"能力一般仅注重幼儿关键性能力的培养，对"同理心"这一高层次的品质要求并不做过多要求。因此从横向上来说的话，"社会意识"是这 16 项政策文本内容中十分重视的，是培养幼儿社会与情感能力的重心之一；而"了解社会规则"作为该维度各类目中的重点所在，亦是整个社会与情感能力培养中的重中之重，致使维度内各类目间也存在偏向关键性能力的特点。

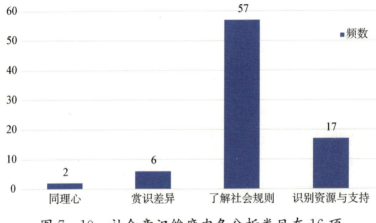

图 7 - 10　社会意识维度内各分析类目在 16 项
学前教育政策文本中的分布情况

　　而具体到我国学前教育政策发展的不同历史阶段来看，在图 7 - 11 中可以看出，"了解社会规则"是这四个时期内的主导类目，虽说从最初 20 世纪 80 年代的 25 项次下降到了 90 年代的 9 项次，但这也丝毫不影响该类目的主体地位；其次还可以发现"识别资源与支持"的重要性在这四十年间是在不断上升的；对幼儿"赏识差异"的要求与"同理心"也随着时代的发展开始被提及。具体到这四个历史阶段的话，在 20 世纪 80 年代的 4 项学前教育政策文本中，涉及"了解社会规则"的内容条目高达 25 项次，几乎是该年代幼儿"社会意识"培养的全部；另外还涉及了"赏识差异"1 项次，"识别资源与支持"1 项次，有关"同理心"的培养并未被提及。可见在这一历史阶段对幼儿"了解社会规则"的高度重视，及对多元文化背景下的融合保持的关注。在 20 世纪最后的 10 年间，相较于前十年来讲，对培养幼儿"社会意识"的关注有了明显下降，具体体现在总项次上的减少，如涉及"了解社会规则"的内容条目仅为 9 项次，不到之前的 1/2，并且"识别资源与支持"和"同理心"都没有涉及。进入 21 世纪的首个 10 年，在仅有的 3 项学前教育政策文本中，涉及幼儿"社会意识"培养 18 项次，其中"了解社会规则"以 10 项次占据了主导地位，同时"赏识差异"达到了 4 项次的新高，是前 20 年所达不到的，"识别资源与支持"占到了 3 项次，"同理心"开始被提及，这也是四个年代中仅有一次覆盖了"社会意识"维度内的所有类目，不再是单一的"了解社会规则"这一中心，向全面化发展。到了 2010 年之后，5 项学前教育政策的文本内容中共涉及"社会意识"27 项次，其中"了解社会规则"涉及了 13 项次，相较于萌芽期来说"了解社会规则"涉及的内容条目数量的确在减少，但依旧是"社会意识"培养的重点所在，只是重要程度上有所下降；"识别资源与支持"在这 5 项政策文本的内容中占到了 13 项次，较前三十年来说有了明显的增长，受重视程度显著增加，"社会意识"的培养不再是单一重心；且"赏识差异"在这 5 项政策文本中未有涉及，"同理心"也依然是 1 项次。这也表明了在进入 2010 年学前教育政策快速发展期以来，"了解社会规则"已不再是幼儿"社会意识"培养的唯一中心，对幼儿"识别资源与支持"的要求有所上升，这对幼儿在繁杂的社会环境中获得更好的发展有着与时俱进的积极意义。所以从整体纵向上来看，虽说"了解社会规则"是

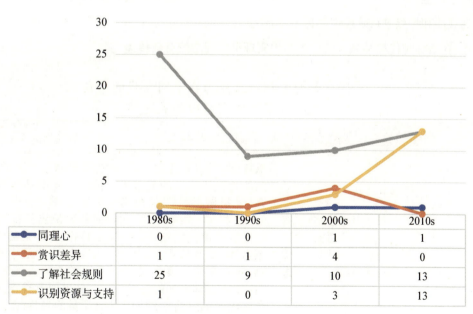

	1980s	1990s	2000s	2010s
同理心	0	0	1	1
赏识差异	1	1	4	0
了解社会规则	25	9	10	13
识别资源与支持	1	0	3	13

图 7-11　社会意识维度内各分析类目在不同年代
学前教育政策文本中的分布情况

浓墨重彩的一笔,但"了解社会规则"这一类目涉及的内容条目也随着时间的发展呈缩减趋势,幼儿"社会意识"的培养开始出现多重心共同发展的特点,同时也注重对"赏识差异"和"同理心"这类利他性能力的培养,为在社会交往中提升"关系技能"做好基础工作。

在分析的 16 项学前教育政策的文本内容时,"有礼貌""遵守社会行为规范""良好的思想品德和行为习惯""遵守法律、法规""遵守规则"等相关内容出现的频率非常高,这些内容分别从道德、规则、行为规范等方面来体现对幼儿社会意识的培养,因对"社会"这一概念理解的历史局限而带有时代的印记。在进入到 21 世纪以来的学前教育政策文本中,"周围事物、环境""安全意识""了解自然""环保意识"等内容更多地出现了,将幼儿观念中应有的"社会"进一步泛化,强调了培养幼儿对自身周边世界的探究与参与;当然"尊重他人""感知人类文化的多样性与差异性"等内容是培养幼儿"赏识差异"能力的体现,是为了幼儿能够更好地应对多元文化交融过程中所带来的冲击。整体来讲,幼儿社会意识的培养上更多地强调的是社会规则内容对幼儿的加持,但后期也开始重视幼儿对身边世界和环境的探究。造成这个转变的原因在于社会民众教育理念的转变,以及经济社会的大繁荣和大发展、全球化的加速、人与自然的和谐共处、人类命运共同体等。这些变化要求幼儿培养过程中原有的社交理念、行为规范等都需要与时俱进,"社会意识"的范畴得以进一步扩大,对幼儿"社会意识"的培养也就更加宽泛了。除此之外,同其他维度内的学前教育政策文本的内容表述一样,在幼儿"社会意识"培养的过程中也遵循着这个特点:在某项具体能力培养时,不但会就某项能力的培养结合幼儿身心发展规律和特点进行阶段性目标教学,还会在不同年代的学前教育政策之间做好前后承接的工作,在做好时代精神融入的过程当中实现价值理念的有效传递。

表 7-10　社会意识维度能力在不同年代的学前教育政策文本内容中的表述举例

	同理心	赏识差异	了解社会规则	识别资源与支持
1980s		互相谦让、自己有进步不骄傲,愿意学习小朋友的优点,能为同伴的进步而高兴	保持公共场所的卫生。向幼儿进行初步的五爱教育(爱祖国、爱人民、爱劳动、爱科学、爱护公共财物),培养他们团结、有爱、诚实、勇敢、克服困难、有礼貌、守纪律等优良品德、文明行为和活泼开朗的性格。学习在日常生活中对大人使用尊称和礼貌用语。遵守集体规则和公共秩序	充实丰富小儿生活,使他们对周围环境发生兴趣,引导鼓励他们能简单地说出周围成人的称呼、人体某部位的名称,日常生活中常见物品的名称,认识托儿所,知道两三种常见交通工具的名称,知道两种常见水果、蔬菜,常见动物的名称

（续表）

	同理心	赏识差异	了解社会规则	识别资源与支持
1990s			遵守法律、法规。 遵守所在学校或者其他教育机构的管理制度。 遵守学生行为规范，尊敬师长，养成良好的思想品德和行为习惯	
2000s	乐意与人交往，学习互助、合作和分享，有同情心	适当向幼儿介绍我国各民族和世界其他国家、民族的文化，使其感知人类文化的多样性和差异性，培养理解、尊重、平等的态度 学会尊重别人的观点和经验。 培养其对劳动者的热爱和对劳动成果的尊重	充分利用社会资源，引导幼儿实际感受祖国文化的丰富与优秀，感受家乡的变化和发展，激发幼儿爱家乡、爱祖国的情感。 理解并遵守日常生活中基本的社会行为规则。 在共同的生活和活动中，以多种方式引导幼儿认识、体验并理解基本的社会行为规则。 遵守法律、法规。 遵守所在学校或者其他教育机构的管理制度	爱护动植物，关心周围环境，亲近大自然，珍惜自然资源，有初步的环保意识。 帮助幼儿了解自然、环境与人类生活的关系。 从身边的小事入手，培养初步的环保意识和行为。 对周围的事物、现象感兴趣，有好奇心和求知欲
2010s			养成良好的品德与行为习惯。 遵守法律、法规。 遵守学生行为规范，尊敬师长，养成良好的思想品德和行为习惯。 遵守所在学校或者其他教育机构的管理制度。 能自觉遵守基本的安全规则和交通规则	不吃陌生人给的东西，不跟陌生人走。 认识常见的安全标志，能遵守安全规则。 在公共场所走失时，能向警察或有关人员说出自己和家长的名字、电话号码等简单信息，知道简单的求助方式

　　作为培养幼儿社会与情感能力过程中"社会化"的关键一步，"社会意识"的建构将直接影响幼儿"关系技能"的发展，也会从反方向上来作用幼儿的"自我意识"和"自我管理"，所以培养幼儿良好的"社会意识"将有助于调和幼儿的"个体"与"社会"的矛盾，实现幼儿社会与情感能力发展中"个体"观念向"社会"意识的更好衔接。

四、关系技能：重视"沟通"与"建立人际关系"

　　社会与情感能力的提高旨在为人们美好的生活提供助力，从认识自己，到管理自己，再到与人交往,而这一切都需要落到实践中,那就是要通过提高"关系技能"来与他人建立良好的人际关系,这也是在社会活动过程中所必备的技巧与能力,是个人社会能力在社会活动中的具体体现,是检验个人社会能力的重要指标。区别于"自我意识""自我管理"和"社会意识"的较强观念性,"关系技能"作为社会与情感能力的五个维度中"实践性"最强的,是最能检验幼儿的社会与情感能力培养是否落到实处的。"关系技能"更多地强调与人沟通,参与集体活动,实现团队合作,与他人协商,建立稳定的人际关系。通过图7-12编码结果可以发现,在这16项学前教育政策文本中,不涉及该维度内容的政策文本也有10项,仅有6项学前教育政策文本的内容涉及"关系技能",而这6项学前教育政策文本中,没有任何1项政策文本的内容能够全部覆盖"关系技能"的5个类目,其中涉及4个类目的政策文本有1项,4项政策文本涉及了3个类目,涉及2个类目与1个类目的各有1项政策文本。但这丝毫也不影响该维度在学前教育政策文本中的重要地位,因为在这16项学前教育政策文本的内容中涉及社会与情感能力频次最高的维度就是"关系技能",共达到了86项次,是其他四个维度无法企及的,足见"关系技能"在社会与情感能力培养中的重要性。而具体到这一维度内的5个具体类目,作为人际交往中最基本、最重要的"沟通"是出现次数最多的,共计51项次,以幼儿集体活动为依托的"社会参与"和"团队合作"也分别达到15项次和5项次,"建立人际关系"涉及了15项次,但其中作为人际交往过程中较高能力要求的"协商"未有涉及。所以从横向上的比较来看,培养幼儿"关系技能"的受重视程度的确超过社会与情感能力的其他维度,其中心地位无法被取代;而在"关系技能"这一维度内的5个类目间,与"自我管理""社会意识"一样,类似于"沟通"这一基本性的能力培养始终是主题,对如"协商"这样需要综合能力的复杂性人际交往就不做要求,

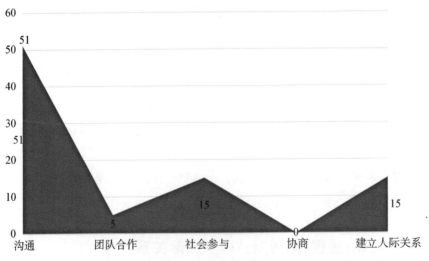

图7-12 关系技能维度内各分析类目在16项
学前教育政策文本中的分布情况

同时还降低了其他部分能力的要求。

　　同样,从我国学前教育政策发展的四个年代来看,在图 7-13 中,对幼儿"沟通"能力的培养是最为主要的,同时对幼儿"社会参与"和"建立人际关系"的培养也不懈怠,也适当地放弃了对幼儿"协商"能力的培养要求。在 20 世纪 80 年代,4 项涉及社会与情感能力的学前教育政策文本中涉及"关系技能"维度的内容条目共计 16 项次,其中涉及了"沟通"2 项次,"社会参与"6 项次,涉及"建立人际关系"达 7 项次,以及仅占 1 项次的"团队合作"。但是在 20 世纪 90 年代的 4 项学前教育政策文本中没有任何内容涉及幼儿"关系技能"的培养。随着时间的向前推移,在 21 世纪初的 10 年间,涉及"关系技能"的内容条目有了明显的回升,3 项学前教育政策文本共涉及了 18 项次。其中涉及"沟通"和"建立人际关系"的内容条目有了一定的增长,分别为 9 项次和 3 项次,同时"社会参与"和"团队合作"涉及的内容条目有所下降,分别为 4 项次和 2 项次。而到了 2010 年之后,5 项涉及社会与情感能力的学前教育政策文本的内容中共涉及了该维度 52 项次,其中涉及"沟通"这一关键性能力的项次出现快速增长,高达 40 项次,"社会参与"与"建立人际关系"各占到了 5 项次,"团队合作"2 项次。所以进入到 21 世纪以来,"沟通"一直保持着主要地位,且在"关系技能"培养中的占比在不断增加;虽说"社会参与""建立人际关系"和"团队合作"也是培养幼儿"关系技能"的主要突破点,但相较于"沟通"能力的培养来说就稍显弱势,但相较于其他维度内的类目也还是很有竞争力的。因此在本维度内,也和社会与情感能力的其他维度一般,都着重培养幼儿本维度内的关键性能力。

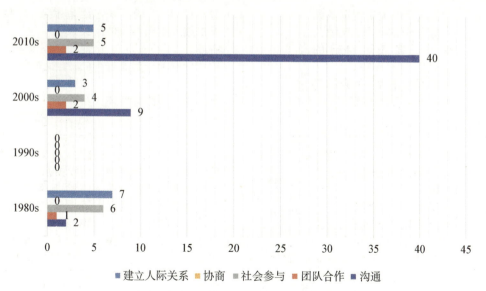

图 7-13　关系技能维度内各分析类目在不同年代
学前教育政策文本中的分布情况

　　"关系技能"对于幼儿来说是在构建"自我意识"和"自我管理"的基础上，在一定的"社会意识"指导下，最终以个体的形式参与到社会活动中的实践性检验。在整个政策文本的编码分析过程中，"关系技能"维度内的各类目间分布情况都是由其自身的特性所决定的。作为关系技能的第一要义，"沟通"能力就是十分基础的，它具体包括了能够准确捕捉到他人话语或行为中的内涵，再做出具体回应的能力；所以"注意倾听""发展言语理解能力""大胆、清楚地表达""相互交流"等关键性能力是对培养幼儿"沟通"能力的细化。其次在多个政策文本中指出了"游戏活动""集体活动""集体生活"等，这些都是强调在幼儿进行社会参与的同时，让幼儿能够在集体、社会的交际中锻炼人际交往能力，更好地建立人际关系；当然"人际关系"中的"同伴关系""师生关系""亲子关系"等主要关系是在这些政策文本内容中经常强调的。而关于幼儿"团队协作"能力的培养，则主要依托"合作学习""合作交流"来开展，这些都是在学前教育政策文本内容中所体现的，是对幼儿社会与情感能力培养的具体指导性话语。因此总的来看，作为社会与情感能力的五大维度中最为重要的一个方面，也是政策文本内容涉及最多的一个方面，足以见对社会与情感能力中这一实质性的社会交往能力的重视。

表7-11　关系技能维度能力在不同年代的学前
教育政策文本内容中的表述举例

	沟通	团队合作	社会参与	建立人际关系
1980s	教儿童正确地运用词类说出较复杂的句子，鼓励儿童用语言表达自己的愿望。 会用面部表情、手势和简单的语言与大人交往		能较准确地重复大人教给的动作，能开始参加成人组织的集体游戏。 能和小朋友一起友好地玩。 愿意为同伴和集体服务	发展成人和小朋友之间良好的相互关系。 能和小朋友友好相处，互相关心，互相帮助。 培养小儿与成人间眷恋亲昵的感情。
2000s	乐意与人交谈，讲话礼貌，能清楚地说出自己想说的事。 能听懂和会说普通话。 能用适当的方式表达、交流探索的过程和结果。 养成幼儿注意倾听的习惯，发展语言理解能力	培养幼儿合作学习的意识和能力。 学习互助、合作和分享	要根据幼儿的特点组织生动有趣、形式多样的体育活动，吸引幼儿主动参与。 引导幼儿参加各种集体活动	建立良好的师生、同伴关系。 体验与教师、同伴等共同生活的乐趣，帮助他们正确认识自己和他人，养成对他人、社会亲近、合作的态度

（续表）

	沟通	团队合作	社会参与	建立人际关系
2010s	别人讲话时能积极主动地回应。 会说本民族或本地区的语言和普通话，发音正确清晰。 能根据谈话对象和需要，调整说话的语气。 能口齿清楚地说儿歌、童谣或复述简短的故事。 愿意表达自己的需要和想法，必要时能配以手势动作	培养积极的交往与合作能力	经常和幼儿一起在户外运动和游戏，鼓励幼儿和同伴一起开展体育活动。 教育活动的组织应当灵活地运用集体、小组和个别活动等形式，为每个幼儿提供充分参与的机会	能较快适应人际环境中发生的变化。 能较快融入新的人际关系环境。 建立良好师幼关系

所以根据上述的编码结果和分析，"关系技能"作为幼儿社会与情感能力培养的重心是不可替代的，并且随着时间的推移，"关系技能"的热度依然不减；其中"沟通"能力是本维度内最注重的、最基础的，也是在学前教育政策中社会与情感能力强调最多的一个具体类目。

五、负责任的决策：强调"分析情境"

社会与情感能力的最终目的是要在有意识、有能力的基础上与社会进行连接，最终的目的就是要依据不同的社会情境，结合自身情况来做"负责任的决策"，实现社会与情感能力真正的提高，真正地为美好生活助力。但是结合幼儿身心发展的特点，自我为中心，处于道德水平的初级阶段，前运算与具体运算阶段占据主导，这就直接导致幼儿做"负责任的决策"时没有足够的身心条件作为基础，所以"负责任的决策"成为这16项学前教育政策中涉及最少的维度，也是实施阻力最大的社会与情感能力。从图7-14中的编码分析结果来看，在16项涉及社会与情感能力的学前教育政策文本内容中仅涉及了该维度11项次，是社会与情感能力五个维度中涉及最少的，甚至比其他维度下的某一个单独类目的都少。这就直接表明了在我国社会与情感能力涉及的学前教育政策文本中并不是很重视幼儿是否有能力来做"负责任的决策"。而且具体到该维度内的3个类目来讲，"分析情境"涉及了10项次，"道德责任"涉及1项次，"解决问题"并未涉及；这就说明了在培养幼儿做"负责任的决策"时，仅对幼儿做了最基本的"分析情境"的要求，而且很大程度上是建立在幼儿"社会意识"中"识别资源与支持"的基础上，是对幼儿认知周围环境的一个升级，对涉及复杂情境与高能力要求的"解决问题"不做要求，对幼儿"道德责任"意识的培养也只是简单地提及一下。因此不难发现，在学前教育阶段对幼儿社会与情感能力的培养中，和社会与情感能力中的"自我意识""自我管理"相比，"负责任的决策"就显得不是那么重要，更不用提"社会意识"和"关系技能"的培养了。不过有一点是与其他四个维度有共通之处的，那就是在维度范畴内都是注重最基本能力的培养。

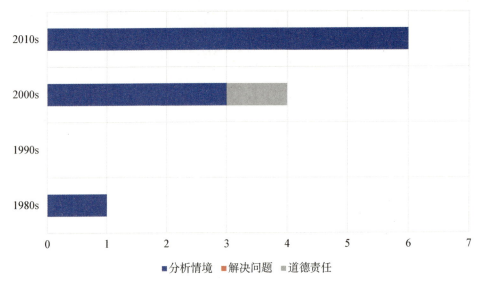

图 7-14　负责任的决策维度内各分析类目在不同
年代学前教育政策文本中的分布情况

在图 7-14 中，从我国学前教育政策发展的不同历史时期来看的话，16 项学前教育政策文本中仅涉及了"负责任的决策"11 项次，其中"分析情境"就以 10 项次占据主导，"道德责任"仅有 1 项次，且"解决问题"根本没有被提及。但对这单一类目实现了 80% 的关注，对"分析情境"的能力培养更加注重了，对"负责任的决策"的培养重心也更加明确了；同时还在 20 世纪 90 年代出现了缺失。具体到四个年代，在 20 世纪 80 年代，4 项涉及社会与情感能力的学前教育政策文本的内容仅涉及该维度内的"分析情境"1 项次。并且在 20 世纪 90 年代的时候也没有任何学前教育政策文本的内容涉及该维度的能力培养；据此完全可以看出在 20 世纪末的 20 年间，对培养幼儿"负责任的决策"的重视程度较低，几乎对这一维度的能力培养不做要求。但进入到 21 世纪后，在 2001 年—2010 年间出台的约 35 项学前教育政策文本内容中，共涉及了本维度 4 项次；其中"分析情境"涉及了 3 项次，"道德责任"1 项次。在 2010 年之后，4 项学前教育政策文本内容涉及了 6 项次的"负责任的决策"，但对其余 2 个类目都没有涉及，重心全部放在了"分析情境"之上。同时对"道德责任"这一高水平的能力培养也不再作要求了。这说明了我国学前教育政策还一直坚持着前期的关键性能力培养为主，与其他四个维度内的分析类目占比呈现出同样的特点，坚持幼儿教育的适度原则。

表 7-12　负责任的决策维度能力在不同年代的
学前教育政策文本内容中的表述举例

	分析情境	道德责任
1980s	培养他们对认识社会和自然的兴趣和求知欲，逐步形成对待人们和周围事物的正确态度	
2000s	能运用各种感官，动手动脑，探究问题	能努力做好力所能及的事，不怕困难，有初步的责任感
2010s	幼儿在运用语言进行交流的同时，也在发展着人际交往能力、理解他人和判断交往情境的能力、组织自己思想的能力。 教育活动的过程应注重支持幼儿的主动探索、操作实践、合作交流和表达表现，不应片面追求活动结果。 鼓励支持幼儿通过亲近自然、直接感知、实际操作、亲身体验等方式学习探索	

　　从上述对编码结果的分析来看，不论是从"负责任的决策"和社会与情感能力的其他 4 个维度横向上的对比，还是从"负责任的决策"内部的各类目间的分布情况来说，"负责任的决策"是社会与情感能力 5 个维度中分量最轻的，虽说培养个体社会与情感能力的目的是希望能从个人的"自我意识""自我管理"出发，形成一定的"社会意识"，增强"关系技能"，最终依据不同的社会情境来做"负责任的决策"，这对于大龄儿童或者青少年，以及成人来讲的确不成问题，但根据科尔伯格（Kohlberg, L.）提出"三水平六阶段"的道德水平阶段论和皮亚杰的道德发展三阶段论来看，这最后一项对于道德水平与认知水平发展处于较低层次的学龄前幼儿来说就显得十分困难，已经超出了幼儿的最近发展区，能够做到"分析情境"就已然足够，不应对幼儿提出过高的能力水平与道德标准的要求，只求能够根据基本的社会情境做出分析即可。所以在我国涉及社会与情感能力的学前教育政策文本的内容中就相对地舍弃了一部分内容，仅保留"分析情境"这一基础能力建设的要求。除了幼儿身心发展的局限性外，结合社会与情感能力的 5 个维度来讲，不论是各维度间，还是维度下的各类目间，都存在这一种发展、承接性关系，对幼儿的要求呈阶梯式的上升，在之前教育观念还未转变的时候，家长、社会对幼儿的高期待、严要求都随着儿童中心论的崛起与脑科学、心理科学的发展而放缓脚步，也正是以社会发展的态势渗透进政策文本的结果中。

　　针对这一学前教育文本内容涉及较少的社会与情感能力维度，"负责任的决策"是学龄前幼儿社会与情感能力培养过程中难度最大的，但在结合幼儿身心发展的实际水平下，"分析情境"则是该维度最注重的关键性能力，更多强调培养幼儿"探究""探索""判断"周遭环境的能力,能够在不同的社会情境中来分析、判断出问题所在,考虑自身或他人的情绪感受与需要,基于最基本的水平来发展幼儿的"社会责任感",做出幼儿能够做出的负责任的决策。

第三节　研究结论

一、从主题维度来看,重点突出儿童的社会性能力

通过在总体层面对这 16 项学前教育政策文本编码结果的分析,从横向上可以发现,幼儿社会与情感能力的培养过程中,在五大维度上注重培养"个体性"能力时也存在一定侧重。在培养幼儿"自我意识"和"自我管理"这类"个体性"能力时,是促使幼儿对自我情绪与全面自我形成一个重新的认识,尝试着去学会管控自身情绪,设定个人发展的阶段性目标;同时更加侧重于"关系技能"和"社会意识"这类"社会性"能力的培养,并以培养幼儿个体关于社会的更多认知,提升幼儿社会交往中的实践技能为主要方向,让幼儿更好地实现社会适应。再具体到社会与情感能力培养的五大维度间,"自我意识"和"自我管理"在相对于其他维度并不占优势的情况下,主要集中于基础性类目能力的培养,随着时间的发展也在各类目能力间努力寻找新的平衡;作为幼儿社会与情感能力培养中的重镇,"社会意识"和"关系技能"这两个维度的"社会性"能力在任何时代都是重心所在,在找寻各类目间平衡时也不放弃注重基础性类目能力的培养;而"负责任的决策"这一结果性导向的维度并未被过多地提及,坚持注重基础性类目能力培养的特点,但随着时代的发展也并未做出更多的调整。

在幼儿社会与情感能力培养的 19 个具体分析类目当中,整体上来看,五大维度中的社会性能力类目是全体中的亮点所在,其中以"沟通""了解社会规则""识别自我情绪""情绪控制"为典型例子,对"负责任的决策""自律""自信"这类高要求的能力培养并未做过多要求。但随着时间的发展,对幼儿社会与情感能力培养过程中的社会性能力培养还是保持一贯的注重,但同时也开始关注其他具体类目能力的发展。尤其是进入 21 世纪以来,伴随着学前教育政策内容中涉及幼儿社会与情感能力培养的内容条目不断增多,其所覆盖的具体类目范围也有了很大改善,基本实现所有类目的全部涉足,在培养幼儿社会与情感能力的基础性类目能力的同时,更进一步谋求幼儿社会与情感能力的全面提升。所以在对幼儿社会与情感能力五大维度培养存在侧重的同时,以实践为导向,以幼儿身心发展水平和成长需要为出发点,仍不忘对各基础性类目能力的重视。

二、从时间维度来看,促进不同维度能力的全面培养

从时间纵向的发展脉络上来看,前后四十年的发展时间,幼儿社会与情感能力培养在学

前教育政策中不断稳步前进。其中,在 20 世纪 80 年代,涉及对幼儿社会与情感能力培养的内容数量还是比较可观的,但明显偏重"社会性"能力的培养,尤其重视"了解社会规则",使五大维度能力间的培养呈现出不均衡状态。在紧接着的 20 世纪 90 年代中,相较于其他几个时代,本阶段在幼儿社会与情感能力的培养上就显得处于弱势地位,重视程度远不及其他三个年代,即使处于整个发展历程中的一个低谷期,但也把仅有的关注点放在了对幼儿"社会意识"能力培养上。随着进入到 21 世纪的开局 10 年,对幼儿社会与情感能力的培养又重新开始受到各方关注,较 20 世纪 80 年代来说,在注重"了解社会规则"的同时也开始注重其他各类目能力的培养,努力实现各类目能力的全覆盖;当跨过 2010 年之后,我国学前教育政策研究迎来了快速发展,学前教育政策中的幼儿社会与情感能力培养随之也开始有了很大程度的变动,涉及频次增多,各类目能力逐渐全面覆盖等,始终在基于学前教育政策本身的发展和幼儿社会与情感能力培养的需求融合,将时代的需求与幼儿的需要相融合,促使幼儿社会与情感能力培养在科学发展、稳步推进。

三、从政策主体来看,职责明确与通力合作并举

从政策要素的分析角度来看,从权威主体的层级升高到党政部门间的相互联合,从文本类型的合理配置到政策客体的科学布局,再到政策内容的多方位覆盖,幼儿社会与情感能力的培养继续走向科学化、合理化道路。教育部作为国家教育事业的主管部门,其责任的主体地位十分明确,因此也是推进幼儿社会与情感能力培养融入学前教育政策的主力部门;同时政策主体的多元化趋势在这 16 项学前政策文本中不断凸显,多部门间的合力作用也愈发明显。纲要、规程、意见等文本类型的多样合理化分布就使得社会与情感能力发展的依托更加精准,也正是这些政策文件类型的有效针对性,为幼儿社会与情感能力培养构建了更好的依托平台。政策客体直接指向学前教育事业的内涵要素与外延环境要素间的合理配置,为幼儿社会与情感能力培养在学前教育政策中的发展提供外围的环境支持,而且学前教育事业内部要素的提升也有助于幼儿社会与情感能力培养的扎实落地,实现学前教育事业的内外要素联动发展,而关联客体也在为幼儿社会与情感能力培养的落实做出了具体性实践。同时最不能忽略的就是在政策内容中主题的明确性与方法措施的多样性为幼儿社会与情感能力培养起到了实质性的指导作用。

第四节　研究建议

通过结果分析可以看出,要在 21 世纪实施全面素质教育的背景下,将社会与情感能力培

养融入学前教育政策当中，那么始终就要以学前教育政策发展方向为指引，以学前教育政策内容为主要抓手，夯实学前教育阶段社会与情感能力培养的理论基础，寻求社会广大关联客体的支持与帮助，将幼儿的社会与情感能力培养落到学前教育政策中的实处，特提出以下建议。

一、加强政府对学前教育社会与情感能力培养的引领作用

加强学前教育政策的引领功能，制定学前教育阶段适用的社会与情感能力培养标准文件。我国学前教育政策早期发展缓慢，虽说受到了经济发展落后的制约，但同时还有一个很重要的原因就是缺少法律政策的保障，缺乏相关业内标准。学前教育仅是在大范围的法律文本下的一方土地，没有如《义务教育法》那般的广阔"庄园"，这就在很大程度上束缚住了学前教育的手脚，局限了学前教育事业的长足发展。同时在《3—6岁儿童学习与发展指南》尚未出台之时，《幼儿园教育纲要(试行草案)》与《幼儿园教育指导纲要(试行)》上的文件内容都在不同程度上过于冗杂化或简单化，缺乏可操作性，导致教学过程中存在着各自为政的现象，没有科学规范的引领，没有教学尺度的参照，连教育评价与督导上也都伴随着很大的干扰。如若在相关法律政策已经缺席的情况下，向学前教育阶段推行社会与情感能力的培养，恐怕也会是举步维艰。所以良好的政策制度保障就显得尤为必要，要加强全面的教育法律保障体系建设，以及不断提升学前教育政策的科学化程度，只有在这样高层架构的框架范围内制定科学化的发展学前教育的政策，培养幼儿的社会与情感能力才会事半功倍。

在相关政策保障和教育标准的共同引领下，幼儿社会与情感能力的培养才会有明晰的发展方向，作为幼儿社会与情感能力培养的落实重要一环，教育实践正是检验幼儿社会与情感能力培养成效的重要手段。区别于初等教育或中等教育阶段，学前教育因其自身的特殊属性，使得学前教师在整个培养过程中所起的作用被放大。但当前部分地区学前教师自身知识储备与能力水平层差不齐，有关教育理念难以落地给一般性的教育实践带来了很大的困扰，更不用提幼儿社会与情感能力的培养，并且教师们现有的知识储备与实践经验不足以支撑开展社会与情感能力的培养活动。即便是部分实践教育经验丰富的教师能够实施相关的教学活动，却也可能是在穿新鞋走老路，缺乏实质性的效果。所以要在现有幼儿教师国培计划的基础上，加入幼儿社会与情感能力培养的针对性培训指导，提升教师的专项教育教学能力，实现幼儿社会与情感能力培养从文本向实践中的落地。

在实现标准文件和培训指导相结合的基础上，要注重开展试点工作，根据国家教育政策试点的工作经验，将幼儿社会与情感能力教育的理念进行先行试验，在实践过程中积累第一手素材，为政策执行提供良好的行为反馈，为后续幼儿社会与情感能力培养指导提供优化方案。

二、发挥幼儿园在儿童社会与情感能力培养中的主体作用

坚持与时代发展同步，注重社会与情感能力在学前教育阶段的独特性与时代要求的相结合，坚持以儿童为中心，大力发展普惠性学前教育。例如将其作为"去小学化"征途中的新发力点，增强社会与情感能力的存在感。幼儿园"小学化"作为学前教育阶段的顽疾，就像在义务教育阶段的"减负"那般，治理效果一直不显著，相关国家行政部门在这上面都深感无力。《教育部办公厅关于开展幼儿园"小学化"专项治理工作的通知》等系列措施的接连出台是对社会上的幼儿园"小学化"的一次急刹车，给狂热的教育市场和焦虑的家长们打了一支镇静剂。但这股狂热力量只是暂时被抑制住了，幼儿的社会与情感能力培养为幼儿园保教工作新增一个发力点，用社会与情感能力的发展来替代掉原来"小学化"的内容，这对孩子的长久发展来说还是很重要的，尤其是相对于一年级的文化知识来说。在幼儿园教育中加强对幼儿社会与情感能力培养的重视时，结合时代发展需要，努力挖掘幼儿社会与情感能力培养过程中的独特性，将其与现行的学前教育理念相融合，实现幼儿社会与情感能力培养的特色化、科学化，对社会与情感能力培养模式不进行简单的照抄照搬，为幼儿的全面素质教育提供切实性的指导，实现真正的全人培养，实现个体与社会的双赢。

在今后培养幼儿社会与情感能力时，既要注重结合社会与情感能力五大维度能力的自身特征，又要基于幼儿园教育实践，在培养幼儿社会与情感能力时注意从幼儿和幼儿园实际出发。既要保持不同维度能力的综合发展，还可尝试适当地提升不同程度能力要求。在做好幼儿"自我意识"和"自我管理"的"个体性"能力培养的基础上，重点培养幼儿"社会意识"和"关系技能"这类"社会性"能力；同时要与幼儿的身心发展特点和成长需求相联系起来，从实际情况出发，合理配置不同维度能力的培养在幼儿社会与情感能力培养中的总体占比，实现幼儿社会与情感能力培养的普遍重视与重点突出相结合。在后期对幼儿社会与情感能力培养的过程中，要对幼儿各类目能力的培养要求进一步改进。随着时代的快速发展，物质资源的不断丰富，社会系统变得纷杂多样，幼儿所接受的不同类型的新鲜刺激也越来越多，从幼儿的最近发展区出发，应适当提高对幼儿社会与情感能力培养的要求，在发展幼儿"沟通""识别自我情绪"等关键性能力时，适当提升对幼儿的要求水平，实现高质量发展；在此基础之上，继续保持21世纪以来的趋势，在对幼儿社会与情感能力培养中不断增强对不同类目能力的关注，打造更加宽泛的能力培养范围。坚持立足于基础性类目能力的培养水平提升，从能力水平要求的不同程度上切入，拓宽不同类目能力的覆盖范围，实现幼儿社会与情感能力培养的能力水平和范围立体化提升。

三、形成"家校社"的教育合力

在国家各级党政部门履行各自职责的同时，加强各党政部门间的通力合作，适时出台相关的政策文件，形成一套精准、协调的政策文本体系；而且要善于结合幼儿的身心发展特点和规律，迎合时代进步和社会发展的综合需求，注重协调幼儿社会与情感能力培养过程中各维度、各类目间的关系，寻求多方客体的支持与帮助，从家庭、学校、社会的全方位、立体化入手，为幼儿社会与情感能力培养打造出一个良好的生态圈，提升家、校、社间的教育合力，努力实现幼儿个人与社会的完美结合，确保实现幼儿社会与情感能力的良好发展，为幸福人生奠基。

第八章　社会与情感能力：基于我国小学语文教科书的分析

课程是在学校这一场域中极为关键的一种实施途径，而教材是课程内容的载体，为课程的实施提供了教学内容和教学组织形式上的依据。因此在培养社会与情感能力的过程中，以小学语文教科书为文本分析社会与情感学习在小学语文课程中的呈现形式能够反映出特定时期国家对小学生掌握什么样的社会与情感能力的主观期望，并为后续教科书的完善修订工作提供参考，研究学生个体社会与情感能力的发展过程就不能脱离对语文教科书内容的分析和考察。

本研究中提到的"社会与情感能力"及其维度划分主要是依据 CASEL 组织的文件以及 CASEL 领导团队成员出版的书籍和发表的论文，因此本章中对于"社会与情感能力"一词语义的理解以及五个维度和 19 个一级指标的划分与 CASEL 的研究成果和理论思想较为一致。CASEL 确定了五种相互关联的社会与情感能力，即自我意识、自我管理、社会意识、关系技能和负责任的决策，包含认知、情感和行为三个层面。

第一节　教科书分析的设计与实施

本研究仅探讨语文学科，是因为与其他基础性学科相比，语文除了具有工具性的价值，更蕴含着丰富的人文性，主要表现在"用什么教"的教科书中；语文教材虽以静态的方式呈现，其中却渗透着诸多人文教育的内容，并自然地融合在各个教学模块中。

一、研究问题

为了挖掘语文教科书中社会与情感能力的教育资源，本章集中回答了以下三个问题：

1. 我国小学语文教科书部编版中呈现了怎样的社会与情感能力培育成分？

2. 三个学段之间在呈现时是否存在差异？若存在，差异体现于何处？

3. 面对小学语文教科书部编版中社会与情感能力呈现的现状，如何对小学语文教科书中关于社会与情感能力的内容选择和呈现方式进行优化？

二、研究对象

考虑到语文学科内容体系的权威性、前沿性和时代性，本研究选取了自 2016 年起开始在我国几个省市试用并于 2019 年秋季学期始在小学全年级统一使用的部编版教材，进而剖析书本内容和社会与情感学习核心素养的融合程度。小学语文教科书部编版共 12 册总计 287 篇阅读课文，考虑到阅读课文较为集中地体现了"文道统一"原则以及口语交际对于训练和发展学生表达、倾听能力的必要性，本章只将每一册课本中每个阅读单元内的篇目以及穿插编排在语文园地前的口语交际板块纳入统计范畴，阅读课文中的插图以及图片注释、习作、语文园地、快乐读书吧、综合性学习、识字课文等模块，皆不列入分析。

三、研究方法

本研究综合运用量化研究与质性分析相结合的方法，对小学语文教科书部编版进行文本分析，逻辑框架如图 8-1 所示：

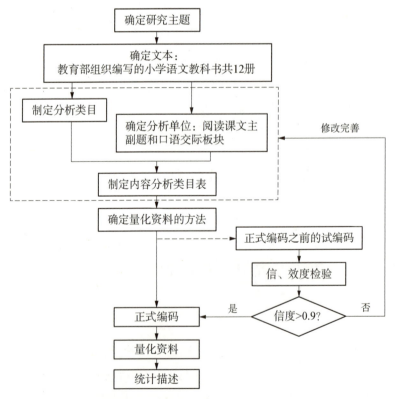

图 8-1 内容分析法逻辑框架图

四、分析工具

(一) 分析单位及其对应的统计方法

分析单位指的是对内容进行判断量化时的最小单位。本研究以每篇阅读课文的主副题和口语交际板块为分析单位,先从每篇阅读课文的全文着手,在总体上把握并提炼概括课文的"主题",一篇课文有且仅有一个主题。然后进一步从课文的句子、段落、节等分析课文的"副题",一篇课文若有两个以上的副题,只取最突出的两个进行统计分析,若主副题相同,以同一细目只记录一次的方式处理。

口语交际板块在小学语文教科书部编版中自成体系,独立编排,每一个板块的设计都围绕着某个特定的话题,并由此引申出一至两项合乎学生需要且具有迁移、运用价值的口语交际原则。本研究首先对 12 册课本中的口语交际话题以及相应的交际原则进行了整理,提炼出其中涉及的口语交际要素,包含说、听、应对以及交际礼仪和态度,并分析交际原则所体现的口语交际能力类型。

(二) 分析类目:借鉴 CASEL 的五维度划分

类目是一种分析工具,是内容归类的标准,决定了内容分析的质量。本研究主要借鉴了CASEL 官方对社会与情感学习进行的多维度划分,这被视为是在社会与情感学习领域内严格依照已获得的证据和研究结果所制定并且最为广泛使用的一种分类方法。[①] 在此基础上,遵循同级类目间互斥的原则,初步拟定了主类目和次类目。

社会与情感学习(SEL)包含了五种相互关联的认知、情感和行为能力,即自我意识、自我管理、社会意识、关系技能和负责任的决策。这五种能力在儿童成长早期就发挥着重要的作用。随着儿童开始在家庭以外的物理空间中与成人进行互动、与同伴进行社交,这五种能力就显得更有价值和意义。基于此,本研究将这五大能力作为主类目(见图 8-2)。

图 8-2 CASEL 社会与情感学习框架(2017)

本研究的编码框架主要从上述提及的五个维度展开,且每个维度下又包括若干个一级指标(次类目),对类目进行解释和说明,能够使分析框架在编码过程中

---

① Newman, J., & Dusenbury, L. (2015). Social and Emotional Learning (SEL): A framework for academic, social, and emotional success. In: BOSWORTH K. (eds). Prevention science in school settings. Advances in Prevention Science. Springer, New York.

更具有操作性。具体的内容分析类目表对应表8-1。

表8-1　社会与情感学习的内容分析类目表①②

(编号)维度	(编号)一级指标	解释性定义
1. 自我意识	1-1　识别自我情绪/情感	识别或描述自己的情绪/情感(即人们对外界事物肯定或否定的心理活动,如喜欢、厌恶、愉快、愤怒等)③、与情感相联系的想法以及它们是如何影响行为的
	1-2　识别优势	对自身能力有切合实际的评估,包括长处与不足
	1-3　自信	相信自己具有组织和执行行动以达到特定成就的能力的信念④
2. 自我管理	2-1　情绪管理	在不同的情境中成功调节自己的情绪、思想,包括管理压力、控制冲动和自我激励,也包括改变情绪的外在表达
	2-2　自律	遵循法纪,自我约束行为
	2-3　设置目标	设定并且朝着个体和学术目标努力
	2-4　坚持不懈	面对挫折和沮丧时坚持不懈
3. 社会意识	3-1　同理心	将同理心理解为由一系列认知和情感维度的内涵构成的概念⑤,分别为: (1)观点采择:自发采用他人心理观点的倾向; (2)幻想:想象自己是书籍、电影或戏剧中的虚构人物时所产生的感受和行为; (3)共情关怀:以他人为导向产生的同情以及对不幸者的关心; (4)个体忧伤:以自我为导向在紧张的人际关系中产生的焦虑和不安
	3-2　赏识差异	与来自不同背景和文化的个体或群体进行互动
	3-3　了解社会规则	了解行为背后遵循的社会和道德规范
	3-4　识别资源与支持	识别家庭、学校和社会提供的资源和支持

① CASEL. (2017). Core SEL competencies. http://www.casel.org.
② 王福兴,段婷,申继亮. 美国社会情绪学习标准体系及其应用[J]. 比较教育研究,2011(3):69-73.
③ 汉语大字典编纂处. 60000 词现代汉语词典(全新版)[M]. 四川:四川辞书出版社,2014:609—610.
④ 班杜拉. 自我效能:控制的实施(上册)[M]. 缪小春,李凌,井世洁,张小林,译. 上海:华东师范大学出版社,2003:3.
⑤ Davis, M. H. (1983). Measuring individual differences in empathy: Evidence for multidimensional approach. Journal of Personality and Social Psychology, 10(1),85-104.

（续表）

（编号)维度	（编号)一级指标	解释性定义
4. 关系技能	4-1　沟通	清楚地表达，积极地倾听
	4-2　团队合作	有效地开展合作
	4-3　社会参与	抵制不适当的社会压力，在需要的时候寻找或提供帮助
	4-4　协商	通过协商建设性地解决冲突
	4-5　建立人际关系	与不同的个体或群体建立并保持健康且有益的人际关系
5. 负责任的决策	5-1　分析情境	识别问题，分析决策情境，切实评估各种行动的后果，考虑自身和他人的福祉
	5-2　解决问题	在个人行为和社会互动上，做出具有建设性的选择
	5-3　道德责任	承担个人的道德、安全和社会责任，对自己的决策负责

五、信度与效度检验

内容分析是一种结合系统化和定量化特征对文本材料中所含内容进行综合分析的定性分析方法，由于研究者在编码过程中受到自身的相对独立性、主观情感色彩以及一系列外在干扰因素的影响，内容分析的可靠性检验就显得极为重要，主要体现在信度和效度指标。[1]

（一）信度

内容分析的信度指的是不同的研究者理解、解释文本材料或数据的一致性或稳定性程度，同时也是对测量误差数值的一种反映。当研究结果因研究对象、评分者或外部环境等原因而产生的误差越小，说明信度越大，研究结果的可靠性和一致性也就越高。[2] 本研究运用霍斯提公式对评分者信度（analyst reliability）进行计算，即两个以上的研究者运用相同的内容分析类目表对同一文本内容进行编码时是否将其纳入到同一类目中。两两间的相互同意值见表 8-2，以此根据 $P=\sum P_i/N$（$\sum P_i$ 表示全体评分者相互比较同意值之和，N 表示相互比较的总次数）和 $R=nP/[1+(n-1)P]$（n 表示评分者总人数），分别计算出平均相互同意值为 0.79，评分者信度为 0.94。

---

[1] 裴娣娜.教育研究方法导论[M].合肥:安徽教育出版社,2016.
[2] 温忠麟.教育研究方法基础(第 2 版)[M].北京:高等教育出版社,2009:159.

表 8-2　评分者相互同意值比较记录表

	评分者 1	评分者 2	评分者 3	评分者 4
评分者 1		0.85	0.88	0.85
评分者 2	0.85		0.76	0.67
评分者 3	0.88	0.76		0.73
评分者 4	0.85	0.67	0.73	

注：两两间的相互同意值计算公式为 $2M/(N_1+N_2)$（其中 M 表示两位评分者一致的编码主副题数量，N_1 与 N_2 分别表示两位评分者各自分析的主副题数量）

(二) 效度

内容分析的效度指的是测量工具（在本研究中即为编码框架）实际能测出目标特质或能力的程度即测验的有效性[①]，是评价教育测验质量的关键指标。本章的研究工具主要借鉴了 CASEL 对社会与情感能力维度和指标的划分，这被视为是在社会与情感学习领域中严格地依据已有证据和研究所制定并且使用最为广泛的一种分类系统。基于分析类目彼此间互斥的原则以及语文本身特有的学科规律，对编码框架中的部分一级指标进行了调整与修改。如：删除了"自我意识"维度下的一级指标"准确的自我感知"，因其与"识别情绪"和"识别优势"有交叉重合的部分，且是一个上位概念。之后，笔者邀请了三位教育学系的硕士、博士研究生和教授以及两位一线小学语文教师对初步拟定后的内容分析类目表进行考量，以评定本研究的内容效度或者称之为表面效度，并根据他们提出的意见和修改建议对各个主类目下一级指标的名称和解释性定义再次进行调整。此外，本研究以最新的小学语文教科书部编版为样本，并选择教科书中的阅读课文主副题和口语交际板块为分析单位，能从整体上反映出语文学科蕴含的社会与情感能力的教育资源。可见，无论是样本的选取还是类目的建构，都能够真实有效地与"所要测量的内容"相吻合，并正确反映小学语文教科书中关于社会与情感能力培养的客观实际。

第二节　教科书文本分析的结果与讨论

本研究首先对小学语文教科书部编版中五个主类目和 19 个一级指标进行了频次统计，并以学段为单位分析各个指标的分布情况和动态变化趋势。其次，从内容分析的视角对自我意识、自我管理和关系技能下设的部分一级指标进行了理论阐述。

[①] 温忠麟. 教育研究方法基础(第 2 版)[M]. 北京：高等教育出版社，2009：162.

一、以"主副题"为分析单位的数据统计

(一) 主类目和一级指标的编码数据呈现

经过对小学语文教科书部编版 12 册课本总计 287 篇阅读课文主副题的归纳整理,共有 339 个主副题列入本研究的统计范畴,五个主类目和各个一级指标的总体分布情况如表 8-3 所示。

表 8-3 阅读课文主副题统计表

主类目 频数/百分比(%)	一级指标		频数	百分比(%)	排序
1. 自我意识 219/64.60	1-1	识别自我情绪/情感	211	62.24	1
	1-2	识别优势	5	1.47	11
	1-3	自信	3	0.88	16
2. 自我管理 43/12.68	2-1	情绪管理	11	3.24	6
	2-2	自律	4	1.18	13
	2-3	设置目标	13	3.83	4
	2-4	坚持不懈	15	4.42	3
3. 社会意识 26/7.67	3-1	同理心	8	2.36	8
	3-2	赏识差异	4	1.18	13
	3-3	了解社会规则	9	2.65	7
	3-4	识别资源与支持	5	1.47	11
4. 关系技能 28/8.26	4-1	沟通	2	0.59	17
	4-2	团队合作	2	0.59	17
	4-3	社会参与	6	1.77	10
	4-4	协商	0	0	19
	4-5	建立人际关系	18	5.31	2
5. 负责任的决策 23/6.78	5-1	分析情境	12	3.54	5
	5-2	解决问题	7	2.06	9
	5-3	道德责任	4	1.18	13
总计			339	100	

注:百分比=频数/339

由统计数据可得，从主类目的维度来看（见图 8-3），"自我意识"维度出现了 219 次，所占比例为 64.60%；其次是"自我管理"，占据 12.68 个百分点，由前两个主类目的数据可得，在小学阶段，学生更多地被期望通过语文教育不断提升个体内部层面（intrapersonal）的能力，即自我能力，以更好地处理与自我的关系。"社会意识"和"关系技能"体现的是人际间层面（interpersonal）的能力，即认知能力和人际能力，处理的是与他人或是集体的关系，所占比例依次为 7.67% 和 8.26%。最后，"负责任的决策"在与本研究相关的主副题中占了 6.78 个百分点。

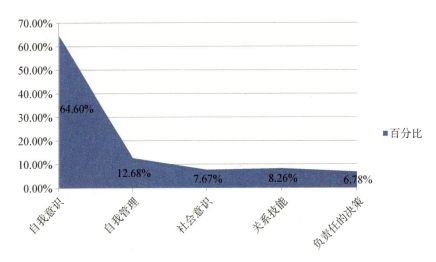

图 8-3　各个主类目在以主副题为分析单位的
编码结果中所占百分比面积图

从一级指标的维度来看，"1-1 识别自我情绪/情感"出现了 211 次，在所有纳入统计的主副题中占据 62.24% 的比例，位列第一，远远超过列第二至第五位的"4-5 建立人际关系""2-4 坚持不懈""2-3 设置目标"和"5-1 分析情境"，而后者所占的比例分别为 5.31%、4.42%、3.83% 和 3.54%；"2-1 情绪管理"和"3-3 了解社会规则"分列第六和第七，各占 3.24% 和 2.65%；"3-1 同理心"紧随其后，在阅读课文的主副题中计数 8 次；"5-2 解决问题"和"4-3 社会参与"的统计频数分别为 7 和 6，各占 2.06 和 1.77 个百分点；此外，"1-2 识别优势"和"3-4 识别资源与支持"、"2-2 自律"和"3-2 赏识差异"以及"5-3 道德责任"、"4-1 沟通"和"4-2 团队合作"这三组所占的百分比各自两两相等，依次为 1.47%、1.18% 和 0.59%；最后，一级指标"4-4 协商"在 287 篇阅读课文的主副题中均未出现。

(二) 主类目和一级指标在学段中的分布及其变化趋势

为了回答"主类目及其对应的各个一级指标是如何在三个学段中呈现的""又分别反映了

怎样的变化趋势"这两个问题,本章进一步通过构建学段和一级指标的二维图表对编码结果进行了定量的统计,见表8-4:

表8-4　主类目和一级指标在三个学段中的分布

主类目	一级指标	第一学段 (1—2年级)			第二学段 (3—4年级)			第三学段 (5—6年级)		
		频数	百分比 (%)	排序	频数	百分比 (%)	排序	频数	百分比 (%)	排序
1. 自我意识	1-1 识别自我情绪/情感	58	52.73	1	83	64.34	1	70	70.00	1
	1-2 识别优势	4	3.64	6	1	0.78	11	0	0	14
	1-3 自信	0	0	16	3	2.33	6	0	0	14
2. 自我管理	2-1 情绪管理	5	4.55	3	2	1.55	9	4	4.00	3
	2-2 自律	2	1.82	11	1	0.78	11	1	1.00	9
	2-3 设置目标	2	1.82	11	7	5.43	2	4	4.00	3
	2-4 坚持不懈	3	2.73	8	7	5.43	2	5	5.00	2
3. 社会意识	3-1 同理心	4	3.64	6	1	0.78	11	3	3.00	6
	3-2 赏识差异	2	1.82	11	1	0.78	11	1	1.00	9
	3-3 了解社会规则	3	2.73	8	4	3.10	5	2	2.00	8
	3-4 识别资源与支持	3	2.73	8	1	0.78	11	1	1.00	9
4. 关系技能	4-1 沟通	1	0.91	15	1	0.78	11	0	0	14
	4-2 团队合作	0	0	16	1	0.78	11	1	1.00	9
	4-3 社会参与	2	1.82	11	1	0.78	11	3	3.00	6
	4-4 协商	0	0	16	0	0	19	0	0	14
	4-5 建立人际关系	11	10.00	2	7	5.43	2	0	0	14
5. 负责任的决策	5-1 分析情境	5	4.55	3	3	2.33	6	4	4.00	3
	5-2 解决问题	5	4.55	3	2	1.55	9	0	0	14
	5-3 道德责任	0	0	16	3	2.33	6	1	1.00	9
总计		110			129			100		

注:各个学段计算百分比时的基数分别为110、129和100,表示各个学段统计的阅读课文主副题的数量。

初看表8-4,数据之多使得难以简单地发现某种显性规律或是变化趋势,深入分析,仍可依靠数据挖掘出某些一级指标在三个学段中呈现的共性和恒定的变化规律。首先,研究结果显示在三个学段中，一级指标"1－1识别自我情绪/情感"在阅读课文主副题中的出现频次都是最高的，分别占各学段编码总频数的52.73％、64.34％和70.00％，各个学段之间的数值呈现出增长的趋势，增长幅度有所减缓。这表明，"1－1识别自我情绪/情感"指标在频次比例上具有一定程度上的连贯性，小学语文教科书部编版阅读课文中蕴含的情感教育元素与语文课程标准提出的培养学生"情感态度与价值观"的课程目标是一致的。其次，具体到一级指标在三个学段中的分布情况：在第一学段中，出现频次靠前的一级指标分别是"4－5建立人际关系""5－1分析情境""5－2解决问题"和"2－1情绪管理"，前者占了10.00个百分点，后三者所占比例相等，都为4.55％；第二学段设计的阅读课文则更强调学生"2－3设置目标"和"2－4坚持不懈"的自我管理能力以及通过"4－5建立人际关系"而体现的人际交往技能，这三个一级指标并列第二，均统计到7次（5.43％）；第三学段延续了上一学段对"自我管理"主类目的重视，同时也着重培养学生"5－1分析情境"的水平和能力，其与"2－1情绪管理"和"2－3设置目标"并列第三（4.00％）。最后，关于一级指标反映的动态变化趋势，在19个一级指标中，共呈现出五种不同的变化曲线："1－1识别自我情绪/情感"和"4－2团队合作"对应逐渐增长的变化曲线，"1－2识别优势""4－1沟通""4－5建立人际关系"和"5－2解决问题"恰恰相反，"2－1情绪管理"等共7个一级指标在低年龄段至高年龄段的过程中呈现出"V字型"的变化过程，而"1－3自信"等共5个一级指标则呈现出"倒V字型"，"4－4协商"因其在三个学段中均未出现，故变化曲线呈现"一字型"。

二、自我意识

（一）识别自我情绪/情感：反映个体的情感能力

中国近现代的教育，随着自然科学和社会科学逐渐从"大语文"的内容体系中分化出去，形成独立的学科领域并进一步衍生出具体的各个学科。根据上文的说明，本研究中的语文对应"小语文"的概念，指的是一门课程、一个学科，其中渗透了情感教育内容，蕴含着丰富的情感教育资源，这也由此诞生了"情感教育""情感教学"等一系列的概念以及现实中学校层面的实践与探索，旨在通过语文教学培养学生掌握和运用直观的、情感的、审美的语言素质的能力。[①] 实施情感教育，首先应该准确把握语文教材中蕴含的情感因素，这赋予了研究"识别自我情绪/情感"指标极大的理论和实践意义，故对其作进一步深入细致的分析就显得极为重要。在本研究中，"识别自我情绪/情感"涉及两个层面的要素：一是情绪，二是情感；前者是个体产生的一种混合的心理现象，包含主观体验（个体的自我感受）、外部表现以及生理呼唤三

---

① 王富仁.情感培养：语文教育的核心——兼谈"大语文"与"小语文"的区别[J].语文建设,2002,(5):4—6.

个组成部分[1],在阅读课文主副题中主要体现于具体的情绪词汇,例如温和、暴躁、得意,以及受情绪影响的外在行为;后者则反映了个体的情感能力,主要体现于教学文本中呈现的显性或是隐性情感因素。由此,对小学语文教科书部编版阅读课文中蕴含的情感因素类型进行整理和归纳,见表8-5。

表8-5　小学语文教科书部编版阅读课文中蕴含的情感因素类型统计

情感因素	频数	百分比(%)	排序
亲情、友情	23	11.56	4
伟人、名人	38	19.10	2
祖国及民族	21	10.55	5
关于故乡	10	5.03	6
关于生活	28	14.07	3
关于历史	4	2.01	7
自然、科学	73	36.68	1
整个人类(生命)	2	1.01	8

注:百分比=频数/199(199表示在阅读课文中涉及情感因素的主副题总数)

表8-5和图8-4的数据显示,在小学语文教科书部编版阅读课文主副题体现出的情感因素类型中,关于"自然、科学"的位于首位,共出现了73次,占比36.68%;其次是关于"伟人、名人"的,所占的比例是19.10%(38/199);紧跟其后的是"关于生活"的、关于"亲情、友情"的、关于"祖国及民族"的,均超过了10个百分点,依次占比14.07%、11.56%和10.55%。此外,"关于故乡"和"关于历史"的情感因素的主副题分别出现了10次(5.03%)和4次(2.01%);阅读课文对于涉及"整个人类"的情感因素的关注度最低,仅占了1.01个百分点,且仅有的两篇文章均与生命相关。

(二) 识别优势:识别和评估自身的实际成就水平和潜力

"识别优势"在本章中主要指的是一种对自身才能(talents)进行准确识别和评估的能力。该一级指标在第一学段中出现了4次,第二学段仅为1次,在第三学段中未涉及。才能体现的是个体在完成某项任务或是活动中运用的一系列能力的有机组合,而这各项能力不仅仅代表了个体实际的成就水平(ability),还意味着其内在的潜力和可能性,即天赋(aptitude)。[2] 例如

---

[1] Izard, C. E. (2013). Human Emotions. Springer Science & Business Media.

[2] 彭聃龄. 普通心理学(第4版)[M]. 北京:北京师范大学出版社,2012:450—452.

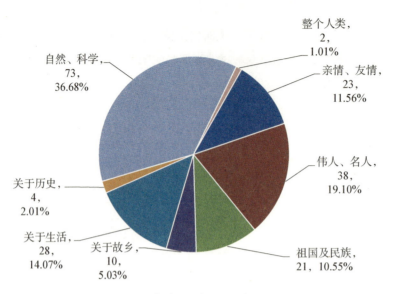

图 8-4 情感因素类型占比呈现图

《大象的耳朵》一文，在一系列的活动中，大象获得了"耳朵一扇，就能把虫子赶跑"的个体经验，同时也显示出它对自身能力的准确评估，不因别人的看法而盲目改变自己。

（三）自信：个体对自身能力的信念主要受到自我成功经验和关键社会角色的影响

大量实证研究表明，个体的自我效能感由四个因素决定，即个体自身成功的经验、学习成功的榜样、社会说服力或他人对个体能力的信念、生理因素。从决定的相对强度来看，个体对自身能力的信念主要受到儿童时期关键社会角色的影响，比如父母、同伴以及学校、社区具有较强影响力的人物，并且随着自身经历的丰富和整个社会的影响持续发生变化。

在 339 个纳入编码范畴的主副题中，共有三篇阅读课文的主副题涉及"自信"这一社会与情感子能力领域，且均出现于第二学段，共占据 0.88 个百分点。从内容方面分析，这三篇阅读课文着重体现了上述提及的前两项决定个体自我效能感的因素。

三、自我管理

舒恩克（Schunk，D. H.）和齐默尔曼（Zimmerman，B. J.）二人将"自我管理"解释为"个体积极主动地运用认知和行为策略对自身的思想、情绪情感、行为及其所处的外界环境进行目标管理的过程"[1]，这个过程包含对个体自身进行的"监控、评估、强化和惩罚"；同时，这一概念涉及的"自我管理"要素与班杜拉（Bandura，A.）的社会认知理论对"自我管理"的认识，即一个

---

[1] Schunk, D. H., & Zimmerman, B. J. (1997). Social origins of self-regulatory competence. Educational Psychologist, 32(4), 195-208.

"认知、行为和环境三个变量相互作用的函数"①在本质上是一致的。在本研究中,根据CASEL在一系列文本中对"自我管理"维度进行的解释,"自我管理"具体指的是能控制情绪(既包含情绪的成功调节,也涵盖改变情绪外在表达的内涵)使其有利于现有任务的完成("情绪管理"),这一指标对应"认知"层面;约束自己的行为表现,强调"行为"层面("自律");为了实现目标做到勤勉认真和延迟满足("设置目标"),紧紧围绕某个特定且明确的目标,体现了"自我管理"的"目标导向性"②,对应"行为";以及在面对挫折和沮丧时能够做到坚持不懈("坚持不懈"),涉及"行为"和"外界环境"之间的互相影响,若编码时纳入此一级指标,则强调了诸如挫折、沮丧此一类含义语境的呈现。

(一) 情绪管理:调节情绪及想法以适应特定的文化规则,或改变情绪的外在表达

一级指标"情绪管理"在第一学段中呈现的次数最多,共出现 5 次,其次是第三学段(4次)。在本章中,"情绪管理"主要涉及两个层面的含义:其一是在不同的情境中调节情绪以及与情绪体验相关联的想法,侧重心理层面,并借助行为来反映,包括借由花、小毛虫、豌豆等具象形成的对生活的积极和乐观态度、在父母的鼓励下克服对夜晚黑暗的恐惧等选材内容。情绪的管理和表达反映了特定的文化规则,中国传统文化被视为是一种中性概念的文化,即强调情绪本身的积极性存在以及情绪表达的含蓄性、间接性,因此阅读课文中常以"用理智化的认知影响情绪表达"或是"将消极情绪转化为积极情绪"的方式对情绪和感受进行调节;其二是改变情绪的外在表达,以实现个体在特定情境中的某种目的,经由具体的外在行为体现,这种能力是儿童在成长过程中逐渐习得的,能够帮助他们更好地分析和理解作为社会互动对象的行为和动机,进而在社会这个场域中促进人际关系的建立并提高个体的自信感。例如在《狐假虎威》的故事中,当老虎将狐狸逮住后,狐狸虽内心害怕和恐慌,但还是通过"扯着嗓子""你敢吃我?"中透露的反问语气、带老虎去见百兽时"神气活现,摇头摆尾"的肢体动作使自己逃离了险境。尽管编排这篇阅读课文的主要意图是理解成语"狐假虎威"的含义,若我们将解析的重点放在狐狸在面对比自己强大的老虎时内在的心理活动和外显的行为表现上,就可以理解其中正面的教育意义,即在某些特殊的情境中外在的情绪表达并不总是反映真实的内在情绪体验。③

(二) 设置目标:目标"有意识"地影响个体行为

一级指标"设置目标"和"坚持不懈"共同构成了与意志品质相关联的内容即"毅力"的两

---

① Albert Bandura. (1986). Social foundations of thought and action. Journal of Applied Psychology, 12(1),169.

② 孙晓敏,薛刚. 自我管理研究回顾与展望[J]. 心理科学进展,2008,16(1):106—113.

③ Susan, E. R., & Brackett, M. A. (2011). Achieving standards in the english language arts (and more) using the RULER approach to social and emotional learning. Reading & Writing Quarterly, 1,75 - 100.

个维度，后者强调一种面对挫折、困境和失败时的忍受程度和应对能力，而前者则更重视"兴趣的持久性"(consistency of interests)，一种在长期目标导向的前提下对特定事项的规划和实现能力，即目标本身具备的一种"引导个体注意并做出趋向于与目标有关的行动"的功能，侧重个体行为的"意识性"。①

1967 年，美国心理学教授洛克(Locke，E.)提出了"目标设置理论"(Goal Setting Theory)，肯定了目标本身蕴含的激励作用，具体作用于个体行动的机制可以理解为"目标将个体需要转化为动机，以确定行为指向，并根据行为结果与既定目标之间的对比，及时对行为做出调整，最终实现目标"。② 此外，在目标有意识地影响个体行为的过程中，关于目标的一系列元素，如其明确度、难度以及承诺、反馈、任务策略等，也在影响目标的设置及其实现的程度。

例如《小毛虫》一课，小毛虫的目标是明确、具体且可测量的，即"学会抽丝纺织，为自己编织一间牢固的茧屋"，可见小毛虫懂得自己的内在需要是什么，明确的目标使它不羡慕会唱、会跳、会跑、会飞的其他昆虫，从而降低了自身行为的盲目性。"一刻也没有迟疑""尽心竭力地工作着"体现了小毛虫对目标的"承诺"，即为了实现目标努力的程度③，当目标及其结果对个体较为重要，也就是个体对自身实现该目标的价值做出较高的主观判断时④，个体对目标的承诺也就越高。

(三) 坚持不懈：正向的努力坚持

"坚持不懈"被视为是毅力的其中一个维度，体现了"努力的坚持性"(perseverance of effort)，即个体在面对挑战、挫折和失败时仍能坚持不懈地达成目标的能力。⑤ 一级指标"坚持不懈"共统计出现 15 次，占据 4.42% 的比重，位列第三，且在第二学段和第三学段各自的指标分布中均列第二，可以说明这一项社会与情感能力在教科书文本内容的选择上受到了高度关注，被视为是解释个体成功与否的关键变量。关于阐述的主题，以正面角度为主，直接描写主要角色在挑战和挫折面前为了目标"进行到底"(follow-through)的过程。除了通过故事的讲述和说明性的语言，教科书中也运用了直接表意的方式在论及"读书"这一主题时指出"第三要有恒""有恒者则断无不成之事"，也反映了"努力的坚持性"。同时，关于反映"坚持不懈"地阅读文章，除了正面角度，教科书中还编排了反面案例，即在面对障碍和外界环境干扰时轻言

① 杨秀君.目标设置理论研究综述[J].心理科学，2004(1)：153—155.

② Locke，E.，& Gary，P. L. (1990). Work motivation and satisfaction：Light at the end of the tunnel. Psychological Science，1(4)，240 - 246.

③ 张美兰，车宏生.目标设置理论及其新进展[J].心理学动态，1999，7(2)：34 - 40.

④ 吴云.西方激励理论的历史演进及其启示[J].学习与探索，1996，(6).

⑤ Duckworth，A. L，Peterson，C.，Matthews，M. D.，& Kelly，D. R. (2007). Grit：Perseverance and passion for long-term goals. Journal of Personality and Social Psychology，92(6)，1087 - 1101.

放弃的行为表现。

四、关系技能

"人的本质不是单个人所固有的抽象物，在其现实性上，它是一切社会关系的总和"①，这是马克思在人的自我理解问题上提出的论断，超越了以往哲学领域思考该问题时所遵循的"实体主义"思维方式以及 18—19 世纪西方各国的思想家们提出的一系列关于人的抽象化规定和理解。如费尔巴哈提出了"人的最高本质是人本身"的命题②，"一切社会关系的总和"强调了人不是抽象的个体，而是现实的存在，是处于"社会关系"中的"社会化"的"个体"，即存在于与他人的"主体间"关系中。③　由此可见，马克思对于人的理解是从社会关系的视域出发的，人生活在复杂的社会网络结构中，与不同的个体、集体或是组织建立起各式各样的情感抑或理性层面的联结，因此，对于价值观及其相对应的行为倾向正在逐渐形成和逐步稳定的小学生来说，如何把握人际交往时的原则至关重要，落实到语文教育中，体现在引导学生正确理解并处理人际关系的能力上。

(一) 频度分析和内容分析

本研究将"关系技能"划分为五大核心子能力，即(1)沟通：清楚表达、积极倾听，体现了 21 世纪核心素养 5C 模型中沟通素养所对应的"深度理解"和"有效表达"④二级维度；(2)团队合作：为了共同的目标或是任务而开展合作；(3)社会参与：在需要的时候提供或寻找帮助，强调单向而非双向的帮助；(4)协商：通过平等协商的方式解决彼此间的冲突；(5)建立人际关系：与不同的个体或是群体建立并保持健康且有益的人际关系，主要涉及相处过程中应遵循的一些基本原则。每一个具体的一级指标出现的次数见图 8-5。

从图 8-5 中得知，论述"关系技能"主类目的主副题共出现了 28 次，在所有主副题中占8.26％，在五个主类目中排名第三。其中，阅读课文更强调"4-5 建立人际关系"次类目的呈现，出现频次为 18，是位列第二的"4-3 社会参与"一级指标的三倍。这说明，部编版的编写人员在选材内容上更重视人际间的回报和信任、尊重、鼓励等行为的相互性。一级指标"4-1 沟通"和"4-2 团队合作"并列第三，均出现了 2 次，"4-4 协商"未在本套教科书中有所涉及，体现了教科书仍未意识到培养学生协商这项能力的重要性，又或者是协商这项技能与小学生现阶段的语文知识可接受水平不相适应。

---

① 马克思恩格斯列宁斯大林著作中共中央编译局.马克思恩格斯选集：第 1 卷[M].北京：人民出版社，2012：135.
② 陈启能.论马克思关于人的本质的论断[J].山东社会科学，2005(1)：13—17.
③ 贺来，张欢欢."人的本质是一切社会关系的总和"意味着什么[J].学习与探索，2014(9)：27—32.
④ 魏锐，刘坚等."21 世纪核心素养 5C 模型"研究设计[J].华东师范大学学报(教育科学版)，2020(2)：20—28.

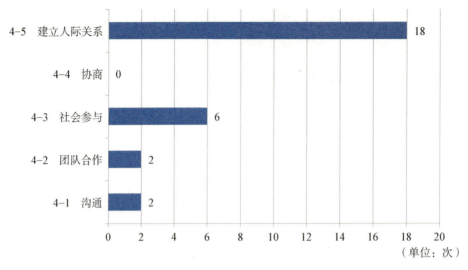

图8-5 小学语文教科书部编版中"关系技能"指标的频次

（二）沟通：在交际情境中明确交际原则，培养相应的口语交际核心能力

21世纪学习联盟（the Partnership for 21st Century Learning）曾以界定成功所需的能力、技能和知识为目标导向致力于实现"21世纪学习框架"的构建，该框架以学习与创新素养为核心，并以此提出了4C素养模型，其中就包含沟通素养。① 由此可见，沟通对于个体、组织乃至整个社会的不断发展都是至关重要的。在本章中，"沟通"指的是清楚地表达（communicating clearly）、积极地倾听（listening actively/well），包含说和听这两个要素，体现了沟通主体对信息的"编码"和"解码"过程，反映了新课程标准中"学会倾听、表达和交流""能具体明确、文从字顺地表达自己的见闻、体验和想法"的课程目标与内容。②

1. **何谓清楚地表达？——注重表达内容的逻辑性和用词的准确性；何谓积极地倾听？——强调对所听信息进行评判**

在阅读课文的主副题中，一级指标"4-1沟通"仅出现了2次，从文体上来看，这两篇阅读课文均属于叙事性作品文章体裁的范畴，且均由原著中的文言文形式改写而成教科书中呈现的现代文体裁。关于这两篇文章中蕴含的"说"和"听"，前者着重强调了表达态度上的"勇敢"、内容上的逻辑顺序和具体用词上的准确性，而后者则更注重对他人意见的积极倾听和接纳，表现为一种对倾听内容进行辨析以及对信息的可信度进行反思和评价的能力。

---

① 大卫·罗斯.致辞：从"4C"到"5C"——祝贺"21世纪核心素养5C模型"发布[J].华东师范大学学报（教育科学版），2020（2）：19.

② 中华人民共和国教育部.义务教育语文课程标准（2011年版）[M].北京：北京师范大学出版社，2011.

2. 重视学生口语交际核心能力的系统化建构,着重培养倾听能力和思维能力,学段间存在差异

在《义务教育语文课程标准(2011版)》这一文本中,"口语交际"被视为是与"识字与写字""阅读""写话"和"综合性学习"相并列的一大语文学习领域[①],由此可见,"口语交际"教学模块在小学语文教科书部编版的编排中体现出来的重要性是以往任何一个时期、任何一个版本的语文教材所不能比拟的。落实到语文教科书内容和结构的选择上,具体体现在将关于"口语交际"的内容从原先的单元练习中独立出来,并穿插安排在《语文园地》栏目之前,自成一套逻辑体系,并保持自身的相对独立性。此外,每一个口语交际板块的设计都紧紧围绕着某个特定的符合学生身心特点和语文学科内在规律的话题展开,这些话题及为此而创设的交际情境都源自学生的日常生活,还由此强调了一至两项具有迁移、运用价值的口语交际学习领域内的目标或称之为基本的交际原则,涉及"说""听""应对"以及"交际礼仪和态度"四个要素。这样,学生才有可能实现"口语交际知识体系的重构"[②]和技能、方法上的系统化建构。

作为一种交际活动,应当包含明确的交际目的、交际主体、交际对象、交际的具体语境以及具有针对性的口语交际能力等核心要素,本研究对小学语文教科书部编版12册共47个口语交际话题的文本进行了梳理、分析和统计,其中,口语交际能力的构成主要参考巴赫曼(Bachman, L. F.)的交际性语言能力模型制定的口语交际课程目标框架。[③]

第一学段的口语交际部分共设计了16个话题,每一个话题中安排的口语交际活动类型既包括独白类、介绍类,如介绍一种有趣的动物、看图讲故事,也包括交往类的情境,如请别人帮个忙、学会如何打电话,还包括了议论性质的活动,例如二年级下册编排的"图书借阅公约"活动,采用小组交流的形式,形成班级的"图书借阅公约",这也是小学语文教科书部编版中首次设计议论类的口语交际活动。从交际的基本原则及与其相对应的口语交际核心能力的视角来看,根据图8-6,对于刚进入小学阶段的学生,教材更侧重对其倾听能力(8/28)和语音能力(7/28)的培养:前者引导学生学会并具备"注意听""认真听""没听清时可请对方重复""不明白或感兴趣的地方可多问一问"这些基本的倾听要素,从专注地倾听到"监控自己的理解"[④]的元认知能力,在第一学段内对于不同阶段的学生,对其倾听能力的要求本身也在不断提高;后者则更强调"大声说""吐字清楚""商量的语气""注意说话的速度"等诸如此类关于音量和语调

① 陈先云. 工具性与人文性兼顾:用好统编教科书的若干建议[EB/OL]. [2019-9-15]. http://www.360doc.com/content/19/0725/08/26627972_850867750.shtml

② 任丹凤. 论教材的知识结构[J]. 课程·教材·教法,2003(2):5—8.

③ Bachman, L. F, & Palmer, A. S. (1979). Convergent and discriminant validation of oral language proficiency tests, (9), 2—11.

④ 康翠萍,徐冠兴等. 沟通素养:21世纪核心素养5C模型之四[J]. 华东师范大学学报(教育科学版),2020(2):71—82.

语气的要求。此外,对交际心理或者说是心理素质的重视在一至二年级时达到了峰值,鼓励学生形成"大胆说""主动发表意见"的态度,逐步提升表达上的自信。

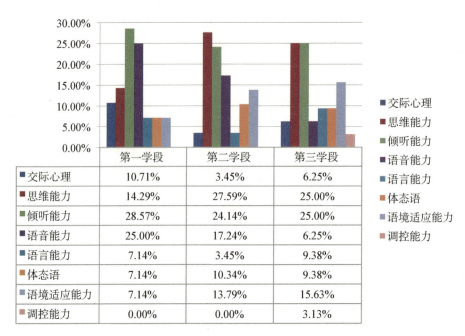

	第一学段	第二学段	第三学段
■ 交际心理	10.71%	3.45%	6.25%
■ 思维能力	14.29%	27.59%	25.00%
■ 倾听能力	28.57%	24.14%	25.00%
■ 语音能力	25.00%	17.24%	6.25%
■ 语言能力	7.14%	3.45%	9.38%
■ 体态语	7.14%	10.34%	9.38%
■ 语境适应能力	7.14%	13.79%	15.63%
■ 调控能力	0.00%	0.00%	3.13%

图 8-6　小学语文教科书部编版口语交际板块中体现的口语
交际能力类型及其在各自学段中所占比例

第二学段同样在四册教科书中各自设计了四个口语交际话题,着重培养学生的思维能力(8/29)和倾听能力(7/29)。这一学段对学生思维能力和水平的要求逐渐实现了从形象思维过渡到以逻辑思维或者说是抽象思维为主的转变,体现在从要求学生做到"说清楚"到"围绕话题说""不重复别人说过的话"和"弄清要点""有条理地说",对表达的具体内容也做出了一定程度上的规定并提出了更高层次的期望。关于倾听,第二学段的口语交际话题更强调倾听者对交际对象及其观点展现出来的尊重和耐心的态度,体现了更高水平的倾听技能。

第三学段设计的口语交际话题数量较之前两个学段有所减少,共 15 个,口语交际能力仍以思维能力和倾听能力为主,各自占据四分之一(8/32)的比例,是对前两个学段中这两项能力的进一步延续和巩固。有趣的是,语境适应能力随着年级的升高呈现出逐渐增长的动态变化趋势,这与李海林主张的"言语表达在语境学的理论视野中是一个根据具体的语境选择、创造特定的言语形式以表达一定内容的过程,即'语境生成'"[①]的观点相适应。语境适应能力在口

① 李海林.言语教学论[M].上海:上海教育出版社,2000:34.

语交际的具体原则和目标上主要表现为"选择合适的方式进行安慰""根据对象和目的组织自我介绍的内容""尊重不同的观点""根据场合、对象等,想清楚重点说什么""选择合适的材料说明观点"等内容,既考虑到了人物的语境,也涉及了时空以及上下文的语境,体现了口语交际板块中蕴含的场合意识、对象意识和角色意识。

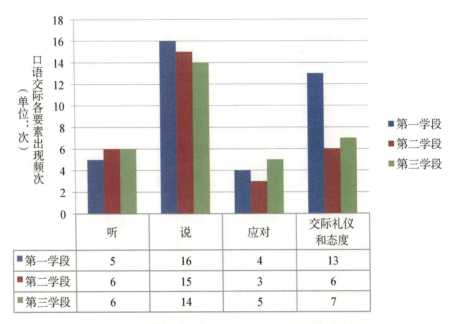

	听	说	应对	交际礼仪和态度
第一学段	5	16	4	13
第二学段	6	15	3	6
第三学段	6	14	5	7

图 8-7　三个学段中口语交际各个要素出现频次

上文提到,小学语文教科书部编版共涉及 47 次口语交际活动,其中"说"这一要素无论是在总数上(45 次)还是在三个学段的分布中(第一学段 16 次,第二学段 15 次,第三学段 14 次)均占比最大,其次是"交际礼仪和态度",共出现了 26 次,关涉"听"这一要素的口语交际话题共17 个,且在各学段中呈现相对均匀的编排,"应对"这一要素出现最少,仅在 12 个口语交际话题中有所涉及。由此可以判断出,在小学语文教科书部编版"口语交际"部分的设计中,主流的社会意识形态更关注和重视表达主体本身的倾向。

(三) 建立人际关系:"分享"和"关心体贴"是教科书中最为强调的人际关系准则

"建立人际关系"在本研究中指的是与不同的个体或是群体建立并保持健康且有益的某种形式的社会关系,主要涉及相处过程中遵循的基本人际关系准则,即一种"心理倾向及其对应的应然行为"。本研究中共有 18 个阅读课文主副题涉及此指标,对其中体现出来的语词和主题进行归纳并统计词频(图 8-8),以此反映教材编写者在"如何才能正确地引导学生建立良好的人际关系"课程内容上所持有的知识观和价值倾向。建立人际关系的对象可以是家人、同伴,也可以是任何一位陌生人,本章在统计主题时不依据对象做严格区分。

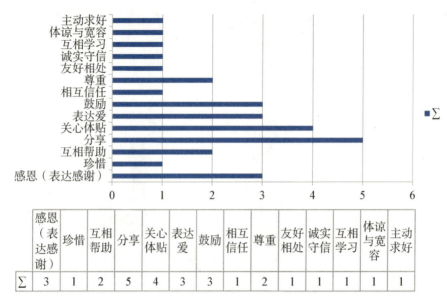

图8-8　小学语文教科书部编版中体现良好人际关系的具体主题

	感恩（表达感谢）	珍惜	互相帮助	分享	关心体贴	表达爱	鼓励	相互信任	尊重	友好相处	诚实守信	互相学习	体谅与宽容	主动求好
Σ	3	1	2	5	4	3	3	1	2	1	1	1	1	1

第三节　研究结论与建议

一、研究结论

根据本章的研究问题以及相对应的以小学语文教科书部编版为文本进行的定量统计和定性分析，综合归纳出以下结论：

（一）社会与情感能力教育资源在小学语文教科书部编版中保持着较为稳定的内容覆盖面，三个学段之间具有较高的一致性

从社会与情感能力的五个维度来看，综合文本分析结果，在以主副题为分析单位的数据中，"自我意识"在编码频次（64.60%）上占据绝对优势，其次是"自我管理"（12.68%），"关系技能""社会意识"和"负责任的决策"分列其后，所占比例较为接近。关于各个一级指标，从整体上来看，位列前五的依次是"识别自我情绪/情感""建立人际关系""坚持不懈""设置目标"和"分析情境"，涵盖了除"社会意识"以外的四个主类目。在各个学段中，排列前五的一级指标如表8-6所示：

表8-6　在各个学段中编码频次位列前五的一级指标

一级指标				
第一学段	识别自我情绪/情感	建立人际关系	分析情境	解决问题	情绪管理
第二学段	识别自我情绪/情感	建立人际关系	设置目标	坚持不懈	了解社会规则
第三学段	识别自我情绪/情感	坚持不懈	情绪管理	设置目标	分析情境

　　"识别自我情绪/情感"在低、中、高三个学段中均列第一,对在三个学段中排列前五的一级指标进行频次统计,"建立人际关系""坚持不懈""设置目标""分析情境"均出现两次,尽管在第二学段排列前五的一级指标中出现了"了解社会规则",属于"社会意识"领域,但从整体上把握,该一级指标出现的次数在第三学段又有所降低,呈现"倒V"型,这表明教学文本仍然更重视学生"自我意识""自我管理"和"关系技能"维度知识、技能和能力的培养,进而体现了一级指标在小学语文教科书部编版主副题中的编码内容和频次虽发生了细微的变化但总体仍保持相对稳定的特征。

(二) 在社会与情感能力领域上,小学语文教科书部编版更强调个体的自我能力领域

　　美国国家研究委员会(National Research Council)在发布的报告《为了生活和工作的学习:在21世纪发展可迁移的知识与技能》(*Education for Life and Work: Developing Transferable Knowledge and Skills in the 21st Century*)中,将能力划分为三大领域,即认知能力(Cognitive)、自我能力(Intrapersonal)和人际能力(Interpersonal),这三个能力领域建立在以往识别人类行为的基础之上,代表了人类思维的不同方面,与个体发展和学习密切相关。认知能力涉及思考以及例如推理、问题解决等相关技能;自我能力与情绪和情感相关,包含管理情绪、设置和实现目标等自我调节方面的技能;人际能力指的是表达信息、理解他人的信息以及合理、适当地进行回应。[①] 对本研究编码框架中设计的19个一级指标经过判断分别纳入不同的能力领域中,以揭示教材编写者对课程内容的编排意图以及对个体应该掌握的核心能力的主观期望在小学语文教科书部编版整体(图8-9)和各个学段(表8-7)中的具体体现。

表8-7　三大能力领域在小学语文部编本各个学段中的数据统计

能力领域	第一学段		第二学段		第三学段	
	频数	百分比	频数	百分比	频数	百分比
认知能力	13	11.82%	9	6.98%	6	6.00%

　　① Pellegrino, J. W., & Hilton, M. L. (Eds.)(2012). Education for life and work: Developing transferable knowledge and skills in the 21st century. National Research Council of the National Academes. Washington DC: The National Academies Press.

（续表）

能力领域	第一学段		第二学段		第三学段	
	频数	百分比	频数	百分比	频数	百分比
自我能力	74	67.27%	107	82.95%	85	85.00%
人际能力	23	20.91%	13	10.08%	9	9.00%

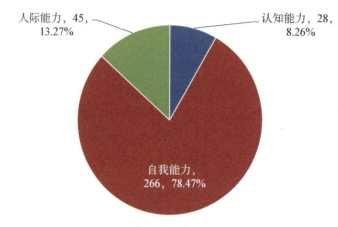

图 8-9 三大能力领域在小学语文教科书部编版中的整体呈现数据

　　无论是在教科书的整体选材上，还是课程内容在各个学段的分布中，"自我能力"都是小学语文教科书部编版最为强调的一种能力领域，其次是"人际能力"，而"认知能力"所占比重均为最低；"识别自我情绪/情感""坚持不懈""设置目标"、"情绪管理"等从属于"自我能力"的"能力群"[1]在国家利用自身的宏观权力对教学文本中呈现的能力、技能进行选择和强调的过程中得到了高度关注。此外，"自我能力"领域在三个学段中的编码比例具有较好的连贯性，所占比例均在65%以上，且呈现出递增的变化趋势，这表明在实现教育的正向社会功能并使个体"系统地社会化"[2]的过程中，教科书更强调培养学生"个体"层面上的能力和技能。自我能力产生于个体内心，正是因为在个体内部持续进行的积极对话，这种能力领域才能使个体产生合适的反应和态度。

（三）小学语文教科书部编版中社会与情感能力的呈现顺应国际教育对于 21 世纪核心素养框架认识的新趋势

　　在本研究中，"自我意识"和"自我管理"这两个维度对应北京师范大学对 29 个国际组织和

---

　　① 孙妍妍,祝智庭.以深度学习培养21世纪技能——美国《为了生活和工作的学习：在21世纪发展可迁移的知识与技能》的启示[J].现代远程教育研究,2018(3):9—18.

　　② 吴康宁.教育的社会功能诸论述评[J].华中师范大学学报(哲学社会科学版),1996(3):77—84.

经济体的 21 世纪核心素养框架进行分析而归纳出的通用素养中的"个人成长"①,新加坡基于尊重、和谐等一系列核心价值观提出了社会与情感能力,其中就涵盖"自我意识"和"自我管理",俄罗斯的核心素养中包括社会劳动素养,旨在引导学生具备自我管理等能力,这反映了个体内部层面的能力是 21 世纪国际教育发展和核心素养框架构建的趋势之一。"社会意识"维度既包括领域素养,又涉及通用素养维度中的社会性发展,与新加坡核心素养框架中的"社会意识"能力相对应。此外,"关系技能"和"负责任的决策"突出体现了各个国家和地区以及国际组织对通用素养的高度重视,分别对应"社会性发展"和"高阶认知",属于 21 世纪学习框架(P21 框架)中的"学习与创新技能",在 OECD 的概念参照框架中对应"在社会异质群体中互动"的素养。可见,本研究探讨的社会与情感能力的五维度已经成为了知识经济时代全球教育发展的趋势,并在"21 世纪新型信息社会以及教育现代化要求公民具备哪些关键能力"的问题上取得了某种程度的共识。

(四) 小学语文教科书部编版中关于社会与情感能力的内容欠缺强调"沟通""团队合作"等

尽管小学语文教科书部编版中社会与情感能力的呈现是国家对教学内容进行控制和选择的结果,反映了对课程知识拥有的话语权,同时也顺应知识经济时代国际教育对于 21 世纪核心素养框架认识的整体趋势,但由编码数据可知,在小学语文教科书部编版设计的社会与情感能力教育资源中,"识别自我情绪/情感"单个指标就占据超过六成的比例,而"沟通""团队合作""协商"这三项涉及"社会"层面且反映个体人际交往能力的指标没有得到应有的体现,这三种关键能力又是各个国际组织和经济体在制订核心素养框架时共同关注的内容。

二、对小学语文教科书内容及其呈现方式的建议

以上分析了社会与情感能力的五个维度和 19 个一级指标在小学语文教科书部编版中的呈现特征,也阐述了教科书编写人员以及教育领域中的利益相关者在思考"个体应习得并掌握的核心能力"问题时所反映的国际视野。为了使小学语文教科书更加深刻地理解并丰富核心能力的内涵,科学有效地组织相应的教学内容,促进社会与情感能力的培养在教育实践中的落实,仅从小学语文教科书的内容和呈现形式两方面提出建议。

(一) 在内容上,加深对个体非认知维度的关注,丰富社会与情感领域核心能力的内涵

20 世纪中期,以人力资本的投资及其获得的经济或社会收益为核心内容,舒尔茨

---

① 刘坚,魏锐,刘晟,等.《面向未来:21 世纪核心素养教育的全球经验》研究设计[J].华东师范大学学报(教育科学版),2016(3):17—21,113.

(Theodore W. Schultz)和贝克尔(Gary Becker)创立了人力资本理论。在"瓦尔拉斯模型"环境假设下,传统的人力资本理论将"能力"简单地理解为一种单维存在,即认知能力,忽略了"非认知能力对个体经济和社会行为的影响"。[①] 然而能力的非认知维度为理解教育生产函数提供了更加全面的视角,即一种全新的"教育投入效应研究"[②],教科书中关于能力、技能的内容属于教育投入,通过教学这一动态过程,产出项包含认知能力和非认知能力在内的最佳效益。因此,在课程内容方面,应更重视学生非认知能力的培养,建议学校基于自身的办学特色和可获得的资源开设专门的社会与情感能力系列校本课程或定期开展全校范围内的主题教育活动。上文提到,课程内容主要反映在教科书文本中,而教科书的编写又以课程标准的制定为依据,在此也是向标准制定者谏言,在对语文学科的内容标准和表现标准进行规定时应考虑两个问题:首先,社会与情感能力的课程目标与现阶段中国语境下的三维目标中的"知识与能力""情感态度与价值观"之间的关系是什么? 其次,培养学生非认知能力的课程目标是否有必要在课程标准中单独进行说明? 除了在小学语文教科书部编版中现已存在和呈现的社会与情感能力外,还应适当地增加"协商"这一非认知能力指标。在 CASEL 提出的社会与情感能力框架中,"协商"(negotiate conflict constructively)被列入"关系技能"维度,指的是一种通过协商的方式解决冲突的能力。在《为了生活和工作的学习:在 21 世纪发展可迁移的知识与技能》的报告中,"协商/谈判"(negotiation)和"解决冲突"(conflict resolution)均纳入了"团队协作"能力群,属于人际能力领域范畴,由此可见,"协商"能力往往运用于小组或团队活动和人与人之间的互动过程,每一个个体都处在以自我为中心的复杂社会网络关系中,也就不可避免地在不同的教育场域中因为个体间在价值观念、文化资本等方面形成的内在或外显差异而在某个具体问题的理解和解决路径上存在分歧、矛盾和冲突,这时,就需要学生具备一种"协商以寻求个体与他者之间的平衡"的能力,即运用沟通的方式,坚持平等协商的原则与他人进行积极的对话,或通过合理的表达说服他人接受自己的观点,或对其他观点做出必要的妥协,进而有效地协调各种资源。[③] "协商"不仅仅是个体在学校情境中所需具备的一种能力,更是未来在生活和职业领域与他人进行合作的一种方式和手段,符合国内和国际教育话语体系关于学生关键能力的培养已形成的重要指标。作为一种"社会我"的存在形式,个体在人际交往中发生争议或分歧时应该表现出什么样的态度和行为,其中所体现的能力,是今后小学语文教科书在编制过程中应引起关注的主题。

① 李晓曼,曾湘泉. 新人力资本理论——基于能力的人力资本理论研究动态[J]. 经济学动态,2012(11):120—126.

② 周金燕. 人力资本内涵的扩展:非认知能力的经济价值和投资[J]. 北京大学教育评论,2015(1):78—95,189—190.

③ 徐冠兴,魏锐,刘坚等. 合作素养:21世纪核心素养5C模型之五[J]. 华东师范大学学报(教育科学版),2020(2):83—96.

（二）在呈现方式上，强化综合性、多视角和跨学科之间的联结

根据小学语文教科书部编版的内容编排，社会与情感能力的各个指标在阅读课文、口语交际等学习领域中得到了不同形式的呈现，前者主要体现在叙事性作品的文章体裁中，后者则通过创设合乎小学生认知规律、贴近日常生活和学习经验的情境，旨在培养学生的口语交际能力，并在其中蕴含着其他社会与情感能力的维度，但总体看来，教学文本中仍缺少对学生的各项社会与情感能力进行综合运用的课程内容设计，原有的能力培养较为零散，缺乏系统性。因此，在每学期末，可以建构一至两个亲验性活动场景，鼓励学生运用已掌握的社会与情感能力、用自己的方式去处理各种挑战。例如，当"你"和同桌发生矛盾时，该如何应对？首先，应该反思自己的情绪体验，涉及"识别自我情绪/情感"能力；其次，分别从自身和对方的角度分析矛盾产生的原因，这一个步骤能够增强个体的"同理心"，并逐渐形成换位思考的习惯；再次，反思原先的情绪表达方式，调节自己的情绪，反映了"情绪管理"的能力；最后，运用合理的方式解决冲突，体现了"协商"和"沟通"的人际交往能力。

社会与情感能力的培养并非完全依托于语文学科，也不仅仅局限于静态的教科书文本。在小学阶段，数学、英语、道德与法治等课程均有其独特的课程性质和课程目标，也都在以符合各自学科规律的方式培养学生在非认知领域上的能力。因此，在设计关于社会与情感能力的教学内容时，不同学科的教科书既要对每一项包含在内的核心能力进行多角度的呈现，也要体现出层次化，对于某个特定的能力类型实现学科间的交叉与融合，从而开展多视角、跨学科的日常教学工作。

第九章 社会与情感能力：基于教师教育政策文本的分析

促进学生更好地发展是一个国家教育政策和实践的根本出发点，教师则在学生发展中发挥着关键作用。已有研究表明积极的师生关系和温暖的课堂氛围有助于提高学生的学业成绩和社会与情感能力（Social and Emotional Competence，SEC）[1]；其中，健康的师生关系是学生全面发展的基础，与学生的学业成绩、学校参与和学习动机呈正相关，与行为问题和辍学率呈负相关[2]；在温暖、民主的课堂氛围中，那些认为教师关心、倾听、公平的学生往往更愿意参与互动、讨论，能够更加自主地学习并获得学业成功[3]，同时也呈现出更加亲社会的倾向、更少的破坏性行为[4]。具有良好社会与情感能力的教师为师生之间强有力的支持关系奠定了基调[5]；他们具有强烈的自我意识和社会意识，能够自我管理、高效管理班级并倾向于更有效地创造愉快、民主的课堂学习环境。此外，具备高社会与情感能力的教师在学校生活中所展现出的应对情绪挑战和人际冲突的具体行为和方法，会成为学生加以学习的"参照"或"典范"，进而影响学生相关社会与情感能力的发展。[6]

教师的社会与情感能力对于构筑良好的师生关系、创建支持性的学习环境，进而促进学生发展发挥着不可替代的作用。过去四十年内，社会与情感学习（SEL）项目在世界多数国家

① The Dibble Institute. (2017). The Future of Children: Social and Emotional Learning. The Future of Children，27(1). https://www.dibbleinstitute.org/NEWDOCS/reports/FOC-Spring-Vol27-No1-Compiled-Future-of-Children-spring-2017.pdf.

② Brackett，M. A.，Rivers，S. E.，Reyes，M. R.，et al. (2012). Enhancing academic performance and social and emotional competence with the RULER feeling words curriculum. Learning and Individual Differences，22(2)，218 - 224.

③ Brackett，M. A.，& Katulak，N. A. (2006). Emotional intelligence in the classroom: Skill-based training for teachers and students. New York: Psychology Press，12，1 - 27.

④ Battistich，V.，Solomon，D.，Watson，M.，& Schaps，E. (1997). Caring school communities. Educational Psychologist，32(3)，137 - 151.

⑤ Jennings，P. A.，& Greenberg，M. T. (2009). The prosocial classroom: Teacher social and emotional competence in relation to student and classroom outcomes. Review of Educational Research，79(1)，491 - 525.

⑥ 同⑤。

得到迅速发展,关于"教师社会与情感能力对儿童学业表现和社会与情感能力产生影响"成为研究重点且受到普遍重视,但只有少数教师教育项目和大学提供相应的课程和培训,为职前教师和在职教师将社会与情感学习整合进教育实践做好准备。[①]

教师专业标准是规范和评价教师及其专业发展活动的准则和尺度,是教师专业化建设的基础。20世纪80年代以来,世界各国纷纷研制并颁布实施一系列适合本国教育的教师专业标准,借此建构教师质量评估体系,严格规范教师的资质、持续推进教师的专业化发展。本部分依托教师社会与情感能力的分析框架,通过对不同国家教师专业标准的系统比较分析,提取其中直接体现教师社会与情感能力理念和要求的条目,归纳专业标准中的核心内容和融入教师社会与情感能力的共同特征,为我国未来教师专业标准的完善提供借鉴和指导。

第一节　教师专业标准分析的样本和方法

一、样本的选择

为了促进教师的专业发展,提高教育教学质量,20世纪80年代以来,教师素质以及教师专业化问题逐步成为世界性的关注焦点,于是各国纷纷研制并实施了一系列的教师专业标准,以推进教师专业化的进程。[②] 本章首先依据以下原则拟定了样本国家:一是该国拥有相对完善的教师专业标准体系;二是该国具有国家专业机构制定并发布的教师专业标准,具有科学性和权威性;三是教师专业标准文本资料的可获取性。依此准则,本章选取的国家包括美国、英国、澳大利亚三国,通过这三个国家与中国教师专业标准体系的内容比较,剖析社会与情感能力纳入不同国家教师专业标准体系的现实状况。

美国于1954年成立了全国教师教育认证委员会(National Council for Accreditation of Teacher Education,NCATE),制定了职前教师的六条标准并规定每七年修订一次,目前最新修订的是教师教育机构认证专业标准(Professional Standards for the Accreditation of Teacher Preparation Institution)[③]。1987年美国州际新教师评价与支持联盟(Interstate Teacher Assessment and Support Consortium,InTASC)和国家教师专业教学标准委员会(National Board for Professional Teaching Standards,NBPTS)成立后,分别制定了全国通用的教师入职

[①] Sung, J. (2015). Teachers' perceptions and experiences of the implementation of a social-emotional learning program in an inner-city public elementary school. Teachers College, Columbia University. ProQuest Dissertations and Theses Global(Order No. 3706539).

[②] 周文叶,崔允漷. 何为教师之专业:教师专业标准比较的视角[J]. 全球教育展望,2012(4):31—37.

[③] NCATE. (2011). Professional Standards for the Accreditation of Teacher Preparation Institution. Retrieved from https://files. eric. ed. gov/fulltext/ED502043. pdf.

标准和教师在职标准。至此，美国正式形成了职前、入职和在职的三级教师专业标准体系。此后，2011 年，美国州首席教育官员理事会州际教师评价与支持联盟（CCSSO's Interstate Teacher Assessment and Support Consortium）颁布了最新的核心教学标准《InTASC 示范核心教学标准：州际对话资源》（InTASC Model Core Teaching Standards：A Resource for State Dialogue），2013 年进一步颁布适用于初任教师的《InTASC 示范核心教学标准与教师学习进阶 1.0》（InTASC Model Core Teaching Standards and Learning Progressions for Teachers 1.0）。此外，美国优质教师证书委员会（American Board for Certification of Teacher Excellence，简称 ABCTE）还制定了优质教师专业标准。

英国由政府机构负责制定了一套包括职前、入职和职后等不同教师生涯阶段的教师专业标准体系。1998 年教育部与就业部的教师培训司（Teacher Training Agency，简称 TTA）颁布了《职前教师教育课程要求》，2002 年又颁布了《英国合格教师专业资格标准与教师职前培训要求》（Professional Standards for Qualified Teacher Status and Requirements for Initial Teacher Training），2008 年进一步修订。① 2005 年，教师培训司更名为学校培训与发展司（Training & Development for School Agency，TDA），并于 2007 年颁布了《教师专业标准框架》（The Framework of Professional Standards for Teachers），构建了包括合格教师专业标准、入职教师专业标准、成熟教师专业标准、优秀教师专业标准和专家教师专业标准在内的教师专业标准体系。② 2011 年，又出台了《教师标准》（Teachers' Standards），取代 2007 版《合格教师标准》与《专任教师标准》。

澳大利亚教学委员会在 1996 年发布了由国家教学质量规划部开发的初任教师能力框架；2003 年，澳大利亚教育部正式颁布了《全国教师专业标准框架》，建立了第一个关于教学专业标准、质量及标准化的全国教师专业标准。③ 此后，2009 年澳大利亚开始了新的教师标准制定工作，并于 2011 年颁布了《国家教师专业标准》（Australian Professional Standards for Teachers），把教师分为新手教师（Graduate）、熟手教师（Proficient）、高成就教师（Highly Accomplished）和领导者教师（Lead），并提出七个描述教师"应掌握内容"和"能做到事件"作为教师专业标准项目④，2018 年澳大利亚又修订了该标准，同时发布专门针对初任教师认证的《澳大利亚初任教师教育项目认证：标准和程序》（Accreditation of initial teacher education programs in Australia：Standard and Procedures）。

---

① Department for Education and Skill & Teacher Training Agency. (2002). Qualifying to teach：professional standards for qualified teacher status and requirements for initial teacher training. Retrieved from http://www. teachers. org. uk/files/active/0/QTS_Standards. pdf.

② 王颖华. 卓越教师专业标准的国际比较及其启示[J]. 西北师大学报(社会科学版)，2014(04)：92—99.

③ 汪霞，钱小龙. 澳大利亚教师教育及其课程标准的改革[J]. 全球教育展望，2012(8)：38—43.

④ 王颖华. 卓越教师专业标准的国际比较及其启示[J]. 西北师大学报(社会科学版)，2014(04)：92—99.

　　我国教育部师范教育司、教育部考试中心根据《中华人民共和国教师法》《教师资格条例》和《〈教师资格条例〉实施办法》，在 2011 年制定并颁布了中小学和幼儿园教师资格考试标准——《中小学和幼儿园教师资格考试标准(试行)》[①]，作为教师职业准入的国家标准，以加强中小学和幼儿园教师队伍建设，提高教师队伍整体素质。为了构建教师专业标准体系，建设高素质专业化的教师队伍，2012 年教育部研究制定了《幼儿园教师专业标准(试行)》《小学教师专业标准(试行)》和《中学教师专业标准(试行)》，作为引领教师专业发展的基本准则，以及教师培养、准入、培训、考核等工作的重要依据。[②]

　　在遴选分析的四国教师专业标准文本时，本章主要遵循以下原则：一是选取引领该国教师专业发展理论与实践的标准；二是选择该国最近颁布或者修订的版本；三是基于在一些国家职前教师和入职教师的专业标准具有一定重合性，将职前教师和入职教师(或初任教师)合并为一起，统称为"职前教师"，仅比较职前教师和在职教师的专业标准。对四个国家的政策文本分析后，确定了以下的研究样本(如下表 9-1)：首先，关于职前教师专业标准比较的文本包括美国 NCATE 颁布的《教师教育机构认证专业标准》(2008)、英国《英国合格教师专业资格标准与教师职前培训要求》(2008)、澳大利亚《澳大利亚初任教师教育项目认证：标准和程序》(2018)、中国《中小学和幼儿园教师资格考试标准(试行)》(2011)。其次，关于在职教师专业比

表 9-1　四个国家教师专业标准体系

	国家	教师专业标准文本名
职前教师	美国	《教师教育机构认证专业标准》(2008)
	英国	《英国合格教师专业资格标准与教师职前培训要求》(2008)
	澳大利亚	《澳大利亚初任教师教育项目认证：标准和程序》(2018)
	中国	《中小学和幼儿园教师资格考试标准(试行)》(2011)
在职教师	美国	《教师核心教学标准》(2013)
	英国	《教师标准》(2011)
	澳大利亚	《国家教师专业标准》(2018)
	中国	《幼儿园教师专业标准(试行)》《小学教师专业标准(试行)》和《中学教师专业标准(试行)》

---

① 中华人民共和国教育部. 中小学和幼儿园教师资格考试标准(试行). Retrieved from http://www. neea. edu. cn/html1/report/1508/332-1. htm.

② 中华人民共和国教育部. 教育部关于印发《幼儿园教师专业标准(试行)》《小学教师专业标准(试行)》和《中学教师专业标准(试行)》的通知. (2012 - 09 - 13). Retrieved from http://www. moe. gov. cn/srcsite/A10/s6991/201209/t20120913_145603. html.

较的文本包括美国《教师核心教学标准》(2013)、英国《教师标准》(2011)、澳大利亚《国家教师专业标准》(2018)、中国的《幼儿园教师专业标准(试行)》《小学教师专业标准(试行)》和《中学教师专业标准(试行)》。

二、指标与方法

缺乏有效的评估工具将会很难掌握学生社会与情感能力的发展状况,同样地,对教师专业标准中社会与情感学习理念融入情况进行评估,需要首先掌握对教师社会与情感能力的测评指标和工具。当前,世界上不同国家或组织针对婴幼儿、中小学生等不同阶段群体的社会与情感能力开发了不同的测评指标和工具。由于国际上对社会与情感能力领域的研究重点集中在中小学学生,对教师社会与情感能力的研究成果相对较少,目前尚缺乏针对专门用于评估教师社会与情感能力的工具。[1]

1994 年成立的美国学术、社会与情感学习联盟(CASEL)是社会与情感学习领域的先行者。该组织将社会与情感能力的五个测评维度定义如下:自我意识,指能够理解个人的情绪、想法和价值观以及其如何影响行为;自我管理,即能够在不同环境中有效地管理个人情绪、想法和行为,以实现个人目标和期望;社会意识,指理解他人观点和同情他人的能力,包括那些与自己背景、文化不同的人;关系技能,指能和他人建立和维持健康、支持性的关系,与不同个体和群体交往自如;负责任的决策,是指能够在不同情景下,对个体行为和社会互动做出关怀性、建设性的选择[2](参见表 9-2)。

表 9-2　美国 CASEL 社会与情感能力的测评

维度	具体测评
自我意识	整合个人身份和社会身份;识别情绪;体验自我效能感;持有成长的心态等
自我管理	管理情绪;识别和运用压力管理策略;设置个体和集体目标;运用规划和组织技能等
社会意识	采纳他人意见;认可他人的优势;同情心;欣赏多样性;尊重他人等
关系技能	交流;社会参与;建立关系;团队合作等
负责任的决策	识别问题并解决问题;在分析信息、数据和事实后,做出有道理的判断;预测和评价个人行动的结果;好奇心和开放性等

① Tom，K.（2012）. Measurement of teachers' social-emotional competence：Development of the social-emotional competence teacher rating scale(A theis of PhD). University of Oregon.

② CASEL.（2020）. CASEL'S SEL Framework：What are the core competence areas and where are they promoted? Retrieved from https://casel. org/wp-content/uploads/2020/12/CASEL-SEL-Framework-11. 2020. pdf.

此后,美国俄勒冈大学汤姆(Tom,K.)参照 CASEL 组织关于学生社会与情感能力的定义和框架,提出教师社会与情感能力和学生社会与情感能力基本一致,包括自我意识、自我管理、社会意识、关系技能和负责任的决策五大维度。此后,他开发了《教师社会与情感能力评估量表》(Social-Emotional Competence Teacher Rating Scale, SECTRS),包括四个测量维度,分别是师生关系、情绪管理、社会意识和人际关系,共有 25 个题项,每个题项采用六点式李克特量表。[①] 德国学者阿尔德鲁(Aldrup, K.)等人基于教师与学生互动中的情境,从情绪管理和关系管理两个方面来测评教师的社会与情感能力。[②]

美国教育部资助的优秀教师和领导者中心(Center on Great Teachers and Leaders)自 2011 年开始编制教师社会与情感能力评估量表,2014 年完成了《社会情感教学和能力自评:教师工具》(Self-Assessing Social and Emotional Instruction and Competencies:A Tool for Teachers),旨在帮助学校工作人员和教师评估和反思自己的社会与情感能力。该量表包括两个部分、五个测量维度,共 42 道题项,每个题项的测评采用四点式李克特量表,由低到高取值"非常不同意""不同意""同意"和"非常同意"。其中,两个部分是社会互动评估、教学互动评估;五个测量维度分别是自我意识、自我管理/情绪管理、社会意识、关系/社交技能、负责任的决策。[③] 该评估量表的具体题项如表 9-3 所示:

表 9-3 《社会与情感教学和能力自评:教师工具》的测评

维度	具 体 测 评
自我意识	1. 我能够意识到我需要不断提高专业**社会教学实践**; 2. 我能有效地向学生实施**社会教学实践**; 3. 我常常意识到我的情绪、文化价值观和背景,且能够理解这些是如何影响我同学生的**社会教学实践**; 4. 在**社会教学实践过程中**,我理解学生的反应是如何影响我的情绪和行为 5. 我意识到我的文化信仰和背景是如何影响我对学生的**社会教学实践**;
自我管理	1. 我能持续地确定我的个人目标,以更好地实施**社会教学实践**; 2. 在实施**社会教学实践**时,当我具有强烈的情绪反应(如压力、生气)后,我能有效运用多种策略来处理这些情绪; ……

---

① Tom,K.（2012）. Measurement of teachers' social-emotional competence：Development of the social-emotional competence teacher rating scale(A theis of PhD). University of Oregon.

② Aldrup,K.,Carstensen,B.,Köller,M. M.,& Klusmann,U.（2020）. Measuring teachers' social-emotional competence：Development and validation of a situational judgment test. Frontiers in Psychology,11,892-910.

③ Yoder,N.（2021）. Self-Assessing Social and Emotional Instruction and Competencies：A Tool for Teachers. Retrieved from https：//www. air. org/sites/default/files/2021-06/SelfAssessmentSEL. pdf.

（续表）

维度	具 体 测 评
社会意识	1. 为了有效实施**社会教学实践**,我常常理解我学生的观点,能够在课堂教学互动中关注学生的情绪; 2. 我在**社会教学实践中**,能够成功地支持积极情绪并能处理负面情绪; ……
关系技能	1. 我运**用社会教学实践**,与学生形成正式有意义的关系,并培养他们的 SEL 技能; ……
负责任的决策	1. 我能够持续地、坚定地实施**社会教学实践**; 2. 当实施**社会教学实践**时,我能够平衡学生的情绪需求和学业需求; ……

　　从表 9 - 3 可以看出,对教师社会与情感能力的测量不仅包括对教师自身社会与情感能力(如教师处理情绪、团队合作的能力等)的测量,也包括对教师培养或促进学生社会与情感能力(如培养学生的关系处理技能)的测量。基于上述关于教师社会与情感能力的量表介绍,本章在分析四个国家教师专业标准融入社会与情感能力情况时,采用 CASEL 的社会与情感能力测评维度,即教师社会与情感能力涵盖自我意识、自我管理、社会意识、关系技能、负责任的决策五个方面的核心能力,并包含教师自身社会与情感能力、教师培养或促进学生社会与情感能力;采用质性研究方法,从职前教师与在职教师、教师社会与情感能力和教师促进学生社会与情感能力两个比较维度,对四个国家教师专业标准的文本内容进行系统分析。

第二节　社会与情感能力融入教师专业标准的四国比较

一、职前与职后教师专业标准的教师社会与情感能力融入情况

　　通过对四个国家职前教师和在职教师专业标准中各项指标的统计分析[①],可以发现:一方面,美国和英国两国职前教师专业标准中社会与情感能力(含教师自身社会与情感能力、教师培养或促进学生社会与情感能力,下同)的融入比例,高于在职教师专业标准中社会与情感能力的融入比例;然而,澳大利亚、中国职前教师专业标准中的教师社会与情感能力融入比例,

---

　　① 注:澳大利亚和英国两个国家的在职教师专业标准包含不同类型的在职教师(如澳大利亚分为新手教师、熟手教师、高成就教师和领导者教师),由于不同类型在职教师的专业标准具有相似处,为了与美国、中国进行对比,本章仅选择澳大利亚的熟手教师专业标准、英国的成熟教师专业标准进行分析。

均低于在职教师专业标准中的教师社会与情感能力融入比例。例如,英国职前教师专业标准共有 33 个指标,其中指涉教师社会与情感能力的指标达到 6 个,占全部指标的比例为 18.2%;在职教师专业标准共有 40 个指标,指涉教师社会与情感能力的指标达到 7 个,占全部指标的比例为 17.5%。另一方面,职前教师专业标准中融入教师社会与情感能力元素比例最高的是美国(达到 33.3%),融入教师社会与情感能力元素比例最低的是中国(9.6%);在职教师专业标准中融入教师社会与情感能力元素比例最高的是中国(22.7%),融入教师社会与情感能力元素比例最低的是美国(17.8%)。

图 9-1 四国教师专业标准中的教师社会与情感能力融入比例情况比较

表 9-4 比较了四个国家职前教师专业标准和在职教师专业标准中融入教师社会与情感能力的情况,主要有如下发现:一是从职前与职后教师专业标准的比较来看,相比于职前教师专业标准中的教师社会与情感能力指标,在职教师专业标准中教师社会与情感能力指标在自我意识、自我管理、社会意识、关系技能、负责任的决策五个维度上的分布更为广泛。以美国为例,在职教师专业标准中包含的教师社会与情感能力指标涉及了 2 个自我意识维度指标(如"教师了解并知道如何使用各种自我评估和解决问题的策略来分析和反思个人实践,并做出计划适应/调整")、1 个自我管理维度指标(如"教师乐于接受不断改进和改变的挑战")、10 个社会意识维度指标(如"尊重学习者,视其为具有不同的个人和家庭背景,不同的技能、能力、观点、天赋和兴趣的个体")、13 个关系技能维度指标(如"与学习者、家庭和同事合作,建立一个开放、相互尊重、支持和探究的安全、积极的学习氛围")以及 5 个负责任的决策维度指标(如"认识到可能存在偏见,并寻求适当的方式解决偏见问题");然而,在美国职前教师专业标准中包含教师社会与情感能力的指标中,仅涉及 6 个社会意识维度指标、1 个关系技能维度指标。

表9-4 四国职前教师和在职教师专业标准中融入
教师社会与情感能力的情况比较

国家	职前教师标准中的教师社会与情感能力举例	在职教师标准中的教师社会与情感能力举例
美国	**自我意识维度**(0) **自我管理维度**(0) **社会意识维度**(6)：与家庭和学生沟通的方式，表现出对文化和性别差异的敏感性，努力建构一种重视多样性的课堂和学校氛围 **关系技能维度**(1)：与教育学专家、其他专业教师、一线学校工作人员等不同领域专业互动 **负责任的决策维度**(0)	**自我意识维度**(2)：教师了解并知道如何使用各种自我评估和解决问题的策略来分析和反思个人实践，并做出计划适应/调整 **自我管理维度**(1)：教师乐于接受不断改进和改变的挑战 **社会意识维度**(10)：尊重学习者，视其为具有不同的个人和家庭背景，不同的技能、能力、观点、天赋和兴趣的个体 **关系技能维度**(13)：与学习者、家庭和同事合作，建立一个开放、相互尊重、支持和探究的安全、积极的学习氛围 **负责任的决策维度**(5)：认识到可能存在偏见，并寻求适当的方式解决偏见问题
英国	**自我意识维度**(0) **自我管理维度**(1)：为课程纪律建立清晰的框架以管理学习者的行为，促进他们的自我控制和独立性 **社会意识维度**(2)：了解儿童和年轻人是如何发展的，以及学习者的进步和福祉受到一系列发展、社会、宗教、民族、文化和语言的影响 **关系技能维度**(3)：与儿童、青少年、同事、父母等人有效地沟通 **负责任的决策维度**(0)	**自我意识维度**(3)：了解儿童的身体、社会和智力发展，并知道如何调整教学以支持不同发展阶段的小学生教育 **自我管理维度**(1)：设定目标，拓展和挑战不同背景、能力和性格的学生 **社会意识维度**(1)：尊重学生，建立以相互尊重为基础的关系 **关系技能维度**(4)：就学生的成绩和福祉与家长进行有效沟通 **负责任的决策维度**(1)：对学生的成就、进步和结果负责
澳大利亚	**自我意识维度**(0) **自我管理维度**(1)：管理挑战性行为 **社会意识维度**(1)：尊重并理解文化、身份和语言背景等对于来自这些背景学生的教育的影响 **关系技能维度**(2)：与家长、同事等进行有效沟通 **负责任的决策维度**(1)：选择和使用相关的教学策略来发展知识、技能，解决问题，发展批判性和创造性思维	**自我意识维度**(0) **自我管理维度**(1)：管理挑战性行为 **社会意识维度**(3)：尊重并理解文化、身份和语言背景等对于来自这些背景学生的教育的影响 **关系技能维度**(2)：与家长接触，建立并保持相互尊重的合作关系 **负责任的决策维度**(1)：选择和使用相关的教学策略来发展知识，技能，解决问题，发展批判性和创造性思维

（续表）

国家	职前教师标准中的教师社会与情感能力举例	在职教师标准中的教师社会与情感能力举例
中国	**自我意识维度(0)** **自我管理维度(2)**：具有良好的心理素质和情绪调节能力 **社会意识维度(3)**：了解高中教育阶段对学生发展的意义，能客观公正地对待学生，促进学生全面发展 **关系技能维度(7)**：了解人际沟通的方法，能主动与同事、学生、家长、社区等进行交流 **负责任的决策维度(1)**：了解幼儿保健、安全方面的基本知识和处理常见问题与突发事件的基本方法	**自我意识维度(0)** **自我管理维度(8)**：善于自我调节情绪，保持平和心态 **社会意识维度(13)**：信任幼儿，尊重个体差异，主动了解和满足有益于幼儿身心发展的不同需求 **关系技能维度(20)**：与家长进行有效沟通合作，共同促进小学生发展 **负责任的决策维度(7)**：妥善应对突发事件

注：（1）每个维度后面括号数字表示含有教师社会与情感能力的指标个数；（2）中国在职教师和职前教师专业标准包含不同学段（幼儿园、小学、中学）教师的专业标准

　　二是无论是职前教师专业标准还是在职教师专业标准，涵盖的教师社会与情感能力指标主要集中于社会意识、关系技能和负责任的决策三个维度，在自我意识、自我管理两个维度上的分布较少。以澳大利亚为例，该国职前教师专业标准、在职教师专业标准中包含教师社会与情感能力的指标分别有5项、7项，其中属于社会意识、关系技能和负责任的决策三个维度的指标分别达到4项、6项。这意味着不同国家制定的教师专业标准，在教师社会与情感能力方面均更偏重于教师对不同背景学生的理解和尊重，教师与学生、家长、同事、他人的合作与交流关系，以及教师在识别与解决问题等方面的技能；但对于教师的自我意识（如识别自我情绪）、自我管理（如采取多种策略管理自身情绪、培养学生的压力管理能力）方面的重视程度不够。

二、教师自身社会与情感能力和教师促进学生社会与情感能力的融入情况

　　根据图9-2，在四个国家教师专业标准中（含职前教师和在职教师），教师自身社会与情感能力的指标占比，均显著高于教师促进学生社会与情感能力的指标占比。例如，美国职前教师和在职教师的专业标准共计195项指标，其中，包含教师自身社会与情感能力的指标有31项，占教师专业标准总数的比例达到15.9%；包含教师促进学生社会与情感能力的指标有7项，占教师专业标准总数的比例达到3.6%，两者相差近13个百分点。

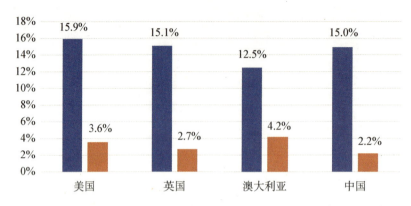

图 9-2　四国教师专业标准中教师自身社会与情感能力和
教师促进学生社会与情感能力的融入情况比较

　　从四个国家教师自身社会与情感能力指标占教师专业标准指标总数比例的比较来看，美国比例最高为 15.9%，澳大利亚比例最低为 12.5%；在四个国家教师促进学生社会与情感能力指标占教师专业标准指标总数比例的比较上，澳大利亚比例最高为 4.2%，中国比例最低为 2.2%。这表明相比于其他国家，在教师专业素质和能力的要求方面，中国对教师促进学生社会与情感能力的重视程度有待提升。

　　表 9-5 进一步对四个国家教师专业标准中，包含教师自身社会与情感能力和教师促进学生社会与情感能力的情况进行了简单比较。从中可以得知：相比于教师促进学生社会与情感能力的指标，各个国家教师专业标准中包含教师自身社会与情感能力的指标涉及的维度更为广泛。以英国为例，教师专业标准中包含教师自身社会与情感能力的指标共有 14 项，涉及了自我意识维度（2 项）、自我管理维度（1 项）、社会意识维度（3 项）、关系技能维度（7 项）和负责任的决策维度（1 项）；但包含教师促进学生社会与情感能力的指标仅有 2 项，涉及自我意识维度（1 项）和自我管理维度（1 项）。中国教师专业标准中包含教师自身社会与情感能力的指标共有 48 项，其中自我管理维度的指标有 9 项，社会意识维度的指标有 12 项，关系技能维度的指标有 23 项，负责任的决策维度指标有 4 项；但是在教师促进学生社会与情感能力的指标中，仅涉及 4 个关系技能维度指标（如"帮助幼儿建立良好的同伴关系，让幼儿感到温暖和愉悦"）、4 个负责任的决策维度指标（如"激发中学生的求知欲和好奇心，培养中学生学习兴趣和爱好，营造自由探索、勇于创新的氛围"）。

表 9-5　四国教师专业标准中关于教师自身社会与情感能力和
教师促进学生社会与情感能力的情况比较

	教师自身社会与情感能力举例	教师促进学生社会与情感能力举例
美国	**自我意识维度(2)**：教师了解并知道如何使用各种自我评估和解决问题的策略来分析和反思个人实践 **自我管理维度(1)**：乐于接受不断改进和改变的挑战 **社会意识维度(14)**：与家庭和学生沟通的方式,表现出对文化和性别差异的敏感性,努力建构一种重视多样性的课堂和学校氛围 **关系技能维度(10)**：与学校同事合作,与社区资源建立持续的联系 **负责任的决策维度(4)**：积极分担责任,塑造和支持他/她的学校使命	**自我意识维度(0)** **自我管理维度(1)**：为课程纪律建立清晰的框架来管理学习者的行为,促进他们的自我控制和独立性 **社会意识维度(2)**：促进学习者发展多样化的社会和文化观点的能力,以扩大他们对当地和全球问题的理解,并创造解决问题的新方法 **关系技能维度(4)**：重视人们交流方式的多样性,并鼓励学习者发展和使用多种交流方式 **负责任的决策维度(1)**：鼓励学习者提问和挑战假设的方法,以促进地方和全球环境下的创新和问题解决
英国	**自我意识维度(2)**：了解儿童的身体、社会和智力发展,并知道如何调整教学以支持不同发展阶段的小学生教育 **自我管理维度(1)**：设定目标,拓展和挑战不同背景、能力和性格的学生 **社会意识维度(3)**：知道如何为他们的学生提供有效的个性化服务,包括英语或有特殊教育需求或残疾的人,以及如何实际考虑多样性,促进教学中的平等和包容 **关系技能维度(7)**：致力于合作,以及团队工作 **负责任的决策维度(1)**：对学生的成就、进步和结果负责	**自我意识维度(1)**：引导学生反思他们所取得的进步和新出现的需求 **自我管理维度(1)**：为课程纪律建立清晰的框架来管理学习者的行为,促进他们的自我控制和独立性 **社会意识维度(0)** **关系技能维度(0)** **负责任的决策维度(0)**
澳大利亚	**自我意识维度(0)** **自我管理维度(2)**：管理挑战性行为 **社会意识维度(3)**：建立和实施包容和积极的互动,参与和支持所有学生的课堂活动 **关系技能维度(4)**：与家长接触,建立并保持相互尊重的合作关系 **负责任的决策维度(0)**	**自我意识维度(0)** **自我管理维度(0)** **社会意识维度(1)**：提供机会让学生了解和尊重土著和托雷斯海峡岛民的历史、文化和语言 **关系技能维度(0)** **负责任的决策维度(2)**：选择和使用相关的教学策略来发展知识、技能,解决问题,发展批判性和创造性思维

（续表）

	教师自身社会与情感能力举例	教师促进学生社会与情感能力举例
中国	**自我意识维度(0)** **自我管理维度(9)**：理解教师的态度、言行对幼儿园心理环境形成中的重要性，并能进行自我调控 **社会意识维度(12)**：了解初中教育阶段对学生发展的意义，能客观公正地对待学生，促进学生全面发展 **关系技能维度(23)**：了解人际沟通的方法，能主动与同事、学生、家长、社区等进行交流 **负责任的决策维度(4)**：了解幼儿保健、安全方面的基本知识和处理常见问题与突发事件的基本方法	**自我意识维度(0)** **自我管理维度(0)** **社会意识维度(0)** **关系技能维度(4)**：帮助幼儿建立良好的同伴关系，让幼儿感到温暖和愉悦 **负责任的决策维度(3)**：激发中学生的求知欲和好奇心，培养中学生学习兴趣和爱好，营造自由探索、勇于创新的氛围。

注：（1）每个维度后面括号数字表示含有教师社会与情感能力的指标个数；（2）中国在职教师和职前教师专业标准包含不同学段（幼儿园、小学、中学）教师的专业标准

第三节　社会与情感能力融入教师专业标准的特征总结

通过上文对四个国家职前教师和在职教师专业标准的内容比较分析，可以发现，尽管四个国家教师专业标准的发展特色不同，关于教师社会与情感能力指标的界定和表述也存在较大差异，但这些国家关于教师社会与情感能力融入教师专业标准的情况仍具有一定的共同特征，同时也存在有待提升的空间。

一、社会与情感能力融入教师专业标准的共同特征

（一）突出强调教师与他人合作、沟通的能力

在教育实践中，教师需要与学生、同事、家长、学校管理层、教师发展专家以及教学相关群体等进行交流和互动。教师不仅要具备与他人合作的意识，能够与其他教师有效协作；同时要具有良好的沟通协调能力，能够就学生的学习与发展，与学生、家庭等不同的利益相关群体有效沟通互动，才能更好地促进学生的发展。四个国家教师专业标准包含教师社会与情感能力的指标中，共同强调和关注的方面是教师与相关人员（如学生、家长和同事）的沟通、合作能力。这不仅体现在职前教师的专业标准表述中，也体现在在职教师的专业标准表述中，意味

着各国教师专业标准对教师的关系技能均提供了明确、清晰的要求。

(二) 均重视教师理解与尊重不同背景的学生

理解学生的多样化和个性化需求，尊重学生的不同文化、语言、种族背景，以学生为中心，创造平等、包容、重视多样性的课堂和学校氛围，为不同学生的成长与发展提供支持与服务，成为四个国家教师专业标准中教师社会与情感能力的一个重要维度(即"社会意识维度")。具体来说，一方面，教师专业标准均强调教师对不同背景学生的理解和尊重，不同背景不仅包含了残疾儿童、超常儿童等普遍意义上的"特殊需要儿童"，还包括大量在种族、语言以及家庭社会背景上与主流社会有较大差异的弱势儿童。[①] 各个国家普遍提出教师应尊重学生的背景多样性，理解不同背景对学生的学习和发展产生的不同影响，以及在教育教学中促进平等与包容性；另一方面，教师专业标准还重视教师尊重学生的个体差异和需求，尊重每个学生的能力差异，为满足不同能力范围的学生学习需求提供不同的教学策略和支持服务。

(三) 关注教师应用多种策略对学生的成就负责

促进学生的有效学习和全面发展，是各个国家对教师教育与教育实践的基本要求。然而，学生是多样的、个性化的，教育情景是复杂的，这就要求教师能够在教育实践中反思个体在促进学生发展中的决策与责任，并能够在搜集学生各方面发展信息的基础上，运用多样化的策略解决日常问题、发展学生的知识与技能等。美国、澳大利亚等国家的教师专业标准中均不同程度地关注教师在学生发展决策上的责任和角色，如英国在职教师的专业标准明确提出"对学生的成就、进步和结果负责"，中国在职教师的专业标准则表明教师应"妥善应对突发事件"，这些均显示了不同国家教师专业标准均关注了教师在"负责任的决策"维度上的能力表现。

二、社会与情感能力融入教师专业标准的问题反思

(一) 教师的自我意识与自我管理能力受到忽视

相比于四个国家教师专业标准对教师社会意识能力、关系技能和负责任的决策能力的重视，这些国家的教师专业标准对教师自我意识、自我管理能力提出的规范相对较少。教师自我意识能力是指教师能够意识到自己的优势和短板，理解自身的情绪、想法、价值以及这些情绪如何影响他们的教育实践；具有较高自我意识能力的教师通常能够主动意识到自己需要不断提高教育实践水平并向学生实施有效教学，能够识别自己的情绪、文化价值观等且理解这些是如何影响他们对学生的教育实践，以及理解学生的反应是如何影响到个人的情绪和行为

[①] 冯雅静，朱楠，王雁．美国国家性教师专业标准中融合教育相关要求探析[J]．教师教育研究，2016(04)：121—128．

的。教师自我管理能力是指教师能够在不同教学情景中管理个人的情绪、想法和行为，以达到目标和期望；具有良好自我管理能力的教师能够有效运用多种策略来处理个人的情绪，同时能持续地确定个人目标，以更好地实施教育实践等。相比于教师的社会意识、关系技能，教师的自我意识和自我管理能力更侧重于教师对自身情绪、态度、行为等的调节和管理，悦纳自我并维持个人的心理健康水平。

（二）缺乏教师促进学生社会与情感能力的规定

教师的社会与情感能力不仅包括教师自身的社会与情感能力，指涉教师如何运用知识、技能、态度来发展健康认知、管理情绪、达到个人和集体目标，对他人表示同情，建立和维持支持性关系，以及做出负责任的决策等。[1] 同时也包括教师促进学生社会与情感能力的技能，指教师如何在教育实践中有意识地运用多种策略培养和提升学生的社会与情感能力。教师在教育实践中有意识地开展社会与情感学习，有助于学生获得良好的情绪管理和人际交往能力，更妥善地处理与同学之间的冲突，拥有健康的态度和行为，以及更加出色的学业表现等。[2][3] 然而，从上文分析中，我们发现四个国家教师专业标准中，相比于教师自身社会与情感能力的指标占比，教师促进学生社会与情感能力的指标占比相对较低，在一定程度上表明既有教师专业标准中关于教师促进学生社会与情感能力的融合水平尚相对缺乏。

结　　语

一个国家的教师专业标准为该国教师的专业发展提供了引领和指导，指引着教师应该往哪里发展，以及发展哪些方面的能力。教师专业标准既要反映该国教师应具备的核心素养和基础能力，又应根据时代发展及时体现对教师素养的新要求。社会与情感能力对个体发展具有重要意义，是影响学生学业及人生成功的重要因素，同时也是影响教师获得专业发展和个体发展的关键维度。关注教师的社会与情感能力对教师与学生发展均具有重大价值。

本章综合运用 CASEL 组织、美国优秀教师和领导者中心关于教师社会与情感能力的核心能力界定，对美国、英国、澳大利亚、中国四个国家职前教师和在职教师专业标准中的教师社会与情感能力融入情况进行比较分析。研究发现，四个国家的教师专业标准关于教师社会

① CASEL. (2020). CASEL's Framework: What are the core competence areas and where are they promoted?. https://casel.org/sel-framework/.

② Espelage, D. L., Low, S., Polanin, J. R., & Brown, E. C. (2013). The impact of a middle school program to reduce aggression, victimization, and sexual violence. Journal of Adolescent Health, 53(2), 180-186.

③ Turner, I., Reynolds, K. J., Lee, E. et al. (2014). Well-being, school climate, and the social identity process: A latent growth model study of bullying perpetration and peer victimization. School Psychology Quarterly, 29(3), 320-335.

与情感能力,存在"强调教师与他人合作、沟通的能力""重视教师理解与尊重不同背景的学生"和"关注教师应用多种策略对学生的成就负责"的共同特征,但对教师自我意识、自我管理能力的要求相对较少,即这些国家的教师专业标准更重视教师的社会意识、关系技能和负责任的决策三个核心能力,对教师自我意识、自我管理两项核心能力的要求相对忽视。四个国家的教师专业标准更侧重教师自身的社会与情感能力要求,对教师如何培养学生社会与情感能力的要求相对匮乏。

这些发现对我国教师教育和教师专业标准修订具有积极启示作用,建议我国未来在幼儿园、中小学教师专业发展标准的修订中,重点考量教师社会与情感能力的核心元素,平衡在教师自我意识、自我管理、社会意识、关系技能和负责任的决策五个维度上的指标比例,同时适度增加对教师培养学生社会与情感能力的指标要求,以整体提高我国教师的专业水平和多方面能力素养。

第三部分

实践

第十章　社会与情感能力：
　　如何在学校中实施

　　情商教育越来越成为学校教育的重要组成部分，成为 21 世纪核心素养软技能的重要因素。未来的学校教育需要培养一个具有认知、社会与情感能力的"完整的孩子"，才能更好地应对 21 世纪的挑战。那么，如何在学校中开展社会与情感能力教育？从全球发达国家的一些实践来看，主要有两种策略：一种是重点干预的教育策略，从课程、教学或评估等方面进行实践；另一种是全校性的干预策略，从学校氛围营造、学生风险防范以及家—校—社合作等方面进行系统支持。

第一节　基于课程的干预策略：强调
　　多学科或跨学科融合

　　从世界范围来看，社会与情感能力已经成为许多国家课程标准的重要内容。可以说，不关心学生社会与情感能力的教育不是完整的教育，没有社会与情感能力的课程也不是完整的课程，学校课程体系应当有社会与情感能力课程的地位，它应当与数学和语文等课程一样受到重视。这就意味着，社会与情感能力教育的课程应当成为从幼儿园到高中各个阶段的重要内容。

一、从课程名称来看，具有多学科性或跨学科性的特征

　　涉及社会与情感能力教育的课程是比较广泛而多样的，诸如社会科学、社会研究、公民教育、体育和健康教育、道德或宗教教育、生活技能、品格教育、社会与情绪学习等。公民教育是社会科学科目的一部分，其目标是培养学生解决冲突的能力和独立思考的能力。道德课程对学生品格形成至关重要，能够培养学生的公平正义感和尊重他人，尤其需要把道德理想转化

为实际的行动。例如,以色列的中小学课程于 1997 年引入了"生活技能研究"课程。该课程旨在培养学生社会与情感能力以及应对各种生活情境的能力,包括五种技能:自我认同;自我调节;人际关系;休闲、职业选择和学习;应对压力。该计划不仅在专门的课时实施,而且在课程的各个学科中渗透。在我国的品德与生活、品德与社会、道德与法治、语文、科学等课程标准和教科书中,也体现了不少社会与情感能力教育的要求与规定,反映了对自主性、合作能力、责任感、好奇心、尊重多元性、创新能力与乐群性的关注。

二、从课程形态来看,有的是必修课程,有的是选修课程

有的国家专门设置了社会与情感能力的独立课程,但是多数国家是通过跨学科或学科渗透的方式来实现的。一般而言,体育在所有国家都是一门必修课程,其目标除了促进身体健康的生活方式之外,还包括促进社会与情感能力的发展,培养学生的意志力,提升与他人合作和控制情绪的能力。数学课程可以通过主动参与、自主决策、交流和发现,以及在数学课堂上独立和协作的方式来提高"个人和社会能力"。同样,学习英语也可以帮助学生理解语言是如何影响对行为的判断、推测后果和影响观点的,还可以通过英语学习开展跨文化理解教育。[①]

三、从课程实践来看,既有学段探索,也有区域实践

美国伊利诺伊州制订了较为系统的社会与情感能力课程标准,要求全州的幼儿园到高中的各个年级的学生必须满足这个标准。其目标是:(1)发展自我意识和自我管理技能,以实现学校和生活的成功;(2)运用社会意识和关系技能,建立和维持积极的人际关系;(3)在个人、学校和社区环境中显示出决策技巧和负责任的行为。小学低年级学生要学会识别和准确表达自身情绪,并了解情绪如何引发行为。小学高年级开设同理心课程,要求儿童根据非言语线索识别他人的感受。初中阶段,学生应当学会分析哪些东西会造成压力,哪些东西能激发出最佳表现。高中的社会与情感学习技能包括通过有效的倾听和交谈解决冲突,防止冲突升级,并协调出双赢的解决办法。[②]

上海静安区借鉴美国 CASEL 社会与情感能力的模型,于 2009 年开始探索开发了从幼儿园到高中的"社会性和情绪能力养成"区域课程。经过 10 年的研发和实践,取得了一定的成效,其成果获得 2018 年全国基础教育教学成果一等奖。[③] 广东实验中学也借鉴美国 CASEL

---

① OECD. (2015). Skills for social progress: the power of social and emotional skills. OECD skills studies,(3),101-104. http://dx.doi.org/10.1787/9789264226159-en

② 丹尼尔·戈尔曼. 情商:为什么情商比智商更重要[M]. 杨春晓,译. 北京:中信出版社,2018:3.

③ 曹坚红."社会情绪能力养成"教育的实践特征与创新[J]. 人民教育,2019(Z1):90—93;曹坚红. 静安区区域课程"社会性与情绪养成"的实践探索[J]. 现代教学,2015(11):4—6.

的理论，进行了本土化的课程探索，开发了"我与自己""我与他人""我与集体"三大系列社会与情感学习的课程。[①] 这些实践探索和本土经验为我国素质教育的深化奠定了基础。

第二节　基于教学的干预策略：强调以学习者为中心

当然，再好的课程方案必须落实到教育实践中才能真正起到育人的价值，真正促进学生的发展。社会与情感能力教育非常强调教学中的师生互动，强调学生的正向行为，主张增强学生的自主权与主动性。倡导文化适应性教学、以学习者为中心的教学，比如项目式学习、服务学习、故事圈法等，这些教学方法可以培养学生的批判性思维、尊重他人、冲突管理、换位思考和适应能力等。

一、项目式学习：强调团队协作

项目式学习是培养社会与情感能力的一个重要方法，适用于各个年级，不同的议题，一般以小组形式开展，具有团队协作的特点，以解决真实的现实问题为目标。例如，OECD 全球教育中心，采用 SAGE 框架推动项目式学习。S 即学生选择（Student Choice），给学生选择空间，让学生选择项目，主导项目；A 即真实体验（Authentic experiences），给学生提供各种真实体验机会，模仿实际情况开展项目学习；G 即全球意义，学生通过项目研究培养多视角考虑问题的能力，解决实践问题的能力，并鼓励学生采取行动；E 即向真实听众展示（Exhibit to a real audience），给学生提供机会把自己所做的工作和学习收获展示给听众，通过反馈进一步改进学习。[②]

二、服务学习：强调角色意识

服务学习是另一种比较好的培养学生的社会与情感能力的策略路径，可以通过真实体验培养学生的社会与情感能力，这种以课堂所学为基础，服务于所在的社区，通过体验，学生可以加深对课堂内容的理解，批判性反思自己的服务经历，增强学生的角色意识。社区服务学习与学校课程学习密切关联，既有别于其他类型的社区教育体验，也不同于志愿服务，通过服务学习，学生不仅在服务中学习，而且在学习中服务。

---

① 林婷婷. 社会与情感学习课程的本土化实践[J]. 中小学德育，2019(5)：32—34.
② 经济合作与发展组织，亚洲协会. 为全球胜任力而教：在快速变革的世界培养全球胜任力[M]. 胡敏，郝福合，等译. 北京：北京师范大学出版社，2019：44.

三、故事圈法：提升移情能力

还有一种故事圈教学法也能够培养学生的社会与情感能力，学生 5—6 人为一组，按照具体提示，比如"讲述初次遇到与自己不同的人时的经历"，轮流分享 3 分钟的自己亲身经历的故事，并分享每个故事最难忘的细节，以培养学生的同理心、换位思考和移情能力，提升文化的自我反思意识和尊重他者文化的意识。[①]

美国耶鲁大学情商研究中心（Yale Center for Emotional Intelligence），从情感过程的视角，提出了情商教学的 RULER 过程，即觉察自己和他人的情感（R），理解情感产生的原因和结果（U），准确标记情感（L），恰当地表达情感（E），有效地调节情感（R）。此中心还开发了情商锚定系统和情感词汇课程，情商工具箱包括制定情绪宣言、情绪测量表、6S 情绪调节法等，在教学过程中，教师引导学生开展情感教育，使用四种着色的卡片，黄色代表开心，蓝色代表伤心，红色代表生气，绿色代表冷静。通过校长培训、教师培训和家长培训，让他们掌握这些工具的使用方法，具有很强的实践性，有力地推进了中小学的教育实践变革。[②]

当然，除了以上介绍的方法之外，还有教育戏剧、合作学习、游戏法、辩论赛、小组讨论等多种多样的学习方法，这些方法在培养学生的社会与情感能力上发挥着不同的功能，适合于不同年龄和不同内容的教育实践，所以应当考虑这些方法的综合运用。在教学过程中，教师要善于抓住教育时机和危急时刻，不断强化学生的积极行为和正向思维品质。

第三节　基于评估的干预策略：学生、学校和项目三层评估

社会与情感能力评估也是在学校开展社会与情感能力干预策略的关键一环，是考量社会与情感能力实施效果的必需。这里包括三个层面的评估：学生层面的评估、学校层面的评估和项目层面的评估。

一、学生层面的评估：关注优势领域和成长性思维

作为一项软技能，社会与情感能力并没有像认知能力那样比较容易地通过学业成绩测量出来，而是更多依赖于自我报告法和观察者报告法，自我报告法就是从体验者的视角来进行

---

① 经济合作与发展组织. 未来世界青少年行动指南——PISA 如何评估全球胜任力[M]. 胡敏, 郝福合, 等译. 北京：北京师范大学出版社, 2019：24—26.

② 曹慧, 毛亚庆. 美国"RULER 社会与情感学习实践"的实施及其启示[J]. 比较教育研究, 2016, 38(12)：73—79.

情感认知、感觉和体验的主观报告，为了避免单一视角的主观性，往往会通过他人的观察者报告进行相互印证。社会与情感能力重视表现性评估（performance-based）和赏识评估（strengths-based evaluation），关注学生的优势领域和成长性思维。比如美国加利福尼亚州CORE 学区，开发了一套学校质量评估指标体系，学术方面占 60%，社会与情感方面占 40%，社会与情感主要考核指标包括成长性思维、自我效能、自我管理和社会意识四个方面。[①]

表 10-1　学生社会与情感考核指标

社会与情感指标	指 标 描 述
成长性思维	相信通过努力可以提升自己的能力。拥有成长性思维的学生把努力看作成功的必需，拥抱挑战，接受批评，面对挫折时能够持之以恒
自我效能	相信自己有能力完成任务或达成目标。自我效能反映了有能力控制自己的动机、行为与环境的自信心
自我管理	在不同情境中能够有效管理情绪、思想和行为的能力。这包括管理压力、延迟满足、激励自己、确立目标并努力实现目标
社会意识	多视角看待和同情不同背景和文化者的能力，能够理解行为的社会与伦理规范，识别家庭、学校和社区的资源和支持

另一种评估的方法是基于一定的理论模型，确定评估的维度和指标，制订评估的工具量表，搜集学生的社会与情感行为数据。比较典型的例子是 OECD 自 2017 年以来在全球 11 个国家和地区开展的社会与情感能力国际比较研究，旨在测评参与城市和国家的学龄儿童和年轻人的社会与情感能力发展以及如何通过教育提升这些能力，共有美国、俄罗斯、芬兰、韩国、加拿大、意大利、土耳其等国家的 11 个城市参与了该项目。2018 年，中国正式加入该项目，作为 OECD 社会与情感能力测评项目的唯一中方代表，华东师范大学与苏州市教育局合作积极推进社会与情感能力测评项目在中国的实施。[②] 从任务能力、情绪调节、协作能力、开放能力、交往能力五个方面构建了评估维度，每个维度又确立了不同的测评指标。有的测评还开发了社会与情感能力的情境锚定题，在一定的两难情境中让学生做出决策，从而判断其社会与情感能力发展水平。还有的借鉴实验心理学和实验经济学的方法，开展实验研究，来增强现实感和真实性。通过这些测评的方法，搜集学生社会与情感能力的相关数据，考察学生的社会与情感能力的发展水平，分析影响这些能力发展的主要因素，从而开展基于证据的教育干预。

---

① West，M. R.，Buckley，K.，Krachman，S. B.，& Bookman，N. (2018). Development and implementation of student social-emotional surveys in the CORE districts. Journal of Applied Developmental Psychology，55，119-129. http://doi. org/10. 1016/j. appdev. 2017. 06. 001

② 黄忠敬. 社会与情感能力：影响成功与幸福的关键因素[J]. 全球教育展望，2020，49(6)：102—112.

二、学校层面的评估：四个评估指标

为了更好地指导学校的实践，有学者开发了相关的评估指标体系，主要包括四个方面：学校领导，专业发展，教与学，学习环境。在学校领导方面，校长和领导团队需要制订社会与情感能力教育的发展规划，提出具体的策略并评估社会与情感能力的发展水平；在专业发展方面，学校需要提供社会与情感能力的专业发展支持，培训教师如何通过基于证据提升社会与情感能力教育；在教与学方面，教师和教师团队需要规划、执行并评估学生的社会与情感能力的目标掌握情况；在学习环境方面，全校要形成学习共同体以支撑社会与情感能力教育。每个部分的具体指标如下：[①]

表 10-2　学校开展社会与情感能力教育实践的有效指标

一级指标	二级指标
学校领导	(1) 校长和领导团队把社会与情感能力教育作为学校优先发展项目，并书面传达这种信息； (2) 校长与领导团队制订年度执行计划，持续推进这个项目； (3) 领导团队定期检查并利用数据开展科学决策； (4) 校长定期督查项目的落实； (5) 校长鼓励个体、团队和学校的成功，尤其与学生学术和社会与情感能力结果有关的成功
专业发展	(1) 教师专业发展包括社会与情感能力教育的目标、能力、策略和条件； (2) 专业发展包括对教师的社会与情感能力教育的课堂教学进行现场指导
教与学	(1) 学校建立正规的评估制度，以追踪学生的社会与情感能力随着时间的发展情况； (2) 教学团队使用学生数据显示社会与情感目标的达成情况； (3) 所有教师需要遵循社会与情感能力目标、课程、教学和评估的文件指导； (4) 教学团队在所有年级建立体现社会与情感能力教育目标的教学单元； (5) 教学团队要统整不同学科的课程资源，强调跨学科教学； (6) 所有教师要根据学生学习兴趣寻找能够激发学生动机的主题； (7) 所有教师要根据社会与情感能力教育的目标开展个性化学习，满足不同学生需要； (8) 所有教师需要与学生合作建立并遵守课堂纪律； (9) 所有教师利用不当行为作为再教育和强化社会与情感能力教育的机会； (10) 所有教师需要建构、教授和强化社会与情感素养

① Durlak, J. A., Domitrovich, C. E., Weissberg, R. P., & Gullotta, T. P. (Eds.). (2015). Handbook of social and emotional learning: research and practice (pp. 6-7). New York: Guilford Press.

（续表）

一级指标	二级指标
学习环境	(1) 学校有发展的愿景或使命，营造情感上安全而利于学习的环境； (2) 校长要打造学习的共同体，形成合作而紧密的同事关系； (3) 教师在所有会议和教学环境中加强互动，形成信任、尊重和合作的文化； (4) 学校纪律具有发展性和适切性，支撑积极的行为管理策略，指导教师使用不当行为作为发展社会与情感能力的机会； (5) 学校的规定要明确教师、家长和学生的责任与期待； (6) 所有教师培养积极的师生关系，激发学生积极参与学术活动和学校生活； (7) 学生成绩单显示学生趋向社会与情感目标的进步； (8) 鼓励学生在共同的课程活动中运用他们的社会与情感能力

三、项目层面的评估：SAFE 原则

美国的 CASEL 组织经过多年的实践，提出了有效的社会与情感学习项目具有四个方面的特点，即系列化（Sequenced）、主动性（active）、聚焦性（focused）、明确性（explicit），简称 SAFE 原则，用一句话概括就是：活动系列化，要积极主动，关注重点要素，能力目标要明确。[①] OECD 的研究显示，许多成功的干预计划有共同的特点：第一，建立父母、教师和儿童之间温暖和支持性的依恋关系，并进行指导；第二，确保家庭、学校、工作场所和社区的学习环境质量的一致性；第三，以有序、积极、聚焦和明确的学习实践为基础对儿童和教师提供技能培训；第四，在幼儿和青少年之间建立联结项目，并对以前的投入进行跟踪和补充。[②] 对这个问题有系列研究的是戴维·奥谢尔（Osher, D. ）等学者，他们认为有效的社会与情感能力教育干预项目，一般具有以下几个特点[③]：第一，发展的适切性，就是根据不同年龄阶段学生的特点开展不同的社会与情感能力水平的教育干预，这样的项目才比较有效。第二，文化的相关性。社会与情感能力教育要关注文化差异，具有文化敏感性，开展文化回应性的教学。第三，综合系统性。社会与情感能力教育要重视学校文化和班级文化建设，营造关心的学校文化，建立师生之间和同伴之间的友好关系。需要学校、家庭与社区三方联合，采取共同行动。第四，基于证据。社会与情感能力教育要基于证据，开展基于证据的学校干预实践。

---

① Durlak, J. A. , Domitrovich, C. E. , Weissberg, R. P. , & Gullotta, T. P. （Eds. ）. （2015）. Handbook of social and emotional learning: research and practice (pp. 391－392). New York: Guilford Press.

② OECD. （2015）. Skills for social progress: the power of social and emotional skills. OECD skills studies, (3), 130. http://dx. doi. org/10. 1787/9789264226159-en

③ Osher, D. , et al. （2016）. Advancing the science and practice of social and emotional learning: looking back and moving forward. Review of Research in Education, 40(1), 644－681.

第四节 基于全校的干预策略:正向引领与防范风险相结合

相较于单一的课程、教学或评估的干预,社会与情感能力教育更强调是一个全校性的系统教育。这种全校性的策略强调既有正向引领,又需要防范风险。

一、正向引领:营造关爱的学校文化

全校性的干预措施特别强调社会与情感能力教育的正向引领作用,措施主要是营造安全的学校氛围,培育积极的学校文化,形成学生身心发展和社会与情感能力培养的支持系统。要营造关爱的学校文化,形成良好的师生关系。开展社会与情感能力的教师培训,促进教师在社会与情感能力方面的专业发展。同时,鼓励专业工作者、顾问、社会工作者、心理咨询师等各种主体参与学校的工作。

1995 年,美国哈佛大学心理学教授丹尼尔·戈尔曼(Daniel Goleman)在《情商:为什么情商比智商更重要》一书中,认为可以从以下五个方面进行情商的系统教育,即认识自己情绪的能力、妥善管理自己情绪的能力、自我激励的能力、理解他人情绪的能力和人际关系的管理能力。[①] 该书提供大量研究证据表明情商的重要性和价值,分析了情商的本质,建议开展情商教育,强调情商教育不在于开设一门新课程,而在于与现有的一些课程比如阅读和写作、健康科学、社会科学等结合起来。情商教育应当贯穿于学生整个学习生涯,需要学校、家庭和社区的共同努力。

从我国学校变革实践来看,2012 年,我国教育部教师工作司与联合国儿童基金会合作,在西部五个省(市、区)的 250 所项目学校试点实施了旨在培养学生社会与情感能力的"社会与情感学习与学校管理改进项目"。项目聚焦社会与情感学习课程开设及支持性氛围创设,通过学校管理、教育教学、家校合作等支持性环境的建设,培养学生对自己、对他人、对集体的认知与管理,创设了我国基础教育学校深化改革、促进学生全面发展的教育模式。[②] 该项目就是推行全校性的干预策略,从专题课程、教学改革、学校氛围和家校合作等方面整体推进,深化了素质教育的内涵,取得了积极的成果。

---

① 丹尼尔·戈尔曼.情商:为什么情商比智商更重要[M].杨春晓,译.北京:中信出版社,2018:3.
② 毛亚庆,杜媛,易坤权,闻待.基于学生社会与情感能力培养的学校改进——教育部—联合国儿童基金会"社会与情感学习"项目的探索与实践[J].中小学管理,2018(11):31—33.

二、负向防范：降低问题风险

通过奖励来鼓励积极的行为，通过惩罚来预防或减少消极的行为，两手抓，共同提升学生的自我控制、情绪管理和冲突解决的能力。全校性的干预措施从负向方面防范学生可能出现的社会与情感问题的风险，防止校园欺凌、过度焦虑、吸毒、抑郁、自闭症以及反社会行为的出现。

从干预的对象来看，全校性干预防范需要建立三级预防体系。一是一般性预防干预，即对所有学生的教育干预；二是选择性预防干预，即对于风险较高的学生的教育干预；三是指征性预防干预，即对于社会与情感产生问题学生的教育干预。[①] 从社会与情感能力的内容来看，可以全面覆盖社会与情感能力的诸多方面，比如自我意识、自我管理、社会意识、关系技能以及负责任的决策等，也可以只关注这些能力中的一种或几种进行重点干预，比如重点关注冲突解决能力，或者关注校园欺凌问题。

1994 年，美国成立了 CASEL，支持学校和家庭培养 21 世纪的公民，促进学生积极的心理、社会、情感行为的发展，特别重视通过加强社会与情感教育减少青少年犯罪、暴力、吸毒、酗酒等行为。在实践路径上，开发标准，编辑指南，培训教师，探索实践干预策略，探索了独立的 SEL 课程、将 SEL 渗透到不同的学科以及创造支持性的学习环境与社区环境等。

三、家—校—社共育：建立合作伙伴关系

全校性的干预策略不能仅仅把目光局限于学校教育的内部，更需要学校、家庭和社区之间的紧密合作。在孩子成长的早期阶段，父母更能够发挥关键性的作用。PISA 的研究表明，父母参与阅读、写作、讲故事和唱歌的孩子不仅在阅读素养方面得分更高，而且更有学习动机，学习习惯更好。家庭的教养方式对孩子的社会与情感能力的发展起到至关重要的作用。良好和谐温暖的家庭教育能够营造一种积极健康的依恋关系，给孩子带来安全感。例如，父母参与儿童学校活动，如参加家长教师会议，志愿者服务活动，可以改善家庭和学校的学习环境，培养儿童的社交和认知能力。家庭可以通过提供指导、培养习惯、传授价值和分享期望来塑造儿童的社会与情感发展。研究表明，提供刺激性活动的支持性和温暖的家庭能够提高儿童的认知、社会与情感能力。同样，父母的态度和纪律实践在影响儿童的社会与情感条件方面也发挥着重要作用。产生健康依恋的支持性关系积极影响儿童对情感的理解和调节，以及

---

① 毛亚庆，杜媛，易坤权，闻待. 基于学生社会与情感能力培养的学校改进——教育部—联合国儿童基金会"社会与情感学习"项目的探索与实践[J]. 中小学管理，2018(11)：31—33.

他们的安全感、探索和学习的品位。[①] 社区的支持也同样重要。需要加强学校与社区的合作，开展学校与校外教育的结合，开展丰富多彩的课外活动和校外活动，或者通过服务学习、项目式学习等方式，加强体验性学习和真实性学习。这就要求学校与周围社区紧密合作，与当地的博物馆、科技馆、体育俱乐部、文化中心、艺术和音乐学校以及各种协会建立良好的合作伙伴关系。

---

① OECD. (2015). Skills for social progress: the power of social and emotional skills. OECD skills studies, (3), 82. http://dx. doi. org/10. 1787/9789264226159-en

第十一章　社会与情感能力：组织变革视角下实施三部曲

生产力水平决定教育的发展，而教育的发展又反作用于生产力水平，这是教育与生产力联动的基本原理。"科举制度"曾代表世界最先进的人才选拔制度，"应试教育"在工业时代的人才供应中起到举足轻重的作用。面向 21 世纪更高的生产力要求，"素质教育"的落实和更新具有了前所未有的重要性和紧迫性。OECD《学习罗盘 2030》(The OECD Learning Compass 2030)将"社会与情感能力"列为儿童和青少年成功所需的知识、技能、态度和价值观的基础。对于社会与情感能力这一素质教育的重要领域，现有的教育系统是否做好了准备？本章试从组织变革的角度出发，基于组织理论中的经典"计划变革"模型，提出如何有力推进社会与情感能力教育的实施。

第一节　实施社会与情感能力教育对于教育系统的意义

当前教育系统很大程度上是被基于认知能力的"应试"所驱动。一旦我们的教育目标要改为不以"应试"驱动的社会与情感能力，那么教育系统必然面临深刻的改变。

2015 年，OECD 启动了《OECD 未来教育与技能 2030》项目[①]，该项目以两个问题为核心——今天的青少年需要掌握什么知识、技能、态度和价值观才能在未来世界取得成功？教育系统如何有效发展这些知识、技能、态度和价值观？

基于这两个问题，OECD 提出《学习罗盘 2030》的初步思路(OECD，2018)。其构想了未来世界中，身处不同环境或具有不同身份的儿童，在复杂环境中使用"罗盘"寻找并实现幸福

[①] OECD. (2018). The future of education and skills: Education 2030. https://www.oecd.org/education/2030/E2030%20Position%20Paper%20(05.04.2018).pdf.

的正确路径。OECD认为未来教育关注的知识、技能、态度、价值观,以及它们所共同构成的"素质"或"素养"(competencies)应如同"罗盘"上的指针,能为儿童找到正确的方向而不迷失。那么教育系统如何帮助青少年形成这些素养呢? OECD进一步指出,这些素养的建立基于三大基础:认知基础、健康基础和社会与情感基础。

一、社会与情感能力改变未来教育的组织目标

认知基础、健康基础和社会与情感基础三者中,前两者是我国教育中比较重视的传统领域,在现有的教育政策法规和课程与教学体系中,都有相应的"容器"承载。而社会与情感能力却是近十年来我们才逐渐了解的新兴领域。然而,检视众多为我们所熟悉的学习理论,其实它们早已隐含了对社会与情感学习的推崇与洞见。无论行为主义如班杜拉(Bandura,A.)的社会学习理论、建构主义如维果斯基(Vygolsky,L.)的社会文化论、人本主义如罗杰斯(Rogers,C.)的"内部和谐"论,还是实用主义如杜威(Dewey,J.)的"学校即社会"论,都突出了个体情感和社会交互在人的习得过程中的重要作用。从这个角度而言,社会与情感能力理应可以视为"素养"的起点和基础。

未来二十年世界的经济格局将从基于工业(industrial-based)的模式升级到基于知识和信息(knowledge and information-based)的模式。在此背景下,那些基于旧时代工业逻辑和需求而在教育中关注的"识记""计算""线性推理"等传统认知技能已经或即将被机器替代。与此同时,想象力、批判能力、决策能力、合作能力、自省能力、创新能力等非认知能力却是机器长期甚至永远无法代替的,这些能力形成的"素养"是保持人类优于机器的关键,也是人之为"人"的本质。社会与情感能力除了其自身包含的一系列能力外,也为其他的非认知能力和高级认知技能的发展提供基础。如社会与情感能力包括的决策能力与合作能力能为领导能力提供基础;批判能力能为想象力、非线性推理提供基础等。

已有研究表明,社会与情感能力教育对学生的身心发展具有显著、全面且长期的正面效应。社会与情感能力教育能降低42%的中学生攻击性行为[1],减少5%至12%的辍学率[2]。基于97 500个样本的元分析发现,在参与校内社会与情感干预的3.5年后,学生比未参加干预的学生的学业成绩要高出13%。[3] 此外,在控制了家庭背景、种族等人口学因素后,接受干预的

---

[1] Bierman, K. L. (2004). Peer rejection: Developmental processes and intervention strategies. New York: Guilford Press.

[2] Espelage, D. L., et al. (2013). The impact of a middle school program to reduce aggression, victimization, and sexual violence. Journal of Adolescent Health, 53(2), 180-186.

[3] Kautz, T., et al. (2014). Fostering and measuring skills: improving cognitive and non-cognitive skills to promote lifetime success. OECD Education Working Papers, 110, 1-86. https://dx.doi.org/10.1787/5jxsr7vr78f7-en

学生具有在统计意义上的更少的行为问题、抑郁以及毒品问题。[①]

二、社会与情感能力为教育系统的良性发展提供动力

"泰罗主义"是工业生产领域中的经典管理思想，其一些核心概念（如流水线、计件工资等）被证明能大幅提升劳动生产率。在工业化升级过程中，"泰罗主义"进入了教育领域，并与"应试"文化融合。学校开始照搬工厂模式，通过"押题（缩小学习范围，降低学习要求）""解题套路（分解和简化复杂学习任务）""题海战术（机械重复）"的流水线模式谋求"学习效率"的提升。然而，工厂化的教育模式虽然短期或许有效，但从长期看来危害巨大——正如喜剧大师卓别林在《摩登时代》所揭示的——工人在流水线工作中，逐渐"去人格化"和"去能力化"，变成按部就班的机器。

对于教育而言，以"去人格化"和"去能力化"为代价去追求"学习效率"完全是舍本求末，最终会导致"人"全面的素质退化。遏制教育"旧工业"模式，回归以人为本的教育，需要在教育中重视情感教育和社会能力的教育。培养学生的社会与情感能力是永远无法流水线化的复杂工程，其本质上是促进青少年"有机"成长的过程。叶澜先生认为，教育是教育者和被教育者实现一个不断"向外吸收，向内转化"的成长过程。[②] 当我们把提升学生的社会与情感能力作为教育的重要目标，这种目标的转换将深刻转变现有教育模式——在人文回归的过程中，教育者的职业观念和专业意识会发生转变，高社会与情感能力的教师不会把学生当作工业品，更不会对着学生喊叫或发怒，同时他们也将有更好的同行协作能力和更高的自我效能感及自主意识。从而，教育者与教育者、教育者与被教育者的关系都会变得更为和谐、民主，而整个教育系统也从大量的良性互动中获得生命力。

第二节　推动社会与情感能力教育实施的三阶段模型

如上文所述，社会与情感能力能给现有教育体系带来变革，那么如何实现这种变革呢？库尔特·勒温（Kurt Lewin）是计划变革理论的提出者。他认为成功的变革需要经历解冻（unfreezing）、嬗变（change）、复冻（refreezing）三个阶段。在表 11-1 中，我们提出社会与情感能力教育所具有的六个特征，以及这些特征带来的挑战，并与勒温的变革三阶段进行配对。

---

① Taylor，R. D.，Oberle，E.，Durlak，J. A.，& Weissberg，R. P.（2017）. Promoting positive youth development through school-based social and emotional learning interventions: a meta-analysis of follow-up effects. Child Development，88(4)，1156－1171.

② 叶澜."新基础教育"内生力的深度解读[J]. 人民教育，2016(Z1)：33—42.

表 11-1　社会与情感能力特征与勒温变革模型三阶段的对应关系

特征	挑战	任务	模型阶段	主体
变革性	会打破原体系中的部分固有观念和标准	为新观念和新理念进入原系统提供政策和资源	解冻:寻求强大的变革驱动力	政府
完整性	必须覆盖各级各类教育组织和教育人员	构建系统的顶层设计方案		
前沿性	知识体系尚不如传统学科领域成熟	持续理论探索和知识积累	嬗变:化理论为实践。学习改进前沿理论用于实践的过程	科研组织
本土性	国内研究较薄弱,国外理论如何服务本土	用"适应性整合"和"整合性实施"改进理论,使之反映本土问题,指导本土实践		
共生性	处理好与传统学科体系、与"五育"的关系	与现有学科体系和"五育"教育相整合	复冻:新的规则成为基本的原则和标准	中小学校与家庭
延展性	需要家校师生社的多方合作才能成功	教师和家长在密切互动中接受和贯彻理念,使新理念在家庭教育和学校教育中扎根		

一、解冻阶段:政策产生变革动力

社会与情感能力教育的变革性在于其对原教育系统中的教育内容、价值取向、评价方式、教学形式和场景等带来深刻改变,而这种改变必会引起原系统拒绝变革的阻力;其深入性特征在于其不是针对某一阶段或某一人群的教育,而是覆盖学生成长过程中从学前教育到高等教育的全部历程。根据这两个特性,要推动社会与情感能力教育必须要有来自教育系统外部的、自上而下的强力驱动来启动变革,此阶段的特征与勒温的解冻阶段的任务相对应。

(一) 变革性——政策和资源的支持

当前多数国家以立法或全国课程的形式来为社会与情感能力教育变革减少阻力。亚洲国家中,合作问题解决测试(Collaborative Problem Solving,简称 CPS)中排名第一的新加坡在国家课程中将社会与情感学习确立为其国家品格与公民教育四大领域之一;在 CPS 中排名第二的日本,其教育部在 1998 年就推出的《幼儿园国立课程标准》就明确了通过游戏和社会交往提升儿童社会与情感能力,并在 2001 年的《21 世纪教育改革纲要》进一步提出针对中小学生社会与情感能力的"心的教育";CPS 中排名第四的韩国,也在 2015 年实施了《品格教育促进法》，该法案致力于推动社会与情感能力教育的课程化和实践化。

与以上国家相对照的例子是美国。虽然有着良好的群众基础和丰富的科研成果，但社会与情感能力教育始终无法在联邦政府层面获得法规政策支持。随着近 20 年来相关议案相继被搁置，各州政府不得不另辟蹊径，利用"灵活使用"规则"钻空子"使用联邦《不让一个孩子掉队》法案的教育经费支持社会与情感培养项目。2015 年的《每个学生都成功法》的出台确定由州而非联邦主导各州的学生发展目标和评价标准。自此，各州可自主将联邦经费直接投入到开发社会与情感能力的课程以及设立社会与情感能力的教育岗位中。而这一结果直接驱动了社会与情感能力教育在各州的大力发展。2011 年，全美仅有一个州建立了社会与情感能力标准，但到 2018 年，已有 18 个州推出了 K-12 社会与情感能力标准，11 个州推出了学前儿童社会与情感能力标准。[①] 由此可见，政府的政策背书以及资源投入在社会与情感能力教育的这场教育变革中起到了决定性作用。

(二) 完整性——系统的顶层设计

完整性特征带来的挑战是顶层设计者需要布局完整且相互衔接的社会与情感能力教育网络，从而实现教育的纵向的多层次和横向的高覆盖。从这点看，美国的社会与情感能力相关议案，包括《2011 学术、社会与情感学习法》《学生胜利法》《情感学习支持法》《杰西刘易斯教育者赋权法》《家庭社会与情感学习法案》和针对高等教育社会与情感能力教师培训的《更高目标法案》已经形成了层次分明（从幼儿教育到高等教育）、覆盖全面（包括学生、教师、校长以及家长的培训）的体系。虽然它们在美国未能成为法案，但不妨碍它们为我国的顶层设计提供一定参考借鉴价值。

二、嬗变阶段：理论转变为实践

"改变阶段"是转变真正开始的阶段。意味着纸上理论规划要在现实中实现，因此必须对理论及实践进行双向的探索和改进。社会与情感能力教育不仅具有理论前沿性的特征，其实践效果也只有基于当地的现状和需求才能实现最优。因此，这个阶段需要教育科研工作者深入实践，对理论进行及时和准确的本土化修正。

(一) 前沿性——加强理论探索和知识积累

社会与情感能力具有前沿性。其理论发展尚不及传统学科那般成熟。教育研究者对"社会与情感能力"理论中的一些概念和功能虽有共识，但细节上又有差异。比如，研究者将社会与情感能力视为情商或道德等更为宽泛或不同层面的概念；也有研究者将社会与情感能力的

---

① Dusenbury, L., Dermody, C., & Weissberg, R. P. (2018). 2018 State Scorecard Scan. https://casel.org/csi-scorecard-september-2018/? view＝true.

某一子板块,如情绪控制能力,等同于社会与情感能力。因此,在推进社会与情感能力的变革过程中,研究者应当从整个系统的角度,充分明确理论架构、测量框架、教育策略设计、教育者培训、组织实施以及评估论证等各个元素的相互关系,促使它们环环相扣。因为,从课程或项目开发的角度而言,理论架构的准确和统一具有基础性的作用,否则理论的差之毫厘可以导致实践操作的差之千里。

(二) 本土性——前沿理论服务于本土实践

地区之间天然存在着文化差异,如我国文化中视内敛为个人的修身养性,而西方文化则更欣赏外向的个性。社会与情感能力教育的本土性特征体现在:实践中社会与情感能力的评判标准和培养方案必须充分考虑地区之间的差异,避免盲目套用他国方案。

当前我国的社会与情感能力研究还是以引进西方的前沿理论成果为主,那么如何用好这些理论,使它们在实践中服务于本土呢? 这涉及了一般教育项目或课程的保真性和完整性的两难。"保真性"是对实践内容的测量,要求项目或课程完全根据原始设计层层推进,禁止偏差;"整合性"则要求实施者根据实际需求或环境调整策略。保真性聚焦的问题是,教育的实际实施者,如教师,往往在项目或课程实施过程中自我发挥,从而社会与情感能力的干预很可能仅仅停留在各种书面报告中,但其实从未正确或充分地实施过;整合性关注的问题是,干预的设计者对本土的学校的真实环境和变化因素难以准确预计,如果盲目照搬他国的经验,会导致原始设计中的内容脱离本土的需求和现状。

对于这种两难选择,著名学者安东尼·布莱克(Anthony Bryk)提出适应性整合(adaptive integration)和整合性实施(implementation with integrity)的概念以解决保真性和完整性的问题。[①] "适应性整合"的原则包括:第一,针对课程或项目的本土化修改不能违背了最初干预设计的核心原理;第二,本土化修改应确实产生效果,并且掌握产生效果的对象和条件。"整合性实施"的原则包括:第一,本土实施者应通过参考外部研究证据以求改进实践;第二,对于干预策略的改进应仍基于研究设计的那些普遍原则;第三,本土实施者应保持对过去的干预进行反思;第四,应开展基于本土的改善研究,并和其他参与变革的人员或站点分享数据,相互学习。无疑,遵循"适应性整合"和"整合性实施"的这些原则将大幅增加社会与情感能力教育的科学性和有效性。但是,社会与情感能力教育的研究者需要在课程或项目设计、培训和组织实施等环节承担更多沟通和实践的责任——不仅需要投入充分的时间与学校教师进行沟通和预演[②],以确保非专业背景的教师也能够领会到各类措施背后的原理;而且需要在情境学

---

① Belfield, C., Bowden, A. B., Klapp, A., Levin, H., Shand, R., & Zander, S. (2015). The economic value of social and emotional learning. Journal of Benefit-Cost Analysis, 6(3), 508-544.

② 左群英. 体验:让德育活动走进学生心灵[J]. 中国教育学刊,2017(4):87—91.

习对本土化改进的过程进行监测。

三、复冻阶段：通过学校和家庭教育巩固变革

"复冻阶段"是对变革进一步巩固和深化的阶段。此阶段，我们需要充分利用社会与情感能力教育的共生性和协同性特征，使社会与情感能力的新理念与旧体系的一些要素重新融合、加固。基层学校组织、教师以及家长通过充分互动，使社会与情感能力在学校教育和家庭教育中扎根。此时，我们才能说社会与情感能力实现了对原教育系统的转变。

（一）共生性——与传统学科相互促进

基层教师可能会把开展社会与情感能力教育视作一个全新的挑战，其实并非如此。虽然社会与情感能力教育在我国学校教育的传统中缺乏独立的阵地，但是，社会与情感能力包含了各科教师所强调的一系列学习品质，其与传统学科非但不互相排斥，而且存在相互促进的共生关系。

美国的州共同核心课程标准（the Common Core State Standards，简称 CCSS）与学术、社会与情感学习联盟（CASEL）的社会与情感能力标准就有这样一种对应关系：在 CCSS"数学建模"标准中要求，学生要通过掌握"社会意识"来理解题目中的个人或群体需求；在反思和改进过程中，学生掌握"负有责任感的决策"技能解决问题；通过掌握"自我管理"技能，学生能长时间投入到解题过程中，评估进展直到完成题目。在其"复杂文本"标准中提到，学生应掌握"社会意识"来接受他人的观点，掌握"关系技能"与他人合作解题。

我国教育的目标是学生德、智、体、美、劳的全面发展，而社会与情感能力与"五育"的发展密切相关。比如，学生的自我管理、承担责任、社会意识、共情能力等品质正是"德育"的重要内容；在"体育"教育中，学生获得发展协作、任务表现、成就动机等方面的能力；"美育"则会塑造学生的同理心和自我意识等能力。因此，教师无需担心社会与情感能力教育带来额外的工作压力，相反，随着对社会与情感能力的认知加深，教师加深对"五育"教育的底层逻辑的理解也会提升，从而实现融会贯通，真正地践行"育人"的教育学原理和价值观。

（二）延展性——"家校师生社"通力合作

社会与情感能力固然需要学校教育的努力，但还需要家长在放学后的协同。与此同时，相比认知领域所存在的较高门槛，社会与情感能力所代表的一系列非认知领域是家长不需要很高的学历背景就可以参与家校合作的。有学者指出，家校合作中的主要难点在于各教育主体具有不同的育人目标，而各方又缺乏主动衔接的意识，从而阻断了家校的协同与合作。[1] 关

---

[1] 杨雄，刘程.关于学校、家庭、社会"三位一体"教育合作的思考[J].社会科学，2013(01)：92—101.

于相关研究也发现学校和家庭对儿童的社交能力发展存在不同的期望,需要通过充分的家校交流才能促进双方达成共识。琳恩·莱恩(Lynne Lane)等人调查了 35 名家长和 124 名教师对数项社会与情感技能的认同程度。[①] 结果发现家长和教师对于儿童的相关行为具有不同的期待。莱恩等人因此建议学校应尽量先和家长在儿童的社交行为方面获得较为一致的观点,从而使儿童更能快速地适应学校或班级中的学习生活。

此外,还有实验证实:第一,参加社会与情感能力教育的家长比不参加的家长显著减少了错误的家庭养育方式,他们孩子的行为问题也相应更少。第二,低收入家庭更少愿意参加社会与情感能力教育。[②] 这两个发现凸显了家长参与问题在社会与情感能力教育中的复杂性——一方面,社会与情感能力教育能够改善家庭教育;但另一方面,通常更为需要社会与情感能力教育的低收入家庭,往往因为经济能力及认知水平的限制,缺乏参与的主观能动性。如何与这些家庭合作,需要学校和教师花费更大的力气进行沟通与解释,从而提升低收入家庭的参与率。

第三节 启 示

2015 年,我国青少年参加了 OECD 在 PISA 2015 中推出的合作问题解决测试(Collaborative Problem Solving,简称 CPS)。其具有以下几点特殊意义。第一,测试的对象比较特殊——21 世纪初第一批青少年,也被称为 Z 世代(Generation Z)。在他们出生的前后,全球迅速进入了信息化、后工业化的时代。作为第一代千禧后,他们的表现代表着各国在 21 世纪初的教育水平;第二,此次我国参与 PISA 抽样的地区更多。抽样框架首次从仅上海一个城市扩展到北京、上海、江苏和广东四个地区的学校,包含了从南到北,更大的地域范围;第三,社会与情感能力领域首次也是最后一次出现在 PISA 测试中。不仅考查传统的数学、阅读、科学,还要考查合作解决问题能力。OECD 将 CPS 定义为"个体通过分享问题解决过程中所需的领会力和努力,从而有效参与一个解决问题的过程。通过汇聚知识、技能和努力,找到问题的解决方案"的能力。换言之,CPS 是考查青少年能否在解决问题过程中高度参与,理解自我,与他人合作的能力。CPS 的测试方式也较为先进,由学生在模拟场景中与电脑扮演的"同学"进行合作,实现问题的解决。结果表明:排除认知能力因素的情况下,我国的 CPS 实际上是垫底的。由于 CPS 的测试结果与传统认知领域的测试结果存在正相关关系,所以,在认知

① Lane, K. L., Stanton-Chapman, T., Jamison, K. R., & Phillips, A. (2007). Teacher and parent expectations of preschoolers' behavior: social skills necessary for success. Topics in Early Childhood Special Education, 27(2), 86-97.

② Webster-Stratton, C., Reid, M. J., & Hammond, M. (2001). Preventing conduct problems, promoting social competence: A parent and teacher training partnership in Head Start. Journal of Clinical Child Psychology, 30(3), 283-302.

能力领域较强的学生更容易获得较高的 CPS 成绩。为了排除认知能力的因素，OECD 公布了控制各国的数学、阅读以及科学分数后的排名，结果显示，我国青少年的 CPS 成绩在 50 个国家和地区中位列第 46 位，处于最低水平。学生的态度与 CPS 结果存在落差。在 PISA 学生问卷中，OECD 专门考查了青少年对于合作的态度的问题。中国学生对小组合作的重视程度（valuing teamwork）位于所有国家的第四位，表现出很强的小组合作意愿。这就让人疑问，为什么具有强合作意愿的青少年会在 CPS 表现那么不理想呢？学生虽有团队合作的强烈意愿，却不知道该怎么做。

此外，根据中国青少年研究中心 2018 年发布的《中美日韩四国高中生心理健康状况比较研究报告》，90.4％的中国高中生表示"能与人合作"，虽略低于美国高中生的 91.1％，但却高于韩国高中生的 87.8％ 和日本高中生的 71.8％。这一结果与 PISA 的结果是基本相符的。值得重视的是，虽然日韩学生合作意愿较低，但 CPS 却分列第二和第四位。同为东亚文化，中国学生在合作动机上高于日韩学生不少，合作结果又低于日韩学生不少。这种反差说明了我国青少年在实践中非不为也，实不能也。更深一步思考的话，青少年"有动机，缺能力"的现状却未必不是我们教育系统长久以来诸多深层问题的反映。

首先，从教育内容来看，我们强调认知领域，却轻视那些非认知领域，而解决实际问题需要这两个领域能力的结合。当前教育中，非认知能力的内容需要在政策、学校、家庭等层面的教育中有所体现，形成新的教育体系。其次，从教育的价值取向上看，我们追求书本知识的传递，却很少将这些知识与人文精神作深度整合，知识传递沦为知识"拷贝"，形成僵化和教条，创新乏力。因此，我们的教育系统必须利用社会与情感的纽带，将知识和人文精神进行更深入的整合。再次，从教育的评价上看，我们用公共的、标准化的"答案"评价教师与学生，却忽视那些个人的、基于事件的、不可标准化的成果，没"正确答案"就不知从何下手。因此，我们的教育系统必须改变内容上偏重可以"应试"的认知能力而忽视难以"应试"的非认知能力。此外，从教学的形式上看，我们依赖"教师为中心"的集体授课，鲜见"学生为中心"、基于实践活动的独立经验获取，而千人一面使合作失去了意义。社会与情感能力将挑战传统集体授课形式，迫使学校设计更丰富多彩的教学方式。最后，从教学的场景来看，教室几乎是唯一的场景，而"真实问题"所在的社会场景却很少。长此以往，不仅使学生对新环境的适应力下降，更使他们只会解"人造问题"，却无法感知身边的问题或利用周边信息进行加工和决策。

社会与情感能力是素质培养的基础，也是人文的和社会的教育的回归。从长远看，社会与情感能力教育将为我国"知识与信息"生产注入新的动力。然而，对于这样一个相对新兴的教育领域，现有教育体系如何接受和融合，从而使其得到贯彻和实施，是一个值得研究者和决策者进行系统思考的问题。库尔特·勒温的计划变革理论从解冻、嬗变、复冻三个阶段解构了系统变革的过程，为我们教育系统中的社会与情感能力变革提供了重要的理论依据。

第十二章 社会与情感能力：
学前教育的实践

2009年11月15日，在国内儿童早期发展研究会议上，我国工程院院士、教育部原副部长韦钰提出了"所有教育机构，一定要注意对孩子社会情绪（情感）能力的培养，决定孩子一生成功的并不是智商，而是社会情绪（情感）能力。"的宣言，[①]引起了国内对于社会与情感能力培育的讨论和重视。本章结合学前教育阶段的特点，探索社会与情感能力在幼儿早期教育中的实践。

第一节 学前教育和社会与情感能力

一、学前阶段是培养社会与情感能力的关键时期

个体能力的形成并非一蹴而就的，诺贝尔经济学奖得主詹姆斯·赫克曼（Heckman，J.）在其教育投资回报的相关研究中发现，对比于正式学校教育和在职培训投资，儿童在入学前的早期干预是投资回报率最高的人力资本投资形式，在这一阶段的投资和教育相比于后期具有更优势的价值和影响。也就是说，学前教育阶段对于个体的能力发展和人生幸福有着至关重要的作用，具有长远的效益和奠基的价值，注重个体入学前的各方面能力培育是十分有必要的。

大量研究表明，儿童的学龄前阶段是其能力发展的敏感期和关键期。作为一个人终身学习的开端，学龄前教育阶段对幼儿的身心健康、习惯养成以及社会成就等具有着重要意义。学前教育是培养幼儿社会与情感能力的关键，是其主动性、良好个性、责任心、自尊心、自制性

---

① 计琳.社会情绪能力影响孩子一生 专访中国工程院院士、原教育部副部长韦钰[J].上海教育，2013（10）：26—27.

发展和成长的敏感期，也是其社会性品质形成的关键期。由此，如何抓住儿童入学前的关键和敏感时期，促进其社会与情感能力的提升和成长，是十分具有意义的问题。

二、学前教育改革是目前重要的教育发展战略

正是由于学前教育阶段对于个体终身发展的重要价值和意义，近年来我国在经济增长的同时，也对学前教育发展给予越来越多的重视，全国毛入园率逐年提高，由 2001 年的 35.9% 增长到了 2020 年的 85.2%，其中普惠性幼儿园覆盖率达到了 84.7%。2021 年 7 月，国务院新闻办公室举行优化生育政策促进人口长期均衡发展新闻发布会，会议指出要进一步提高学前教育普及普惠水平，到 2025 年，全国学前三年毛入园率要达到 90% 以上，且进一步扩大普惠性学前教育资源。中央财政下达 2022 年支持学前教育发展资金预算 230 亿元，较上年增加 30 亿元，增幅 15%。近些年来，国内学前教育立法也在稳步进行和筹备中，目前随着"三孩政策"的提出和实施、随着人们未来生育意愿逐步释放，国家和社会对于学前教育给予了越来越多的重视和支持，国内学前教育的迅速发展，一方面得益于我国社会经济水平的快速增长，另一方面，也是因为人们越来越意识到学前教育对儿童成长和社会发展不可替代的价值。整体看来，学前教育是当前国内教育发展的重点阶段，学前教育改革是重要的教育发展战略。

总的来说，目前国内基础教育领域的社会与情感能力培养已开始得到关注和重视，但在学前教育领域的研究却仍不多见，系统有效的实践经验则更为罕有。学前阶段作为个体一生之中非认知能力培养的关键期不应被忽视。在学前阶段发展幼儿的社会与情感能力，不仅对幼小衔接有促进作用，同时也与个体的学校和社会适应、与个体的人生幸福和成就紧密相连。因此，学前儿童的社会与情感能力培养应当引起社会各界的广泛关注。

三、学前儿童社会与情感能力核心内容

目前为止，不同国家地区以及研究组织对于社会与情感能力的核心内容定义存在着不同的说法，再由于研究对象、年龄阶段不同，具体界定未有一致。本章从学前儿童社会与情感能力培育实践的角度出发，基于对国内外优秀早期干预实践内容的梳理和考察，将学前阶段儿童社会与情感能力划分为情绪能力、问题解决能力和社会交往能力三部分，其中情绪能力包含着情绪认知、识别与表达、情绪理解调节和冲动控制，问题解决和人际交往技能属于社会能力的一部分。

（一）学前儿童情绪能力

学前儿童情绪能力是指个体对自己以及他人的情绪进行识别、解释和建设性反应的必要

社会技能,也是社会与情感能力发展的基础。情绪能力同时也被视为个体积极发展的奠基石,对儿童的社会生活起着相当重要的作用。在良好情绪能力的帮助下,儿童才得以正确地管理情绪、应对挑战、解决问题、达成学业和其他目标以及保持良好的人际关系。情绪能力的缺失会使得儿童产生一定的社会不适应表现,例如欺负他人和受欺负的儿童其实都存在着情绪理解、情绪调节的问题,校园欺凌者往往缺乏共情和与他人的情感联结,存在不恰当的情感表达方式,被欺凌者则往往存在焦虑等情绪问题。

目前已有的学前儿童社会与情感能力干预实践中几乎都包含着大部分情绪知识和调节的内容,通常包含着以下几个基本的要点:首先是幼儿的情绪认知和识别能力,它包含两个部分,先是较为简单的认识人的基本情绪,学习情绪词汇和知识,并了解情绪发生时的生理信号,从而能够准确地识别和表达情绪;然后是理解情绪感受,这一项包括自己的和他人的,积极的和消极的;接着再到思考情绪产生的情景和原因,了解是什么行为导致了这些情绪的产生,并考虑不同的情绪发展的后果;最后是情绪表达和调节,儿童学习用自己的语言和行为来恰当地表达和传达情绪,恰当的表达的关键是有意识地进行调节,在这个过程中,幼儿同时习得情绪调节和冲动控制的能力。

1. 认知、识别和表达情绪

对情绪的认知、识别通常作为儿童学习情绪能力的首要和基础内容,它主要包含两个部分,首先是较为简单的认识人的基本情绪,例如认识情绪词汇和学习知识,掌握情绪表达的同义词,并能对其强度有较为准确的认知等;其次是了解情绪发生时对应的生理信号,通过学习和认识不同情绪状态下内部的感觉体验和外部表情的呈现等特征来识别情绪状态(包括他人的和自身的)。在此阶段比较常见的教学实施策略通常有:角色游戏、绘本阅读、榜样(同伴或教师)示范和强化、文学作品分析、美术创作、戏剧表演以及相应的环境创设、材料提供相结合等。

2. 理解情绪感受

儿童的情绪感受理解可以从不同的角度各分为两个方面,一是要能够了解自己的情绪感受,可以较为明确地识别、谈论和掌握自己的情绪状态;二是能够通过面部表情、肢体语言以及情境语态等信息来正确地对他人的情绪状态进行识别,以及移情共感。此外,除了理解自己的和他人的情绪,幼儿情绪理解能力上还有十分重要的一点,即是幼儿还需要能够认识到虽然每个人都有很多种不同的情绪,但它们没有好坏之分,只分为令人舒服的和不舒服的,所有的情绪发生,不管是积极的和消极的都是可以被接受的,它们都是给我们提供信息的有用的信号,我们通过读懂和利用这些情绪信息来做出下一步决策和行动。这样的态度对于幼儿正确理解情绪感受、指导自身言行以及身心健康发展具有重要的意义。

3. 情绪调节和管理

情绪调节和控制能力是儿童自我管理的一部分，具体内容可以包括处理焦虑、管理压力、处理冲动、延迟满足、自我激励等各方面，情绪调节管理能力的发展使得儿童能够使用一些具体技能（如保持注意力、控制冲动、激励自我、拒绝不合理的要求等）来调整自己的言语和行为，对于儿童的学业和社会适应是不可或缺的。

(二) 学前儿童问题解决能力

问题解决能力是影响儿童适应社会的关键因素，它建立在儿童良好的情绪控制、行为管理等技能的基础之上，是考察其面对人际、学业、生活等问题时的应对和处理的一项综合性能力。

在教育实践中幼儿问题解决培育策略往往包含以下几方面内容：首先是发现并理清问题，通常教师会通过引导对话来帮助儿童理清事件的发生，问题的由来和情况；其次是梳理自己和问题同伴的情绪感受；接着是思考寻找解决问题的多种可选办法；最后再是分别假设预估行为结果，在此基础上选出最有效的解决方法，提升儿童解决问题的能力。常见的幼儿问题解决策略都与此流程类似。

(三) 学前儿童社会交往能力

儿童的社会交往指的是通过一定的语言、文字或动作、表情等表达手段将某种信息传递给其他个体的过程，通常包括亲子交往、与同年龄段伙伴和与成人之间的人际互动。而儿童的人际交往能力则指的是其能够有效地与他人进行交流、建立并维持良好关系的能力。良好的社会交往表现往往建立在儿童理解他人的情绪感受、自我控制以及移情等其他能力的基础之上。

在教育实践中，儿童社会交往能力的培养往往通过一些具体的社交行为教导来进行，例如教师在教学活动或游戏中告知儿童基本的社交规则（如礼貌、等候、轮流等）、正确有效的沟通技能（如倾听、专注、表达），发起交往（分享、合作、赞美他人与帮助他人等），以及维持友谊（安慰同伴、解决冲突）等。另一方面，教师也应尽可能地从环境和机会上给予幼儿支持，让他们在实际交往中真正地学习。例如给予幼儿充分的同伴交往空间和时间，开展游戏活动的自主权，提供鼓励社会交往的游戏或材料，在教师发现幼儿产生矛盾时，耐心观察，延迟干预，给予幼儿一定的自主解决人际交往问题的机会，为幼儿发展社会交往能力提供空间。[①] 在教师自己与幼儿进行交往的过程中，保持对幼儿的尊重和礼貌，做好示范和榜样作用。

---

① 张明红. 幼儿社会教育与活动指导[M]. 上海：华东师范大学出版社，2015.

第二节 学前儿童社会与情感能力培育路径

一、聚焦社会与情感能力显性课程

社会与情感能力显性课程一般指的是结构化程度较高的、由学校(园方)或外部机构开发的领域专门课程,在学前阶段往往以集体教学活动为表现形式。目前已有的学前社会与情感能力干预实践中存在着一些不同的课程模式。从对象上来看,有的课程面向全体儿童,有的则针对部分学生群体;内容上看,有的涉及社会与情感能力发展的各大领域,有的则只关注个别技能的发展,同时干预内容上还存在促进性和预防性之分;时间上看,有的干预实践持续的时间很短,几个课时即可完成,有的则跨越学年;开展形式上,有的是技能聚焦课程,以某一项具体社会技能为课程出发点,有的则是主题聚焦模式,在主题活动开展的过程中自然渗透社会与情感能力的培育。

例如美国"促进选择思维策略"(Promoting Alternative Thinking Strategies,简称 PATHS)课程,就是基于学校层面实施,面对班级所有儿童,内容旨在提升学生的自我控制、情绪调节、人际关系和问题解决能力,以技能聚焦为开展模式的中长期综合性预防干预项目。PATHS课程适用对象涵盖学龄前到小学阶段,也包括该年龄段的特殊儿童,以课堂作为一个单位,一般从秋季学期开始,持续到次年的四五月份,每周 1—3 个课时,每课时一般 20—30 分钟。又如"强健开端"(Strong Start)课程则为面向班级内所有儿童的短期干预课程项目,干预内容涵盖情绪理解、问题解决、人际交往等多个方面,以技能聚焦模式开展,一共 10 个课时,短期内见效。"我能解决问题"(I Can Problem Solve,简称 ICPS)课程则在内容上侧重于儿童人际问题解决能力的提升。[①] 国内幼儿园社会领域课程则以"人际交往"和"社会适应"两方面为核心内容,往往以活动的形式开展集体教学,并在长期内与其他领域课程配合融合。

二、渗透社会与情感能力隐性课程

由于学前儿童在身心发展规律上的特殊性,低结构化的学习更应该受到教育者们的重视。隐性课程正是将幼儿一日生活的方方面面都作为其社会与情感能力的生长园地。影响幼儿社会与情感能力发展的隐性因素可以包括:教室的物理环境;材料的摆放、颜色、内容、材质和规模;活动的时间与地点、规模与同伴;生活常规安排以及幼儿心理环境等方面。

例如,美国康涅狄格州教育部门就在颁布的早期教育指导政策文件中专门将"环境、材料

---

① Jones,S. M.,et al.(2021). Navigating SEL from the Inside Out: Looking Inside & Across 33 leading SEL Programs: A Practical Resource for Schools and OST Providers. http://easel.gse.harvard.edu/

和常规"作为一个重要维度单独列出，来对幼儿的社会与情感培养提出策略建议。如在"发展自我意识"领域中要求教师提供具有文化多样性的、鼓励互动的、具有探索性和开放性的多种类玩具材料，材料的难度要结合不同幼儿的发展水平，在幼儿的最近发展区内设置材料难度，使其既具有挑战性又能够获得成长。还要根据幼儿的生活经验和文化背景提供合适的装扮游戏材料以帮助幼儿建立对自身社会角色的认知等。在活动时间上，给儿童提供充足的活动时间和多样化的活动经历和机会，以及自主选择的权利和及时的反馈等。[①]

三、家园合力共育社会与情感能力

家庭作为儿童成长最直接的也是第一个环境，无疑是影响早期教育质量的重要因素。一方面，家长通过训练和指导培训，对于社会与情感能力的习得与提升能够帮助他们在家庭环境中更好地起到榜样示范作用；另一方面，成人社会与情感能力的提升也有助于幼儿获得一个更和谐舒适的受教育环境；最后，家长与园方在积极的沟通配合下，对于社会与情感能力的培养策略达成共识后的合力参与和配合教学可以更进一步促进并巩固儿童对各项能力的习得。儿童社会与情感能力的培养离不开家园之间的积极沟通与配合。

例如在项目课程"神奇年代"中就设置了专门针对父母的社会与情感能力培训内容，内容包含"基本项目""促进项目""支持儿童教育项目"等，各有侧重。其中："基本项目"旨在帮助父母提升与幼儿的交往技巧：如何与孩子游戏，如何帮助孩子学习，如何有效地对孩子的正面行为进行激励反馈以及如何处理负面行为等；"促进项目"旨在更进一步地提升家长的人际交往技能，如有效的沟通技巧和情绪管理方式等；"支持儿童教育项目"则引导家长帮助儿童提升学业水平，以及建立与教师的合作关系。再如，在"强健开端"项目当中，教师会通过每一课课后的公告联系儿童的家长，在其中告知家长这节课的主要内容以及家长在家庭环境中应该如何帮助幼儿巩固该项技能，以此形成教育合力，共同影响儿童社会与情感能力的发展与技能的强化。

第三节　学前社会与情感能力培育经验启示

一、立足儿童发展和园方实际，联合多方力量进行课程研发

我国学前教育目前处于普惠化发展的阶段，2012 年教育部颁布的《3—6 岁儿童学习与发

---

① 管琳. 美国康涅狄格州 0—5 岁儿童社会与情感领域早期学习标准内容分析[J]. 早期教育（教科研版），2018,(11)：8－12.

展指南》（以下简称为《指南》）从健康、语言、社会、科学、艺术五大领域对幼儿学习与发展进行了一定的描述，并分别对各年龄段发展水平提出了期望。2018年，华东师范大学团队研究出版了《核心经验与幼儿教师的领域教学知识丛书》，比较具体地介绍了不同领域教学中的核心经验，帮助幼儿教师更好地进行教育实践。但总的来说，我国目前学前教育各领域能力发展并没有具体或统一的课程内容，对于儿童的社会与情感能力也未做出具体的界定。幼儿园的教学内容、课程安排等自由度高，自主性强。

目前，国内大部分幼儿园课程大致有三种来源，一是来自省编或市编的教材资源包，这种课程多以基于任务的活动课程形式开展，综合形式，不分科，幼儿在任务活动中习得经验与能力；二是园内基于市里或上级标准自编各领域课程，这种形式相对灵活，但自由度较大，对课程质量难以掌握；第三类多见于社会教育机构，通过学习培训引进国外课程模式，如蒙台梭利课程、奥尔夫课程等。综合看来我国目前对于学前教育阶段的社会与情感能力课程是缺失的，有效的相关课程资源开发十分必要。

我国学前教育发展人口基数大，起步晚，尚在扩大普惠阶段，再由于学前课程受教育对象的特殊性，希望国家层面统一研发和设置课程内容是不现实的。结合当前学前课程发展现状，笔者认为，广大教育研究高校或研究机构联合园方，合力开发社会领域园本特色课程是目前最可行和有效的路径。

从美国的强健开端、PATHS、ICPS等优秀课程项目开发的经验来看，存在着一些明显的特征和优势可供国内社会与情感课程开发借鉴。首先，这些课程从设计、培训、实施到评估，都有一套标准化的程序，呈现出高结构化、脚本化的特点。就如PATHS课程，每一个单元的课都有明确的课堂讲义和流程规范，在接受短暂的培训指导后教师便可以很便捷地消化和实施课程内容，这样的特点使得课程操作易行，成效明确、便于推广。并且不只是学校教师，社会工作者、教育机构、家长或者其他人员也可以比较容易地学习然后给学生开展这些课程。高结构化和脚本化虽然给课程带来了一定的局限性，但最大限度地保留了其可行性和经济性，也有利于课程后期的推广，便于使更多儿童受益。

其次，有效的社会与情感课程还应该配备配套的评价工具，如"强健开端"系列课程，研发者们跟随课程需要开发了用于评价儿童社会与情感能力发展状况的《社会与情感优势和心理弹性量表》，并且提供了儿童自评、教师和家长评价等多种评价方式，评价内容涉及情绪理解、人际交往、问题解决、面对逆境等方面能力，评价对象可以针对个体儿童，也可面向全体，并且也提供了针对不同年龄段儿童的版本。对幼儿社会与情感能力的准确评价是帮助其能力提升的必不可缺的一环，但又恰恰正是幼儿园教师所比较欠缺的能力之一，因此，在进行幼儿社会与情感能力课程研发时，完善的配套评价体系（包含对教师和家长的培训）是十分必要的。

最后，从干预持续的时间、面向的对象、干预涵盖的内容和性质来看，面向儿童的社会与情感能力课程都存在着许多不同的模式。我们在国内领域课程研发的过程中也应该结合实施地区和园所的实际、结合干预对象幼儿的具体能力发展水平、当地园所的教师专业能力水平以及社会能力相关课程的实施经验基础等实际情况，在《3—6岁儿童发展指南》等系统文件的要求和指导下来进行研发和布局。尽可能地提供有针对性的、多样化的、科学的社会与情感能力培养解决方案。

二、结合游戏环创和一日常规，开展和挖掘多种培育路径

除了结构化程度相对较高的课程以外，要培育幼儿的社会与情感能力还存在着许多别的路径。如园内的环境创设、一日生活常规的安排、游戏活动、体育活动等，都是培育幼儿社会与情感能力的丰沛园地。

首先，除了要研发和投入社会与情感能力课程以外，同样教师和园方也要注意将儿童社会与情感能力的发展融入到其他领域课程、常规活动当中去。儿童的社会与情感学习并不是一种单一死板的技能的学习，儿童在其中获得自我表达、问题解决、情绪调节等能力的同时也有助于其在其他领域上的表现。也就是说，幼儿的社会性发展不应该只局限于专门的课程当中，应在各大领域中都有所呈现，PATHS课程就十分强调其在时间和空间上的连续性，尤其鼓励教师和家长在不同的时间地点使用PATHS技术来提升幼儿社会性能力。换句话说，强调社会与情感课程和语言、健康、艺术等领域课程的融合汇通是十分必要的。

其次，为儿童的社会能力发展营造一个适宜的物理和心理环境也是非常重要的干预手段之一。物理环境方面，教室中柔和色调的家具、反映集体或家庭文化的装饰物等能够帮助班级营造一种归属感和安全感，促进儿童积极的自我概念的形成。投放鼓励社会交往的游戏材料，设置相距恰当、空间合适的个别化区域可以为儿童进行社会交往创造机会和条件等。心理环境则包括班级氛围、教室情绪氛围、同伴关系、师幼关系等方面，教师作为儿童在园的主要引导者，有义务为其创建安心、舒适的心理环境，让儿童能够更加专注于自身的发展。例如教师应及时地为幼儿提供支持和帮助、在幼儿取得成就时及时并具体地给出反馈，表达鼓励或喜悦等情绪，在指导幼儿开展活动时，多使用礼貌用语树立模范，同时注意观察幼儿与同伴的关系，帮助他们解决问题、发起友谊、进行良好的交往。

再者，一日常规的安排应符合幼儿的身心发展特点、具有一定的规律性，如幼儿能够对自己之后的活动进行预测，就可以及时调整状态，促进其自我管理能力的提升。同时还要注意群体活动时间和个体活动时间的适当结合，盲目增加社交时间也会给幼儿带来心理和生理上的负担，给幼儿一定的自由活动时间和选择权也有利于其自我意识和自主性的发展。

最后，我国1989年颁布的《幼儿园工作规程（试行）》中明确提出"游戏是幼儿园的基本活动"，作为儿童在园的基本活动，游戏也是发展社会与情感能力的重要路径。在游戏中，幼儿

可以获得大量的与同伴交往、合作、解决问题的机会,体验不同的情景,感受不同角色的情绪体验,调控自己的行为、管理时间等,无疑为其社会与情感能力的发展提供了极好的场所和机会。教师应该给予儿童充分的自主游戏的时间,提供利于合作交往的游戏材料,同时观察和适当地指导其游戏表现,引导幼儿在游戏中提升社会能力。

三、建立课外培训和交流活动,形成"幼儿园—家庭—社区"合力

对学龄前幼儿而言,家庭是其社会性与情感萌芽和发展的最首要,也是最直接的场所,儿童个性的形成,对于社会规则的认知、行为习惯的养成等最关键的时期都是在家庭中度过的。研究表明,家庭的物质环境、情绪气氛、父母的教养方式、家庭规模和结构等都会对儿童社会性的发展产生很大的影响。但不同的家庭成员受教育程度不同,教养方式也有所差异,因此需要幼儿园主动与家庭建立互动机制,维系积极良好的沟通,以便将幼儿的在家经验与在园经验衔接起来,深化学习体验。

许多干预实践例如 PATHS、ICPS 等都包含着一定的面向家长的社会与情感技能训练内容,国内幼儿园在开展社会与情感学习时也可以借鉴,例如可以通过向家长组织开展社会与情感能力知识讲座,介绍和宣传幼儿社会与情感学习的意义和重要性,一方面获得家长对此领域技能的重视,另一方面便于配合工作开展。还可以向家长推荐相关内容的科普书籍,例如《如何培育孩子的社会能力》《情感智商》等,还可以利用新媒体资源,推荐相关的社会与情感学习内容微信公众号、网页、博文等,使家长对社会与情感能力建立一定的了解并展开学习。

在社会领域课程学习结束后,教师也可以布置一些课堂小任务要求幼儿与家长共同完成,并及时与家长谈话沟通,获得反馈,收集幼儿在学习中或生活中遇到的问题和获得的进步,这些信息又能为接下来的学习提供素材和资源。另外,家长还应鼓励并与幼儿共同参与社群活动,积极利用社区教育资源,如儿童图书馆等,在更广阔的场域中培育幼儿的社会性,与幼儿共同成为社区文化的参与和创建者。

四、完善本土社会与情感能力学习标准,呼吁相关文件与政策出台

从国家或地区层面制定具体的学习标准、设置培养目标,并对师资、家长培训等内容提出可操作的要求,是当前增强学前教育者们对儿童社会能力的积极认知以及提升教育质量的有效途径。目前国际上许多国家和地区已有具体可操作的社会与情感学习标准,而我国官方教育部门目前尚未有针对社会与情感领域的幼儿学习标准或指南。但在其他教育指导文件中,近年来也有所提及。

2012 年教育部门颁布的《3—6 岁儿童学习与发展指南》(以下简称《指南》),从健康、语言、

社会、科学、艺术等五个领域描述了幼儿学习与发展的内容与期望。而其中社会领域作为一个独立的板块，明确了我国 3—6 岁幼儿不同阶段和水平的社会性发展目标，并向成人提供了教育建议，《指南》对促进我国幼儿园社会领域教育以及幼儿社会性发展起到了重要的作用，但也仍然存在着进一步完善的空间。总的来说，《指南》对于儿童早期社会性发展的内容强调的力度不够，内容不够详尽具体、呈现得比较分散且窄化。比如《指南》中只是简单地将社会领域能力分为了"人际交往"和"社会适应"两个子领域，而其他内容，要么疏于提及，要么分散于其他领域当中，如作为重要能力之一的情绪能力部分内容则分散地呈现在了健康领域的"身心状况"子领域和社会领域的"人际交往"子领域下面，显然难以体现其对于幼儿社会性发展的应有的意义和重要性。因此，我国 3—6 岁儿童社会与情感领域的学习标准和操作性文件的完善或出台是十分有必要的。

此外，除了 3—6 岁阶段，入园前的 0—3 岁是个体一生中发展最关键和迅速的时期，是幼儿社会与情感能力发展的重要阶段，但往往也是容易被忽视的部分。我国政策层面上历来对于 0—3 岁幼儿保教的关注比较有限。目前，国内只有少数地区如北京、上海等颁布了 0—3 岁婴幼儿教养方案大纲，且方案内容上更重教养理念的宣传，缺乏具体实践建议。对于 0—3 岁幼儿社会与情感能力的涉及则更少了。因此，对于我国早日出台科学的、权威的、具有实践指导意义的 0—3 岁婴幼儿早期学习发展指南的呼吁是有必要的，对于促进婴幼儿社会性发展和促进其 0—3 岁与 3—6 岁的成长衔接都具有重要意义。

第十三章 社会与情感学习课程对学前教师教学实践的影响

作为儿童从"冲动、自我中心的幼童"向"负责的、遵守规则、社交的小学生"的过渡阶段,学前教育阶段是儿童社会能力和情感发展的重要阶段。目前,我国一些幼儿园中引进了有关社会与情感学习的国际课程,譬如美国儿童委员会(Committee for Children,简称 CFC)开发的"第二步"课程。但当前关于社会与情感学习(SEL)的研究中,针对中国教师课程实施的研究较少。因此,本研究将通过探究不同执教经历的学前教师的教学实践,探讨 SEL 课程对学前教师教学实践的影响。

第一节 研究设计介绍

一、研究对象:SEL 课程"第二步"

CFC 成立于 20 世纪 70 年代末,作为美国的非营利组织,其关注儿童行为、情感问题将近 20 年。虽然美国 SEL 项目与课程的开发者众多,但是早在 2002 年,CFC 聚焦社会与情感能力培养的"第二步"(Second Step)课程在 CASEL 主持的众多课程评估中,被予以高分。这也为 CFC 在全球推行"第二步"课程奠定了基础。

目前,CFC 的"第二步"课程在巴西、立陶宛、墨西哥、巴拿马获得了当地政府的支持,得以大范围地开展;在澳大利亚、芬兰、德国、日本等国也获得了相关团体的支持,用于促进青少年的情绪发展与身心健康。在中国,上海某公司引进了 CFC 的"第二步"课程,且将"第二步"中的学前课程及相关资源均引进过来,为幼儿园提供社会与情感课程的实施指导,幼儿园 B 采取以独立 SEL 课程的方式培养儿童的社会与情感能力。

"第二步"课程为培养青少年的社会与情感能力提供指导,其学前课程旨在通过培养儿童的社会与情感技能和自我调节技能来为儿童的入学和未来发展做准备。"第二步"课程提出所有的儿童都是带着包括归属感、自主性和安全感在内的基本心理需求来到幼儿园的，幼儿园需要给儿童创设一个安全、支持性的环境，以便儿童获得安全感及他人支持，做好学习准备。个体的成功并非仅限于学术的成就，而是包括了非认知能力在内的全面发展。因此，"第二步"通过培养儿童的社会与情感能力，帮助儿童在社交、情感、学术上均取得成功。

该课程支持 SEL 的四个关键领域的技能发展：同理心和同情心；情绪管理；社交及问题解决能力；学习技能。该课程通过四个关键策略促进社会与情感能力的发展：大脑建构游戏（Brain Builder Games）；每周主题活动（Weekly Theme Activities）；强化活动（Reinforcing Activities）；家庭链接（Home Links）。课程还将社会与情感能力同其他领域知识、技能结合起来。教师可采用课程配套的教材、教具进行授课。

二、研究样本

本研究采用目的性抽样，选择了上海两所幼儿园的八位学前教师进行研究，详细信息如表 13-1 所示。其中，幼儿园 B 作为一所民办幼儿园，地处上海市宝山区，购买并实施了"第二步"课程，通过专门的课程培养幼儿的社会与情感能力。幼儿园 Q 作为一所公立幼儿园，地处上海市闵行区，未实施 SEL 课程，但教师日常教学中也会培养学生的社会性行为与情感。

表 13-1　研究对象详细信息

序号	年龄	性别	教龄	学历	毕业专业	第一志愿为教师	是否实施SEL
B-T1	26	女	2个月	专科	对外汉语	是	是
B-T2	27	女	5年	本科	学前教育	是	是
B-T3	28	女	5年	本科	教育技术	是	是
B-T4	24	女	2年	本科	英语教育	是	是
Q-T1	35	女	10年	硕士	学前教育	是	否
Q-T2	34	女	11年	本科	学前教育	是	否
Q-T3	42	女	15年	硕士	学前教育	是	否
Q-T4	45	女	28年	本科	学前教育	是	否

三、研究工具

课堂互动评估系统(CLASS)是由皮安塔(Pianta, R. C.)教授团队所研发的针对师生互动的七分量表。[①] 该系统为三级评估系统,包括 3 大领域,10 个维度和 42 个指标,能够充分对教师课堂实践进行评价(见图 13-1)。在 CLASS 课堂互动评分量表中,得分 1—2 分为低水平,3—5 分为中水平,6—7 分为高水平。三大领域的得分取十大维度所得分数的平均值。其中,十大维度中的"消极氛围"维度需要进行反向计分,即"消极氛围"维度得分为 1 分时,在计算其所在领域"情感支持"的分值时需记为 7 分。

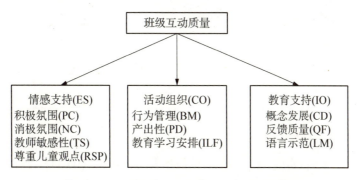

图 13-1　CLASS 课堂互动评估系统

研究采用 CLASS 对八位教师的教学实践进行评估观察,共有三位评分者对课堂录像进行评分。经过对评分标准的讨论和试评分,三位评分者在评分上形成共识。之后,三位评分者分别对课堂录像进行评分,每人对每个视频进行四次评分,四次评分非连续性完成。

第二节　不同执教经历学前教师
教学实践的总体分析

在对八位教师的评分进行整理、分析后发现,八位教师在"情感支持""活动组织""教育支持"三大领域的平均得分均处于中等水平(详见图 13-2)。

在情感支持领域,实施 SEL 课程的教师和未实施 SEL 课程的教师所得平均分相同,为 5.37。在活动组织领域,实施 SEL 课程的教师得分较高,为 4.80,而未实施 SEL 课程的教师

---

① Pianta, R. C., La Paro, K. M., & Hamre, B. K. (2008). Classroom assessment scoring system: Manual K-3. Baltimore: Paul H. Brookes Publishing.

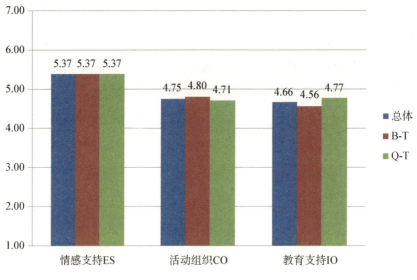

图 13-2 教师教学实践平均得分图

得分较低，为 4.71。而在教育支持领域，情况正好相反，未实施 SEL 课程的教师得分较高，为 4.77，而实施 SEL 课程的教师得分较低，为 4.56。

因此，从总体上来看，实施 SEL 课程的教师和未实施 SEL 课程的教师在三大领域得分并无太大差别。接下来，研究将对教师们在情感支持、活动组织、教育支持三大领域的得分做进一步分析。

一、"情感支持"领域：两类教师各有所长

"情感支持"涉及教学中的课堂氛围，教师对儿童的关注度，以及教师给予儿童的自主权。因此该领域包括四大维度：积极氛围、消极氛围、教师敏感性、尊重儿童观点。

本研究中教师在情感支持领域所得分数如表 13-2 所示。在该领域，教师们的得分均处于中等水平，七位教师的得分在 5 分以上。其中，得分最高的为 Q-T4(5.83)，最低的为 Q-T1(4.95)。

表 13-2 教师教学实践中的情感支持

教师	情感支持	积极氛围	消极氛围	教师敏感性	尊重儿童观点
B-T1	5.39	5.13	1.00	4.61	4.84
B-T2	5.00	4.54	1.03	4.15	4.33
B-T3	5.70	5.40	1.00	5.02	5.37
B-T4	5.41	5.00	1.00	4.69	4.96

（续表）

教师	情感支持	积极氛围	消极氛围	教师敏感性	尊重儿童观点
Q－T1	**4.95**	4.29	1.20	4.25	4.44
Q－T2	**5.55**	5.19	1.38	5.15	5.23
Q－T3	**5.16**	4.83	1.15	4.52	4.42
Q－T4	**5.83**	5.69	1.00	5.40	5.25
B－T均分	**5.37**	5.02	1.01	4.61	4.87
Q－T均分	**5.37**	5.00	1.18	4.83	4.83
均分	**5.37**	5.01	1.09	4.72	4.85

（一）积极氛围和消极氛围

"积极氛围"和"消极氛围"体现了教学过程中的感情基调和师生之间的互动。"积极氛围"维度包括四个行为指标：(1)关系：师生身体亲近，分享活动，同伴之间相互帮助，师生有一致的情感和社会性互动；(2)积极情感：课堂中充满笑声，气氛热烈；(3)积极交流：师生能用口头语言和身体语言表达自己的情感，传递自己的期望；(4)尊重：教师同儿童有眼神的交流，能够用友好平静的语气和尊重的言辞同儿童进行交流。"消极氛围"维度也包括四个行为指标：(1)消极情感：课堂气氛烦躁，出现刺耳的声音、攻击性行为、否定性行为等；(2)惩罚性控制：大声训斥、恐吓、身体控制等严厉的惩罚；(3)嘲笑/不尊重：教师使用挖苦的语气或言语，戏弄或羞辱儿童；(4)严重的否定：歧视、欺负、体罚儿童。

在"积极氛围"维度中，得分最高的为 Q－T4(5.69)，最低的为 Q－T1(4.29)。实施 SEL 课程的教师平均得分为 5.02 分，高于未实施 SEL 课程的教师所得平均分，但教师之间所得分数的分差则小于未实施 SEL 课程的教师。在"消极氛围"维度中，分数最高的为 Q－T2 (1.38)。由于"消极氛围"维度为反向计分，则 Q－T2 在此维度中实际分数最低。实施 SEL 课程的教师的平均分低于未实施 SEL 课程的教师，故实施 SEL 课程的教师在"消极氛围"这一维度表现更好。因此，实施 SEL 课程的教师从整体上来看课堂氛围更为积极，师生互动更为和谐。但在未实施 SEL 课程的教师中，有教师的课堂氛围更为积极。

（二）教师敏感性

"教师敏感性"是指教师对儿童需求的反应，及对儿童学术和情感功能水平的认识。"教师敏感性"包括四个行为指标：(1)意识：教师预期到可能出现的问题并制定了恰当的解决办法，注意到儿童没有完全理解或不能理解课堂内容；(2)回应：教师会回应儿童的情感需求，提供安慰、帮助、个性化支持；(3)关注问题：教师能够及时有效地向儿童提供帮助，解决儿童问题；(4)儿童自如的表现：儿童可以自由参与课堂活动，自由寻求教师的支持和指导，敢于冒险。

在"教师敏感性"维度中，得分最高的是 Q-T4(5.40)，最低的为 B-T2(4.15)。从整体上来看，两类教师在"教师敏感性"这一维度分差最大，实施 SEL 课程的教师在这一维度的得分明显低于未实施 SEL 课程的教师。实施 SEL 课程的教师平均分为 4.61，最高分为 5.02，而未实施 SEL 课程的教师平均分为 4.83，最高分为 5.40。因此，实施 SEL 课程的教师的敏感性略弱于未实施 SEL 课程的教师。这或许与研究对象的教龄有关，未实施 SEL 课程的教师平均教龄高于实施 SEL 课程的教师，可能导致其敏感度更高，更有经验回应儿童的需要，做出适宜的指导或干预。

(三) 尊重儿童观点

"尊重儿童观点"是指在课堂上，教师和儿童的互动以及课堂活动中强调儿童的兴趣、动机和观点。"尊重儿童观点"也包含四个行为指标：(1)灵活性、关注儿童：课堂教学灵活，教师能够采纳并赞同儿童的观点、想法；(2)鼓励儿童发挥自主性和主导性：教师给予儿童选择权，允许儿童主导活动，让儿童承担一些任务；(3)儿童的表达：教师鼓励儿童发言，引导儿童表达想法或观点；(4)限制移动：课堂上儿童能够自由、灵活地移动。

在"尊重儿童观点"维度，得分最高的为 B-T3(5.37)，最低的为 B-T2(4.33)。从整体上来看，实施 SEL 课程的教师和未实施 SEL 课程的教师在此维度的平均分无明显差异，实施 SEL 课程的教师的平均分为 4.87，而未实施 SEL 课程的教师的平均分为 4.83。

综上，在"情感支持"维度中，实施 SEL 课程的教师的课堂氛围更为积极，未实施 SEL 课程的教师更具敏感性，两类教师对儿童的关注度无明显差异。

二、"活动组织"领域：两类教师各有所长

"活动组织"是指教师对教学的管理，包括对儿童不当行为的应对、教学时间的把控、教学活动的安排等。因此该领域包括三大维度：行为管理、产出性、教育学习安排。实施 SEL 课程的教师和未实施 SEL 课程的教师在活动组织领域所得分数如表 13-3 所示。在该领域，教师们得分均处于中水平，仅三位教师得分在 5 分以上。其中得分最高的为 Q-T4(5.27)，得分最低的为 Q-T1(4.10)。

表 13-3　教师教学实践中的活动组织

教师	活动组织	行为管理	产出性	教育学习安排
B-T1	**4.84**	5.02	4.79	4.71
B-T2	**4.51**	4.41	4.71	4.40

（续表）

教师	活动组织	行为管理	产出性	教育学习安排
B-T3	5.18	5.13	5.33	5.08
B-T4	4.68	4.75	4.59	4.69
Q-T1	4.10	3.98	4.23	4.09
Q-T2	5.01	4.63	4.94	5.46
Q-T3	4.45	4.46	4.57	4.33
Q-T4	5.27	5.13	5.33	5.36
B-T 均分	4.80	4.83	4.85	4.72
Q-T 均分	4.71	4.55	4.77	4.81
均分	4.75	4.69	4.81	4.76

（一）行为管理

"行为管理"是指教师使用有效方法防止和引导儿童的不当行为。"行为管理"维度中包含四个行为指标：(1)清晰的期望：教师在课堂中明确表明自己的期望，澄清规则，并且在课堂中保持一致性；(2)前瞻性：教师能够预测到不当行为的出现或升级，密切关注儿童；(3)纠正不当行为：教师能采用暗示等手段有效减少、纠正儿童的不当行为，同时关注儿童的积极行为；(4)儿童行为：儿童很少违反行为规则，很少出现攻击性行为或反抗行为。

在"行为管理"维度中，得分最高的是 Q-T4 和 B-T3(5.13)，最低的是 B-T2(4.41)。从整体来看，实施 SEL 课程的教师在这一维度的平均分(4.83)明显高于未实施 SEL 课程的教师的平均分(4.55)。因此实施 SEL 课程的教师在防止和纠正儿童不当行为方面表现更好。

（二）产出性

"产出性"与教师的教学效率有关，是指教师管理教学时间和日常活动，以使儿童获得更多的学习机会。"产出性"维度包括四个行为指标：(1)学习时间最大化：教师有效完成教学任务，很少出现混乱、中断的情况，在教学结束时给儿童提供选择的机会；(2)常规：教师提供清晰的指令，在教学中很少偏离主题，儿童明确知道需要做什么；(3)过渡：教学中，教师的过渡短暂、清晰，蕴含学习机会；(4)准备：教师熟悉课程内容，提前准备好教学所用的材料。

在"产出性"维度中，得分最高的是 Q-T4 和 B-T3(5.33)，最低的是 Q-T1(4.23)。从整体上看，实施 SEL 课程的教师的平均分为 4.85，未实施 SEL 课程的教师的平均分为 4.77。因此，实施 SEL 课程的教师在此维度的得分略高于未实施 SEL 课程的教师。

（三）教育学习安排

"教育学习安排"是指教师通过提供有趣的活动、指导、材料等，最大限度地提高儿童的参与度和学习能力。"教育学习安排"维度包括四个行为指标：(1)有效的促进：教师进行有效提问，提高儿童的参与度；(2)活动形式和材料的多样性：教师提供丰富的活动形式，有趣的、能启发想象力的材料，给儿童自己动手的机会；(3)儿童的兴趣：在课堂上，儿童积极参与、认真倾听、注意力集中；(4)澄清学习目标：教师明确学习的目标，有效组织教学，及时进行总结，教学中出现偏差时能够及时重新定位目标。

在"教育学习安排"维度中，得分最高的是 Q-T2(5.46)，最低的是 Q-T1(4.09)。从整体上看，实施 SEL 课程的教师的平均分为 4.72，未实施 SEL 课程的教师的平均分为 4.81。因此，实施 SEL 课程的教师在此维度的得分略低于未实施 SEL 课程的教师。

综上，在"活动组织"领域，教师们均能进行良好的教学管理。实施 SEL 课程的教师能够更有效地防止和纠正儿童不良行为，而未实施 SEL 课程的教师在教学安排方面做得较好。

三、"教育支持"领域：未实施 SEL 课程的教师更优

"教育支持"是指在教学中，教师在多大程度上促进了儿童的思维发展，提供形成性的反馈，采用语言刺激。因此该领域包括三大维度：概念发展、反馈质量、语言示范。实施了 SEL 课程的教师和未实施 SEL 课程的教师在教育支持领域所得分数如表 13-4 所示。在该领域，教师们得分均处于中水平，仅两位教师得分在 5 分以上。其中得分最高的为 B-T3(5.14)，得分最低的为 B-T2(4.21)。

表 13-4 教师教学实践的教育支持

教师	教育支持	概念发展	反馈质量	语言示范
B-T1	4.48	4.25	4.82	4.36
B-T2	4.21	4.19	4.30	4.13
B-T3	5.14	4.90	5.13	5.39
B-T4	4.41	4.41	4.55	4.27
Q-T1	4.28	4.19	4.55	4.30
Q-T2	4.96	5.00	5.03	4.83
Q-T3	4.81	5.25	4.71	4.46
Q-T4	5.02	4.88	5.19	5.00

（续表）

教师	教育支持	概念发展	反馈质量	语言示范
B-T均分	**4.56**	4.44	4.70	4.54
Q-T均分	**4.77**	4.83	4.87	4.65
均分	**4.66**	4.74	4.84	4.68

（一）概念发展

"概念发展"是指教师在教学中有效促进了儿童的高级思维技能。"概念发展"维度包括四个行为指标：（1）分析思考：儿童会问"为什么""怎么做"，具备问题解决的能力，学会分类、比较、评价等；（2）创造：儿童能够集体自由讨论，制定计划，进行创作；（3）整合：儿童能够将各个概念联系起来，并与已有知识进行联系；（4）联系生活实际：教学与儿童的实际生活相联系。

在"概念发展"维度中得分最高的为 Q-T3（5.25），得分最低的为 B-T2 和 Q-T1（4.19）。从整体上看，实施 SEL 课程的教师所得平均分为 4.44，而未实施 SEL 课程的教师所得平均分为 4.83。实施 SEL 课程的教师在促进儿童思维技能方面明显弱于未实施 SEL 课程的教师。

（二）反馈质量

"反馈质量"是指教师向儿童提供的反馈能够促进儿童的学习和理解。"反馈质量"维度包含了五个行为指标：（1）支架：教师会给儿童以暗示、帮助；（2）循环反馈：教师和儿童之间的交流是循环往复的，教师会追问；（3）鼓励思考：教师会让儿童说出自己的想法，并就儿童的反应和行为提问；（4）提供信息：教师会根据课堂实际情况进行扩展，澄清阐明儿童不理解的概念、活动，并就儿童的问题提供具体的反馈；（5）鼓励和肯定：教师对儿童的回答、行为给予鼓励和肯定，强化积极行为，以便儿童保持积极行为。

在"反馈质量"维度中得分最高的为 Q-T4（5.19），得分最低的为 B-T2（4.30）。从整体上看，实施 SEL 课程的教师所得平均分为 4.70，未实施 SEL 课程的教师所得平均分为 4.87。因此，未实施 SEL 课程的教师对儿童的反馈质量更高。

（三）语言示范

"语言示范"是指教师在教学中使用语言刺激、促进儿童语言能力的发展。"语言示范"维度包含五个行为指标：（1）频繁的对话：师生之间有信息的交互，儿童会有出乎教师意料的回应，同伴之间有交流；（2）开放性问题：教师提出的问题是需要用更多的词语或更长的句子来回答的问题，但同时也是儿童能回答的问题；（3）重复和延伸：教师会重复或详细阐述自己之前所说的内容；(4)自我描述和平行描述：教师会描述自己和儿童的行为；(5)高级语言：教师采用的语言多样、富于变化，能够将相对复杂的语言与儿童熟悉的语言相联系，用相对陌生的语言描述儿童已知的概念。

在"语言示范"维度中得分最高的为B-T3(5.39)，得分最低的为B-T2(4.13)，教师之间的分差较大。从整体上看，实施SEL课程的教师所得平均分为4.54，未实施SEL课程的教师所得平均分为4.65。实施SEL课程的教师在"语言示范"维度表现相较未实施SEL课程的教师略差。

综上，在"教育支持"维度，实施了SEL课程的教师明显弱于未实施SEL课程的教师。其中"概念发展"维度差距最为明显，"反馈质量"维度次之，"语言示范"维度差距最小。这一方面是由于实施SEL课程的教师对于SEL课程未能完全内化，在教学中不能根据实际情况灵活调整；另一方面则是由于SEL课程并不能全然适应中国语境，脱离了儿童的日常生活实际。

第三节　不同执教经历教师教学实践的个案分析

研究在两类教师中分别选择分值最高的教师进行个案分析(见表13-5)，即B-T3和Q-T4，探究实施SEL课程的教师和未实施SEL课程的教师的教学实践的特点。

表 13-5　教师的教学实践

领域	B-T1	B-T2	B-T3	B-T4	Q-T1	Q-T2	Q-T3	Q-T4
情感支持	5.39	5.00	5.70	5.41	4.95	5.55	5.16	5.83
活动组织	4.84	4.51	5.18	4.68	4.10	5.01	4.45	5.27
教育支持	4.48	4.20	5.14	4.41	4.28	4.96	4.81	5.02

一、"以儿童为中心"：B-T3教师的教学实践

B-T3教师所上课程的主题为"尊重而又坚定的语气"，旨在让儿童学会如何向他人寻求帮助。B-T3教师首先回顾了上节课的内容，引出本节课的主题。之后让儿童观察图片中的小女孩，看她遇到了什么问题，并说应该怎么做。在这一环节，B-T3教师强调了在寻求帮助时，应该注意眼神、语气。接着，B-T3教师进行了同伴活动，儿童两两一组进行练习。最后，B-T3教师对在同伴活动中表现好的儿童提出表扬，并对本节课进行了总结。

(一) B-T3 教师的情感支持

B-T3 教师在"情感支持"领域得分为 5.70,消极氛围维度得分低于平均值,其余维度得分均高于平均值(见表 13-6)。其中积极氛围得分为 5.40;消极氛围得分 1.00;教师敏感性得分为 5.02;尊重儿童观点得分为 5.37。

表 13-6 B-T3 教师的情感支持

维度	B-T3	B-T 均分	均分
情感支持	5.70	5.37	5.37
积极氛围	5.40	5.02	5.01
消极氛围	1.00	1.01	1.09
教师敏感性	5.02	4.61	4.72
尊重儿童观点	5.37	4.87	4.85

本节课中,B-T3 教师以提问和同伴互动的形式进行,给予儿童充分的自主权,鼓励儿童表达自己的看法。在整个课堂过程中,B-T3 教师同儿童互动频繁,不仅采用平和、亲切的语气同儿童进行语言的交流,而且有肢体上的接触。B-T3 教师在课上三次请儿童到前面与自己互动,在互动过程中,儿童们积极进行讨论。B-T3 教师也同儿童进行互动,互动过程中,B-T3 教师会蹲在儿童旁边,并直视儿童的眼睛。在教学过程中,儿童都自由地参与到课堂当中,敢于寻求教师的帮助。两位儿童出现特殊情况时(流鼻涕,拉拉链),B-T3 教师及时关注到儿童,并解决问题。但是,在观察图片的环节中,B-T3 教师提出"她应该采用什么样的语气寻求帮助"这一问题时,她期待的答案是"坚定而又尊重的语气"。但儿童并没有理解这一问题,回答"打扰一下,请问……"。B-T3 教师没有对问题做进一步的阐释,只是多次重复问题,直到儿童回答出答案。因此 B-T3 教师的敏感性略有不足,在教师敏感性这一维度得分较低。

综上,B-T3 教师整体课堂氛围良好,儿童也积极参与到课堂活动当中。B-T3 教师尊重儿童,及时帮助儿童解决问题,并与儿童进行互动。同时,B-T3 教师还充分关注到儿童的观点,给予儿童表达的机会。但是她并未能够预期、注意儿童对课堂内容是否理解。

(二) B-T3 教师的活动组织

B-T3 教师在"活动组织"领域得分为 5.18,在三个维度的得分均远高于平均值(详见表 13-7)。其中,行为管理得分为 5.13,产出性得分为 5.33,教育学习安排得分为 5.08。

表13-7　B-T3教师的活动组织

维度	B-T3	B-T均分	均分
活动组织	5.18	4.80	4.75
行为管理	5.13	4.83	4.69
产出性	5.33	4.85	4.81
教育学习安排	5.08	4.72	4.76

本节课中,B-T3教师所采用的教学工具为SEL课程工具包中所提供的工具,玩偶和图片。B-T3教师通过使用玩偶和图片引起儿童的兴趣,将儿童的注意力集中起来,积极参与讨论。整个教学过程推进流畅,B-T3教师提供明确的指令,儿童能够清楚地知道需要做什么。在课堂开始以及教学过程中,B-T3教师通过使用SEL课程中的小技巧"注意力望远镜"帮助儿童集中注意力,纠正儿童的不当行为。

注意力望远镜:眼睛看,耳朵听,嘴巴闭,身体定。

因此,在本节课中,B-T3教师使用教学工具,设计了丰富的教学活动,有效完成了教学任务。在教学中,B-T3教师给儿童明确的指令和期望,儿童能够积极参与活动。

(三) B-T3教师的教育支持

B-T3教师在"教育支持"领域得分为5.14,在三个维度的得分均高于平均值(详见表13-8)。其中,概念发展得分为4.90,反馈质量得分为5.13,语言示范得分为5.39。

表13-8　B-T3教师的教育支持

维度	B-T3	B-T均分	均分
教育支持	5.14	4.56	4.66
概念发展	4.90	4.44	4.63
反馈质量	5.13	4.70	4.79
语言示范	5.39	4.54	4.59

B-T3教师以观察图片的活动作为本节课的第一个活动,儿童在此过程中将图片和自己的生活实际相结合,进行讨论。B-T3教师鼓励儿童说出自己的想法,并根据儿童的回答进行追问。当儿童表现优秀时,B-T3教师会及时对儿童进行鼓励和肯定。譬如,在同伴互助活动中,有儿童在接受老师帮助后说了"谢谢"。B-T3教师在最后的总结部分对此进行了表扬。在整个教学过程中,B-T3教师所提的问题大多为开放性问题,能够让儿童运用长句进

行回答,如"你从图片中观察到什么"。同时,B-T3教师还会重复自己或者儿童所说的话,描述自己或儿童的行为,以帮助儿童加深印象,提升其语言能力。

在教学过程中,B-T3教师鼓励、肯定儿童的回答和行为,并通过开放性问题、重复、延伸、自我描述、平行描述等方式,对儿童的语言能力进行了培养。

在课堂中B-T3教师充分以儿童为中心,不仅设计了多个活动供儿童进行参与,还对儿童的表现进行及时的反馈。本节课不仅包括个别儿童的示范活动,还包括了所有儿童的小组活动,儿童能够充分参与到课堂当中。在课堂上,B-T3教师不断对儿童的反应进行回应,通过鼓励等方式集中儿童的注意力,促进儿童在课堂中的能力培养。当然,本节课中对于儿童的创造能力和整合能力的培养略有不足。

二、"构建积极的课堂氛围":Q-T4教师的教学实践

Q-T4教师所上的课程为音乐课,主题为《娃娃家》。Q-T4教师根据以下三句歌词,带领儿童唱歌、跳舞。

我来做爸爸呀,我来做妈妈。大家一起来呀,来玩娃娃家。

炒小菜,炒小菜,炒好小菜开饭了。

娃娃肚子饿呀,我来喂喂他。娃娃肚子饿呀,我来喂喂他。

(一) Q-T4教师的情感支持

Q-T4教师在"情感支持"领域得分为5.83,在所有教师中得分最高。其中消极氛围维度得分低于平均值,其余维度得分均高于平均值(见表13-9)。其中积极氛围得分5.69;消极氛围得分1.00;教师敏感性得分5.40;尊重儿童观点得分5.25。

表13-9 Q-T4教师的情感支持

维度	Q-T4	Q-T均分	均分
情感支持	5.83	5.37	5.37
积极氛围	5.69	5.00	5.01
消极氛围	1.00	1.18	1.09
教师敏感性	5.40	4.83	4.72
尊重儿童观点	5.25	4.83	4.85

本节课中,Q-T4教师充分调动了儿童的兴趣和积极性,课堂气氛活跃。Q-T4教师一直在和儿童进行互动,同时也多次和儿童接触。在教学过程中,她使用亲切的语气同儿童

进行交流,鼓励儿童发言及参与活动。儿童能够自由地参与到课堂当中,表达自己。Q-T4教师会根据儿童的回答及时回应。譬如,在提问"谁来喂娃娃吃饭"这一问题时,她期待的答案是爸爸妈妈,但有儿童回答"姐姐",她也对此进行了回应,肯定了儿童的回答。此外,在儿童出现问题时,Q-T4教师会及时提供帮助。略有不足之处在于,Q-T4教师在与儿童进行交流的时候,同B-T3教师蹲在儿童旁边不同,她是俯身面对儿童,会给儿童一定的压迫感。

因此,同B-T3教师一样,Q-T4教师的课堂氛围也非常积极,儿童自由、积极地参与到课堂活动当中。她时刻关注儿童,重视儿童的回答,并及时解决儿童面临的问题。Q-T4教师的不足之处在于,和儿童交流时采用的姿态会给儿童带来压迫感。

(二) Q-T4教师的活动组织

Q-T4教师在"活动组织"领域得分为5.27,在三个维度的得分均远高于平均值(详见表13-10)。其中,行为管理得分为5.13,产出性得分为5.33,教育学习安排得分为5.36。

表 13-10　Q-T4教师的活动组织

维度	Q-T4	Q-T均分	均分
活动组织	5.27	4.71	4.75
行为管理	5.13	4.55	4.69
产出性	5.33	4.77	4.81
教育学习安排	5.36	4.81	4.76

Q-T4教师在本节课中采用了儿童在日常游戏中会用到的娃娃和餐具,皆是教室里游戏区的玩具。课程开始时,Q-T4教师就说明了本节课的内容。在教学过程中,没有出现中断或混乱的现象,教学活动顺利进行。儿童均积极参与课堂活动,跟随Q-T4教师歌唱、舞蹈。此外,同B-T3教师采用的"注意力望远镜"的技巧一样,Q-T4教师也采用了类似的技巧来防止儿童的不当行为,帮助儿童集中注意力:

"背靠着椅子背了吗? 小脚并拢了吗? 小手放腿上了吗? 小眼睛有没有看老师?"

"娃娃喜欢坐得好的爸爸妈妈。"

在儿童表现良好时,Q-T4教师也会及时鼓励:

"刚刚A离得那么远,老师都看到她亮晶晶的小眼睛了,真棒。"

"B同学今天表现真好,坐在小椅子上举手来告诉老师他要回答问题。"

因此,Q-T4教师对教学内容十分熟悉,在本节课中采用了易得的教学工具,使教学任务顺利进行。儿童在教学中明确知道课堂任务,能够积极参与活动。Q-T4教师还及时对儿童的积极行为进行肯定,并采用一些技巧防止不当行为,集中了儿童的注意力。

(三) Q-T4教师的教育支持

Q-T4教师在"教育支持"领域得分为5.02,在三个维度的得分均高于平均值(详见表13-11)。其中,概念发展得分为4.88,反馈质量得分为5.19,语言示范得分为5.00。

表 13-11 Q-T4教师的教育支持

维度	Q-T4	Q-T均分	均分
教育支持	5.02	4.77	4.66
概念发展	4.88	4.83	4.63
反馈质量	5.19	4.87	4.79
语言示范	5.00	4.65	4.59

本节课为音乐课,因此教学围绕歌曲展开。Q-T4教师所选的音乐《娃娃家》主题是儿童们日常会进行的游戏,同时内容和儿童的生活相联系,但较少培养儿童的创造能力和分析思考能力。在教学中,Q-T4教师会根据儿童的回答引导儿童进行活动。当儿童表现良好时,Q-T4教师也会及时进行鼓励和肯定。同时,Q-T4教师在教学中多次重复之前所说的内容,带领儿童反复练习歌曲和舞蹈,并通过描述自我和儿童的积极行为来促进儿童表现。但是,Q-T4教师和儿童的对话并不频繁,所提的问题也多为仅用词语可以回答的问题。

综上,Q-T4教师的这节课与儿童日常联系紧密。Q-T4教师在教学中通过重复、自我描述、平行描述来帮助儿童理解教学内容,促进儿童的活动表现。同时,Q-T4教师也会及时鼓励和肯定儿童的积极表现。

Q-T4教师在课堂中以音乐调动课堂气氛,用玩偶来集中儿童注意力,提升儿童兴趣。在课上,Q-T4教师语气轻柔,采用儿童容易理解的语言,及能提升儿童兴趣的语言。儿童在积极的课堂氛围下,更愿意跟随Q-T4教师参与其中,一起歌唱、舞蹈。但是,Q-T4教师未能培养儿童的分析思考能力和创造能力,也未能以开放性问题促进儿童语言能力的发展。

第四节　研究结论与启示

全球化加速了教育变革理念与实践的流通。全球化背景下，国际教育思潮并不完全依靠国家或地方引进，可直接和学校层面发生对接。教师所受外部因素影响除国家和地方层面以外，还直接受国际教育思潮的影响。作为国际教育思潮的 SEL 课程在进入我国学校时，其中关于儿童、学习、教学等方面的理念进入到课堂当中，教师作为课程的实施者，其教学实践必然受到影响。因此，若要在我国更好地实施 SEL，提升学生的非认知能力，可从以下途径入手。

一、本土化 SEL 课程以适应我国教育现状

本研究中 SEL 课程作为园本化课程被 B 幼儿园直接引进。SEL 课程生成于西方话语体系，当中不仅包含积极的教育理念，同时也包含一定的西方观念。因此，其并非全然适合我国的文化语境，需要对其进行本土化处理。目前，我国已通过多种方式实施社会与情感学习。

其一，依据我国社会与情感学习框架制定社会与情感学习课程。社会与情感学习项目组和联合国教科文组织共同合作在我国进行试点研究，并结合我国国情提出了我国的社会与情感学习框架，并制定了一至六年级的社会与情感学习课程。我国的"三项六维"框架和社会与情感学习课程能够充分适应我国教育现状，融合到现有课程当中。相关核心内涵也符合我国的文化语境，教师可以充分接受，更易在教学当中实施。其局限在于目前仅有一至六年级的课程，缺乏其余学段的课程。

其二，引进国外成熟课程。之前所述有公司引进了以 CASEL 提出的社会与情感学习为框架的 CFC"第二步"课程，并在上海各幼儿园进行推广。采用诸如"第二步"课程等国外的 SEL 课程时，学校需要调和 SEL 相关理念和中国的文化因素，先对相关内涵和理念进行阐释和分析，吸收 SEL 课程中相关理念，将其结合我国文化背景进行本土化处理，以适应我国文化语境。除此之外，我国更强调儿童的社会归属感和责任感，但是国外 SEL 课程关注儿童个人能力的发展。因此，幼儿园在采用国外 SEL 课程时，需要适当增加对于儿童社会性的培养，以符合我国的需求。同时，SEL 课程也有其优势，已经形成了行之有效培养儿童社会与情感能力的具体方法。教师可通过学习课程中的有效方法，进一步明确培养儿童的非认知能力的方向和方法，更新自己的教育实践。这能够弥补我国教师虽重视儿童的非认知能力的培养但缺乏相应的方法的现状。

二、内化 SEL 课程以发挥教师所长

本研究在对实施 SEL 课程的教师和未实施 SEL 课程的教师进行总体分析后发现,教师们在三大领域得分虽然相近,但是表现各异。在情感支持领域,可以发现实施 SEL 课程的教师从整体上来看课堂氛围更为积极,师生互动更为和谐。然而实施 SEL 课程的教师对儿童需求的敏感性及对儿童水平的认识要弱于未实施 SEL 课程的教师。在活动组织领域,可以发现教师们均能够良好地管理课堂活动,但是实施 SEL 课程的教师能够更好地防止和纠正儿童的不当行为,而未实施 SEL 课程的教师的教学安排能较好地提高儿童的参与度和学习能力。在教育支持领域,可以发现未实施 SEL 课程的教师能更好地培养儿童的思维技能,通过高质量的反馈促进儿童的学习,并培养儿童的语言能力。

因此,实施 SEL 课程的教师和未实施 SEL 课程的教师各有所长,这在 B-T3 教师和 Q-T4 教师的个案分析中得到了进一步的验证。未实施 SEL 课程的教师根据其教学经验也会在教育实践中对儿童的非认知能力进行培养。但 SEL 课程为教师提供了培养儿童非认知能力的针对性的手段。在面对 SEL 这一新的课程与教育实践时,教师需要将 SEL 课程进行内化,在自身教学经验的基础上,吸收 SEL 课程优势,掌握 SEL 课程的相关工具。幼儿园需要注意在构建积极的课堂氛围,完善教学活动的组织的基础上,着重培养教师的敏感性和教育支持领域的技能,增强对儿童的关注和认识,提高教师的反馈质量,以更好地培养儿童的思维、语言等技能。

三、专业培训以提高教师实施 SEL 课程的能力

教师的基本学前专业知识和专业技能不仅会影响教师的教学实践,还是其实施社会与情感学习的基础。系统的专业学习能够帮助教师对儿童的身心发展特点,学前教育的要求,基本的教学方法有深入的了解。B 幼儿园教师均为非学前教育专业出身,基本的专业知识、专业技能相较于 Q 幼儿园的教师均较为薄弱。而教师掌握基本的专业知识和技能能够帮助教师更好地实施社会与情感学习。因此,幼儿园需要对非学前教育出身的教师进行针对性的培训,以提升其专业知识和技能。此外,传统的一对一带教,以及听课、磨课等均能够促进教师的专业发展。

在实施 SEL 课程时,教师不仅需要掌握基本的专业知识和技能,还需要提升其实施 SEL 课程的专业性。教师的专业知识和专业技能的学习不仅在于职前的专业学习,还在于职后的不断学习。作为教育变革的 SEL 课程给教师带来了自我更新、发展的机遇。教师需要不断更新自己的教育观念和教学实践以满足教育变革的要求。幼儿园需要为教师提供相关培训以

帮助教师及时提升自己的专业性。以 B 幼儿园为例，在实施 SEL 课程的过程中，幼儿园定期进行培训和教研，教师们进行相互的交流交换对 SEL 课程的认识。教师还会互相听课，寻找实践中的不足和优点，互相学习。通过教师间的交流和学习，教师们不断积累 SEL 课程的实施经验。当美国 CFC 的 SEL 课程作为新的教育变革思潮引入中国幼儿园后，幼儿园对教师提供的 SEL 的相关培训和教研活动有效促进了教师的专业发展和更新，进一步推动了 SEL 课程的实施。因此，幼儿园要为教师提供充分的职后发展机会，提高教师实施 SEL 的专业性。

第十四章　促进教师社会与情感能力提升的实践策略

在过去二十余年间，全球研究者对于探索"社会与情感能力（SEC 或者 SES）如何与学生学习结果和个人发展相关联"越来越感兴趣。[1] 关于社会与情感能力（"Social and Emotional Competence"，文中简称"SEC"；或者"Social and Emotional Skills"，文中简称"SES"）[2]、社会与情感学习（"Social and Emotional Learning"，文中简称"SEL"）的研究显著增长。毫无疑问，培养社会与情感能力不仅能直接提高学生的社会与情感能力，还能提升他们的学业成绩。[3] 学生社会与情感能力的形成与发展发生在多样化的社会环境中，包括家庭、学校和社区。家庭在塑造儿童的社会与情感发展（尤其是儿童早期）方面扮演着关键角色；考虑到大量证据表明社会与情感能力在儿童和青少年时期的持续延展性，学校（包括幼儿园）发挥着重要影响作用；社会通过真实世界的参与，为儿童提供了习得社会与情感能力的更多机会。[4] 因此，研究者多围绕这三个方面的因素对社会与情感能力、社会与情感学习等方面展开研究。

对于入学儿童来说，在一个学年中，学生与教师在一起度过的时间将超过 1 000 多个小时[5]，这意味着学校教师对学龄儿童的社会与情感能力形成与发展具有着不可忽视甚至极为

---

① Garner，P. W.（2010）. Emotional competence and its influences on teaching and learning. Educational Psychology Review，22，297 - 321.

② 本章中对教师社会与情感能力的界定和分析将基于 OECD 和 CASEL 的分类结果。

③ Durlak，J. A.，et al.（2011）. The impact of enhancing students' social and emotional learning：A meta-analysis of school-based universal interventions［J］. Child Development，82(1)，405 - 432.

④ Ikesako，H.，& Miyamoto，K.（2015）. Fostering social and emotional skills through families，schools and communities：Summary of international evidence and implication for Japan's educational practices and research. OECD Education Working Papers，121，1 - 75. https://www. oecd-ilibrary. org/education/fostering-social-and-emotional-skills-through-families-schools-and-communities_5js07529lwf0-en

⑤ Sparks，S. D.（2019）. Why teacher-student relationships matter. Education Week. https://www. edweek. org/teaching-learning/why-teacher-student-relationships-matter/2019/03

强大的影响作用。因此，一定程度上来说，教师是在学校和教室环境中推动社会与情感学习项目实施、提高学生社会与情感能力的重要引擎。然而，直到最近，教师在促进 SEL、提高自身的 SEC 以及幸福感等方面的作用却很少受到关注。[①] 教师的社会与情感能力如何影响学生的社会与情感能力发展？ 职前教师在教师准备项目中是否接受过关于 SEL 和提高个人 SEC 的教育？ 在职教师在职业生涯中是否或者如何获得相关方面的培训？ 在信息计划迅猛发展的新时代，面临着培养适应于未来社会变迁的新型人才的基本诉求，这些问题的重要性不容低估，甚至应该置于学校教育改革的首要位置。

第一节　教师的社会与情感能力影响着学生的发展

学生的正式学习环境在较大程度上是由他们的教师所塑造的。[②] 教师不仅通过"教哪些内容"和"如何教学"影响学生，也通过"如何联系、教导和塑造社会与情感结构，以及管理课堂"等方式影响着学生发展。[③] 教师的社会与情感能力在决定他们如何对待工作、工作中与学生互动的本质、他们自身的社会与情感、幸福感等方面扮演着重要角色。[④] 一般来说，具备较高社会与情感能力的教师，通过发展对学生的支持和鼓励关系、设计以提高学生能力为基础的课程，实施以促进内在动机为目标的行为引导准则，通过冲突性环境训练学生，鼓励学生间的合作学习等方面，设定课堂学习和学校环境的基调。因此，教师社会与情感能力被视作学校社会与情感学习变革的关键影响因素。

一些研究者提出了教师的社会与情感能力影响学生的社会与情感能力的几种途径，包括：塑造这些技能运用的榜样、管理压力和调节情绪反应以有效应对外界状况、与学生积极互动、如实地且高质量地实施 SEL 项目等。[⑤] 2009 年詹宁斯(Jennings, P. A.)和格林伯格(Greenberg, M. T.)提出了教师的社会与情感能力对课堂氛围、学生发展结果的影响机制(见图 14 - 1)。在这一"亲社会课堂模式"中，教师的社会与情感能力通过四个因素(即师生关系、课堂管理、社会与情感学习的实施和课堂环境)，间接地影响学生的社会与情感能力发展和学

---

① Jones, S. M., et al. (2017). Social and Emotional Learning. The Future of Children, 27(1),49 - 72. https://www.dibbleinstitute.org/NEWDOCS/reports/FOC-Spring-Vol27-No1-Compiled-Future-of-Children-spring-2017.pdf.

② Eccles, J. S., & Roeser, R. W. (2005). School and community influences on human development. In M. H. Bornstein & M. E. Lamb(Eds.), Developmental Science: An Advanced textbook(4th ed., pp. 513 - 555). Mahwah: Lawrence Erlbaum Associates publishers.

③ Jennings, P. A., & Greenberg, M. T. (2009). The prosocial classroom: teacher social and emotional competence in relation to student and classroom outcomes. Review of Educational Research, 79(1),491 - 525.

④ Collie, R. J., Shapka, J. D., & Perry, N. E. (2012). School climate and social-emotional learning: predicting teacher stress, job satisfaction, and teaching efficacy. Journal of Educational Psychology, 104(4),1189 - 1204.

⑤ Jones, S. M., & Bouffard, S. M. (2012). Social and emotional learning in schools from programs to strategies. Society for research in child development, 26(4),1 - 33.

业水平提高。詹宁斯和格林伯格的模式为我们了解教师的社会与情感能力和学生的社会与情感能力之间的关系提供了理论框架。[①]　本部分主要从"教师社会与情感能力对师生关系、课堂管理、SEL项目实施产生影响,进而影响学生的社会与情感能力发展和学业结果"的过程进行简析。

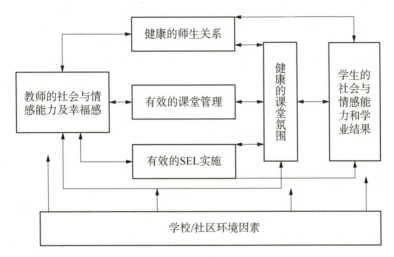

图 14-1　亲社会课堂:教师社会与情感能力对课堂氛围、学生发展结果的影响机制

一、教师的社会与情感能力和师生关系

与他人交往的能力(或关系管理能力)是社会与情感能力的核心元素,在教师发展并维持"对学生的关怀和支持关系"能力方面发挥着重要作用。具备较高的关系管理技能的教师,可以通过清晰的交流、倾听与合作、恰当地协商冲突、提供帮助等方式,与学生建立并维持高质量的关系。[②]　健康、高质量的师生关系不仅对学生当前和未来的学术动机、学业参与度、成就等有着重要的积极影响作用,还促进着学生的社会与情感能力发展。

一方面,教师较高的关系管理技能有助于塑造良好的师生关系。具有较高情感能力(尤其是能够较好处理与他人关系)的教师能够形成积极的师生关系。通常情况下,具有关系管理能力的教师具有如下一些特质:能够与学生进行有效沟通,善于聆听学生的声音,乐于与学生、同事、家长等不同群体合作,能够抵抗不适当的社会压力,建设性地解决课堂内外产生的

---

① Jennings, P. A., &. Greenberg, M. T. (2009). The prosocial classroom: teacher social and emotional competence in relation to student and classroom outcomes. Review of Educational Research, 79(1),491 - 525.

② Weissberg, R. P., Durlak, J. A., Domitrovich, C. E., &. Gullotta, T. P. (Eds.). (2015). Social and emotional learning: past, present, and future. In J. A. Durlak, C. E. Domitrovich, R. P. Weissberg &. T. P. Gullotta(Eds.). Handbook of social and emotional learning: research and practice (pp. 3 - 19). New York: Guilford press.

冲突，以及为学生提供及时的、适切的帮助等。这些特质对于教师通过相互理解与学生建立牢固的、支持性的关系至关重要。另一方面，良好的师生关系与学生的社会与情感能力和学业发展密切相关。当前，越来越多的证据表明，支持性的师生关系在健康的学校和课堂环境、学生与学校之间的联系、期望的学生结果（学术结果和社会与情感发展结果）方面发挥着重要作用。例如，1998 年伯奇（Birch，S. H.）和莱德（Ladd，G. W.）的研究表明，幼儿园教师对其与学生关系的认知显著地影响着一年级学生的行为和师生关系；当控制性别因素时，那些"幼儿园教师的报告称其与教师具有敌对关系"的学生更少可能在一年级呈现亲社会行为。[1] 近期，《教育研究评论》(Education Research Review)对 46 项研究的分析发现，无论是短期还是长期，牢固的师生关系都与学校关心的几乎所有指标的改善有关：学生的学术投入，出勤率，学业成绩，较少的破坏性行为和停学，降低辍学率。[2]

二、教师的社会与情感能力和课堂管理

教师的社会与情感能力通常在课堂教学行为和与学生的互动中得到体现。已有很多研究都表明积极的师生关系和温暖的课堂氛围有助于提高学生的学业成绩和社会与情感能力[3]。针对教育领域的研究及由此导致的学生学习本质观的转变，当前有一种课堂管理方法的新趋势：通过建立温暖的、支持性的关系（relationships）和社区（community），鼓励与指导学生的亲社会和合作行为，而非通过强制措施（如惩罚）来控制负面行为[4]。这种新的课堂管理方式强调教师和学生在创建良好的课堂氛围中自我管理的重要性，要求教师和学生均具有情绪调节、自我管理、合作意识等方面的社会与情感能力整合意识。

从教师维度来看，社会与情感技能较强的教师能够组织课堂，并以与高质量课堂氛围相适应的方式为学生提供情感和教学支持[5]，因此能够更高效地促进学生学习、管理课堂环境和解决冲突。事实上，具有较高社会与情感能力的教师，知道如何在课堂教学中倾听学生的声音，能够通过相互理解和合作与学生建立良好关系，从而能够有效地通过谈判解决课堂冲突状况。同时，具有高度的自我意识、丰富的决策能力等特质的教师，可以及时有效地观察、理

---

[1] Birch, S. H., & Ladd, G. W. (1998). Children's interpersonal behaviors and the teacher-child relationship. Developmental Psychology, 34(5),934 - 946.

[2] Sparks, S. D. (2019). Why Teacher-Student Relationships Matter. Education Week. https://www. edweek. org/teaching-learning/why-teacher-student-relationships-matter/2019/03

[3] Jones, S. M., et al. (2017). Social and Emotional Learning. The Future of Children, 27(1),49 - 22. https://www. dibbleinstitute. org/NEWDOCS/reports/FOC-Spring-Vol27-No1-Compiled-Future-of-Children-spring-2017. pdf.

[4] Watson, M., & Battistich, V. (2006). Building and Sustaining Caring Communities. In C. S. Weinstein & C. M. Evertson(Eds.), Handbook of classroom management: Research, practice, and contemporary issues (pp. 253 - 279). Mahwah: Lawrence Erlbaum Association Publishers.

[5] Hamre, B. K., & Pianta, R. C. (2001). Early teacher-child relationships and the trajectory of children's school outcomes through eighth grade. Children Development, 72(2),625 - 638.

解并对课堂中个别学生的行为进行回应,从而帮助学生进行自我管理(而非施加规则)。① 已有研究表明,当教师培育一种温暖的课堂氛围并与学生建立牢固关系时,对于那些认为老师关心、倾听、公平和理解的学生来说,他们更愿意参与互动、讨论并参与课堂②;在这种学生感到安全的、能够且愿意参与讨论的环境中,学生呈现出更加亲社会的倾向(合作、乐于助人、关心他人),以及更少的破坏性行为。③

三、教师的社会与情感能力和社会与情感学习实施

美国一个对 600 多名教师的代表性调查发现,大量的幼儿园至高中阶段的教师认为"社会与情感能力是可教的,促进社会与情感学习将会使来自各个背景中的学生受益"④。布拉克特(Brackett,M. A.)和同事研究表明,当教师对实施 SEL 项目持积极的态度时,他们自我报告说更加地认同该项目的价值理念,而项目实施效度的排名也更高。⑤ 相反,那些"不认同SEL 项目能促进学生社会与情感能力发展"的教师们可能表现出较弱的项目实施积极性和实施效果。⑥ 然而,实施 SEL 项目、提高学生的社会与情感能力,教师仅仅具有关于这些方面的知识和认识是远远不够的。教师自身的社会与情感能力在支持其有效实施 SEL 项目方面,发挥着关键作用。

许多研究已经证明了 SEL 项目对学生的有效性,但成功地实施 SEL 项目依赖于教师创设 SEL 实施环境的社会与情感能力。⑦ 尽管当前关于教师社会与情感能力对 SEL 项目实施结果的直接研究成果较少⑧,其他学科或领域的研究证据表明了:"教师实施 SEL 项目的质量

① Jennings, P. A. , & Greenberg, M. T. (2009). The prosocial classroom: teacher social and emotional competence in relation to student and classroom outcomes. Review of Educational Research, 79(1),491 - 525.

② Wanders, F. H. K. , Dijkstra, A. B. , Maslowski, R. , & Veen, I. (2020). The effect of teacher-student and student-student relationships on the societal involvement of students. Research Papers in Education, 35(3),266 - 286.

③ Battistich, V. , Solomon, D. , Watson, M. , & Schaps, E. (1997). Caring school communities. Educational Psychologist, 32(3),137 - 151.

④ Jones, S. M. , et al. (2017). Social and Emotional Learning. The Future of Children, 27(1),49 - 22. https://www.dibbleinstitute. org/NEWDOCS/reports/FOC-Spring-Vol27-No1-Compiled-Future-of-Children-spring-2017. pdf.

⑤ Brackett, M. A. , Reyes, M. R. , Rivers, S. E. , Elbertson, N. A. , & Salovey, P. (2012). Assessing teachers' beliefs about social and emotional learning. Journal of Psychoeducational Assessment, 30(3),219 - 236.

⑥ Greenberg, M. T. , Domitrovich, C. E. , Graczyk, P. A. , & Zins, J. E. (2005). The Study of implementation in school-based preventative interventions: Theory, research, and practice. Promotions of mental Health and Prevention of Mental and Behavior Disorder (Vol. 3). Washington, DC: U. S. Department of Health and Human Services Substance Abuse and Mental Health Services Administration Center for Mental Health Services.

⑦ Jennings, P. A. , & Greenberg, M. T. (2009). The prosocial classroom: teacher social and emotional competence in relation to student and classroom outcomes. Review of Educational Research, 79(1),491 - 525.

⑧ Ransford, C. R. (2007). The Role of School and teacher characteristics on teacher burnout and implementation quality of a social-emotional learning curriculum [Unpublished doctoral dissertation]. The Pennsylvania State University.

依赖于其社会与情感能力的一些要素，尤其是自我意识、社会意识和关系管理"[1]。例如，有研究表明那些"报告称其与同事之间具有更高水平合作关系"的教师同时也具有着较好的教学效果。[2] 斯沃恩(Swan, P.)和赖利(Riley, P.)认为"移情对于教师理解他们的学生是十分必要的；由此，教师可以向学生提供恰当的情感与教学支持"[3]。里安(Ryan, A. M.)等人在2015年的研究中指出："教师对课堂管理的自我效能感"与他们的教学质量紧密相关[4]，进而影响着SEL项目实施的质量。同时，也有研究表明，那些接受过SEL培训的教师，通常能创设更加积极的学习环境，形成更强的与学生和同事的沟通能力，以及更好的课堂管理效果。[5] 弗里曼(Elizabeth Freeman)等人在对澳大利亚实施SEL项目的教师进行深度访谈后发现："学校执行团队是否清晰了解项目意图，分工是否明确，是否接受了足够的培训和指导等，都是促进或阻碍SEL项目效果的因素"[6]。根据这些研究，当开展SEL项目、提升学生的社会与情感能力时，必须要对教师自身的社会与情感能力以及教师如何更有效地指导社会与情感学习等因素加以考虑。

第二节　促进教师社会与情感能力提升的已有政策与实践

诸多研究已经表明了无论何种类型、何种层次学校的教师，从职前培养阶段就开始发展社会与情感学习技能的必要性。实质上，如果教师本身不具备社会与情感能力或者没有为实施SEL项目做好充分准备，那么他们就很难帮助学生发展必备的社会与情感能力。近十余年来，一些国家的研究组织开始将社会与情感能力及相关概念整合到学校和教师的核心工作中，例如英国"SEAL"项目(Social and Emotional Aspects of Learning)和美国"CASEL"

① Jennings, P. A., & Greenberg, M. T. (2009). The prosocial classroom: teacher social and emotional competence in relation to student and classroom outcomes. Review of Educational Research, 79(1),491－525.

② Shachar, H., & Shmuelevitz, H. (1997). Implementing cooperative learning, teacher collaboration and teachers' sense of efficacy in heterogeneous junior high schools. Contemporary Educational Psychology, 22(1),53－72.

③ Swan, P., & Riley, P. (2015). Social connection: Empathy and mentalization for teachers. Pastoral Care in Education, 33(4),220－233.

④ Ryan, A. M., et al. (2015). Managing peer relations: A dimension of teacher self-efficacy that varies between elementary and middle school teachers and is associated with observed classroom quality. Contemporary Educational Psychology, 41,147－156.

⑤ Ransford, C. R. (2007). The Role of School and teacher characteristics on teacher burnout and implementation quality of a social-emotional learning curriculum [Unpublished doctoral dissertation]. The Pennsylvania State University.

⑥ Durlak, J. A. (2016). Programme Implementation in Social and Emotional Learning: Basic Issues and Research Findings. Cambridge Journal of Education, 46(3),333－345.

项目①；澳大利亚、加拿大等国也逐步重视社会与情感能力在教师培养和培训项目中的意义和改革实践。将社会与情感学习纳入到教师培养和培训项目，涉及两个层面的目的旨向：一是提高教师自身的社会与情感能力，以使其能够以健康的身心和更高的教学效能面对越来越苛刻的职业环境；二是教师获得指导学生社会与情感能力发展的能力，更好地应对来自不同社会背景的学生，并为学生创造情感支持性的学习环境。截至目前，尽管国内外关于这些方面的研究和实践尚处于探索甚至"空白"阶段，但已有成果仍能为我们提供丰富的借鉴价值。

一、将社会与情感学习融入职前教师培养过程

职前教师培养项目是短期内培养教师社会与情感能力、长期内促进持续的个人和专业发展的首要教育环境。② 将 SEL 嵌入到教师培养项目中，不仅能为其毕业后的在职发展带来益处，甚至也能使他们的学生受益。一些研究者逐步意识到教师自身社会与情感能力的重要性，开始号召教师教育者将 SEL 纳入大学教师准备项目中，加强并进一步确保教师候选人的能力满足专业教学标准。从一些研究来看，当前，国际上和社会与情感能力相关的职前教师培养项目的研究主要集中于课程与教学、项目干预等方面。

(一)课程教学卷入社会与情感能力元素

社会与情感能力是可教的。尽管各个国家职前教师培养项目对社会与情感能力的重视远远落后于他们对"社会与情感能力应该、也可以被教"的理解，一些国家教师培养项目的实践探索仍表明了 SEC、SEL 的概念可以被成功地卷入职前教师培养项目的课程与教学过程。例如，西班牙一所大学教育学院为大一新生开设了一门关于社会与情感学习的必修课程，课程持续 10 周（每次 2 个小时的培训，合计 40 个小时）；研究者通过半实验设计的方式，对实验组和对照组进行前后测，结果表明，接受过 SEL 培训的职前教师在情感技能（自尊、移情等）和社会能力（如交流技能、自信）方面均有所提高；控制个性特征后，培训效果更加显著。③ 澳大利亚一所大学的一年制中学教师培养项目（研究生层次），对 218 名项目参与者进行 8 周以社会与情感能力为主题的面对面校内课程培训（每周有 2 个小时的讲座和 2 个小时个别辅导）；研究者在评估他们的课程作业后发现，这些职前教师逐步意识到"建构学生的社会与情感能

① Hazel，G.（2017）. From Evidence to Practice：Preparing Teachers for Wellbeing. In Frydenberg，E.，Martin，A. Collie，R.（eds）. Social and Emotional Learning in Australia and the Asia-Pacific（p. 437）. Singapore：Springer Singapore.

② Palomera，R.，Fernandez-Berrocal，P.，& Brackett，M.（2008）. Emotional intelligence as a basic competency in pre-service teacher training：Some evidence. Electronic Journal of Research in Educational Psychology，6(2)，437 - 454.

③ Palomera，R.，Briones，E.，Gómez-Linares，A.，& Vera，J.（2017）. Filling the gap：Improving the social and emotional skills of pre-service teachers. Revista de Psicodidáctica，22(2)，142 - 149.

力以支持学术成功"的重要性，并能够意识到如何将 SES 纳入广泛的课程领域内。[①] 一些研究者则通过个体访谈、课堂观察等方式，对美国 CRTWC（Center for Reaching & Teaching the Whole Child，2009 年建立）将 SEL 整合进公立大学 K-8 职前教师培养课程的实施效果进行了评估，结果表明职前阶段参与过 SEL 课程培训的毕业生更倾向于认同 SEL 的价值，并将习得的社会与情感技能运用到日常教育实践中去。

（二）通过项目干预提高社会与情感能力

除了专门课程和教学设计外，项目干预是提高职前教师社会与情感能力或者提高他们对社会与情感学习等的认知的另一种有效途径。例如，澳大利亚于 2001 年启动了面向职前教师、旨在支持教师为 SEL 项目做好准备的"Response Ability"项目；该项目通过提供基于证据的丰富资源，倡议改变课程、职业准则和教师政策等多重方式，与个别大学的教师教育者开展合作，增强教师教育者与职前教师的社会与情感能力，转变初任教师的行为和文化，进一步使得"促进社会与情感能力发展"成为教师准备项目的常规特征。[②] 瑞典一所公立大学的研究者以视频为工具对 10 名本科三年级职前教师进行短期干预实验，干预结果表明：在小组项目内，职前教师对社会与情感能力的概念和价值认识得到显著提高；同时他们在"将情绪与个人体验联系起来""将情绪与可见的行为连接"等方面的能力也明显提高。[③]

总之，这些国家的研究和实践表明了高校可以通过开设专门课程、专题教学、小组讨论等方法，将 SEL 纳入职前教师课程项目或者高级学位课程中去；也可以借助短期或长期项目干预（如视频指导、角色扮演、工作坊）等方式，使职前教师获得实施 SEL 的意识和能力并提高自身的社会与情感能力。

二、对在职教师实施社会与情感学习项目培训

具有社会与情感学习技能的教师通常具有健康的精神状态和更有效的教学。[④] 在过去二十余年里，一些干预措施已经开始致力于提高教师的社会与情感能力和培养教师的 SEL 实施技能。归纳起来，这些干预项目主要分为三种类型：一是情绪智力培训（Emotional intelligence

---

① Main，K.（2018）．Walking the Talk：Enhancing Future Teachers' Capacity to Embed Social-Emotional Learning in Middle Years Classrooms．Education Sciences，8，143-161．

② Kemp，E.，& Hazel，G.（2013）．Creating skilled educators through pre-service teacher training in mental health promotion．Paper presented at Australian Teacher Education Association Conference，Brisbane．Retrieved from http：//www. atea. edu. au/wp-content/uploads/2013_kemp_and_hazel. pdf

③ Aspelin，J.（2019）．Enhancing pre-service teachers' socio-emotional competence．International Journal of Emotional Education，11（1），153-168．

④ Flook，L.，Goldberg，S. B.，Pinger，L.，Bonus，K.，& Davidson，R. J.（2013）．Mindfulness for teachers：A pilot study to assess effects on stress，burnout，and teaching efficacy．Mind，Brain，and Education，7（3），182-195．

training）；二是基于正念实践的干预项目（Mindfulness-based interventions）；三是基于发展学生 SEC 的在职教师培训（Training in student social and emotional development）。

(一) 以情绪智力为主题的干预项目

社会与情感能力术语的提出,起源于 20 世纪八九十年代心理学家对情绪智力的理论阐述。随着情绪智力研究在教育领域的渗透和拓展,到 20 世纪 90 年代末,关于教师和教学的情绪环境的大批理论和实践成果开始涌现。这些研究证据表明,那些知道如何管理自身情绪和行为的老师们能够更好地处理与他人的关系、以健康的方式调节他们的情绪来促进积极的课堂结果。[1] 一些国家、研究组织及学者们开始借助项目干预的方式致力于提高教师的情绪能力。尽管这些项目并未明确表明对教师社会与情感能力的培训,但培养教师与情绪相关的管理技能以及如何在学校环境中运用这些技能,往往有助于帮助教师更好地发展社会与情感能力。

例如,2006 年布拉克特（Bracket,M. A）等开发的"The Emotional Intelligent Teacher"培训项目,以全日制工作坊形式呈现并附带有活动书目指导,内容主要涵盖三个领域,即识别和标记情绪、理解情绪和表达与管理情绪;该项目通过为教师或其他员工提供各项资源,帮助他们更有效地处理人际关系和情绪问题,发展个人的情绪能力。教师、学校管理者等项目参与者均反馈该项目很受欢迎、令人愉快且产生了可量化的益处;目前,这一项目已经在美国一些州（如纽约、新泽西、阿肯色）和英格兰 Kent 地区的学校得到实施。[2] 梅拉夫（Meirav,H.）等人根据"心理教育—情绪智力训练模式"（psycho-educational emotional intelligence training model）对以色列小学的 186 名教师进行了 56 个小时（14 周内完成）的情绪智力训练;在培训后,这些参与者的自我反省、情感意识、情绪调节和理解他人的能力均得到明显提升。[3]

(二) 基于正念实践的干预项目

减少压力和促进幸福感、情绪关系和亲社会行为的另一种方式是基于正念（mindfulness）的实践与培训。[4] 正念是指在感觉、图像、思想、直觉和意识等方面,对当前阶段经验的一种专

---

① Kremenitzer, J. P. , & Miller, R. (2008). Are you a highly qualified, emotionally intelligent early childhood educator? Young Children,63,106 - 112.

② Bracket, M. A. , & Katulak, N. A. (2007). Emotional intelligence in the classroom: Skill-based training for teachers and students. In J. Ciarrochi & J. D. Mayer (Eds.), Applying emotional intelligence: A practitioner's guide. New York: Psychology Press,1 - 27.

③ Meirav, H. , & Sharabi-Nov, A. (2014). Teaching the teachers: emotional intelligence training for teachers. Teaching Education,25(4),375 - 390.

④ Jennings, P. A. , & Greenberg, M. T. (2009). The prosocial classroom: teacher social and emotional competence in relation to student and classroom outcomes. Review of Educational Research,79(1),491 - 525.

注的、非判断的、可接受的意识。① 通过发展"从更广泛的角度反思自己的内外部经验"的能力（该能力有助于回应压力环境并提供多样化的解释），基于正念的实践能促进教师的认知和情绪管理，减少教师压力，提高工作满意度和幸福感等，这些均有益于教师社会与情感能力的提升。已有研究成果支持这一假设，例如，情绪压力和较弱的情绪管理能力一直都被视作是教师不满意并离开教学岗位的首要原因②；教师的常规沉思练习提高了他们的精神健康并增强了调整痛苦情绪的能力。③

越来越多的研究运用以正念为基础的方法来支持教师的社会与情感能力发展，如"CARE for Teachers"（Cultivating Awareness and Resilience in Education for Teachers）项目和 SMART-in-Education（Stress Management and Resiliency Training）项目。以"CARE for Teachers"项目为例，该项目是 2004 年以后由美国詹宁斯等不同领域研究者在加里森（Garrison）研究机构的支持下开发的，为 K-12 教师和管理者提供资源和工具，提高他们处理压力、缓解倦怠、活跃教学氛围等的技能。④ 在 4—6 周内、为期 4 天的会议活动中，"CARE for Teachers"项目进行 30 个小时的密集电话和网络辅导，并于大约 2 个月后进行强化培训。⑤ 目前，"CARE for Teachers"项目已在美国一些州（科罗拉多、加利福尼亚、宾夕法尼亚、纽约）运行；同时，通过在每年夏季假期提供为期 5 天的培训计划，项目吸引了来自美国以及世界各地的教育工作者。⑥ 詹宁斯等学者对"CARE 项目对教师社会与情感能力和课堂互动的影响"进行了多次纵向评估，评估结果表明"CARE 项目对教师适应性情绪调节、心理困扰、时间紧迫性、情绪管理、课堂互动等有统计学意义上的直接积极影响作用"，因此是一种促进教师社会与情感能力和增加课堂互动质量的有效专业发展项目⑦；"'CARE for Teachers'项目的密集干预以及在一个学年内提供的专门辅导，可以在该学年结束时对教师的压力和幸福感产生短期影响，并在下一学年对这些结果产生持续影响"⑧。

---

① Schonert-Reichl, K. A. (2017). Social and Emotional Learning and Teachers. The future of Children, 27(1), 137 - 155.

② Darling-Hammond, L. (2001). The Challenge of staffing our schools. Educational leadership, 58(8), 12 - 17.

③ Ramel, W., Goldin, P. R., Carmona, P. E., & McQuaid, J. R. (2004). The effects of mindfulness meditation on cognitive processes and affect in patients with past depression. Cognitive Therapy & Research, 28(4), 433 - 455.

④ CARE. CARE for Teachers (2020). https://createforeducation.org/care/.

⑤ Jennings, P. A., Snowberg, K. E., Coccia, M. A., & Greenberg, M. T. (2011). Improving classroom learning environments by Cultivating Awareness and Resilience in Education (CARE): Results of two pilot studies. Journal of Classroom Interactions, 46(1), 37 - 48.

⑥ Garrison Institute. Care for Teachers. (2020 - 01 - 11). https://www.garrisoninstitute.org/programs-retreats/care-for-the-caregivers/care-for-teachers/.

⑦ Jennings, P. A., Brown, J. L., Frank, J. L., et al. (2017). Impacts of the CARE for Teachers program on teachers' social and emotional competence and classroom interactions. Journal of educational psychology, 109(7), 1010 - 1028.

⑧ Jennings, P. A., Doyle, S., Oh, Y., et al. (2019). Long-term impacts of the CARE program on teachers' self-reported social and emotional competence and well-being. Journal of School Psychology, 76, 186 - 202.

（三）基于发展学生社会与情感能力的在职教师培训

绝大多数致力于培养和发展学生社会与情感能力的 SEL 项目，通常会率先为教师和学校管理者提供培训指南、实施手册等相关资源，以期这些材料能帮助教师更好地实施 SEL 项目。事实上，一些针对学生 SEL 的项目，要求实施 SEL 项目的教师接受必要的培训，并开发了针对在职教师的专业发展项目。譬如"Promoting Alternative THinking Strategies（PATHS）""I Can Problem Solve（ICPS）""Lion Quest""The Incredible Years""RULER"以及其他干预项目[①]；这些培训项目在提高教师实施 SEL 技能、开发学生 SEC 的同时，能够帮助教师发展自身的社会与情感能力。

美国耶鲁大学情商研究中心 2003 年开发的"Recognizing，Understanding，Labeling，Expressing，and Regulating"（RULER）项目首先关注的是成人的个人和专业发展，为教师提供 4 天面对面的培训课程，并在培训结束后提供各种在线资源，包括视频、员工课程、活动指南、学生课程样本以及其他资源。[②] 1975 年发源于美国的"Lion Quest"（LQ）项目，在 1984 年首次获得"Lions Clubs International"（LCIF）的捐款资助；目前，来自全球 105 个国家的教师、专家等，在各种正式或非正式的环境中广泛应用着 LQ 项目[③]，培训了全球 75 万名教育工作者，影响了 1800 万名学生。[④] 以美国"CASEL"的 5 个社会与情感能力组成元素为依托，LQ 项目通过创设安全的学习环境、鼓励与学生家庭、社区等建立牢固联系、鼓励整个社区学习服务于他人等，支持学生的社会与情感技能发展并促进学生的更大成就。LQ 项目由贯穿于幼儿园到高中阶段不同年级的子项目构成：K-5 年级的"Skills for Growing"，6—8 年级的"Skills for Adolescence"，9—12 年级的"Skills for Action"。为了保障项目的质量，LQ 项目组织了持续 1—3 天的教师培训工作坊，向这些教师提供将 LQ 策略应用到现实工作环境中的必备工具，教师则可以反思性地讨论与分享"如何将 SEL 内容整合进日常教学活动中"。塔尔维奥（Markus Talvio）等研究者对来自 9 个国家 2 120 名教师参与者（其中，1 206 名教师参加了 LQ 教师工作坊，914 名未参与 LQ）的胜任力、知识、知识运用能力等进行了评估；结果表明，即使是相对短期、低成本的教师 SEL 干预措施也是值得的，SEL 干预对教师产生了积极影响，他们能够从社会与情感学习的持续培训中受益。[⑤]

---

① Gol-Guven，M.（2016）. The Lions Quest Program in Turkey：Teachers' Views and Classroom Practices. The International Journal of Emotional Education，2，60－69.

② RULER. Staff Development.（2020－01－11）. http://ei. yale. edu/ruler/staff-development/

③ Lions Quest. History of Lions Quest.（2020－01－11）. https://www. lions-quest. org/lions-quest-history/

④ Lions Quest. Lions Quest PreK－12 Social and Emotional Learning Program.（2020－01－11）. https://www. lions-quest. org/discover-our-story/

⑤ Talvio，M.，Hietajärvi，L.，Matischek-Jauk，M.，& Lonka，K.（2019）. Do Lions Quest（LQ）workshops have systematic impact on teachers' social and emotional learning（SEL）? Samples from nine different countries. Journal of Research in Educational Psychology，17(48)，465－494.

无论是直接作用于教师情绪智力的在职培训和基于正念的干预项目，还是通过培训教师SEL实施策略、间接提升教师社会与情感能力的实践项目，这些项目均体现了在缓解教师压力、提升教师社会与情感能力等方面的良好干预效果。因此，就对教师自身SEC及其实施SEL项目技能的关注程度与研究实践而言，相比于职前教师培养项目，国际上对在职教师的培训取得了更多的积极成果。

第三节　教师职前培养与职后培训项目纳入社会与情感学习的经验与问题

提高教师自身的社会与情感能力，系统地整合社会与情感学习和教师培养、培训计划至关重要。在过去二十余年内，社会与情感学习的研究和实践已经得到发展，但目前在大多数国家，除了基本的行为管理策略外，职前教师培养很少关注这些社会与情感能力的问题；并且关于这些方面的在职培训与支持也是很少的，尤其是通过有效的方法，如辅导和指导。[①]

一、各国教师培训项目整合 SEL 的经验

（一）政府将社会与情感学习纳入教师专业标准之中

将教师的SEL能力明确嵌入专业标准中，不仅有助于获得教育政策支持，还将得到教师认证要求的支持，获得额外合法性，将有助于推进在职教师培训中对教师社会与情感能力的关注。一些国家的政府在制定或者修改教师专业标准时开始注重将社会与情感能力的相关内容纳入其中。不过，就各个国家或者同一国家不同地区的标准来看，具体内容有所区别。

美国作为首先在学校中实施SEL项目的国家，各个州已陆续开始在教师专业标准制定时纳入SEL相关内容，注重发展教师的社会与情感实施能力。如美国马萨诸塞州教育委员会制定"教育所有学生标准2"（*Teaching All Students 2*）中包括关于教师专业标准指南，其中"2e社会与情感能力学习指标包括：采用多样化策略帮助学生发展社会与情感能力，自我意识、自我管理、社会意识、关系技能和负责任的决策"。有研究者对美国50个州和华盛顿哥伦比亚特区制定且实施的教师教育计划标准和课程要求进行分析，结果发现，绝大多数州（71%）的标准涉及教师五个核心SEL能力中的一个和三个，还有20%的州涉及教师五个核心SEL能力中的

---

① Jones, S. M., & Bouffard, S. M. (2012). Social and Emotional Learning in Schools: From programs to Strategies. Society for Research in Child Development, 26(4), 1-33.

四个,余下近 10％的州针对特定年级或学科领域的教师制定了 SEL 能力标准。[①] 澳大利亚的新南威尔士州已经要求师范教育毕业生在心理测试中表现出较好的情商,才能申请该州的公立学校工作。为了呼吁教师培养机构注重培养教师的社会情绪智力(EI),澳大利亚教师专业标准中纳入几条 EI 技能标准,如:展现出支持学生沟通的一系列策略,了解应对挑战性行为及与家长有效、自信地合作的策略。[②]

(二)借助大学的课程资源开展培训

国外在职教师 SEL 培训项目的一个显著特征是:大学或科研机构成为重要推动力量,在大学与中小学合作研究中,进一步寻找在学校中继续推进 SEL 教育的经验。以澳大利亚为例,该国维多利亚州天主教教育委员会认为需要采用一种新的教师展业发展策略,帮助教师应对推动学生福祉的挑战。从 1999 年起,该委员会与墨尔本大学合作,为一大批有经验的教师提供为期两年的兼职学习,从而完成墨尔本大学教育学院学生福祉专业(PFDES-SW)的研究生文凭。该项目由维多利亚州政府提供资助,到 2002 年,维多利亚州天主教中小学的 500 多名教师注册或完成这门课程[③],到 2016 年人数达到 1 200 人。[④] 加拿大哥伦比亚大学的研究生课程中也向在职教师提供关于 SEL 的特定课程。[⑤]

还有一种间接受益于大学的培训模式。有些地区在大学设置 SEL 专业课程,毕业生进入学校后,作为"种子"(seed)从而带动一个学校在所有层次上展开与 SEL 相关的教师专业活动。例如,不列颠哥伦比亚大学提供艺术学士学位和教学认证,集中于 SEL 发展。[⑥] 美国圣何塞州立大学在该校本科生与研究生课程中均设置了和儿童社会与情感能力学习相关的课程为学生未来的专业发展打下基础。[⑦] 这些项目的毕业生能够成为学校的领导者,定期为在职教师

① Schonert-Reichl, K. A. , Hanson-Peterson, J. L. , & Hymel, S. (2015). Social and emotional learning and pre-service teacher education. In J. A. Durlak, C. E. Domitrovich, R. P. Weissberg & T. P. Gullotta (Eds.), Handbook of Social and Emotional Learning: Research and Practice (2nd ed. , pp. 406－421). New York: Guilford Press.

② Australian Institute for Teaching and School Leadership (AITSL). (2017a). The Australian professional standards for teachers (2019, March 13). https://www. aitsl. edu. au/docs/default-source/teach-documents/australian-professional-standards-for-teachers. pdf.

③ Freeman, E. , Strong, D. , Cahill, H. , Wyn, J. , & Shaw, G. (2003). Enhancing Professional Practice: an innovative professional development strategy to support teachers in school-based mental health promotion. Journal of In-Service Education, 29(2),277－294.

④ Freeman, E. , & Strong, D. (2017). Building Teacher Capacity to promote social and emotional learing in Australia. In E. Frydenberg, A. J. Martin & R. J. Cillie (Eds.), Social and Emotional Learning in Australia and the Asia-Pacific: Perspective, Programs and Approaches (pp. 413－435). Singapore: Springer Nature.

⑤ Freeman, E. , & Strong, D. (2017). Building Teacher Capacity to promote social and emotional learing in Australia. In E. Frydenberg, A. J. Martin & R. J. Cillie (Eds.), Social and Emotional Learning in Australia and the Asia-Pacific: Perspective, Programs and Approaches (pp. 413－435). Singapore: Springer Nature.

⑥ Durlak, J. A. , Domitrovich, C. E. , Weissberg, R. P. , & Gullotta, T. P. (2017). Handbook of Social and Emotional Learning: Research and Practice (p. 343). New York: Guilford Press.

⑦ ChAD Undergraduate and Graduate Programs. (2020－6－12). http://info. sjsu. edu/chad/

提供 SEL 相关的专业发展和指导；或者成为学校的实践者，在学校支持和知识、技能坚固基础之上，更好地执行 SEL 项目。

（三）鼓励第三方机构介入教师 SEL 培训

第三方机构介入在职教师的培训研究不仅可以打破原有体制内学校参与的各种不便，也可以更好地为中小学提供个性化的培训服务和长期专业发展支持。在一些国家，第三方机构开始介入在职教师 SEL 培训中并发挥重要角色，这些机构有的是与中小学合作提供相关培训服务，有些则致力于开展一定的实践与研究项目。

CREATE 是创建于 2018 年的非营利性组织，所开发的两个项目（CARE 和 CALM）旨在为教育工作者介绍 SEL，帮助学校制定 SEL 计划，创设支持性环境。其中 CALM 项目最初的试点研究在宾夕法尼亚州立大学的两所中学完成，此后，在宾夕法尼亚州、特拉华州、俄亥俄州和肯塔基州的 K12 学校中实施。目前已经培训了 40 多名指导者帮助学校实施 CALM 项目[①]。伊利诺伊州是美国最早开展社会与情感能力学习的州，就州内教师获得 SEL 培训的途径来说，有调查结果表明：大约 1/3 的被调查者表示是通过与外部第三方机构或大学协商/合作来解决的；略多于一半的人表示通过讲习班或研讨会的方式获得培训；大多数表示 SEL 是通过学校赞助的在职培训解决的。[②]

二、各国教师培训项目纳入 SEC 存在的问题

（一）教师培养项目普遍缺乏对教师 SEC 的准备

无论是直接提高职前教师的社会与情感能力，抑或是培养职前教师的素质与能力、使其更好地应对学生的社会与情感能力需求，当前世界大多数国家职前教师培养项目在这些方面的关注程度都不普遍；很少有大学和教师教育项目通过专门的课程与教学，为职前教师日后将 SEL 整合进教育实践做好准备。

就美国而言，尽管只有少数几项研究曾考察了职前教育培养项目涵盖的与 SEL 有关的科目及其实际应用情况，这些研究普遍认为职前教师培养项目很少关注教给这些职前教师"促进学生社会与情感能力发展"和"创造促进学生成功的积极课堂氛围"所需的知识和技能。[③] 2015 年，"Education Week Research"对美国 562 名教师和学校管理人员如何看待社会与情感能力进行调查，57% 以上的回答者表明他们在职前教育阶段未充分接受过关于社会与情

---

① CREATE. CALM Research. (2020 - 06 - 12). https://createforeducation.org/calm/calm-research/

② Philippe, D. L. (2017). Implementing Social Emotional Learning(SEL)：An Evaluation of Illinois Teachers' Capacity to Provide SEL Instruction and Use the Illinois SEL Standards [Unpublished doctoral dissertation]. Loyola University Chicago.

③ Jones, S. M., & Bouffard, S. M. (2012). Social and Emotional Learning in Schools From Programs to Strategies. Society for Research in Child Development, 26(4),1 - 33. https://files.eric.ed.gov/fulltext/ED540203.pdf.

感能力方面的训练。[①] 2017 年,肖纳特-赖克尔(Schonert-Reichl, K. A.)与同事分析了美国 304 所大学教师培养项目的 3 916 门必需课程内容,仅有极少数包含了 CASEL 所划分的 5 类社会与情感能力:至少有 1 门课程包含了关系技能信息的项目所占比例仅为 13%;至少有 1 门课程包含了负责任的决策、自我管理能力、社会意识和自我意识的教师培养项目,分别占比 7%、6%、2% 和 1%。[②]

同样,澳大利亚的教师培养项目中,无论是本科抑或是研究生阶段,很少有关于发展教师"与 SEL 有关的知识与技能"或者发展"自身社会与情感能力"的设计[③];与此同时,该国职前教师项目(Australian Institute for Teaching and School Leadership 2015)的国家认证要求也很少涉及这些领域。[④] 新西兰、西班牙、瑞典等国家的研究也发现,社会与情感能力和社会与情感学习在职前教师培养项目中通常都处于次要地位甚至无关紧要的位置。

(二) 对在职教师社会与情感学习培训的重视程度有待提升

由于许多国家职前教师培养项目的课程与教学缺乏与"有效实施 SEL"相关的社会与情感知识和技能培训[⑤],许多教师往往未能为有效传递 SEL 课程内容、促进学生社会与情感能力发展做好充足准备。当教师进入教育现场时,他们自身的社会与情感能力既影响着与学生的互动关系、课堂管理方式、形塑着课堂氛围,同时也影响着 SEL 项目实施的可接受度、可持续性和影响范围。因此,面对日益复杂的教育环境,对在职教师进行与 SEL 相关的培训,提高在职教师的社会与情感能力,就显得尤为必要了。

在过去一些年里,一些国家已开始采取了一系列提升在职教师社会与情感能力和学校压力管理的干预措施,这些措施毫无疑问都体现了对改善教师职业倦怠、提升课堂互动质量、提高教师管理情绪和应对职业压力的能力等方面的积极效果。然而,与学生 SEL 项目在政策、研究和实践领域取得的突出进展相比,国际上对在职教师专业培训的重视程度和培训实践存

---

① Education Week Research Center. (2015). Social and emotional learning: Perspectives from America's Schools. https://www. edweek. org/research-center/research-center-reports/social and emotional-learning-perspectives-from-americas-schools.

② Schonert-Reichl, K. A. (2017). Social and Emotional Learning and Teachers. The future of Children, 27(1), 137 - 155.

③ Freeman, E. , Strong, D. , Cahill, H. , Wyn, J. , & Shaw, G. (2003). Enhancing Professional Practice: an innovative professional development strategy to support teachers in school-based mental health promotion. Journal of In-Service Education, 29(2), 277 - 294.

④ Freeman, E. , Strong, D. , Cahill, H. , Wyn, J. , & Shaw, G. (2003). Enhancing Professional Practice: an innovative professional development strategy to support teachers in school-based mental health promotion. Journal of In-Service Education, 29(2), 277 - 294.

⑤ Schonert-Reichl, K. A. , Hanson-Peterson, J. L. , & Hymel, S. (2017). SEL and Preservice Teacher Education. In J. A. Durlak, C. E. Domitrovich, R. P. Weissberg. , & T. P. Gullotta (Eds.). Handbook of Social and Emotional Learning: Research and Practice (pp. 406 - 421). New York: Guilford Press.

在严重滞后性,相关的研究也甚为匮乏。

许多国家都缺乏促进 SEL 实施的系统策略,包括 SEL 及其在课堂中实施的教师专业发展计划。[①] 尽管研究表明教师可以从 SEL 培训中受益,但"在如何促进社会与情感技能,处理同辈冲突,以及其他和社会与情感学习相关的问题方面,教师接受的培训极其有限"[②]。例如,有研究者指出,中国香港的幼儿教师很少接受情感素养以及促进他们将幼儿情感体验传递给家长的沟通技能等方面的培训。[③] 关于加拿大教师教育项目的研究表明,无论是职前教师还是在职教师,他们能够对学生实施 SEL 或者提升自身社会与情感能力的时间很少。[④] 在土耳其,为在职教师提供的 SEL 项目数量是相对有限的。[⑤] 美国一些州推动了关于 SEL 的在职教师培训,2015 年"Education Week Research"调查表明,18％的调查参与者表明未接受过与 SEL 相关的培训,学校中的其他员工更是很少接受这方面的培训;超过 2/3 的回答者表示曾接受过一些关于学生社会与情感学习的培训,但期望更多的培训。[⑥] 詹宁斯等研究者指出课堂教学可能是最复杂、最具挑战性且具有高度需求的活动,与其他职业人员相比,教师仅接受了很少一部分"促使他们适应所选择职业的现实"的培训。[⑦]

(三) 实施教师社会与情感学习培训缺乏持续、系统的支持

提升教师的社会与情感能力、促进 SEL 项目的有效实施,需要对教师提供系统的支持。这些支持方法的范围较为广泛:从针对教师社会与情感能力的 SEL 项目培训,到专门为教师设计的压力管理和自我调节计划等。[⑧] 然而,已有关于教师专业发展的研究表明:那些持续性、连贯性的教师专业发展活动被普遍认为是最有效的策略,如鼓励合作、探寻、支持,以及来

---

① Talvio, M., Hietajärvi, L., Matischek-Jauk, M., & Lonka, K. (2019). Do Lions Quest (LQ) workshops have systematic impact on teachers' social and emotional learning (SEL)? Samples from nine different countries. Journal of Research in Educational Psychology, 17(48), 465 - 494.

② Lopes, P. N., Mestre, J. M., Guil, R., Kremenitzer, J. P., & Salovey, P. (2012). The role of knowledge and skills for managing emotions in adaptation to school: Social behavior and misconduct in the classroom. American Educational Research Journal, 49(4), 710 - 742.

③ Chan, D. W. (2002). Emotional Intelligence: Implications for education practice in schools. Educational Research Journal, 17, 183 - 196.

④ Schonert-Reichl, K. A. (2017). Social and Emotional Learning and Teachers. The Future of Children, 27(1), 137 - 155.

⑤ Gol-Guven, M. (2016). The Lions Program in Turkey: Teachers' Views and Classroom Practices. International Journal of Emotional Education, 8(2), 60 - 69.

⑥ Education Week Research Center. (2015). Social and emotional learning: Perspectives from America's Schools. https://www. edweek. org/research-center/research-center-reports/social and emotional-learning-perspectives-from-americas-schools.

⑦ Jennings, P. A., & Frank, J. L. (2015). Inservice Preparation for Educators. In J. A. Durlak, C. E. Domitrovich, R. P. Weissberg, & T. P. Gullotta (Eds.), Handbook of Social and Emotional Learning: Research and Practice (pp. 422 - 437). New York: The Guilford Press.

⑧ Jones, S. M., & Bouffard, S. M. (2012). Social and Emotional Learning in Schools From Programs to Strategies. Society for Research in Child Development, 26(4), 1 - 33. https://files. eric. ed. gov/fulltext/ED540203. pdf.

自其他知识渊博的、技能醇熟的实践者的及时反馈。[1] 当前与 SEL 相关的在职教师培训一般采取了教师专业发展项目的传统形式，如"客座教师"（guest speaker）、"工作坊"（workshop）、"一步式"（one-shot）培训等单一、短时干预的方式。这些培训通常是由外部咨询官或课程专家在工作日提供，聚焦于具体教学法或学科主题活动，在具体干预中会出现碎片化的问题，教师通常难以获得持续一贯的专业支持，实践一般仅取得了有限的成功。

　　例如，与韩国、中国香港、美国相比，土耳其幼儿教师通过实践来支持幼儿社会与情感能力的水平相当低，其中一个重要原因是缺乏对幼儿教师培训和专业发展的系统支持，或者向幼儿教师提供的专业发展和培训项目通常以单一培训课程形式呈现而没有后续支持。[2] 同时，土耳其以中小学教师社会与情感能力培训为主题的"Lions Quest Program"干预结果表明，即使培训内容得到教师们的广泛接受，但他们在课堂上对这些技能的运用仍不充分。因此，除了项目培训外，在如何将 SEL 项目更好地整合进日常教育实践或常规活动方面，教师需要更具体的指导和持续的支持。[3] 加拿大一项以"建立与学生友好关系"为主旨的实验研究发现，即使是进行了为期 8 个月的干预（两周一次的对话会议，支持项目参与者学习相关理论并结合实际教学情境开展互动式讨论），有积极性的小学教师也难以有效实施"以关系为核心"的教学方法，教师需要更多的时间和持续的支持，来吸收和运用习得的知识和技能。[4]

第四节　启示与建议

　　教师的社会与情感能力对其应对生活工作各方面的挑战、帮助学生获得更佳的 SEL 技能、创建安全关怀的支持性学习环境等，发挥着不可替代且不容忽视的作用。对国际上关于教师社会与情感能力和 SEL 实施技能的研究与实践进行分析后，可以发现，无论是职前教师培养还是在职教师培训，其对教师社会与情感能力的关注水平和重视程度均远远滞后。基于此，为了获得将社会与情感能力融入教师教育体系和专业发展系统中的有效工具与支持资源，在借鉴国际经验的基础上，国家教育决策部门、大学院校、学校和教育工作者需要提前谋划、整体布局，将教师社会与情感能力发展提升到国家战略高度，加强相关的理论研究与实践

　　[1] Elmore, R. F. (2004). School reform from the inside out: policy, practice, and performance (p. 189). Cambridge, MA: Harvard Education Press.

　　[2] Rakap, S., Balikci, S., Kalkan, S., & Aydin, B. (2018). Preschool Teachers' Use of Strategies to support social-emotional competence in young children. International Journal of Early Childhood Special Education, 10, 11-24.

　　[3] Gol-Guven, M. (2016). The Lions Program in Turkey: Teachers' Views and Classroom Practices. International Journal of Emotional Education, 8(2), 60-69.

　　[4] Reeves, J. & Mare, L. L. (2017). Supporting Teachers in Relational Pedagogy and Social Emotional Education: A Qualitative Exploration. The International Journal of Emotional Education, 9(1), 85-98.

探索。

一、将发展教师社会与情感能力提升到国家战略高度

教师的社会与情感能力、他们对 SEL 项目的认识和态度以及实施 SEL 项目的策略等都是影响课堂和学校 SEL 项目实施效果的关键因素。在国际上，SEL 不是一个新话题，但是对教师社会与情感能力的研究和实践有待进一步深入。根据上文的分析，教师 SEL 在各个国家基本上都处于被"忽视"地位，主要体现在以下几个方面：

（1）职前教师培养项目很少关注对职前教师社会与情感能力和幸福感的培养和促进，将 SEL 的理论、研究和实践应用纳入到职前教师培养的全过程，更是少见；（2）除了情绪智力培训外，当前在职教师 SEL 培训较多是作为学生 SEL 项目的附属部分，偏向于培训教师实施 SEL 项目的技能与策略，直接指向于提升教师自身社会与情感能力的培训项目较少；（3）无论是职前教育培养还是在职教师培训，近些年的研究和实践都停留在局部、小范围的试点推进阶段，一直未上升到国家政策的系统规划和战略布局层面。以提升学生 SEL 为目标的在职教师培训为例，通常是由不同的机构组织开展、逐步推行，而未发展为国家行动。

"培养什么人、怎样培养人"始终是各国教育的根本问题和永恒话题。在学业能力之外，关注学生的社会与情感能力，体现了各个国家对新时代"个人发展"的重新认知和目标定位。当前，在学校教育中培养学生的"社会与情感能力"已成为国际教育改革与发展的重要议题。[①] 鉴于教师在学生成长与发展过程中的重要作用，在重视学生社会与情感能力的同时，各个国家应将教师个体的社会与情感能力发展置于重要甚至是首要位置，从国家战略的高度重新考虑和构建本国的教师培养与培训体系。于中国而言，社会与情感能力应成为审视和改革教师专业发展体系的一个新的棱镜。一方面，将师范生的社会与情感能力水平作为教师资格候选人的关键考核标准，并将社会与情感能力纳入国家教育专业人才培养的体系设计中，依此来撬动大学教师教育体系的改革和创新；另一方面，重新审视幼儿园与中小学教师的专业标准内容（如《小学教师专业标准（试行）》），将教师的社会与情感能力和实施社会与情感学习项目的态度、技能作为教师准入、培训与考核等工作的基本依据和重要尺度，支持教师的专业成长和个体发展，塑造利于教师专业发展的良好环境。此外，政府部门应为推动教师社会与情感能力的培养和培训提供必要的资金和资源。开发和教师社会与情感能力相关的课程与教材，需要大量的人力、财力、物力、在线资源等。政府部门可以设立专项资金，用于支持将教师 SEL 整合到教师培养与培训中。

---

① 杜媛,毛亚庆.从专门课程到综合变革：学生社会与情感能力发展策略的模式变迁[J].全球教育展望,2019(05)：39—53.

二、加强对教师社会与情感能力的本土研究

如前所述,尽管已有研究表明了将社会与情感能力纳入教师的职前培养和在职培训对教师发展带来了积极影响,但直至目前,国际上关于这些方面的研究还不充分。例如,社会与情感能力的哪些内容应该融入以及如何将这些内容融入到职前教师培养体系,能够提高职前教师的社会与情感能力以及促进其有效实施 SEL,学术界对这些方面的认识是不明确的。尽管一些证据表明了教师主导实施的 SEL 项目能够带来积极的学生结果,但是研究并不明确在教师职前准备过程中,对教师候选人何种程度、何种质量的 SEL 指导能够带来更加积极的学生结果。此外,职前教师培养项目如何在重视学术标准(academic standard)和重视社会与情感能力之间取得平衡(以往的教师培养项目往往侧重于学术课程和能力训练)? 如何克服"教师教育者将社会与情感能力视作是私人化的问题或者说内含在教师培养过程中的,并不认为社会与情感能力是教师专业化的重要方面"等因素带来的阻碍作用?[①] 如何提高教师教育者对社会与情感学习的重视程度,提高他们的社会与情感能力和对职前教师 SEL 的指导能力等。正是由于社会与情感能力纳入职前教师培养项目缺乏系统的研究,造成教师教育者在具体实践中难以找到理论支持。对于在职教师的培训而言,何种培训策略对于提高教师的社会与情感能力和 SEL 项目实施技能最为有效? 如何促使教师真正将 SEL 充分融合到日常教学与活动实践中? 关于这些问题理论研究的相对缺乏,部分地造成了一些学生 SEL 项目难以达到预期理想效果。

20 世纪 80 年代,随着素质教育的实施,我国部分高师院校开始对学生心理素质研究与教育问题进行了一些探索。[②] 例如,张敏采用 SCL - 90 量表对高师生心理健康状况进行测查,结果表明 65.5％的高师生存在各种轻度的不良心理反应,18.96％的高师生存在各种明显的心理健康问题。[③] 韩向明等人对近万名师范与非师范类大学生心理健康问题测查后发现,高师生的心理问题主要集中于环境改变与心理适应、人际交往、自我意识、焦虑和抑郁等不良情绪状态等。[④] 随着情绪智力研究的兴起,国内一些研究者开始关注教师情绪智力的意义和价值;但直至 2012 年以后,国内对中小学教师情绪智力与工作满意度、职业倦怠、教学效能感、师生关系等之间关系的研究才逐步增多。其中,2016 年以来,个别研究者通过实验研究等方式探究了正念训练对我国教师专业发展的作用。例如,何元庆等研究者以 45 名幼儿园教师为研究

---

① Aspelin, J. (2019). Enhancing pre-service teachers' socio-emotional competence. International Journal of Emotional Education, 11(1), 153 - 168.

② 刘茜,邱远. 高师生心理素质教育的现状与发展要求[J]. 西南师范大学学报(人文社会科学报),2000(3):63—68.

③ 张敏. 高师生心理健康状况及其影响的研究[J]. 高等师范教育研究,1998(6):61—67.

④ 韩向明,张克让,马惠霞. 高师低年级学生人格特征的测查与分析[J]. 高等师范教育研究,1997(5):78—80.

对象,测评正念团体咨询(为期 8 周)对实验组幼儿教师正念水平和心理健康程度的干预效果①。然而,除了杨玲及研究团队 2014 年运用社会与情感能力量表对广西 500 名中小学教师的社会与情感能力现状进行测量与分析,以及 2016 年王英杰等人运用大五人格量表和教师班级管理效能感问卷,对上海市两所高校 558 名学前教育专业本科生的班级管理效能感现状及其与人格的关系进行调查之外,国内关于教师社会与情感能力的研究基本处于"空白"阶段。

国际已有研究成果和实践经验为我国未来开展教师社会与情感能力的培养与培训提供了可资借鉴的资源。然而,由于各国社会经济发展水平、教育体制、文化背景等因素存在着不同程度的差异,这些背景变量共同塑造着各个国家的教师教育系统和教师的生存环境。要将社会与情感能力融入我国教师培养与培训体系中,必须首先重视相关的理论与实践研究工作,积累丰富的、高质量的研究成果,为国家制定政策和地区开展实践提供证据支撑。

三、重视社会与情感学习和职前教师培养项目的整合

越来越多的研究证据表明,对于所有类型的学校和各个层次的教师而言,从职前培养阶段开始发展具有文化适应性的社会与情感能力至关重要。② 基于职前教师发展社会与情感能力,对维持自身身心健康和幸福感、促进学生 SEL 技能发展等方面具有核心作用,我们必须有意识地努力设计有效的实践方式,将 SEL 整合进职前教师培养全过程中。

同国际上大学的教师培训方案将教师社会与情感能力放置于"低优先事项"位置一样,目前,我国教师教育"基本上都是对教师的认知能力(如专业知识、专业技能)进行培养,关注点是教师的学识魅力,而很少涉及社会与情感层面"③。由于对职前教师社会与情感能力的重要性认识不够,尽管部分大学师范类专业也强调教师的情绪、心理素质、个人道德等的作用,但通过正式的课程和教学对师范生的情绪管理能力、人际关系处理能力、移情能力、压力缓解能力等技能进行培养相对缺乏。例如,吴宗劲等研究者 2016 年以某所部属师范大学为个案的研究指出,我国教师培养较为重视教师专业理念与师德中的"职业理解与认知"和"对待学生的态度"两个方面④,尽管职前教师在"专业理念与师德"维度的从教准备度要显著高于在"专业知识"和"专业

---

① 何元庆,等.正念团体咨询对幼儿教师心理健康的干预效果[J].中国卫生事业管理,2018,35(08):631—640.

② Hazel, G. (2017). From Evidence to Practice: Preparing Teachers for Wellbeing. In Frydenberg, E., Martin, A. J., & Collie, R. (eds). Social and Emotional Learning in Australia and the Asia-Pacific (p. 437). Singapore: Springer Singapore.

③ 杨玲,杨小青,冀良运.民族地区中小学教师社会与情感能力现状与培养[J].教育导刊,2016(1):68—72.

④ 根据教育部 2012 年颁布的《中学教师专业标准(试行)》和《小学教师专业标准(试行)》,教师专业标准由"专业理念与师德""专业知识""专业能力"三个维度构成。其中,"专业理念与师德"包括"职业理解与认识""对小学生的态度与行为""教育教学的态度与行为""个人修养与行为",研究者对"专业理念与师德"仅考察了"职业理解与认识"和"对小学生的态度与行为"两个方面。

能力"维度的从教准备度^①，但涉及专门培养"教师专业理念与师德"的一般教育理论课程却被职前教师认为是低贡献度的课程。

基于此，在充分调研与拓展职前教师社会与情感能力培养的研究基础上，我国职前教师教育的政策取向应着重于对课程与教学体系、育人模式等进行重新设计，将 SEL 价值理念融合到职前教师培养方案和课程计划中。开设专门课程以及在学科教学中教授社会与情感能力是国际上促进学生社会与情感能力发展的常用方式。借鉴这些国家的已有实践经验，将社会与情感能力内容整合到职前教师培养的课程教学体系，一方面可以采用开发关于社会与情感能力的专门课程或主题课程的方式。例如，聚焦于人际关系、情绪调节、压力缓解、问题解决等主题内容，形成针对职前教师的、专门的社会与情感能力显性课程。另一方面可以采用社会与情感能力渗透课程的方式，即"这类课程本质上仍然是学科课程，但增加了社会与情感能力训练，并采用有助于学生社会与情感能力发展的教学策略"^②。无论是哪一种课程形式，都要求大学教师培养项目重新设计课程内容，由那些在 SEL 方面具备丰富经验的教师为职前教师进行指导与示范，并综合运用角色扮演、视频案例等多元方式，为职前教师提供实习实践和监督反馈的机会。同时，大学教师培养项目应为职前教师社会与情感能力发展提供各方面的专业资源支持，使教师候选人有更多机会学习儿童和青少年社会与情感能力发展的原则，了解最新关于社会与情感学习和实践运用的创新内容，促使其有目的地关注社会与情感学习的所有领域。^③

四、为教师社会与情感能力发展提供持续的专业支持

不断变化的、且不断受到挑战的社会环境要求教师适应以学习为中心的方法，并具备足够的能力和信心回应学生的社会与情感能力需求，积极应对各种社会、情感压力环境，因此提升在职教师社会与情感能力至关重要。教师需要对社会与情感能力和它如何与学业学习相关联有着广泛的了解；同时，他们应该有意识并有机会提升自身社会与情感能力，学会如何更好地管理与教学相关的压力、调节情绪并监测自身的行为。^④为此，政府部门、政策制定者、大

① 吴宗劲，饶从满.教师培养课程对职前教师从教准备度的贡献研究——基于效能期待的视角［J］.教育学报，2018，14（02）：78—88.

② 杜媛，毛亚庆.从专门课程到综合变革：学生社会与情感能力发展策略的模式变迁［J］.全球教育展望，2019，48（05）：39—53.

③ Schonert-Reichl, K. A., Hanson-Peterson, J. L., & Hymel, S. (2017). SEL and Preservice Teacher Education. In J. A. Durlak, C. E. Domitrovich, R. P. Weissberg, & T. P. Gullotta (Eds.). Handbook of Social and Emotional Learning: Research and Practice (p. 416). New York: Guilford Press.

④ Jennings, P. A., & Frank, J. L. (2015). Inservice Preparation for Educators. In J. A. Durlak, C. E. Domitrovich, R. P. Weissberg, & T. P. Gullotta (Eds.), Handbook of Social and Emotional Learning: Research and Practice (p. 433). New York: The Guilford Press.

学院校、SEL 项目培训者等不同主体应为在职教师社会与情感能力发展提供持续的、连贯的专业支持。

加快建设教师 SEL 项目的培训团队。正如教师是学生 SEL 项目实施效果的关键引擎一样，教师 SEL 项目培训机构与培训者的水平，是推进教师 SEL 项目顺利实施和教师社会与情感能力发展的首要之举。土耳其中小学校在"LQ"项目的前期试验阶段，来自瑞典、经过资质认证的培训师先着手对经过筛选的土耳其本土培训师候选人进行实习培训（根据学历水平、教学年限、英语水平等标准筛选）。在经过超过 18 个月的密集指导与技能培训后，培训师候选人接受国际"LQ"项目培训者基于标准系统的严格考核；考核通过的培训师候选人资料被送到美国"LQ"项目的培训师筛选委员会，委员会在长达 4.5 年时间内对土耳其培训师候选人进行培训与筛选后赋予其正式的培训师资格。此后，获得资格的土耳其培训师在 2008 年才正式开始积极培训不同城市的中小学教师（该年度，"LQ"项目在土耳其正式启动）。[①] 借鉴土耳其的经验，我国可以率先依托部属师范大学的教育学院（学部），依据一定的标准遴选一批有志于从事教师社会与情感学习项目培训的教师，利用国际资源对这些培训师候选人进行专业培训与达标考核，前瞻性地建设一批高素质、业务强、具有扎实理论功底的专业培训师团队。

研究在职教师的 SEL 培训模式，为教师发展提供持续支持。从国际上在职教师 SEL 培训的方式和内容来看，尽管短期、"一站式"培训能够使教师受益，但并不一定能达到最有效的实施效果，实践中可能存在"教师了解 SEL 知识，但不明确如何实施 SEL""因时间限制与缺乏资源，教师忽视了在日常学校工作中有意识地运用策略提升社会与情感能力和实施 SEL 项目"等问题。由于未对社会与情感能力引起重视，中国目前的中小学教师在职培训尚未正式引入 SEL 项目，因此，未来应首先研究将教师社会与情感能力融入教师专业发展与培训体系的方法与途径，借鉴国际上教师 SEL 培训的积极经验并克服"重短期学习，轻持续提升"的弊端，科学设计中小学在职教师 SEL 培训的内容与方式，并对教师 SEL 培训的进程进行整体规划。例如，在培训方法上，"推动信息技术与教师培训的有机融合，实行线上线下相结合的混合式研修要求"[②]。在面对面的短期培训之后，培训机构和部门可以借助多媒体、网络等定期向在职教师提供个性化的学习资源（如提供典型案例、视频、理论研究成果，创建在线学习社区），满足不同教师群体的多样化需求，为教师 SEL 培训提供持续的资源支持。在培训途径上，可以将教师 SEL 项目融入"国培计划""省培计划"等各级专业发展培训项目中，或者单独设立教师社会与情感能力提升项目。

---

① Gol-Guven, M. (2016). The Lions Program in Turkey: Teachers' Views and Classroom Practices. International Journal of Emotional Education, 8(2),60 - 69.

② 李广平.优化教师专业发展与培训体系建设，全面提升中小学教师队伍质量[J].华东师范大学学报(教育科学版)，2018,36(04):36—38.

　　社会与情感能力的培养是一项系统工程①,发展教师的社会与情感能力和提高教师的社会与情感学习实施技能亦是如此。除了国家和地区层面关于教师 SEL 培训的政策规划外,学校领导者应通过鼓励持续的讨论和反思(例如,关于职业倦怠或如何冷静地应对学生行为挑战的问题),创设教师社会与情感学习技能发展的组织文化,强调教师成长并承认错误是学习过程的一部分。② 对于那些接受过 SEL 培训的教师,后续的培训可能不一定会提供任何新的信息,但他们的知识运用可以通过学习新的观点和有机会同其他老师分享而得到加强。③ 因此,校内教师学习与分享社区的创设为教师合作发展这些社会与情感能力、推动课堂实践变革提供了机会。

---

① 袁振国. 什么对事业成功、生活幸福更具影响[EB/OL]. (2019 - 07 - 23)[2020 - 01 - 15]. http://epaper. gmw. cn/gmrb/html/2019-07/23/nw. D110000gmrb_20190723_1-13. htm.

② Jones, S. M. , & Bouffard, S. M. (2012). Social and Emotional Learning in Schools: From Programs to Strategies. Society for Research in Chilcl Development, 4, 1 - 33.

③ Talvio, M. , Hietajärvi, L. , Matischek-Jauk, M. , & Lonka, K. (2019). Do Lions Quest (LQ) workshops have systematic impact on teachers' social and emotional learning (SEL)? Samples from nine different countries. Journal of Research in Educational Psychology. 17(48),465 - 494.

第十五章　通过教育戏剧培养学生的社会与情感能力

教育戏剧作为一种源于英国的教育方法，近几年越来越多地受到中国教育界的关注。教育戏剧与核心素养、21 世纪公民、终身学习等前沿的教育理念具有很强的关联性。同样值得关注的是，教育戏剧以戏剧这门综合艺术作为载体，将戏剧中独有的角色扮演、情景设置、肢体表达等要素加以利用，成为辅助与提升学生社会与情感能力的教育手段与方式。

第一节　教育戏剧是培养学生社会与情感能力的新路径

学生的社会与情感能力越来越受到人们的关注，也成为了人才竞争的核心要素之一。教育戏剧作为新兴的教育方法，可以为学生认知能力的提升提供助力，让学生们在愉快的戏剧经历中更加全面地发展。

一、学生社会与情感能力的重要性

随着科技和经济的高速发展，人类的物质生活水平得到了极大的提升，同时人们也意识到个人内在价值的实现和幸福的达成，不止来源于物质的完备，更源于精神和情感上的充盈。但是近年来，我国学生的心理健康问题及社会适应性的问题频出。2013 年《青少年心理健康状况及影响因素调查》结果表明我国青少年心理健康问题严重，每十位青少年中有一位就面临着心理问题的困扰，同时高中生的心理问题比初中生更严重。[①] 与此同时，学生走向社会后屡屡出现"高分低能""交际巨婴"的现象。归根结底是现在的学校和家庭教育受到功利主义与唯认知论的影响，"重教学、轻育人"，过分关注学生的智力发展，而忽视学生的内在能力

---

① 韩伟斌. 2013 年上海市浦东新区远郊 1179 名中学生心理健康状况及其影响因素调查[J]. 预防医学论坛，2013，19(12)：13—15.

及内在质量的发展;过于注重大脑培养的认知教育,而忽略了学生情感与非认知能力的重要性。

二、教育戏剧与学生的社会与情感能力

最早将戏剧理念应用于教育的是法国教育家卢梭(J. Rousseau,1712—1778),他提出"在实践中学习(Learning by doing)"与"在戏剧实践中学习(Learning by dramatic doing)"。教育戏剧起源于英国,从 1912 年第一本教育戏剧著作《教学中的戏剧方法》(*The Dramatic Method of Teaching*)问世至今,教育戏剧的研究在国外已历经了百余年的历史。20 世纪 70 年代桃乐丝·希斯考特(Dorothy Heathcote)、盖文·波顿(Gavin Bolton)以及乔纳森·尼兰德(Jonathan Neelands)等人通过更加深入的研究,将教育戏剧发展得更加系统并且技巧化。由于教育戏剧的不断深化与被丰富,美国、英国、澳大利亚、匈牙利、挪威等国家将教育戏剧发展出了多个不同的行动分支,其中包括创作性戏剧(Creative Drama)、过程戏剧(Process Drama)、说故事剧场(Telling Story Theatre)、儿童戏剧(Children's Drama)、开发性戏剧(Development Drama)、教育剧场(Theatre in Education)等。

教育戏剧于 20 世纪 90 年代由英国进入中国,经过了 30 多年的发展,中国的教育戏剧依旧在本土化的进程中。一般而言,学者们将教育戏剧的内涵认定为:教育戏剧是经过设计规划的戏剧程序结构,由教师在戏剧课或一般课程中,作团体组织,依设定的程序结构,视群体的特定需求、年龄层、能力与兴趣等因素,以戏剧或剧场的技巧,建立群体参与的互动关系,引导学生发挥创作力与相互合作的精神,来丰富课程的内容,愉快地经历实作的学习过程,并促进学习意愿与教学效果。[①] 通过对概念的梳理可以发现,教育戏剧强调的是学习的过程而不是最后的认知结果,旨在赋权于学生,在学习中提升学生的各项能力。

自教育戏剧进入中国以来,就有学者称之为"基础教育的明日之星",尤其是对于学生的社会与情感能力的培养,认为对解放学生天性、启迪学生心智、完善学生人格以及发挥学生创造性等方面都能起到非常积极的作用。[②] 这得益于戏剧艺术的特点,戏剧作为模拟人类生活的艺术,并无限接近于人类的生活,因此人类的情感可以在戏剧中一览无余。教育戏剧的学习特点就是调动学生的各项感官,尤其是情绪能力,以艺术为媒介,带领学生在戏剧的虚拟情景中抒发情绪、体验情感,通过团队合作的方式提升学生的非认知能力。其中就包含社会与情感能力中的多项核心能力,例如合作能力、同理心、情绪控制、情绪表达等。

---

① 张晓华.创作性戏剧教学原理与实作[M].上海:上海书店出版社,2011.
② 徐俊.教育戏剧——基础教育的明日之星[J].基础教育,2011,8(03):68—74.

第二节　教育戏剧培养学生社会与情感能力的特质

戏剧艺术的核心元素包括：演员、情景、角色、动作等。教育戏剧运用戏剧及剧场的技巧，并将技巧融入课堂中。其中戏剧情境、角色扮演、身体的运用、戏剧习式都是教育戏剧具有的提升学生社会与情感能力的特质。

一、戏剧情境的虚拟构建

教育戏剧中的戏剧场景的建构可以充分地验证席勒对于戏剧的定义——"人类生活的一面坦诚的镜子"，这句话中突出了一个要点，那就是戏剧艺术与人类生活的相似性与关联性，戏剧作为与人类行为最为接近的艺术形式，具有连贯性、写实性、反思性等特点。其中戏剧艺术开始创建人类生活的第一步便是构建戏剧情境。戏剧情境的魅力在于每个人都知道情景具有假设性，舞台上的道具、背景等都是制作完成的，并不是真实生活，但是每个进入戏剧情境的人都会相信自己所处的时间与空间。

教育戏剧中常常构建的戏剧情境便是"两难困境"。美国儿童发展心理学家科尔伯格于20世纪60年代提出了"道德两难教育模式"，他认为这样的模式可以用于学校当中，有助于推动学生的道德认知以及建立社会连接。有学者对科尔伯格的教育模式总结为："通过对道德两难问题的讨论，可以使学生在解决道德困境的交流中，意识到自己的道德水平。只有在自我认知的深化中，方可增强个体的主动性，使其提高认识，端正行为。这种方法类似于苏格拉底的诘问式教学法又被称作'新苏格拉底'法。"① 两难困境的命题也对学生发展社会与情感能力具有良好的推动作用。

戏剧的方式将"道德两难教育模式"的功能更加丰富化，学生在教育戏剧的课程中不仅要进入充满矛盾的戏剧情境，更被要求要在戏剧困境中解决问题。这就意味着学生将进入角色中，在"虚拟真实"的戏剧情境中完全投身于他所在的角色所处的社会境遇。戏剧情境影射出来的是学生未来将要面临的真实社会，教育戏剧使学生的情感、头脑、身体一同进入到面临的道德问题里。解决道德困境需要的不仅是理性的思维，更需要的是感性的理解，因此在这样的过程中，才能达到席勒所谓的"完整的人"。席勒指出：戏剧艺术可以改造社会，对人类的心灵起到巨大的作用，戏剧与剧院都具有塑造"完整的人"的功能。所谓人的"完整性"是指人的感性与理性的协调完美统一，它涵盖了人的全部和谐、自由、完美的品质。② 这些要求正是社

---

① 罗俊丽.科尔伯格道德教育理论及其对中国道德教育的启示[J].道德与文明,2008,02:75—78.
② 高译.审美—艺术—自由——论席勒美学思想中人的"完整性"追求[J].北京大学学报(哲学社会科学版),2002(04):40—46.

会与情感能力中提及的学生所需要具备的、情感与理性的并存,全方位的发展。值得注意的是,在教育戏剧的过程中,学生不仅关注于自己的想法,也在他人饰演的角色中倾听与学习,从而多角度地看待问题,重塑自己的人生观与价值观的审美观念。

二、角色扮演的积极投入

"角色"在人们的意识形态里总是发生在剧场及戏剧空间里,指的是演员所扮演的人物,因此"角色"和"扮演"两个词语常常是被放在一起的。美国社会学家米德(Mead, G. H.)将"角色"这一概念引入社会学领域,发展出了角色扮演理论。米德认为人的自我发展和社会互动的参与要求人们去扮演"别人的角色",熟悉以及擅长扮演的人,可以提升自己的价值。

这与人类表演学的中国分支——社会表演学有着异曲同工之处。社会表演就是"人为了实现横向和纵向的全面发展,通过扮演各种社会角色、满足能力提升和多样需求而在他人面前进行的,反映其社会属性的,既遵循规范又体现自由的一切行动"[①]。社会表演学希望人们认识到,表演不仅仅存在于戏剧舞台或者是戏剧空间里,社会各个角落人们可能都在无意识地产生表演。这是因为人类处于不同的社会角色中,想要实现自我的价值与幸福,拥有社会表演的技能是非常重要的,更重要的是要善于在自己不同的社会角色中进行转变。社会表演学中还提出来"前台与后台""面具与自我问题""脚本与即兴问题",这些都是帮助人们提升自己扮演不同社会角色的方法,并指出社会中的表演也不是依赖于人的天赋一蹴而就的,而是需要在不断的练习中习得的。

不论是米德的"角色扮演理论",还是社会表演学的相关理论都指出,角色扮演在人类生活中的重要意义。教育戏剧的课堂就在为学生们创建一个可以扮演不同角色,经历不同身份的"舞台"。投身教育戏剧课堂的学生不仅在课堂中会扮演一个角色,可能会短时间内经历各种不同角色的感受。换而言之,教育戏剧利用戏剧角色扮演的方式帮助学生的社会性的发展。通过体验不同角色看待事物的视角,并体验角色情绪的转化,学生在角色中提升自己的各项社会与情感能力。

三、肢体的具身体验

教育戏剧的核心是让参与者在戏剧情境中感知世界,运用角色扮演、雕塑、片段演出等方式,愉快地经历学习的过程。教育戏剧中的工具范式达 70 多种,在这众多的范式中,几乎所有的范式都和人的身体相关、和戏剧动作相关的。因此可以说,教育戏剧是用身体做媒介,在戏剧情境中帮助参与者以全新的视角看待世界的一种教育方式。

---

① 孙惠柱. 社会表演学[M]. 北京:商务印书馆,2009.

关于身体问题的讨论，在西方美学中呈现出两种截然不同的观念。早期的哲学家，柏拉图、奥古斯丁等人对人类的身体是持质疑态度的，甚至是鄙夷，他们认为人类身体的存在是阻碍人的发展的，身体会打断、干扰、分散心灵的进化与升华。尼采、福柯等人则是对身体给予肯定与关注。尼采甚至认为人们应当以身体作为出发点，甚至作为所有价值的源泉所在，身体是高于灵魂而存在的独一无二。

1999 年，舒斯特曼（Shusterman，R.）在美国《美学和艺术批评》（*Journal of Aesthetics and Art Criticism*）杂志上发表论文《身体美学：一个学科提议》（Somaesthetics：A Disciplinary Proposal），提出从学科角度重构"身体美学"的可能性与可行性问题，这标志着"身体美学"的正式诞生，身体美学作为美学研究的学科正式得以确立。[①] 很显然，舒斯特曼站在了肯定人类身体的这一观点上，他认为身体与灵魂不是二分的，而是带有合二为一相辅相成的意味。在舒斯特曼的身体美学中，身体不再是一个单由血肉组成的、没有意识与情感的物质性肉体，而是敏感的、生动的、带有生命性的身体。舒斯特曼认为身体可以实现人的创造性的自我塑造，人们要提升身体的敏感性，运用身体的感知，促进自我意识。

教育戏剧中的身体运用方式与舒斯特曼的身体美学在多个层面不谋而合，其中"雕塑"这一工具范式的应用，便是充分体现了"身体"的重要性。作为雕塑的主体，课堂参与者用身体构建雕塑实则是在用身体诉说社会场景下的感受与需求；观看雕塑的客体，则是在观看中重构了所讨论的议题，并且通过对身体的观看，以新的视角反观自己的身体，提高身体的意识。教育戏剧通过身体雕塑的设置与观看，发现了雕塑背后的意义，从历史、社会、意识形态等不同的维度观看雕塑动作，识别与分析动作背后的意义，在某种程度上可以很好地提升自我意识。舒斯特曼曾提出："人类意识和语言的发展使我们超越了无理性的肉体存在，成功地改善了我们的生活环境。然而，由于我们的生活环境现今已变得太过复杂和变动不居，以至于不利于建立本能和习惯。因此，我们仍然需要有效地利用意识来引导我们的生活，这不仅仅是创造理念和工具，而且包括改善对身体的自我运用。"[②]教育戏剧与舒斯特曼的美学理念中都不仅仅关注于身体本身，或是将身体视为待改造的人类的附属品，而是将身体看作是通向精神世界和自我塑造的重要载体，认为某种程度上身体比语言更能表达自我。

舒斯特曼关注美学中"身体缺失"带来的美学困境，教育戏剧关注的则是当代教育体系中存在"身体缺失"的问题。学校注重学生的知识认知，培养的方式是相对静态的，大多数时间学生是安静地坐在教室中聆听老师的授课。学生的身体是固定的、僵化的，这样的培养方式忽略了身体的重要性。教育戏剧尝试打破这种固化的学习方式，回归人的身体，用身体经历

① 朱立元，李琳琳.舒斯特曼身体美学述评[J].四川戏剧，2015(02)：11—19.
② 理查德·舒斯特曼.生活即审美：审美经验和生活艺术[M].彭锋，译.北京：北京大学出版社，2007.

学习的过程。身体不仅是重要的学习工具,也是与人的意识和自我认知相连接的,身体的记忆是包含肢体与感情的融合的,肌肉的记忆功能同时能帮助学生更好地体验经验。社会与情感能力的学习就是理性与感性的有机结合,教育戏剧可以帮助学生在戏剧中真实地利用身体的力量来积极地探索社会性的发展。例如,在戏剧动作的意义层次中就有良好的体现。一般而言在戏剧中的动作背后包含了五种含义,分别是:动作的本身意义、动作的动机、动作的投资、动作的历史模式以及动作的背后价值观。学生通过对身体动作的意义剖析可以很好地与自己的社会经验相结合,从而利用身体提升自己的情感敏锐度,更好地应用到与社会的互动关系中。

四、习式工具的对应运用

教育戏剧中的习式指教育戏剧活动过程中的一些常用的实践工具,且这类实践工具可以作为基础活动,在此基础上习式可以发生多样化的变形。习式的变形不是随意发生的,而是应当针对不同年龄段的学生、不同的课程目标、不同的课程主题进行调整。因此,在教育戏剧中习式的运用是非常重要的,每个习式相对应的有属于该习式的帮助学生提升自己或是帮助课程产生不同效能的方式。教育戏剧中常用的习式有:

(一) 集体绘画(Collective Drawing)

小组或全体学生以绘画形式创作一个环境或处境,其复杂性由教师决定。绘画时,学生集思广益地把想法掺进画里,教师鼓励学生说出所绘的内容,并帮助学生将所有人的表达进行逻辑性的梳理。借此活动完成课题的内容或是帮助学生进入到戏剧情境中。

(二) 教师入戏(Teacher-in-Role)

教师按戏剧的需要扮演角色,进入一个故事中的角色。一般而言,教师会选择三种姿态的戏剧人物进入:权威人物、副手、困境中的人。教师入戏的主要作用是增强戏剧情境的真实感,帮助学生建立对戏剧故事的信任感。同时,教师入戏可以有效地激发学生的参与度,从而帮助学生在戏剧中进行情感的投射。

(三) 雕塑(Sculpting)

学生两人或几人一组,利用身体变成某样东西或是某个人物。雕塑的方式可以重现故事情境中的重要时刻,学生通过集体讨论的方式通过观察雕塑者的身体连接社会现实、连接自我认知。雕塑在习式中是非常重要的,也是高频习式,以这样的方式可以更好地帮助学生反思。

(四) 讲故事(Narration)

讲故事的方式是与戏剧最为接近的习式,在教育戏剧中讲述故事的方式可以是多种多样的,可以用不同方式进行。讲故事可以帮助教师进行剧情的发展与推进,或以叙述式的语言制造气氛。学生演出片段时,教师也可以从旁叙述,带引学生把焦点放到戏剧的主题上。有时,学生也可以参与讲故事,或者负责交代部分剧情。学生通过讲故事的方式,着眼于自己的人生观与价值观,表达对故事的看法以及对故事的不同见解。

(五) 建构空间(Defining Space)

学生以学校中的桌椅板凳、体育用具、布料或是其他对象,摆放或者砌成戏剧故事中的某一个场景,如鬼屋中的房间位置、动物园的不同区域、新区里的商店等。空间的构建对于学生有两种意义,一是借此帮助学生认识及接受戏剧故事;二是用除了语言以外的方式做表达。空间的构建是可以充满隐喻意味的,激发学生对于世界不同角度的认识。

(六) 墙上的角色(Role-on-the-Wall)

将戏剧故事中主角的一帧照片、画像或是由教师放在墙上的一个人形的轮廓,让学生看到该角色的存在。然后,把形容的字眼或是一些描述性的语言加在图中,使学生初步对角色有更立体、全面的看法。一般而言,该活动由全部学生完成,因此在墙上的角色绘制完毕之后,学生们可以看到不同的表达观点和不同的认识。借此,学生们在讨论与倾听后尝试达成共识。

以上列举的习式是在教育戏剧中较为常用的习式,综合而言教育戏剧的习式达七十多种,每一种习式都是帮助学生完成一个新的探索。教育戏剧中习式的可开发性、包容性、灵活性、趣味性可以为社会与情感能力的学习提供非常好的工具。如图 15-1 所示不同的教育戏剧习式甚至可以相对应于不同的社会与情感的目标学习,为社会与情感学习提供更多的可能性。

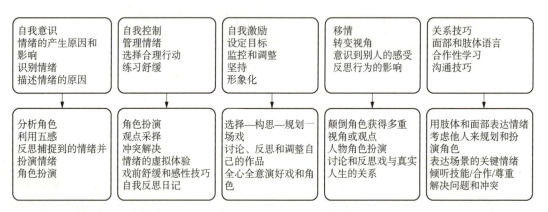

图 15-1　教育戏剧作用于儿童社会与情感能力发展关系图[1]

---

① 焦阳.核心素养视阈下教育戏剧原理及理论机制研究[J].教育参考,2017(04):5—14.

第三节　教育戏剧和社会与情感能力结合的实践案例

近几年,教育戏剧在国内被越来越多的学校、教育机构、公益机构所接受,尤其是学校。教育戏剧在学校教育中的实践路径主要分为三条:课程路径、教师培养路径、家校合作路径。

一、课程路径

上海市一所学校以"教育戏剧德育课程"为学校特色校本课程,学校借助教育戏剧的教学形式与德育课程相融合,发展出独特的浸入式、体验式、情景式的德育课堂,从而不仅发展了学生的道德素养,也提升了学生的社会与情感能力。

该校的"教育戏剧德育课程"项目覆盖了小学一年级至初中三年级的在校学生,项目的实施者以各班的班主任老师为主。该项目中每一年级每学期将有4—6次教育戏剧课程,每次课程的时间是一个半小时,每次参与的学生人数在35—40人。

利用教育戏剧的方式发展学生的德育,主要是改变传统的德育课堂,以教育戏剧的形式促进学生的德育素养及社会与情感能力的发展。结合我国德育课程的标准,课程的主题分为四个板块,分别是我与自我、我与他人、我与社会、我与国家。项目的独特性主要体现在六个方面:

第一,生动的学习情境。教育戏剧需要参与者融入不同的情境之中,这个情境可以是历史事件、社会时事、艺术或日常生活。而融入情景的游戏和扮演本身是一件愉悦的事情,符合人学习的天性。戏剧扮演能最大程度地激发学生的学习兴趣与动机,并为学生想象和创造性的发展提供机会和空间。这种富有教育趣味性的教育情景与长久以来脱离实际、枯燥无味的说教式德育有极大的反差,是德育实践的有效探索。

第二,促进学生的自我认知。中小学生的自我概念开始形成了学校、性别、道德价值观念,并与学生的学业态度密切相关。教育戏剧德育课通过戏剧化的手法进行讲解和演示,使学生在融入角色的基础上更好地理解角色的遭遇,领会何为勇气、同情、忠诚、懦弱、刻薄、善变的人格特质。例如通过扮演历史人物,学生能够明白角色的情感、责任、家国情怀,从而提升学生的社会道德和责任的意识。再者,教育戏剧将社会热点问题以故事的形式呈现出来,引导学生关注社会热点和时事。

第三,解决问题的能力。在学习与同伴交往之中,学生的生活经常会涉及利益冲突与道德冲突问题。在利益冲突与道德冲突中如何选择自己的行为是对自身能力的重大考验。

在情境中的戏剧冲突将角色人物的问题具象化。同时戏剧是一个虚拟、安全的环境，学生能够放松心理防卫，敞开心扉进行学习和体验。教育戏剧为学生锻炼解决道德冲突提供了安全的空间和环境，对于提高学生的选择能力、确立明确的道德价值目标具有重要的价值。

第四，培养合作能力。团队合作是 21 世纪核心素养中的重要素养，学生在团队协同中学会围绕团队既定的目标进行有效的组织、计划、资源整合、管理监督和评价工作。教育戏剧建立在群体参与的基础上，需要合作表演并推进剧情的发展。在此过程中，学生学会分享团队成功的喜悦，积极承担各种职责。

第五，情感表达和艺术素养。社会与情感的发展是学生学习的最基本的需求，有效的学习必须建立在安全、需求被满足的基础之上。识别与处理情感的能力则对今后的职业发展和人际交往有着重要的作用，是一个人职业发展的基础。教育戏剧在戏剧表演中引导学生宣泄情感，控制情感，获得情绪控制的能力。另外一方面，对美的体验、艺术的修养都是健康、有质量生活的保障。教育戏剧通过简单的表演提高学生的艺术修养，对于促进学生身心的全面发展有着积极的意义。

第六，个别化指导。教育戏剧中的不同表演角色的设置为每一位学生提供了表现和表达的机会。在传统课堂中，给予每一位学生表达的机会很少，教师多关注学生整体的学习情况，很难关注到每一位学生的教育需求。而教育戏剧中角色的差异使得各种能力层次的学生在表演中各司其位，使得每一位学生在学习过程中表达自己，获得体验，其潜能得到最大程度的发挥。

二、教师培养路径

教育戏剧作为一种具有前瞻性的教学教法，可以帮助教师提升教学技能及方法，通过实操与体验的方式提高教师个人的社会与情感能力，使教师更加自信、从容地面对课堂，更好的增加课堂的趣味性及课堂效能。

教育戏剧的系统性教师培训需要 30—60 个小时才可以完成，会贯穿学校一到两个学期的活动安排，每次进行教师培训的人数一般可达到 25—35 人，主要是以语文老师、英语老师、心理老师及班主任老师为主，其他学科的老师也可以加入进来，以学习戏剧方法为主。

教师培训的课程设置将以服务于教师未来设计课程及顺利地进行课程实践为主，一般培训分为七个板块：教育戏剧的当前发展、如何开始第一堂教育戏剧课、游戏元素训练、戏剧元素训练、课程文本的选择、课程设计、课程实践。教师将在不同板块中获取不同知识，教师培训的最大特点是以体验和参与为主，参加培训的教师需要全程跟随负责培训的老师进入到一个又一个的戏剧活动中，切实地体验活动带来的真实感受，这一点对于今后要使用教育戏剧这一方法的教师而言是非常重要的,只有教师对活动具有深刻的体会了解,才能推测出学生未来在该活动中的反馈,从而因材施教设计课程。因此,教师们普遍反映教育戏剧的教师培训是充满挑战与趣味性的,教师们将会在轻松愉快的氛围中进行学习。

在完成教育戏剧的系统性教师培训之后,教师们将搭配教师培训手册进入实操阶段。培训手册按照培训板块将培训的内容及重点细致地标注出来,方便教师们后续的复盘与巩固。教师以小组工作制的方式,开始尝试将教育戏剧的方法引入课堂中,小组工作制意味着将参与培训的教师分为4—6个工作小组。小组内的各个成员需要一同设计课程,进行课前准备,模拟课堂,说课等。小组和小组之间需要互相听课,提出建议。同时,每学期专业的教育戏剧老师将随堂跟课不同的教师,给予意见和建议。

表 15-1 教育戏剧教师培训手册课程案例

教育戏剧培训手册 如何开始第一堂教育戏剧课	
活动	内 容
认识游戏	• 引导者和所有参与者围成圆圈站立 • 引导者请每个人再次介绍自己有趣的名字,大家可以再次熟悉每个人的姓名 • 引导者站在圆圈的中间,请大家将自己圆圈上的空缺补上 • 引导者走向一个参与者,并且叫出他的名字,引导者占领该参与者的位置 • 被占领位置的参与者要迅速找到圆圈上的任意一人,叫出他的名字并占领其位置 • 游戏反复进行多轮,引导者可以不断要求大家加快速度,更加迅速地熟悉每一个人
热身游戏	• 所有参与者围成圆圈坐下 • 引导者手拿报纸站在参与者的身后转圈,并且不断用报纸敲打每一个人。一边转圈一边敲打路过的人 • 如果参与者感到引导者用报纸大力地拍打自己的背部或是肩部,参与者就要迅速地起身追赶引导者 • 引导者在逃跑的过程中需要丢下报纸,被击打的参与者需要捡起报纸追赶引导者 • 引导者在被击打的参与者追上前坐到圆圈上的空位,则视为偷袭成功。反之,如果被参与者抓住,则被击打的参与者胜利 • 如果被击打的参与者没有胜利,则他变成了新一轮的偷袭者 • 游戏反复进行几轮
集体讨论	• 引导者和所有参与者围成圆圈坐下 • 引导者询问刚才大家玩游戏的感受 • 是什么造成了大家的不安全感 • 在不知情的情况下被敲打后背的感觉是怎么样的

（续表）

活　动	内　　容
情景体验	• 参与者们围成圆圈坐在一起 • 请一名志愿者站在圆圈的外面 • 坐在圆圈上的伙伴们一起唱歌 • 请志愿者站在圆圈的中间,大家再次一起唱歌 • 志愿者重新坐回圆圈中,大家再次一起唱歌 • 询问志愿者:站在圆圈外面的感受如何? 站在圆圈里的感受如何? 坐在圆圈上的感觉是怎么样的
戏剧活动	• 引导者请大家起立,可以四处去看一看教室空间 • 参与者们一边走动一边跟随引导者的鼓声,引导者每击鼓一下,参与者可以走一步。节奏将不断发生变化 • 引导者不再击鼓,加入参与者 • 大家依旧在教室空间里自由走动。如果发现有人停止,所有人就要立刻停止走动;如果有人重新开始走动,所有人也要马上继续走动。注意,大家要尽量做到看起来像一个人一样 • 引导者请大家再次谈谈此刻对教室空间的感受
探索空间	• 引导者请所有参与者在教室空间里随意地走动 • 走动的过程中,每个参与者需要对教室进行详细观察,探索教室中自己曾经未发现的,或是自己感觉好奇的三个地方,可以是物件或是空间 • 参与者们两两一组,互相将自己找到的三个有趣的地方带领同组伙伴观看
编创故事	• 所有参与者围成圆圈坐下,小组成员坐在一起 • 各小组需要根据刚才互相分享的内容,选择出三个物件,编创一个故事。要求故事中三个物件要出现 • 每个小组分享自己小组的故事。分享故事时,要求以第一人称讲述故事
理论梳理	• 引导者和参与者们再次就今天的活动进行讨论,通过分享感受梳理理论知识 　营造空间安全感是开始第一堂教育戏剧课的第一前提。开放的观演关系会造成参与者进入戏剧时缺少安全感,因此从物理安全和生理安全上都需要为参与者营造出安全感。空间是帮助参与者建立安全感的第一步,通过圆圈的方式就可以营造安全的氛围。同时帮助参与者了解他们所处空间的各个角落,也有助于参与者建立安全感。空间安全感建立完成后,教师需要通过同伴关系的建立帮助参与者找到心理上的安全感
思考	• 引导者带领参与者重新思考以下问题: 　开始一堂教育戏剧课的时候,教师们需要注意什么? 　空间的安全,对于课堂是否重要? 　如果参与课堂的学生一直处于不安全的状态,该如何解决?

三、家校合作路径

芬兰学者约罗宁(Joronen,K.)等于 2011 年在《斯堪的纳维亚护理科学杂志》(*Scandinavian Journal of Caring Sciences*)发表了一篇论文。论文以实证研究的方式探寻儿童在教育戏剧过程中可以提升哪些社会与情感的相关能力。[①] 其中就可以发现教育戏剧以家校合作的方式促进学生的社会与情感能力的发展。项目于 2007—2008 学年期间由四年级和五年级(10—12 岁)的班主任或教师、学校护士三人成组进行实施。实施之前,教师和学校护士接受了教育戏剧相关培训。学校中 104 名学生参加该项目,其中最为重要的项目步骤为以下三步:

第一步,课堂中的教育戏剧课。课堂中的教育戏剧主要使用了以下戏剧技巧:热椅子,集体绘画,声音跟踪,集体角色,雕塑和风雨小巷。戏剧故事主要涉及一些与学生们相关的故事,每个故事都代表着不同的主题。这些故事包括西蒙・詹姆斯(Simon James)的《我的鲸鱼》,这个故事是关于友谊、失去朋友和孤独的。有三个班级使用《拉加姆芬(Ragamuffin)》,改编自休・卢普顿(Hugh Lupton)的故事,关于成人虐待和抚养儿童的。此外,有一个班级通过童话故事《丑小鸭》研究了欺凌主题。

第二步,家庭活动。家庭活动是指教师布置任务给学生,学生需要通过与父母之间进行互动,从而完成任务。其中有些有趣的任务,例如:要求学生们对父母进行采访,父母们需要回忆,当他们是小学生的时候,学校生活中是否存在欺凌的问题,他们是否曾经遭遇过欺凌,以及如何解决这些问题的。父母们还需要按照教师的要求,为孩子写三件关于他们是学生时期曾经做过的好事,并将文件交给学生,由学生带给老师,老师将用于课堂。

第三步,父母的夜晚。父母的夜晚通常是以晚会的形式进行,班主任可以在这样的氛围中与家长们一起讨论学生及学校的问题。在该项目中,父母的夜晚是基于父母和老师的书面建议中出现的主题,主题包括欺凌、家庭与学校合作、父母监督和学校共同规则。这些主题的讨论都会使用到教育戏剧的方式。其中,第一个父母的夜晚(大约有 50 人参加)是通过论坛剧实现的。一个论坛剧小组表演了一部戏剧,展示的内容是一个女孩被同学勒索钱财,但不敢告诉父母,因此她对父母撒谎,最后该事件使女孩与父母停止交流。论坛剧的引导者与观众进行了简短的讨论,也提出了不同的策略。然后,该剧重新开始,观众的建议将融入到故事中,启发角色的行动。最后大家一同讨论孩子生活中的种种问题。

项目通过教育戏剧的方式进行家校合作,可以让学生作为家校合作的重要动力,形成学

---

① Joronen, K., Häkämies, A., & Åstedt-kurki, P. (2011). Children's experiences of a drama programme in social and emotional learning. Scandinavian Journal of Caring Sciences, 25(4),671.

生、家长、学校三方的良性沟通。该项目最后通过问卷、家长访谈、学生访谈的方式收集数据，对数据进行分析后发现学生在以下几个方面都有了不同程度的提高：自我表达、同理心、处理情绪、对多样性的理解、转变的亲社会行为。

除了课程路径和教师培训路径以外，促进家校合作也是教育戏剧进入学校的一条重要的路径。学生社会与情感能力培养的两个重要场域就是学校和家庭，家庭对于学生社会与情感能力的培养同样起着至关重要的作用。教育戏剧建立在群体参与的基础上，实则可以为家校的合作提供一种新的方式，打破学校与家长之间的隔阂，以轻松愉悦的方式促进家长对学校的了解，促进家校之间共同努力，从而提升学生的各项能力。国内的学校中，也可以看到以教育戏剧促进家校合作的身影，多是以家长课堂的形式出现。以教育戏剧为方式的家长课堂往往可以使家长感到更加放松，家长们通过戏剧的方式，彼此可以看到与孩子们在日常交流中的问题，也可以更加深入地进行讨论。

艺术是作为人类的精神需求而存在的，戏剧作为综合艺术，包含了诸多艺术元素，其功能是强大的。戏剧在产生之初便具有"道德净化"及"育人"的功能。教育戏剧发挥戏剧之所长，以戏剧独有的反映人类生活的行动机制为基础，充分发挥戏剧情境的反观性、角色扮演的社会性、身体的感知性及戏剧习式的能动性，使这些特质成为提升学生社会与情感能力的重要方式。启发人们关注学生社会与情感能力的提升需要在体验中生成，需要学生情感和身体的一同调动，需要学生理性和感性的相互融合。未来，教育戏剧想要更好地提升学生的社会与情感能力，则需要更多的支持，包括国家层面的相关政策，以及相关人才的持续培养。

第十六章　教育戏剧在防止校园欺凌中的作用

　　校园欺凌行为因其危害校园安全、侵犯学生基本教育权利，以及对学生学习、社交与心理健康持续的负面影响，成为教育界持续关注的重要议题。如何在欺凌行为发生前采取有效措施，将欺凌行为消除在萌芽阶段，成为了校园欺凌治理的关键所在。目前诸多研究表明，学生的社会与情感能力与欺凌行为之间存在着相互消减、相互对立的关系。[①] 在人际交往情境中，具有较高社会与情感能力的学生更有可能正确判断人际关系、合理调用社会支持资源，他/她知道可以向谁、何时、如何寻求支持和帮助，这种能力能够有效地降低欺凌行为的发生。[②] 因此，对学生社会与情感能力进行培养成为了校园欺凌预防的一个新视角。

　　教育戏剧指戏剧在教育领域应用的各种方法和活动的统称，包含狭义的教育戏剧、教育剧场、儿童戏剧、创作性戏剧、过程戏剧、开发性戏剧等形式。[③] 教育戏剧通过戏剧生动形象的形式和特定的情境，在扮演人物和展示故事情节的过程中开展教育活动，实现对参与者交际能力、情感表达、想象力和团体意识等素质的培养，促进参与者自我认知与社会认知的发展。[④] 其中，教育剧场这一形式将教育内涵与剧场艺术相结合，通过互动参与式剧场的形式，刺激观众就戏剧情景主动提出想法和意见，能够直接改善和提高人的表达和交际能力，对社会与情感能力的培养与提升有着独特作用。[⑤] 将教育剧场应用于校园欺凌预防领域，有助于在欺凌行为发生前提升学生对欺凌问题的关注度、激发学生的情绪体验与思考，在教育剧场体验式的学习中不断促进学生自我健康人格的成长与发展，为社会与情感能力的培养营造良

---

　　① 陈纯槿，郅庭瑾.校园欺凌的影响因素及长效防治机制构建——基于 2015 青少年校园欺凌行为测量数据的分析[J].教育发展研究，2017(20)：31—41.

　　② 杜媛，毛亚庆，杨传利.社会与情感学习对学生欺凌行为的预防机制研究：社会与情感能力的中介作用[J].教育科学研究，2018，285(12)：40—48.

　　③ 马利文.戏剧教学法的起源、表现形式、类别与作用[J].中国教师，2011(17)：19—21.

　　④ 于潇."教育戏剧"概念引入基础教育课堂教学探析[J].戏剧丛刊，2013(3)：107—109.

　　⑤ 李婴宁.教育性戏剧在中国[J].艺术评论，2013(9)：48—52.

好的外部环境，从而实现校园欺凌行为的消除和预防。

目前我国对于校园欺凌预防问题的探讨多集中于政策、制度等宏观视角，缺少欺凌预防的具体途径和方法。本章将基于社会与情感能力培养这一视角，以教育剧场这种教育戏剧形式为例，结合国外反欺凌教育剧场项目的应用实例，分析教育戏剧在校园欺凌预防中的应用方式和使用效果，在此基础上为我国校园欺凌预防工作的更好开展提供经验借鉴与参考。

第一节　欺凌行为发生前学生社会与情感能力存在的问题

欺凌行为的发生并非个体单方面的行为，更多的是由于不同学生群体的成长阶段特点、个性心理特征和社会心理状况等多重因素共同导致的结果。在校园欺凌预防中需要以此为基础，对欺凌酝酿阶段的行为或事件作出界定，采取有针对性的预防措施，从而将欺凌萌芽扼杀于摇篮。然而目前学校在校园欺凌预防中往往将重点放在制定行为准则和观察、控制学生的行为上，这些策略只是针对欺凌行为本身的应对性策略，而不是一个主动积极的建设性策略，对于如何转变学生欺凌动机、促进健康的关系和教授学生技能等预防策略上关注不足。[①] 为了从更长远的视角探索预防欺凌的有效途径，本章将校园欺凌潜在的涉事主体划分为潜在欺凌者、潜在被欺凌者和潜在旁观者三类，在分析这三类涉事主体行为和心理特征的基础上，从社会与情感能力的角度出发，探究校园欺凌预防阶段学生存在的问题。

一、潜在欺凌者：以自我为中心，缺乏移情能力

学生群体中的潜在欺凌者多为身体强壮、顽皮好动、家庭情况复杂、常被教师忽视或批评的学生。[②] 首先这类学生往往在力量关系上占据优势地位，以自我为中心产生强势感和控制感，不懂得站在他人立场上看待问题、理解差异，导致他们内心鄙视、厌恶与自己存在差异的人或行为。其次由于缺少家庭的关爱和正确引导，这类学生内心极度敏感，自尊心和攻击性较强，同时带有极强的嫉妒心和报复心理。当在学习或生活中遇到问题、遭受打击时，内在的自卑心理使他们往往希望从其他方面获得同学的认可甚至是崇拜，极易引发欺凌行为。最后，潜在欺凌者往往表现出较低的移情能力。移情指个体因理解他人的情绪情感而引发的与

① 张玉晴.积极心理学视域下校园欺凌成因及对策探析[J].当代教育论坛,2018(01):55—62.
② 教育部基础教育司.防止中小学生欺凌和暴力指导手册[M].北京:教育科学出版社,2018:13.

之相一致的情绪情感体验[1]，没有对他人情绪情感的理解、共鸣，就不可能对他人的遭遇产生同情，从而容易在情感调节失败的状况下对其他学生冷漠地实施攻击性欺凌行为。

二、潜在被欺凌者：性格胆小懦弱，内心敏感自卑

相对于潜在欺凌者而言，学生群体中的潜在被欺凌者通常是那些性格内向、自尊心较弱、行为被动、身体弱小的学生[2]，他们往往自身存在着一些"吸引"欺凌者对其实施欺凌的特质。首先，潜在被欺凌者在力量关系上处于劣势地位，这类学生群体在生理特征上体现为矮小、瘦弱、肥胖、残疾等，容易招致他人的歧视和攻击。其次在性格特征上，潜在被欺凌者往往比较胆小懦弱、孤僻自卑、对他人言行过于敏感，遇事通常表现为退缩和无明显反抗的服从。这种性格特征导致潜在被欺凌者缺乏自我认同，刻意逃避与别人的交流，学习能力和思维方式较为迟缓和消极。面对潜在的冲突和欺凌威胁时，他们既无法采取有效措施进行抵抗，也没有能力对身边的同学老师和家长说明情况，只能独自忍受，并使得他们对周遭其他事物表现地更加沉默和消极，从而形成习得性无助，易成为被欺凌的对象。[3]

三、潜在旁观者：畏惧强势权威，性格懦弱冷漠

潜在旁观者主要是指在可能发生的欺凌事件中，没有直接采取欺凌行动，却由于其不作为的态度，同样给被欺凌者造成伤害的一类人。[4] 这类学生群体对潜在欺凌者的强势权威存在畏惧心理，害怕自己会成为被针对、攻击的对象，性格上体现为缺乏正义感、胆小怕事、懦弱冷漠等特征。这类学生群体缺少对集体价值观和集体行为规范的认同，难以正确理解并明确个人在集体中的权利与责任，缺乏团结合作、承担责任等亲社会行为。这种性格特点和行为特征导致这类学生群体在欺凌行为发生前，面对过分的玩笑打闹等可能演变成欺凌事件的行为，难以明确自己的责任而选择了冷漠旁观，甚至通过起哄、叫好等方式产生推波助澜的作用。在欺凌行为发生发展的过程中往往不会采取积极的制止行动，事后内心会存在着较强的愧疚与自责感，这种自我否定、缺乏责任感的不良人格特征一定程度上助长了欺凌行为的发生。

---

① Warden, D. & Mackinnon, S. (2010). Prosocial children, bullies and victims: an investigation of their sociometric status, empathy and social problem-solving strategies. British Journal of Developmental Psychology, 21(3), 367－385.

② 教育部基础教育司. 防止中小学生欺凌和暴力指导手册[M]. 北京：教育科学出版社，2018:14.

③ 张谨. 校园欺凌的治理研究[D]. 合肥：安徽大学，2017.

④ 张玉晴. 积极心理学视域下校园欺凌成因及对策探析[J]. 当代教育论坛，2018(01)：60—67.

第二节　教育剧场的作用

教育剧场作为一种具有教育性质的剧场戏剧演出和活动，通过运用戏剧表演、角色对话、声音特效、观众互动等形式，能够将观众带入戏剧情境，在探讨与分享的过程中达到教育目标。[①] 对于校园欺凌预防工作而言，了解欺凌行为发生前不同学生群体在社会与情感能力上存在的问题，并提供有针对性的预防措施至关重要。借助教育剧场的形式，能够在戏剧情境下激发学生对校园欺凌问题的专注、想象和感知，帮助学生从多角度剖析欺凌行为的产生和发展。在既真实而又虚构的剧场世界中加强学生的自我认知与反思，让学生了解在欺凌行为发生前应当如何承担自己的选择，避免可能造成的不良后果，从而实现人格学习与成长的目标。教育剧场在校园欺凌的预防工作中具有以下几个方面的作用。

一、增强同理心，学会换位思考

教育剧场是一种交互式的教育方式，在这种教育方式中没有简明的道德教条，也没有简单的解决方式，而是借助剧场作为催化剂，通过剧场的形式为观众创造体验与分享他人经历的机会，从而使个体对他人及所存在的社会形成共通经验，从而产生同理心。[②] 在教育剧场中，通过浸入式观看表演能够增强观众的情感体验，激发观众的情感认同。在参与互动、角色扮演的过程中，观众能够在推动剧情发展的基础上实现情感体验与升华，从而帮助观众树立正确的认知模式。将教育剧场应用于校园欺凌预防工作中，有助于使潜在欺凌者在观看剧情、参与互动的同时站在不同的立场上，了解欺凌行为给被欺凌者及其他学生群体带来的严重危害，在剧情发展与推进过程中激发潜在欺凌者的情感共识和情感波动，提升潜在欺凌者对个性和多样性的包容程度，消除会引发人际冲突的狭隘和歧视。这有利于潜在欺凌者更好地进行自我反思与角色定位，在思考剧情的基础上代入现实，提升对自我及他人情绪的认知，促进自身认知观念与行为模式的调整，最终重塑自己与他人和集体的关系，减少欺凌行为的发生。

二、树立自信心，改善情感体验

教育剧场为观众提供认知与情感维度的观看、体验机会，能够改变人们一贯的学习行为与思维模式，为所有参与者提供时间和空间去真正理解、突破自我，实现观众的自我成长与自

---

① 李婴宁.“教育性戏剧”在中国[J].艺术评论,2013(9):48—52.

② Lenz, V. R.（2012）. Classification of prevention through drama cyber-bullying programs in Nassau County. [Unpublished masteral dissertation]. Stony Brook University.

我肯定。[①] 对于学生群体中的潜在被欺凌者而言,胆小、自卑、易退缩的性格特征使得这类学生群体难以正确认识并处理自我与他人、集体的关系,在人与人的互动中缺乏正向的情感体验,从而对自己失去信心,不爱与人交流,甚至还会故意逃避人际交往。[②] 在校园欺凌预防过程中应用教育剧场,能够为潜在被欺凌者营造支持、友好的外部环境,鼓励这类学生群体投入剧情并参与互动,增进学生群体间的沟通与了解,改善潜在被欺凌者在人际关系中的情感体验。教育剧场的角色意识能够帮助潜在被欺凌者在正确认识同学关系的基础上重新进行自我定位,掌握正确处理欺凌问题的方式方法,在剧情的互动推进过程中促进个体人际关系处理能力和社会环境适应能力的提升。从而使得潜在被欺凌者在人际交往情境中能够正确判断人际关系,合理调动社会资源寻求支持和帮助,有效降低欺凌行为的发生。

三、培养责任感,塑造积极人格

教育剧场是一种"参与式""体验式"的学习互动模式,观众通过观看剧情、参与角色的扮演,完成特定角色背后的情感体验,易唤起不同社会群体之间的情感共鸣。通过剧情和互动体验的设置,教育剧场能够将个体置于他人所处的环境中,使个体与他人建立起联系,促使个体在感知他人情绪的基础上关心他人,形成对他人存在及其利益的关注和尊重,促进个体责任感的形成。[③] 在欺凌行为预防中,潜在旁观者的消极立场与其冷漠的心态、较低的群体认同感和个人责任感有关联。开展教育剧场活动,能够在剧情观看与互动过程中营造尊重协商、合作互助的外部氛围,增强潜在旁观者的集体归属感和合作意识。通过开展教育剧场活动,能够增强不同学生之间的人际交往关系纽带,强化学生之间的团结互助精神,从而提高潜在旁观者面对欺凌行为时采取积极行动的责任感和勇气,减少欺凌事件的发生。

第三节　教育剧场在校园欺凌预防中的实践操作:以酷凌行动为例

教育剧场是具有教育性质的剧场戏剧演出和活动,将专业的戏剧演出与观众的随时互动相结合,能够把学生深入引进戏剧情境,促进学生关于剧情的分享与探讨,借以达到教育目标。[④] 将

① 徐俊.回望与反思:近二十年大陆教育戏剧相关研究述评[J].戏剧艺术,2017(01):107—117.
② 毛亚庆,杜媛,易坤权.基于学生社会与情感能力培养的学校改进——教育部—联合国儿童基金会"社会与情感学习"项目的探索与实践[J].中小学管理,2018,336(11):33—35.
③ 李菲.教育世界中友爱伦理的培育与校园欺凌的防治[J].教育科学,2018,34(03):13—17.
④ 李婴宁."教育性戏剧"在中国[J].艺术评论,2013(9):48—52.

教育剧场应用于校园欺凌预防领域，需要根据不同学生群体的成长阶段、个性心理特征和社会心理状况等特点，在剧情推进过程中有针对性地匹配教育剧场的不同方法与形式，提升不同学生群体在情绪认知与管理、沟通协作、建立积极社会关系等方面的社会与情感能力，促进学生同理心和换位思考能力的增强，提高学生应对潜在欺凌问题的能力，从而降低欺凌行为发生概率，实现学生的人格塑造与成长。

酷凌行动①（Cooling Conflict）是一项应用教育剧场手法预防校园欺凌和冲突的反欺凌戏剧项目。这一项目起源于1999年，由约翰·奥图勒（John O'Toole）等学者设计并进行推广，在澳洲、美国、北欧及马来西亚等地都开展了项目实施。酷凌行动旨在运用教育剧场的互动戏剧策略，让学生们在观看戏剧情境的同时，针对身边可能出现的欺凌问题，进行主动的讨论与化解行动，实现校园欺凌的预防。酷凌行动是一项为期一年的持续性计划，以教育剧场为项目的主要活动，在教育剧场活动结束后结合同伴教学（Peer Teaching）的形式，在不同年级间开展教育剧场的接力演出，强化教育剧场在全校范围内的作用及影响力，从而有效提升酷凌行动对校园欺凌的预防作用。

酷凌行动中教育剧场的基本环节和具体活动安排如表16-1所示，每场教育剧场活动均会进行三轮表演，每轮表演的定位、使用的具体方法及所要达到的效果都不尽相同，三轮表演结束后会进入剧情延伸与反思环节。本章将结合欺凌行为发生前不同学生群体的行为和心理特征，分析酷凌行动中教育剧场的开展过程，为教育剧场在我国校园欺凌防治实践中的运用提供经验借鉴。

表16-1 酷凌行动中教育剧场的基本环节与活动安排

教育剧场基本环节	具体活动安排
第一次表演	热身游戏（Warm up games）、开始演出（Start the show）
第二次表演	坐针毡（Hot-seating）、思路追踪（Thought-tracking）
第三次表演	论坛剧场（Forum theatre）
剧情延伸与反思	第四幕（Scene four）

一、第一次表演

在第一次剧场表演正式开始前，酷凌行动会给观剧的学生设置一系列的热身游戏及团体

---

① 奥图勒，等.酷凌行动：应用戏剧手法处理校园霸凌和冲突[M].林玫君，等译.台北：心理出版社，2007.

活动,包括分组活动、建立焦点、肢体暖身、即兴练习和角色刻画等形式。^① 这些暖身活动的开展一方面可以帮助学生活跃肢体,使学生在短时间内调整身体状态,提高活跃程度;另一方面通过对表演和角色的尝试,能够使学生在参与互动的同时强化角色意识,为后续在戏剧观看与互动中的全情投入奠定基础。暖身游戏及团体活动还促进了学生群体之间的交流与合作,有助于营造良好的外部氛围,构建积极的社交关系,使学生们能够在轻松愉悦的状态中观看剧场表演,调动学生们参与互动的热情。

在热身游戏结束后,即可开始教育剧场的第一次表演。主题的选取、情节的设置、戏剧的制作与排演由酷凌行动的专家和学校的一线教师共同协作完成。剧情的设置与校园欺凌和冲突密切相关,角色的行为力求如现实生活般真实,清晰展现校园欺凌行为潜伏、萌发与爆发的全过程。教育剧场的第一次表演会完整、连续地进行,中间不会安排中断和互动环节,这有助于学生从整体上把握剧情方向,同时明确剧情中的环境、角色、年龄、种族等细节信息。在透彻了解剧情的基础上反思现实,回顾可能亲身经历或亲眼目睹的欺凌事件,使学生产生对剧中角色的代入感和同理心,为后续教育剧场表演环节中学生参与剧情的介入和干预奠定基础。

"故事从教师介绍班上的新同学陈氏开始。她是来自越南的移民,班上的同学都嘲笑她说英语的语调,甚至不友善地模仿她,尤其是莉比和塔莎两位女生。陈氏对此没有做出任何回应。

隔天,莉比和塔莎在操场上找到陈氏,要她发出一些她不能发音正确的单词,陈氏仍然不回应。两个女生没有得到回应,便开始给她取侮辱性的绰号,拉扯她的头发并推撞她,试图激怒陈氏。一群越南籍男生看不过去,上前协助陈氏,莉比和塔莎立即逃走。

第二天在教室,莉比和塔莎在陈氏的书桌里放了一些腐烂的水果。当陈氏打开书桌时,立刻发出难闻的异味。老师责备陈氏,莉比和塔莎则大声公开侮辱陈氏,指责陈氏常常会吃一些腐烂的食物。老师听见这些话,要求陈氏告诉她莉比和塔莎是怎么一回事。陈氏把被她们欺负的事情告诉老师,老师听后把莉比和塔莎叫到校长室。当她们走出校长室时,便去恐吓陈氏'你死定了!'放学后两人在校门口等着陈氏,故事到此完结。"^②

二、第二次表演

在第一次表演结束后,教育剧场会进行第二轮重演。与第一次表演相比,第二次表演设置了很多可中断剧情的环节,观众可以与剧中角色进行交谈和沟通,也可以在剧情表演的任

---

① 奥图勒,等.酷凌行动:应用戏剧手法处理校园霸凌和冲突[M].林玫君,等译.台北:心理出版社,2007:121.
② 奥图勒,等.酷凌行动:应用戏剧手法处理校园霸凌和冲突[M].林玫君,等译.台北:心理出版社,2007:110—111.

何时刻喊停（Freeze），了解剧中角色在当下剧情中的内心动态。通过这样的互动观剧活动，学生群体中的潜在欺凌者、潜在被欺凌者和潜在旁观者有机会站在其他角色的立场上重新思考校园欺凌问题，使学生们更加了解校园欺凌的本质与每个角色的行为动机，从而在认知他人情绪、情感和心理活动的基础上思考校园欺凌行为的缓解或消除措施。在第二次表演中，酷凌行动主要开展了坐针毡和思路追踪两项具体活动。[①]

（一）坐针毡

在这个环节中，所有演员在舞台上排成一行，工作人员会把一把椅子放在舞台下靠近观众的地方，并把椅子朝向观众。主持人会请观众选择一位最想进行交谈的角色，在征求、汇总大部分观众的意见后，主持人会邀请扮演这一角色的演员走上前坐在"针毡"（即椅子）上，接受观众的自由提问。在提问过程中，观众只能针对剧情提出有助于缓解欺凌和冲突的问题，问题应当是直接、具体地针对某一角色，而不是一般的、全体角色都可回应的问题；演员也必须要认真地以角色身份回答问题，演员不可介入回应其他角色的问题或与彼此对话。坐针毡活动只需进行五分钟左右，被访问的角色最好不要超过三个，避免对活动效果和剧情的后续推进造成影响。

"有一名男学生问陈氏，故事结束后在校门口发生了什么事，陈氏说她被打了一顿，然后三个人都被带到教务处接受了处分。她仍然受到欺凌，直至莉比离开学校为止。"[②]

在酷凌行动中，坐针毡往往被安排在第一次表演结束后、第二次表演开始剧情导入的这段时间，处在这个时期的学生观众对于校园欺凌的剧情有了整体的把握和理解，正处于认知他人情绪、形成剧情同感的阶段，在这一时期安排坐针毡活动有助于帮助学生更深入地了解剧情中校园欺凌的本质、背景及人物动机等。对于潜在欺凌者而言，剧情中的欺凌实施者往往是坐针毡中被重点关注和提问的对象，这能够引导潜在欺凌者透过剧中角色代入现实，在认知他人情绪和感受的基础上，反思自己行为的动机以及给他人造成的伤害。对于潜在被欺凌者而言，通过与剧中角色的对话和讨论，能够帮助潜在被欺凌者从不同角度剖析欺凌事件，提升他们在未来正视欺凌行为的勇气和能力。对于潜在旁观者而言，与剧中角色的对话能够建立起潜在旁观者与欺凌事件的关系纽带，消除潜在旁观者置身事外的心理，提升他们对欺凌事件的重视度和关注度。

（二）思路追踪

在坐针毡活动结束后，教育剧场将进行第二轮重演。在第二轮重演中酷凌行动将运用思路追踪的方法，观众可以在剧情进展的任意时刻喊停，要求暂停台上的演出行动，所有演员的

---

① 奥图勒，等.酷凌行动：应用戏剧手法处理校园霸凌和冲突[M].林玫君，等译.台北：心理出版社，2007：103.
② 奥图勒，等.酷凌行动：应用戏剧手法处理校园霸凌和冲突[M].林玫君，等译.台北：心理出版社，2007：111.

动作也会即时停止。在动作静止后,观众可以提出他们想听剧中哪个角色的内心活动,该角色必须确切地说出在剧情中此时此刻的心中所想。当每位被提名的角色完成讲话后,工作人员会指示演员从刚才剧情的暂停点重新开始演出。在这一环节,观众的提问需针对剧情中角色的行为展开,演员回答提问时应当以直接引述、第一人称的形式迅速回应,这有助于加强观众对角色行为的理解,引发观众思考剧中角色行为背后的意义。

"有观众要求使用思路追踪手法,了解一下莉比和塔莎及陈氏在校门口发生冲突时的内心想法。莉比和塔莎非常愤怒,认为自己的行为并不过分,不应该受到如此严重的处罚。陈氏内心充满恐惧,没想到老师会把莉比和塔莎带到校长室,认为自己一定会遭受报复。她们的回应都能清楚显示剧中教师的做法并没有解决冲突,反而激化了冲突。"①

这一环节的运用能够帮助学生了解剧中角色在不同时刻的所思所想,深入挖掘欺凌事件中不同角色的内心动态,探索不同主体的行为动机。通过这一环节,学生观众中的潜在欺凌者能够深入了解欺凌事件中其他涉事主体的内在想法与感受,学会站在他人角度思考问题,在理解差异的基础上反思自己在现实生活中与他人的关系,做到自我情绪的认知与管理。潜在被欺凌者通过参与思路追踪,能够在联系现实的基础上形成对剧情的同感,深度理解欺凌事件中不同主体产生不同情感的原因及其造成的结果,提升人际交往能力。潜在旁观者通过倾听剧中角色的内心独白,能够在代入剧情的同时反思现实,重新思考自己与他人、与集体的关系,提升潜在旁观者的群体认同感和个人责任感。

三、第三次表演

在前两轮表演结束后,教育剧场会进行第三次表演。在这个阶段,观众们对于整体的剧情有了明确的把握,对于剧中角色的内心动态与行为动机也有了深入了解。在此基础上,第三轮表演运用论坛剧场的形式,引导观众在批判性思考剧情的同时制定解决问题的策略,寻找行动范围内的解决方案,为进一步解决现实生活中的冲突或减缓其严重程度提供借鉴。②

论坛剧场在剧情方面与前两次表演无异,但观众们会被邀请以两种不同的形式参与互动。第一种形式观众能够直接介入到故事情境当中,从戏剧的观赏者(Spectator)变成观演者(Spec-actor)。在演出中的任何时刻,只要有观演者认为剧中的情况会因为其中一个角色行为的改变而得到改善,观演者就可以喊停,演员们会如第二次演出中的思路追踪般静止动作。此时,观演者可以提出自己认为有能力改善情况的那个角色,并走上舞台按照自己认为可以改善情况的思路和途径,代替该演员扮演那个角色。观演者以角色扮演的形式介入剧情,其

---

① 奥图勒,等.酷凌行动:应用戏剧手法处理校园霸凌和冲突[M].林玫君,等译.台北:心理出版社,2007:112.

② Gourd, K. M., & Gourd, T. Y. (2011). Enacting Democracy: Using Forum Theatre to Confront Bullying. Equity & Excellence in Education,44(3),403-419.

他演员则需要根据该角色的情绪与性格特点与他进行互动。若观演者的介入相当成功，整场戏将不被打断、自然地表演至结局，全场会向参与介入的观演者给予赞赏的掌声。若观演者的介入并不成功，例如观演者的介入方法并不适当、剧中的某些角色不能妥协，甚至使冲突进一步恶化时，工作人员会终止演出，让观演者返回座位重新担任观众，全场仍会报以掌声感谢这位观众的热情参与和勇敢尝试。接着，原来的演员会返回舞台，在刚才观演者介入之前的停顿点重新开始演出，直至下一次有观众喊停为止。[①]

"一位男同学喊停，他扮演剧中在操场上拯救了陈氏的一名越南籍男生。他走过去警告莉比和塔莎，要她们不要再碰陈氏一根汗毛，否则他和那帮越南同学会找她们两个算账。扮演莉比和塔莎的两位演员当场不知所措，接着便决定回家致电所有认识的澳洲籍男生，回校与这帮越南籍男生大打一场。观众看到此情况哄堂大笑，工作人员随即终止演出，观众们也认为这个介入会使情况变得更糟。"[②]

论坛剧场的第二种参与形式使观众以"魔法侦察员"（Magic-spotter）的身份暂停剧情，对表演中发生的事情或角色的行动展开讨论。当有观众认为演员或观演者的介入行动并不可信、使剧情推进与现实生活不符时，观众可以喊出"Magic"一词，演出行动便会立即停止。工作人员会组织观众进行讨论，首先由喊出"Magic"的观众解释为什么觉得角色的介入行动不可信，接着其他观众可以提出赞成和反对的意见。在这个过程中，演员必须保持定格状态，不允许参与观众的讨论，需要将决定权完整地转移给观众。如果大部分观众都认为观演者的介入行动不可信，那么观演者就需要返回座位重新恢复观众身份（同时感谢其热情参与和勇敢尝试），然后从介入前的时刻重新演出；但如果观众认为观演者的介入行动不应被质疑时，那剧情就可以从刚才的暂停点继续演下去，直至剧中冲突被解决或加剧，或另外有观众喊出"Magic"为止。[③]

"在腐烂食物事件后，一名女生要求介入表演。她扮演剧中教师的角色，把莉比和塔莎的座位分开，要求莉比和陈氏坐在一起，这一行为遭到了二人激烈的反抗。老师告诉她们无论如何都要坐在一起，直至她俩能够好好相处为止。老师走后莉比再次恐吓陈氏，认为是陈氏造成了老师这样的举动。这时观众中立刻有人喊'Magic'，大家都认为这个介入完全不符合真实情况。"[④]

这一环节能够激发学生观众对校园欺凌事件的深入思考与热烈讨论，在增强学生浸入式

---

① 奥图勒,等.酷凌行动:应用戏剧手法处理校园霸凌和冲突[M].林玫君,等译.台北:心理出版社,2007:105.

② 奥图勒,等.酷凌行动:应用戏剧手法处理校园霸凌和冲突[M].林玫君,等译.台北:心理出版社,2007:111.

③ 奥图勒,等.酷凌行动:应用戏剧手法处理校园霸凌和冲突[M].林玫君,等译.台北:心理出版社,2007:106.

④ 奥图勒,等.酷凌行动:应用戏剧手法处理校园霸凌和冲突[M].林玫君,等译.台北:心理出版社,2007:112.

体验的同时使学生学习应对和缓解冲突的技能,提升学生情感识别和判断是非的能力。[①] 通过参与剧情和互动环节,潜在欺凌者能够批判性地思考自己的经历,理解自己与同龄人产生冲突的根源。通过观察学习其他学生介入剧情、化解冲突时所运用的解决问题的措施,能够使潜在被欺凌者从内部发展调节情感、化解冲突和解决问题的能力,提高应对校园欺凌的信心与勇气,为处理未来可能出现的困难社交情况提供技能储备。潜在旁观者通过参与论坛剧场,获得了观察全局和融入全局的机会,他们能够发现自己的小小举动对欺凌事件和冲突的化解产生的巨大影响,从而正视自己在欺凌事件中的作用,提升责任感。

四、剧情延伸与反思

经历了三轮教育剧场的表演后,学生们对整体剧情以及剧中人物的内心动态有了深入的理解,在剧情介入中也为化解冲突提供了诸多建议和解决方案。然而现实生活中的冲突与欺凌行为往往不容易在现场就得到解决,为了更好地探索欺凌与冲突的预防和化解途径,酷凌行动在表演的最后设置了"第四幕"这一环节。

在第四幕中,工作人员会引导学生观众们进行分组讨论,每一组学生需要派出一名代表作为调解人,与剧中欺凌事件的一位当事人进行交谈,帮助他们调整情绪、化解冲突。在小组讨论中,学生们需要做出以下几个决定:剧中哪个角色最适合成为被调解的目标? 谁最有动机和能力去影响欺凌事件中的角色? 什么时候是进行调解的好时机? 怎样开始调解过程? 小组讨论结束后,每个小组轮流报告各自对于调解欺凌事件的建议,全体学生针对所有建议进行讨论和比较后,最终选择一组参与第四幕的调解演出。被选择的小组则指定一名同学扮演调解人,与他们认为最适合被调解的角色进行沟通,演员需保持剧中角色的状态进行回应。在第四幕的演出结束后,工作人员和教师会带领学生们进行一系列具有反思性质的讨论,例如探讨运用其他介入方式处理欺凌事件的可能性,或思考没被调解成功的欺凌行为会产生什么样的后果,最终实现剧中欺凌事件的完善解决,结束整个教育戏剧项目。

"一名女生向莉比提出一个建议,就是共同在老师面前装作和睦相处,当老师相信她们把她们的座位分开时,彼此再变回陌生人。陈氏与莉比最终握手同意协议。观众们认为这名女生的建议是一个很聪明的冲突管理办法,而莉比在这种情况下的回应也相当可信,大家普遍认同这是一个明显减缓冲突的介入方法。"[②]

---

① Lenz, V. R. (2012). Classification of prevention through drama cyber-bullying programs in Nassau County. [Unpublished masteral dissertation]. Stony Brook University.

② 奥图勒,等.酷凌行动:应用戏剧手法处理校园霸凌和冲突[M].林玫君,等译.台北:心理出版社,2007:112.

这一环节的设置给同学们提供了充分反思与沉淀的时间，使同学们有机会把在剧情介入中获取的多角度的欺凌行为解决方案代入现实，思考这些解决方案在现实生活中可能会出现的问题，并延伸出后续的应对策略。这一环节为潜在欺凌者提供了缓解冲突、降低伤害的机会，使潜在欺凌者在思考调解方案的同时对现实自我进行说服和约束，提升对自我情绪的控制和调节，从根源降低欺凌行为的发生概率。潜在被欺凌者能够在调解环节中感受到全体学生为化解欺凌事件所作的努力，形成被关注、被重视、被保护等积极的情感体验，增强潜在被欺凌者参与社交互动的自信与勇气。潜在旁观者通过体验集体讨论——形成调解方案——实现成功调解这一过程，能够领略到参与缓解欺凌事件的价值和意义，从而增强潜在旁观者的集体意识和责任感，提高未来参与欺凌事件调解的可能。

第四节　教育剧场在校园欺凌预防中的应用效果

教育剧场在校园欺凌预防阶段有着较好的应用效果，能够针对不同学生群体的性格特点和行为特征发挥作用。教育剧场能够帮助学生群体中的潜在欺凌者提高同理心，在换位思考的基础上正确认知他人情绪，提升情感调节和控制能力。对潜在被欺凌者而言，教育剧场为构建积极的社交关系营造了良好的外部环境，这类学生通过观看剧情、参与互动，形成了积极正向的情感体验，有效提升自我意志与自我认同，增强了应对欺凌问题的策略与能力。潜在旁观者通过参与教育剧场，能够重新构建个人与他人和集体的关系，促进责任感的提升。酷凌行动作为一项反欺凌教育剧场项目，在实际推行过程中也取得了较为显著的应用效果，在提升学生社会与情感能力的同时实现对欺凌行为的早期管控和预防[①]，其应用效果主要体现在学生的认知层面与行为层面。

一、认知层面

首先在认知层面，学生们对于欺凌事件的基本特征和发展阶段有了详细认识，明确了欺凌行为对不同主体造成的伤害和负面影响，同时学习了面对欺凌事件的应对策略和解决方式。酷凌行动在每个行动研究周期的研究结果以及总结性数据的收集，都清楚且一致地揭示了学生们对欺凌行为本身认识的提高。酷凌行动对持续参与该项目三年的新南威尔士州的伯伍德（Burwood）中学进行了回访调查，其中超过90%的216名中学生在参与酷凌行动两年后仍然能够正确定义欺凌行为，识别欺凌事件中所涉及的三类主体。参与该项目的所有学生

---

① Burton, B., & O'Toole, J. (2009). Power in Their Hands: The Outcomes of the Acting Against Bullying Research Project. Applied Theatre Researcher/IDEA Journal, 10, 1 - 5.

中有 87.2% 的人表示，他们在项目结束后更加认识到欺凌行为给当事人带来的伤害，87.1% 的人认为欺凌必须被逐步减少或彻底消除。当被问及他们是否更有可能做些什么来应对校园欺凌事件，以缓解或结束这种局面时，参与该项目的所有学生中有 64% 的人回答"是"，33% 的人说不确定，只有 3% 的人持否定态度。当被问及"你是否学会了如何更好地调解你所面临的欺凌情况"时，70.3% 的学生给出了肯定的回答，19.3% 的学生表示不确定，只有 10.4% 的学生给出了否定的回答。[①] 可见在参与了酷凌行动后，学生们加深了对欺凌行为的理解，认识到欺凌行为应当被预防、停止或减缓的必要性，提高了学生参与调解实际欺凌事件的意愿和能力，在认知层面降低欺凌行为发生的概率，实现欺凌预防。

二、行为层面

在行为层面，学生们在参与酷凌行动后，在外部环境与个人认知的共同作用下，能够很好地将自己的所学应用于实际生活中，实现个体行为方式上的调整与改变。对多数参与酷凌行动的学生而言，学生们如何将所学应用于现实生活就像水面上的涟漪，在水面上下所引发的效应难以测量，但是它却明显存在。[②] 酷凌行动项目组通过进行深入回访沟通，倾听教师和学生们的叙述，在观察学生行为的基础上，把握酷凌行动在学生行为层面带来的效果。在对伯伍德中学进行项目回访时一位九年级教师说："和以前动不动就大吼大叫不同，现在学生们比较常运用沟通的方式，力图找到彼此都可以解决问题的办法。他们不会再像以前一样那么容易就打起来了。""酷凌行动结束后，学生们非常擅长用论坛剧场中所学的方法去尝试缓解矛盾与冲突。恃强凌弱者不再掌握着力量的权威，越来越多的学生发挥了旁观者的力量，否认恃强凌弱者的力量，消除欺凌事件发生的机会。"一位曾经欺凌过他人的同学在参与了酷凌行动后对项目组人员说："我曾经欺负过一群小孩，但现在我明白了，'嘿，这是不对的。我不应该这么做。'在教育剧场中我看到过恃强凌弱者，也曾扮演过被欺凌者——我知道他们的感受。所以我试着对那些人更好，我们现在相处得很好。"[③] 酷凌行动在改变了学生群体对欺凌事件的认知与理解后，也潜移默化地影响着学生的实际行为。学生们在社会认知得到发展的基础上丰富和改善现实关系，同时作用于外部环境，为校园欺凌的预防营造了良好的行动氛围。

虽然教育剧场在很大程度上提升了校园欺凌预防的效果，但教育剧场在校园欺凌预防阶

---

① Bhukhanwala，F.（2014）. Theater of the Oppressed in an After-School Program：Middle School Students' Perspectives on Bullying and Prevention. Middle School Journal，46(1)，3-12.

② 奥图勒，等. 酷凌行动：应用戏剧手法处理校园霸凌和冲突[M]. 林玫君，等译. 台北：心理出版社，2007：41.

③ Morrison，M.，Burton，B.，& O'Toole，J.（2006）. Re-engagement through Peer Teaching Drama. In Burnard，P.，Hennessy，S.（Eds.）Reflective Practices in Arts Education，Vol. 5.（pp. 139-148）. Springer，Dordrecht.

段的推行仍然存在诸多挑战，这些挑战也体现在酷凌行动的实际运行中。一方面，筹备教育剧场有着较高的成本开销，而教育剧场在校园欺凌预防阶段的推行往往是以免费观看的形式提供给全校学生，具有非营利性，融资渠道较为有限，这给教育剧场项目团队的日常经营管理带来困难。另一方面，教育剧场目前仍处在理论研究与师资培育阶段，缺少专业从事教育剧场工作的师资力量，这直接影响了教育剧场的剧本创作质量和项目管理水平，导致有关校园欺凌预防的优秀剧本匮乏且剧本同质化现象明显。因此，对于以酷凌行动为代表的反欺凌教育剧场项目来说，如何在教育剧场的宣传与推广过程中缓解资金压力、储备充足的师资力量、提高剧场作品的质量成为亟待解决的问题。

第五节　对我国校园欺凌预防的启示与建议

通过梳理教育剧场在校园欺凌预防中的应用要素，结合对国外反欺凌戏剧项目实例的分析，本章阐明了教育戏剧在校园欺凌预防中的应用及其所发挥的作用。为了更好地将研究结论运用于我国校园欺凌防治实践，本节从政府层面、学校层面和社会层面为我国校园欺凌预防提供建议，从而能够更好地发挥教育戏剧在校园欺凌预防中的独特作用，抑制校园欺凌要素的形成与发展。

一、政府层面：强调宏观指导，加强体系建设

我国当前缺少扶持教育戏剧发展的相关政策，对于教育戏剧的课程化建设也略显不足，导致学校、教师、家长等主体对教育戏剧的重视程度不高，难以发挥教育戏剧对校园欺凌的预防作用。英美等国都颁布了相关的艺术教育法令，将教育戏剧纳入国家课程体系并建立了相应的课程能力指标，促进了教育戏剧的推广和发展。因此，为了更好地发挥教育戏剧在校园欺凌预防中的作用，提升校园欺凌防治效果，我国教育部门也应当在政策和制度层面探索契合本土的教育戏剧课程化体系建设。[①]

一方面，政府应当在政策层面将教育戏剧纳入课程建设环节，科学定位各级各类学校的教育戏剧课程标准，在制度层面上给予地方政府和基层学校更多明确的参照与指导。另一方面，政府应当结合时代发展和现实需要，通过试点试验、探索方法、总结经验等形式扶持学校研发教育戏剧相关课程资源，强化对学生社会认知和社会与情感的培养，促进教育戏剧手法在校园欺凌预防工作中的科学应用。在完善课程标准与课程资源的基础上，政府应建立具有针对性的评估体系，循序渐进地推广并检验教育戏剧在校园欺凌预防工作中的应用效果，使

---

① 岑玮.教育戏剧的教育意义与教学策略[J].当代教育科学，2011(17)：9—10＋22.

得教育戏剧在校园欺凌预防工作中的运用有章可循,确保教育戏剧在校园欺凌预防中的有效应用。

二、学校层面:加强师资建设,转变育人模式

加强师资队伍建设是教育戏剧在我国校园欺凌预防中顺利推行的关键,学校层面应当重视教育戏剧师资的职前培养与职后培训,也需要加强职前与职后的一体化衔接。一方面要发挥师范院校在教育戏剧专业人才职前培养中的独特作用,从源头上培育具有教育戏剧意识和能力的教师群体。在师范类高等院校开设专业的教育戏剧课程,培养一系列具有教育学理论和教育戏剧技巧的专业人才。另一方面要为一线教师提供与教育戏剧相关的专业培训,学校应当与专业院校进行合作,综合运用讲座、工作坊、观摩学习等途径,为学校教师在教育戏剧理论、教学模式、教学方法等方面提供前后连贯、体系严谨的专业化培训,为教育戏剧在校园欺凌防治中的运用提供人才保障。

育人模式的转变是教育戏剧在校园欺凌预防中得以运用的前提。近年来,国家针对落实立德树人的根本任务,在各类政策文件中明确阐明人才培养应以核心素养为导向,要求学校在学习方式和育人模式上实现根本转型。在校园欺凌预防工作中,如何针对不同学生群体的发展特点,给予学生具有前沿性、综合性、现实性的指导与帮助,提升他们应对校园欺凌的意识和能力,成为需要教育工作者持续思考的问题。因此,学校层面在有关校园欺凌预防的课堂教学与各类活动中,应当利用教育戏剧来引领教学方式与学习方式的变革。学校在校园欺凌预防工作中应当结合教育戏剧的形式,以校园欺凌预防为主线,构建符合学生自身特点和成长发展倾向的课程体系。通过问题化学习和情景化学习的结合来培养学生应对校园欺凌问题的素养,将深度学习、主题式学习、项目式学习等前沿的学习方式与教育戏剧手段进行充分融合,从而实现目标激励、人格养成、能力构建等教学目标,提升校园欺凌预防效果。

三、社会层面:校内校外联动,依托社会力量

一线教师在运用教育戏剧开展校园欺凌预防工作的过程中,由于缺少成功经验的借鉴与专业人士的及时指导,导致难以发挥教育戏剧的作用及效果。为了帮助一线教师在校园欺凌预防工作中更好地运用教育戏剧,应当充分发挥社会各界的力量,加强学校与校外专业教育戏剧团体的联动性。学校可以与专业戏剧院校或社会团体建立合作关系,专业的教育戏剧团体定期针对学校校园欺凌预防的实际情况提供教育戏剧资源和计划方面的支持,同时学校也可自行提出需求,由校外专业人士提供帮助与指导。例如中国戏剧文学学会应用戏剧研究中

心、上海话剧艺术中心、李婴宁戏剧工作室等机构都曾经开设过面向学校和在职教师的教育戏剧培训课程。[①] 通过借助校园专业人士和机构的能力，能够为学校的校园欺凌预防工作提供专业的教育戏剧培训与指导，从而促进教育戏剧在校园欺凌预防中的更好运用，为学校形成一套有计划、可实施的校园欺凌预防策略提供社会层面的专业力量。

---

① 杨柳，张寅，于炜.教育戏剧：一种创新的教学方法[J].教育发展研究，2013(02):74—78.

第十七章　亲子阅读作为社会与情感能力培养的有效路径

随着社会与情感能力研究的深入,社会与情感能力的培养要形成合力已成为研究者的共识,接纳与尊重的家校合作伙伴关系的构建也被认为是培养学生社会与情感能力的重要途径。"佩里学前教育项目"是干预成功的最好例证。[①] 但是对家长而言,目前儿童社会与情感能力培养方面仍然存在两方面的问题:一是家长对儿童社会与情感教育的内涵和价值了解不够,另一方面是家长缺乏有效的培养儿童社会与情感能力的操作策略。因此,寻找一个适宜的载体就显得尤为重要。近年来,亲子阅读在家庭教育中发挥着越来越重要的作用,社会与情感类的阅读资源无疑可以成为社会与情感能力培养的重要载体,而亲子共读过程中心理环境的塑造更是对儿童各项社会与情感能力的培养具有直接的促进价值。作为学校则需要为家庭提供科学、系统的亲子阅读指导,协同促进儿童社会与情感能力的提升。

第一节　亲子阅读促儿童社会与情感能力提升的现实困境

亲子阅读通常是指家长和儿童共同阅读,在互动交流的过程中,引导儿童进行相关思考,以提高儿童的阅读能力、健全儿童人格发展的一种阅读教育方式。作为培养幼儿阅读能力重要途径的亲子阅读,不仅可以开拓幼儿的视野,增长知识,培养丰富的想象力、创造力等,而且可以促进亲子间的情感交流。[②] 亲子阅读的过程中,父母和孩子积极互动,产生了真实的情感交流,能让儿童体验到与父母相处的快乐情绪,能帮助儿童积累与他人交往的宝贵经验

---

① 袁振国. 什么对事业成功、生活幸福更具影响[N]. 光明日报,2019 - 07 - 23(13).

② 朱从梅,周兢. 亲子阅读类型及其对幼儿阅读能力发展的影响[J]. 幼儿教育(教育科学版),2006(7):89 - 94.

以及在阅读过程中体验到自信和成功感等。同时，父母陪伴儿童读绘本能够从儿童的肢体语言、表情辨别出儿童情感的变化与种种需求，进而进行适度的响应，让父母在关注儿童情绪情感的同时，帮助儿童积累表达、处理情绪情感的宝贵经验。

但在实际的亲子阅读调查中发现，诸多家长对于亲子阅读的理念认知非常片面，多限于对知识层面价值的认识，对亲子阅读促进儿童社会与情感能力发展方面的价值认识不足，而且在亲子阅读的过程中缺乏培养儿童社会与情感能力的有效策略。

一、家长群体的相关理念认识不足

（一）理念认知的片面化

随着亲子阅读的逐步推广，亲子阅读的相关调查研究也在各地开展，从调查结果中可以对家长亲子阅读的理念认知有所了解。当前，家庭亲子阅读中大多数家长过分关注阅读对于幼儿的认字功能，过分关注知识的习得，忽略了亲子阅读中对于儿童社会与情感能力培养的价值。在阅读的结果上，家长也更多关注的是儿童知识的获得或者语言能力的提升，缺乏对于亲子阅读多元价值的全面认识。

（二）资源选择的功利化

在亲子阅读资源的选择上也能够看出家长的亲子阅读理念倾向，在一项调查中发现，家长在选择阅读资源时，大部分是教学资料类、文学类、益智类、科普类等，关于情绪情感、社会交往等方面的图书选择较少，并且在选择图书时对年龄特点的考虑不够。[1] 因此，亲子阅读促进儿童社会与情感能力提升首要解决的应是家长的理念认知和资源的选择问题。

二、家长群体的相关操作策略缺乏

（一）环境和时间的安排不合理

环境创设和时间安排是顺利开展亲子阅读的基本保障，温馨的阅读环境有助于创设良好的亲子阅读氛围，但在调查中发现，很多家庭中并没有为儿童创设专门的阅读场所，除了充足的图书资源，父母还应该创设一个适合开展亲子阅读的舒适环境。固定的阅读时刻有助于亲子阅读的持久性和期待性，但是许多家庭缺乏亲子阅读计划和阅读时间的保障。适宜的亲子阅读时间安排，在帮助儿童建立良好阅读习惯的同时，也能够让儿童在坚持性、意志力和成就感等方面获得激励。

---

① 吕彦玲.3—6岁幼儿亲子阅读的现状调查及分析[J].山西教育（幼教），2019(08)：66—69.

（二）互动指导策略的掌握不深入

在高质量的亲子阅读中，儿童各方面的社会与情感能力可以得到相应的提升，这个高质量就体现在亲子阅读的过程中，而多项调查研究指向的同一个重要问题就是家长在亲子阅读方法上存在不足，"父母读——儿童听"或者"儿童读——父母听"的单向阅读模式，让儿童的阅读兴趣降低，阅读效果欠佳，更难以实现社会与情感能力培养的功能。近年来，随着早期阅读研究的深入，互动式的亲子阅读模式被公认为是最有效的方式之一。父母和孩子之间在亲子阅读的过程中互相交流，互相关注情绪，父母提出引发孩子思考的问题或者和孩子一起进行游戏，孩子调动多种感官理解图书内容和画面，还可以发挥想象力和创造力进行阅读后的各种延伸活动。如何将科学有效的互动式阅读推广到家长群体中，让家长掌握有利于儿童社会与情感能力提升的阅读方法，也是需要学校进行探索和实践的。

第二节 社会与情感类阅读资源为儿童
提供生动的学习情境

社会与情感类绘本是开展儿童社会与情感教育的重要载体。儿童绘本通常以故事的形式呈现，这类故事容易引起儿童的认同，可成为儿童的榜样，儿童在阅读时会认同主角而模仿他们的态度与行为。儿童可以在阅读绘本的过程中更好地认识自我，学会与人相处，学会遵守社会的各种行为规范，获得更多社会能力方面的发展。特别是社会与情感类绘本中包含了许多可以反映儿童现实生活的内容，在阅读的过程中，儿童可以充分地调动自己的经验去理解故事中的内容和情节。学会用语言或其他恰当的方式表达自己的情绪体验，学会理解各种情绪产生的原因，掌握一些应对负面情绪的方法。①

面向大龄儿童的故事类、文学类和科幻类图书等，其中也不乏涉及培养社会与情感能力相关的图书资源，如人物传记类的儿童文学作品，《长袜子皮皮》《木偶奇遇记》《居里夫人传》等，可以让儿童在阅读他人经历的过程中加深对自我的认识。一些校园题材的儿童文学作品，则为儿童创设了一个与个人学习生活相吻合的情境，儿童可以在其中学习和反思与周围同伴交往的经验、融入集体的方法以及获得集体归属感的体验等。历险记类的儿童文学作品，可以把儿童带入一个充满挑战的情境之中，儿童跟随主人公探险的过程中也在被他们克服困难、勇敢自信、坚持不懈的精神所感染。这些都是对儿童开展社会与情感能力培养的素材来源。

---

① 周洁，刘娟. 绘本阅读对3—6岁幼儿自我概念的影响——基于文献的分析[J]. 教育学术月刊，2020(07)：74-81.

在教育部—联合国儿童基金会"社会与情感学习"项目实施过程中形成了具有中国特色的自我认知和自我管理、他人认知和他人管理、集体认知和集体管理6个维度构成的社会与情感能力框架结构。[①] 以自我维度为例，当前的图书资源中我们可以寻找到对应学生社会与情感能力框架中6个方面的主题图书（如表17-1所示）。这些图书可以为儿童提供生动的学习情境，在开展亲子阅读的过程中帮助儿童获得相应社会与情感能力的提升。

表 17-1　社会与情感能力培养相关图书资源举例

维度			图书	内容简介
自我	自我认知	自知	《我喜欢自己》	这个绘本的叙述每一次都采用"我"作为主体，并且实实在在地关注孩子生活的方方面面。孩子要从小建立积极的自我概念
		自信	《胆小鬼威利》	只要努力，就可以让孩子变得强大。威利通过坚持运动、吃营养大餐、健身……不仅身体变得强壮，内心也变得坚定和自信
		自尊	《我不是笨小孩》	它是一本令人心生勇气的绘本。这个故事描述的是一个优秀且好强的小女孩
	自我管理	自我调适	《菲菲生气了》	阅读这本书，可以让孩子非常贴切地感受菲菲的心理，了解抽象情绪的历程
		自我反省	《小猪的反省时间》	本书中的父母用"冷处理"或"计时隔离"的方式，让孩子在独处中学会改变、约束自己的行为
		自我激励	《想飞的猪》	有些事，在你没做成以前，别人像看笑话，在你做成了之后，别人像看神话。关键是，你可不可以自始至终坚持自己

一、传记类图书帮助儿童汲取自我认知和自我管理的智慧

传记类图书往往以一个主人公为叙述对象，重点描述主人公的语言、表情、动作和心理变化等，非常适合作为儿童认知自我、管理自我情绪情感的阅读资源。

[①] 杜媛，毛亚庆.基于关系视角的学生社会情感能力构建及发展研究[J].教育研究，2018(8)：43-50.

（一）学前儿童需要在具体情境中认知自我

在学前阶段，图书中的主人公有些是动物有些是儿童，但故事中会围绕这个单一的主人公进行较为深入的描述，还配以生动形象的画面，有助于幼儿进行观察和识别。一类直接指向外形特征、性格特征的直接描述，如《大脚丫跳芭蕾》《我喜欢自己》《现在的我很棒》《我不是笨小孩》等绘本故事，可以在亲子阅读的过程中，引导幼儿认知自我的特征，建立自信和自尊。从小年龄段到大年龄段是一个从身体特征向性格特征逐步认识的过程。还有一类情绪情感类的绘本，专门描述了儿童情绪调节的故事，如《菲菲生气了》《生气的亚瑟》《生气汤》等，可以在亲子阅读的过程中引导幼儿识别不同的表情和情绪，学习情绪调节的方法。大年龄段的幼儿还可以结合故事讲述自己的情绪调节经历、创编故事情节等。还有一些指向日常生活中不同寻常的想法的故事，如《天啊，错啦》《小猪的反省时间》等绘本故事可以帮助幼儿学习反省的品质，一些励志的小故事如《石头小猪不服输》《犟龟》《鸭子骑车记》等故事则可以引导幼儿识别和学习坚韧、进取的品质。

（二）小学阶段作品有更深入的心理刻画

小学阶段的传记类文学作品篇幅更长，主题阐述更为深入，对人物的刻画也更为全面，故事情节也更为曲折，每一部文学作品中的启示和价值指向也更为多元。如《小猪唏哩呼噜》《长袜子皮皮》《居里夫人传》等，儿童能够从故事中看到一个非常全面立体的人物形象，认识到许多人物的品质，在亲子阅读的过程中，成人可以有意识地引导儿童学习和对照自己的行为和品质，进一步地认识和接纳自我，《不一样的卡梅拉》《特别女生撒哈拉》等有趣的故事也能帮助儿童体悟到自信和自尊的重要性。

到了小学阶段，随着儿童年龄的增长，所要应对的情绪更多更复杂，文学作品中关于情绪情感的描述通常是在故事情节当中有所体现，较少将此作为主题。因此，需要成人在阅读故事的过程中有意识地引导儿童去发现情绪调适的故事情节和方法，还可以结合故事情境来说出自己的经历和想法。如《班长下台》故事中主人公面对数学成绩不好的情况作出的心理斗争，非常贴合小学生的生活经历，在读到相关的段落时成人可以和儿童进行一些讨论和交流，帮助他们习得一些调适心理的方法。在小学阶段的图书中反省品质也更多是体现在一些发人深省的故事主题中，如《失落的一角》《小王子》等图书，其中很多表达都是以一种反思的口吻进行的，儿童可以在阅读的过程中学习到这样一种反省的思维方式。还有一类探险记类的图书，突出了主人公的一种坚韧和进取的精神，如《丁丁历险记》《鲁宾逊漂流记》《格列佛游记》等，而《假如给我三天光明》则是一类主题更为鲜明的励志类故事，对于坚韧精神的刻画更为深入，能够在阅读的过程中感染到儿童。成人则可以在亲子阅读时，引导儿童在学习主人公坚韧进取精神的同时，帮助儿童梳理走向成功实现梦想的方法，最终回归到儿童的生活实践当中。

二、交往类故事引导儿童探寻对他人认知和他人管理的路径

交往类的故事通常会有两个或两个以上的主人公，描述同伴之间交往的经历，可以帮助儿童在阅读他人交往经历的过程中，识别和学习与他人交往的方法。

（一）学龄前儿童重在识别不同情感

学龄前的图书故事情节较为简单，主题表达也较为单一和集中，画面中人物的动作和表情也可以帮助幼儿理解故事内容。如《阿狐和阿秋》的故事中阿狐和阿秋之间的关怀和依恋，《彩虹鱼》的故事中彩虹鱼学会分享之后的快乐，《阿文的小毯子》中对于儿童习惯的尊重，《爱花的牛》中对不同想法的尊重，《好朋友》中友情的珍贵等。对于幼儿来讲学习如何处理与他人的关系，接纳和尊重与自己生活方式和习惯不同的人是提升他人管理能力的重要方面，《小黄和小蓝》对于低龄幼儿来说是非常鲜明的两个个体，他们却可以成为好朋友，而《鳄鱼爱上长颈鹿》系列则更形象地展现了具有不同生活方式和习惯的两个个体却可以互相爱慕和谐相处，还提供了很多可以借鉴的相处法则。《对不起，没关系》《吵架了，不开心》《敌人派》等故事则能直接教会幼儿如何化解各种同伴相处中的冲突事件，《小霸王富兰克林》《胆小鬼威利》《分享并不总是很容易》等故事通过一个个贴近幼儿生活场景的故事，给予了幼儿直面人际交往中各种困境的方法。在亲子阅读的过程中，成人可以引导幼儿先观察和识别主人公情绪的变化，学习应对人际冲突的有效方法。同时，成人给幼儿进行阅读指导的过程也是一个幼儿与他人进行交往的过程，也要有意识地引导幼儿和成人之间积极互动，成人可以通过情绪的变化来表达故事中情节的变化和人物心情的变化，让幼儿更好地体验到不同的情绪感受。

（二）小学阶段重在获得应对技能

小学阶段的图书中，关于对他人的认知和他人管理的内容通常是蕴含在校园题材类的图书中，当出现同学同伴交往的故事情节时，共情、尊重、亲和等的品质也就在人物形象中呈现出来了，理解与包容、化解冲突和处理人际关系的方法也在交往过程中有所体现。例如在阅读《男生贾里》《女生贾梅》《笑猫日记》《戴小桥和他的哥们儿》等图书时，成人可以引导儿童从故事中识别人物的行为、特点、情绪等，迁移到自己的学校生活中，帮助儿童认识和理解他人的情绪，认识和接纳不同性格的同伴，学习如何帮助和安慰他人，并在这个过程中学习处理人际关系和冲突矛盾的方式方法。特别要注意的是，对于小学生来说，除了良好人际关系的处理，还有一个关于"欺凌"的主题是需要成人加以重视的，在阅读故事的过程中学习识别故事中的欺凌行为和应对方法，再联系到儿童的生活经历当中，可以帮助儿童学会正确地应对欺凌行为，防止欺凌和被欺凌的事件发生。从小学低段到小学高段，对于他人的认知是从表面

的情绪识别向情绪产生的原因逐步深入的,对他人的管理,是一个从简单的处理方法到能够坚持正确的选择并且想办法让他人认可自己的逐步深入的过程。

三、集体情境中触发儿童体悟集体认知和集体管理的认同感

儿童在阅读中增强集体认知和集体管理的能力,并不是阅读专门的概念描述,而是隐含在故事的大背景之中,儿童从故事创设的集体情境中感知集体的相关内涵。

(一) 学龄前的集体意识基于家庭和幼儿园范畴

学龄前儿童的集体意识是从自己的家庭到幼儿园再到更大范围的家乡、国家的归属感中获得的,因此,学龄前儿童集体意识培养的相关图书也是以家人、家庭、幼儿园、家乡、国家为主题或背景的,从小班到大班,集体的范围逐步扩大。如《团圆》《爷爷一定有办法》等图书中幼儿可以感受到家这个集体的氛围,《爱上幼儿园》系列则能帮助幼儿理解班集体的概念,《荷花镇的早市》《北京的春节》能帮助幼儿增强对于家乡这一集体的认识,《兔儿爷》《中国红》等中国原创绘本则能帮助幼儿增强对于国家的归属感。对于学龄前儿童来说,规范的遵守主要是日常生活中相关规则和行为规范的了解和学习,例如《恐龙是怎样道晚安的》可以让儿童跟着可爱的恐龙学习睡前的小规则,《兔子先生去散步》让幼儿跟着兔子先生认识一些常见的指示标志,《多多老板和森林婆婆》则可以帮助幼儿认识到保护环境的重要性。

(二) 小学阶段的集体意识基于班级和学校范畴

小学阶段的集体意识更多指向的是对于班集体、学校集体的认识,了解自己在集体中的职责和定位,学习如何在集体中发挥自己的作用,如何维护集体荣誉,如何建设更好的集体等方面。因此,以校园为背景的文学作品都可以用来帮助儿童认识集体和管理集体。如《会飞的教室》《天蓝小学的故事》《一年级大个子二年级小个子》等图书,成人在和儿童开展亲子阅读的过程中,需要有意识地引导儿童从故事情节中识别出集体的主要特征,认识到每个人在集体中的作用,学习融入集体的方法以及如何为集体建设付出自己的努力,并迁移到自己的学校生活经历当中。同时可以从中学习到在集体中遵守规范的重要性,低年级儿童关注的是班级规则的制定,而高年级学生则可以关注到如何对于不合理的章程进行修改的努力尝试。

亲社会品质和亲社会能力的培养则蕴含在一个个有爱的故事当中,学龄前儿童喜欢的绘本《我喜欢你》《晚安,大猩猩》《爱心树》《花婆婆》《彩虹色的花》,从对于家人的爱到对于他人的爱,再到对于国家和世界的爱,帮助幼儿建立起亲社会的品质和能力。小学阶段,儿童喜爱的图书有《夏洛的网》《爱的教育》《城南旧事》《热爱生命》等,儿童可以从中感受到爱他人、爱生活、爱生命所带来的力量和满足,帮助儿童建立起良好的亲社会品质。合作能力和领导力则

可以通过和儿童一起阅读一些历险记类的故事，从主人公的成功经历中识别和学习到合作的方法和领导力的特质，如《洋葱头历险记》中勇敢的洋葱头带领伙伴们一起推翻柠檬王统治的过程中，成人可以带领儿童从有趣的故事情节和主人公的行为中学习合作和领导的力量。

总之，在开展亲子阅读的过程中，需要成人帮助儿童从故事情节中识别出各种社会与情感能力，并且帮助儿童迁移到自己的生活经历当中。帮助儿童更好地获得各种社会与情感能力是我们最终的目的，这是一个逐步积累和深入的过程，需要持续不断的实践。

第三节　基于儿童社会与情感能力提升的亲子阅读指导路径

社会与情感能力的培养是需要家校协同促进的，互动共赢的家校合作机制一方面需要学校加强对家长的培训，提升家长对社会与情感能力培养的理念认识，提高其教育孩子的水平。另一方面，需要组织开展一些家校合作的特色活动。[①] 目前在亲子阅读活动中，家长对于如何开展高质量的亲子阅读缺乏理念的引领和可行性的操作策略，需要学校通过一系列的家园共育的活动，给予家长针对性的阅读策略指导，让儿童在学校和家庭相一致的教育中，获得更好的发展。

一、基于学校的教育参与

（一）保障：提供多元的图书资源获取渠道

为了亲子阅读的顺利开展，需要为儿童提供充足的和社会与情感能力培养相关的图书资源，图书资源的获得除了购买纸质图书，还可以通过图书馆借阅、学校图书漂流活动以及线上电子图书资源阅览等多种方式获得。优质的图书书目可以来自教师、学校的推荐，还可以通过权威的网络图书推荐了解，例如"中国小学生分级阅读书目""中国儿童分级阅读书目·幼儿版"等。而学校作为专业的教育场所，拥有大量的图书资源和对优质图书的筛选能力，可以通过多种线上线下的途径，向家长推荐社会情感类的图书，为亲子阅读提供保障。可以按照不同的主题进行集体推荐，也可以针对个别幼儿进行个别化推荐和指导。

1. 学校公众平台开设好书推荐栏目

学校的公众号是面向全体家长的一个宣传平台，可以借助好书推荐的栏目，向家长介绍

---

① 毛亚庆，杜媛，易坤权，闻待. 基于学生社会情感能力培养的学校改进——教育部-联合国儿童基金会"社会情感学习"项目的探索与实践[J]. 中小学管理，2018(11)：31—33.

和推荐社会情感类的图书资源,让家长了解更多的图书资源。

2. 线上图书阅读平台

目前市面上已有多种电子图书平台,如上海的"滴滴学堂"App,里面有大量的绘本资源,电子绘本具有可点读、动态互动等功能,更有利于调动儿童的阅读兴趣,可以结合主题学习活动和幼儿的情绪情感问题,作为纸质图书的补充,定期推荐给家长,也可以实现个性化的推送,解决特殊儿童的需要。

3. 图书漂流活动

学校可以将相关的图书资源进行梳理,从自我认知、同伴交往、社会适应三个主题将图书归类,通过图书漂流的形式,每月一个主题,让学生每周一带回家,每周五带回学校,一个学期下来,学生能够接触到大量的社会情感类图书资源。

4. 个性化图书推荐

不同的儿童所遇到的社会情感类问题不同,需求也不同,这时候就需要教师针对儿童的特殊情况,推荐相应的绘本资源。通过相关主题的亲子阅读协助解决儿童的社会情感类问题。

(二) 核心:开展系统的专题培训

学校可以通过家长课堂、家长会、公众号宣传等多种渠道,让家长了解到社会与情感能力培养的重要性以及高质量亲子阅读开展的重要价值,让家长在理念上对于亲子阅读的价值有更深入和更全面的认识,让家长先了解良好的社会与情感能力的具体表现,再通过亲子阅读等多种渠道引导儿童在社会与情感能力方面的发展。

1. 学校公众平台宣传

学校的网站、公众号等平台可以作为社会与情感能力的价值及亲子阅读相关理念的宣传阵地。可以开设专门的栏目,定期向家长进行理论方面的文章和案例的推送。

2. 家长开放日展示

学校可以定期开展家长开放日活动,组织家长观摩阅读活动,并给予家长亲子阅读指导,引导家长与儿童之间正确的阅读,让家长可以清晰地看到儿童的学习轨迹,也有利于家长在家开展针对性的亲子阅读。

3. 专题类的家长课堂

学校可以定期举行线上线下的专题类的家长培训活动,将社会与情感能力的培养纳入培训专题之中,让家长更深入地了解社会与情感能力的每一项指标,掌握亲子阅读的有效方法,还可以针对学生出现的相关问题进行答疑,更直接地帮助家长解决困惑。同时,家长也可以成为一项重要的教育资源,让家长参与到儿童的发展中来。随着家长开展亲子阅读的深入,学校可以为家长搭建互相分享、互相借鉴的平台，让优秀的亲子阅读案例得到推广，更好地激发家长的认可度和参与性。

4. 针对个体的沟通指导

教师和家长需要在日常加强对学生社会与情感方面的观察和识别，针对不同学生遇到的不同的社会与情感类问题，进行针对性地沟通和分析，教师要及时向家长提供相关的解决方案和指导建议。

（三）实践：提供可操作的阅读任务卡

为家长提供一个可操作的阅读任务卡是一种让家长将理念转化为行为的有效方式，阅读任务卡以具体的图书为基础，围绕儿童社会与情感能力培养的价值点，为家长提出阅读的具体建议，包括图片的解读要点、提问的核心问题以及延伸活动的建议，还需要家长将亲子阅读的效果和困惑做及时反馈，教师再进一步跟进深化，可以帮助家长更好地掌握亲子阅读中社会与情感能力培养的方式方法。亲子阅读任务卡的设计要遵循以下原则：

1. 符合年龄特点的呈现方式

"阅读任务卡"的设计要符合不同年龄段儿童的年龄特点，对于低年龄段的幼儿需要以图文并茂的形式出现，不仅能够有利于幼儿理解问题，更加有利于幼儿根据问题去进行思考，而且这种图文并茂的提问和呈现方式鼓励幼儿用自己的形式、用各种不同的方式去记录。对于小学阶段的儿童则可以文字为主，任务难度也适当提高，家长在其中承担协助的作用。

2. 指向社会与情感能力的阅读任务

阅读任务的设置要根据不同的图书所表达的主题、儿童的身心发展特点和需求以及阅读的核心经验等来设置。学前儿童更注重画面的观察和解读，从人物的表情观察到人物的心理解读，并注重迁移经验，让儿童获得相应社会与情感能力的理解和感受。小学阶段的儿童则可以多去思考产生这种心理的原因和解决办法等，帮助儿童逐步掌握调整社会与情感能力的合适方法。同时，要结合不同年龄段儿童的特点，和图书所表达的主题，设置一些较为开放的问题，比如：你喜欢里面的哪个人物，为什么；这时候，他心里在想什么；他为什么会这样做；你觉得他是怎样的一个人，等等。这些开放性的问题能够引发儿童的自主思考和多角度思考，在学习、体验和迁移情感中深化对社会与情感能力的感受和理解。

3. 建立家长和教师的反馈回应机制

"阅读任务卡"发放之后，要及时回收和审阅，从中看得到孩子家长进行亲子阅读的情况。同时，教师需要对儿童任务卡的回答进行梳理和归纳，以了解儿童对这本图书的理解和认识，以便于进一步的教学和针对性的指导。

案例:《拼拼凑凑的变色龙》亲子绘本阅读

《3—6岁儿童学习与发展指南》中指出,4—5岁幼儿自尊、自信、自主的表现之一,就是知道自己的一些优点和长处,并对此感到满意。如何引导幼儿认识到自己是独特的,做自己最好呢,绘本《拼拼凑凑的变色龙》给了我们生动的指引,故事中的主人公变色龙,也有这样的想法,想要得到其他动物身上的本领,但是当它拥有了各种动物身上的本领之后,却无法捕捉食物了,最终决定变回自己,认识到还是做自己最好。这个故事是作者和100多位小朋友一起创作的,非常符合幼儿的思维,让幼儿在荒诞有趣的故事情境中,体验到获得别人本领的结果,认识到做自己最好,树立良好的自信心。作为家长,如何通过亲子阅读将自我认可的意识传递给幼儿呢,幼儿园可以设计亲子阅读任务卡,给予家长恰当的阅读指导。

《拼拼凑凑的变色龙》亲子阅读任务卡

姓名:　　　　　　班级:　　　　　　时间:

家长,您好,请您和孩子一起阅读绘本《拼拼凑凑的变色龙》,并完成以下的阅读任务,希望孩子用自己的方式如画画或简单的符号进行记录。谢谢配合!

表 17-2　亲子阅读任务卡举例

阅读任务	完成情况	教师反馈
 变色龙有什么特别的本领?		
 说一说,变色龙羡慕哪些动物的本领呢?		

（续表）

阅读任务	完成情况	教师反馈
 你觉得变色龙喜欢现在的样子吗？为什么？		
 变色龙为什么又变回了自己呢？		
你觉得自己有什么本领呢？试着画出来吧！		

二、基于家庭的教育参与

作为亲子阅读的核心主体，家庭需要做出更多的努力。美国心理学家丹尼尔·戈尔曼认为家庭生活是我们学习情绪的第一个学校，在这所学校里，不但家长对孩子说了什么、做了什么会影响孩子，父母还通过自己的言行举止来告诉孩子，他们是如何处理情绪的。家长的言谈举止、情绪情感等社会情感教育能力会对孩子产生巨大的影响。[①] 良好、和谐、温暖的家庭教育能够营造一种积极健康的依恋关系，给孩子带来安全感。[②] 而亲子关系是人生中最重要的关系，亲子关系在幼儿情绪社会化发展中有着重要的作用。

因此，在学校提供社会与情感能力培养方面的图书资源、开展培训的基础上，家庭需要做好积极的配合，一方面需要构建良好的亲子阅读环境，另一方面需要践行多种有效的亲子阅读方法。

---

① （美）丹尼尔·戈尔曼.情商：为什么情商比智商更重要[M].杨春晓,译.北京：中信出版社,2018：259.
② 黄忠敬.社会与情感能力：影响成功与幸福的关键因素[J].全球教育展望,2020,49(06)：102—112.

（一）前提：构建良好的亲子阅读环境

在拥有充足的社会与情感类阅读资源的基础上，良好亲子阅读环境的创设是顺利开展亲子阅读的基本保障，在很大程度上能够影响幼儿家庭亲子阅读的效果。因此，应当重视创建良好的家庭亲子阅读的环境。家庭创设亲子阅读环境包括阅读场所的创设、阅读时间的制定以及阅读陪伴人的确立等几个方面。

1. 让图书随手可取

首先要为孩子创建一个光线充足，具有较为安静环境的场所，且要选择一个与儿童身高相适宜的书桌，安置一个适合儿童取放的书架，为孩子准备一定数量的读物，这些都是保障良好亲子阅读开展最基本的物质条件。那怎样的阅读环境是更好的呢，应该是让儿童随手可以拿到书，专门的图书阅读区必不可少，而随处设置的小书架，如沙发旁边、床头柜等，可以让家长和儿童坐下来就能随手拿到一本书阅读。社会与情感类的图书应成为书架上主要的图书种类，而不应该全部是认知类的图书，让亲子阅读能够在充满爱的情境中进行，在改善亲子关系的同时，让儿童的社会与情感能力得到提升。

2. 让亲子阅读持续不断

亲子阅读的时间保障有助于儿童养成良好的阅读习惯，也有助于儿童形成阅读的坚持性，而固定的亲子阅读时间则让亲子阅读具备了一种仪式感，正如《小王子》故事中所讲的，仪式感"使某一时刻与其他时刻不同"，这个特殊的亲子阅读时间就成为了父母和孩子一起沟通情感的特殊时刻。亲子共读绘本的过程中，父母与孩子依偎在一起，在安全温馨的氛围里，绘本的故事与主人公的态度就转化为父母的声音，传到孩子的耳朵里，进入孩子的内心世界。这种亲情体验对儿童积极、正面的情绪情感发展都有良好的滋养作用。家长也可以和孩子一起制定阅读计划，每天的坚持和任务的完成，无形中也让儿童的坚持性和意志力得到了锻炼，获得一种成功感的体验。

3. 更多的阅读陪伴人

从调查中发现，几乎所有的阅读陪伴人都是母亲，其实家庭中的任何成员都可以成为孩子的阅读陪伴人，特别是父亲的参与能够让亲子阅读获得不一样的体验。相关研究表明，父亲参与亲子阅读除了对幼儿的语言表达能力和词汇量的发展起关键性的作用外，亲子阅读中父亲参与程度高的幼儿更容易获得学业上的成功。更重要的是，对幼儿来说，父亲的陪伴和与幼儿的情感联系以及给幼儿提供的成长环境都与幼儿的身心健康、认识和社会能力的发展密切相关，父亲参与程度较好的幼儿情绪更加稳定，在与其他幼儿的社会交往能力上也更加出众。因此，从社会与情感能力培养的角度来看，父亲的参与能够更好地促进儿童的社会与情感能力提升。

（二）过程：采用互动分享式亲子阅读策略

亲子阅读的过程中采用互动分享式阅读更有利于儿童阅读兴趣的保持和阅读心理氛围的构建，让儿童更好地获得社会与情感能力的提升。如新西兰教育家霍德威（Holdaway，D.）等人提出的分享阅读，成人和儿童共同阅读，在阅读过程中开展互动游戏与对话。[①] 其中一种称对话式亲子阅读，即亲子阅读中成人与孩子采用对话的方式，以提问和回答的方式进行，使用口头语言和其他肢体动作进行对话、交流和沟通的阅读活动。这类亲子阅读强调父母与孩子之间的互动与情感交流。

1. 用声音营造温馨的阅读氛围

亲子阅读除了阅读本身的价值之外，其情感价值是其他任何一种阅读不能代替的。家长在陪伴孩子阅读过程中，要始终将情感传递放在首位，营造充满爱与轻松的环境，用充满爱的声音、语气和儿童对话，切勿只是生硬地朗读和识字，避免让儿童对阅读产生厌恶感。孩子在良好的亲子阅读的心理环境中，有利于逐步提高对于亲子阅读的兴趣，对于形成良好的阅读习惯和对社会与情感能力的培养具有积极的促进作用。例如，在阅读山姆·麦克布雷尼（Sam McBratney）的绘本《猜猜我有多爱你》时，家长可用舒缓的音乐创设温馨的情境，用充满爱的声音描绘情境，表演爱的动作和孩子共同感受、体会小兔子和妈妈的爱，进而让儿童能移情，感受到自己和父母之间的爱。当然，在对话式的亲子阅读过程中，父母也能够关注到儿童的情绪以及对于阅读内容的理解，给予儿童适当的引导和回应，即使会产生一些争论和矛盾，也能够运用合适的方式进行化解，这个过程中，无形中帮助儿童积累了如何与他人进行交流、探讨、合作以及解决冲突的交往经验。

2. 知识性提问帮助儿童理解情境

知识性提问，主要是指阅读时家长要求幼儿回忆绘本上的人物、情节、地点，或物品数量、颜色、名称，或讨论绘本的作者、扉页等。幼儿通过阅读观察就能获得答案。此类问题属于是什么（What）的问题，答案在绘本上都有客观呈现，家长通过此类问题的提问，可以帮助儿童更好地理解故事的内容和情境，还可以锻炼幼儿的观察能力和专注力，促进亲子互动。互动分享式亲子阅读非常注重对儿童的回应和鼓励，父母要提出适合儿童年龄特点和认识特点的问题，当儿童能够回答出父母的问题，或者完成父母提出的小任务时，儿童能够获得成功感的体验，帮助儿童逐步建立自信。如，在阅读绘本《菲菲生气了》时，可以向儿童提出这类问题："菲菲生气时是什么样子的？""菲菲生气之后去了哪里？""菲菲去的地方看起来怎么样？""回到家的菲菲做了什么？"在回答这些问题的过程中儿童可以对故事情境有更深入的理解，并且逐步习得识别不良情绪和调适不良情绪的方法。

---

① 谢倩，杨红玲. 国外关于亲子分享阅读及其影响因素的研究综述[J]. 学前教育研究，2007(03)：58－61.

3. 分析的提问帮助儿童深入思考

在互动分享式的亲子阅读中,有一类分析性的提问。此类问题属于为什么(Why)的问题,幼儿通过观察绘本画面无法直接获得,需要运用思维去理解故事整体情节,进行简单推理、综合分析才能获得答案。家长通过提出有趣且有挑战性的问题,让儿童对主要人物的人格特质、道德品质进行判断,说出自己的理由[①],考查儿童是否理解了绘本故事的主题,同时可以激发儿童的好奇心、探索欲,并且积极思考解决问题的方法,也锻炼了儿童的逻辑思维力和语言表达能力。同时让儿童深入思考故事中涉及的社会与情感能力的本质。例如,在绘本故事《大脚丫跳芭蕾》中,在故事讲到主人公贝琳达在选拔会上因评委嫌她的脚太大,拒绝看她的表演而放弃舞蹈事业的时候,让孩子说一说"贝琳达以后还要不要继续参加舞蹈比赛,为什么?"通过和孩子一起探讨的过程,让孩子积累遇到困难解决问题的方法,学会坚持的重要品质。

4. 创造性的提问帮助儿童迁移经验

还有一类创造性的提问。此类问题属于怎么样(How)的问题,结合了前两类问题的特点,在此基础上需要幼儿运用发散性思维进行思考,探索各种可能性。家长通过提问"如果……""假如……"等的语句,培养幼儿的创造性思维能力。对于大龄的儿童,家长提出一些两难的问题,或者非常理的假设,可以激发儿童对于问题思考的全面性和思辨性。而涉及与我们有所不同的其他文化现象的问题时,则能够激发儿童对于多元文化的思考和理解,从而拓展儿童思想的开放性。例如,在阅读绘本《天生一对》时,当读到长颈鹿小姐在鳄鱼城受到大家的嘲笑这段故事时,可以提出这类问题:"如果你是长颈鹿小姐,你会和鳄鱼先生分开吗?""你遇到过这样的事情吗?"引导儿童思考如何接纳和自己不同的人,如何坚持自己的信念,同时在儿童分享自己类似的经历的过程中帮助儿童解决内心的困惑。

(三)拓展:开展多元的亲子阅读延伸活动

亲子阅读并不是读完一本书就结束的,还可以开展一些延伸活动,帮助儿童进一步理解和表达故事,增强对图书中相关社会与情感能力的体会和实践。亲子阅读活动中有多种活动延伸方式,如基于图书主题的亲子绘本剧表演、亲子自制图书、亲子绘画表达、亲子游戏设计、亲子舞蹈表演等。除了需要儿童对图书内容的理解之外,更需要的是儿童发挥创造力、想象力,将阅读内容进行内化、转化。

1. 亲子阅读表演:再现故事情境,提升情感认同

亲子表演是以阅读的故事为载体,依据亲子的理解,运用声音、动作、手势、表情等来表现故事内容或创作情节,再现故事的情境,来表达对故事的理解。有些故事表演中还需要进行

---

① 周兢.学前儿童语言学习与发展核心经验[M].南京:南京师范大学出版社,2014:220.

道具准备和背景设计等，以增强表演的情境性。阅读表演借助于教育戏剧或戏剧疗法的理念与方法，运用讲故事、角色扮演、情境创设等多种形式，促进儿童的认识、情感和社会性发展。在亲子阅读结束后，家长和孩子可以选择喜欢的片段或者难以理解的部分进行情境性的表演，在表演的过程中体验故事中的角色看待事物的视角，并体验角色情绪的转化，对深入理解故事主题、分析人物心理以及习得应对不同情况的方法有很好的效果。特别是在帮助儿童应对欺凌、自我情绪控制等方面已有多项实践探索和较好的成效。如《我幸运的一天》《猫头鹰喔喔呼》等经典绘本都可以被改编成绘本音乐剧，在以故事中的角色进行表演的过程中体会聪明的小猪应对危险情况的机智，感受猫头鹰从被嘲笑到变强大的心理过程，帮助儿童获得多种社会与情感能力的提升。

2. 亲子阅读游戏：增强互动趣味，增强情感联结

亲子阅读游戏，是指父母和孩子之间通过游戏的方式进行阅读，一种是在阅读前用于激趣引入的小游戏，一种是在阅读过程中进行的游戏，一种是阅读结束后从故事中引申出来的游戏活动。同时，游戏不可避免地涉及游戏的规则，无论是在阅读之前的激趣游戏，还是阅读过程中的理解游戏，还是阅读结束之后的表演游戏、创编游戏等，都会有规则的设定，儿童在和父母游戏的过程中首先要做到遵守游戏规则。规则的遵守是社会适应领域里最基本最重要的一项内容，儿童在这个过程中进行实践，积累了遵守规则的经验。例如在阅读绘本《小黑鱼》时，可以融合多人多足的游戏形式来战胜大鱼，在游戏的过程中帮助儿童更深刻地了解"团结合作"的含义。在阅读绘本《一根羽毛也不能动》时，可以融入"木头人"的游戏，帮助儿童在亲身体验中学习自我管理和自我控制的方法。

3. 亲子阅读绘画：基于故事主题，反映内心世界

绘画心理分析认为人的心理是对客观世界的主观反映，主观现实基于客观现实，但又带有主观色彩。[①] 绘画可以投射出一个人心理上的需要、个性、情绪、动机、冲突、防御等内在状态。绘本阅读后的绘画活动是指在阅读完一本绘本之后，根据故事的主题或者有感触的画面或者内容进行绘画活动，也可以根据主题创作自己的绘本故事，即自制绘本活动，这种方式被广泛应用于早期阅读教育当中。亲子阅读后也可以运用这种方式，将相关的故事情节进行再创作，可以是儿童自己绘画，也可以是父母和孩子一起共同创作，在这个过程中，儿童可以将自己内心的想法表达出来，家长可以通过绘画作品来了解儿童对相关社会与情感能力的理解情况。例如《汤姆的小妹妹》这类同胞关系主题的绘本，有二宝的家庭可以让孩子也画一画和弟弟妹妹相处的故事，了解孩子对待同胞关系的态度和心理，并指导同胞之间采用恰当的相处方式。因此，在与父母进行亲子共读的过程中提升阅读能力的同时，儿童的多项社会与情

---

① 朱小红.借助绘画治疗技术"疗心"[J].校园心理,2021,19(04):373—375.

感能力也得到了提升。

　　总而言之,亲子阅读可以作为培养儿童社会与情感能力的重要途径,尽管当前基于亲子阅读促进儿童社会与情感能力发展方面还存在诸多挑战,但是通过寻找问题的源头,让家长和学校共同参与到这项活动的实践当中,学校进行理念引领,提供策略指导,家长积极实践,不断改进。在家校合育的理念下,多方协同共同为儿童的社会与情感能力的发展助力,让儿童能够更好地应对未来的挑战。

第十八章　社会与情感能力：
社区为本的教育

正如一些学者指出的，在过去的二十多年间教育经历了一场思维上的革命/进化。20 世纪六七十年代，一些思想家如西尔文·汤姆金斯（Sylvan Tomkins）、约翰·鲍比（John Bowlby）、爱利克·埃里克森（Erik Erikson）和玛格丽特·马勒（Margaret Mahler）曾提出理性和情感并非分属不同领域能力的主张，而社会的、情感的和认知的过程犹如一张交织在一起的网络，密不可分。这些思想见地为后来的那场教育思维上的革命即对"非理性"领域教育的重视埋下了种子。[①] 本章使用经济合作与发展组织（OECD）"社会与情感能力"这一术语，试图从社区为本学习的实践角度探讨培养学生社会与情感能力的可能性。

第一节　社区教育与社区为本学习

不同于有着悠久历史渊源的家庭教育和学校教育，社区教育（community education）是一个新近发展起来的研究和实践领域，它涉及人类学、社会学、社会心理学、人口学和教育学等多个学科。例如，美国社会学家和社区教育研究学者查尔斯·威利（Charles Willie）就认为美国关于社区教育的研究可以追溯到 20 世纪 20 年代芝加哥大学社会学系学者们发起的关于人口特征和城市社区的生态组织的研究。随着二十世纪中叶对教育、社会化、教学相关的社区研究的开展，美国的社区教育才真正作为一个研究和实践领域而出现，之后的民权运动和对学校种族隔离的重视则促进了社区教育的发展。[②] 中国学者吴遵民指出，中国的社区教育可

---

① Shanker, S. (2014). Broader Measures for Success：Social/Emotional Learning. In Messuring What Matters, People for Education. https：//peopleforeducation. ca/wp-content/uploads/2017/06/MWM-Social-Emotional-Learning. pdf.

② Willie, C. (2000). The evolution of community education：Content and mission. Harvard Educational Review, Summer 70(2)，191 – 210.

以追溯至"清末民初的'通俗教育'及民国时期的'社会教育'",只是此后在相当长的历史区间里没有得到发展。[①]

社区教育在概念上很难被清晰界定,原因之一是学术界对"社区"的理解莫衷一是。在杨应崧等学者的国别比较研究中,他们发现了各国对社区教育的不同诠释。例如,北欧的"民众中学"带有强烈的"民众"色彩,以青年和成年人为教育对象,以提高人文素质为主要目的,开展形式多样的教育活动。在北欧,相比"社区教育","民众教育"则更广为人知。而在日本,"社区教育"常常是"社会教育"的代名词。在美国,对社区教育的理解更为具化,被认为是向社区提供教育服务的非正规教育。社区教育因国家、民族、社会而不同,其内涵也具有"前所未有的复杂性、包容性、边缘性和前瞻性",非传统教育概念能够轻易概括解读。[②]

本章借鉴联合国教科文组织对"社区"的定义,即具有共同特点或兴趣的人群。无论其在一国之内的实际位置如何,一个社区可以是一个基于地理位置的群体,也可以是一个具有共同利益或共同人口构成的群体。一个有效的社区通常具有"社会化、参与、社会控制和地理位置"四个基本功能与特征。社区教育的内涵涉及学校教育、职业教育、残疾人教育、妇女教育、老年教育、补偿教育等各个教育领域,但"人们研究与实践的重点还是在传统学校教育之外的时空范围"。社区教育在本章被理解为"在一定区域内利用各种教育资源,开展的旨在提高社区全体成员整体素质和生活质量,服务区域经济建设和社会发展的教育活动"。社区教育的一个主要目标是与教育管理者、决策者、规划者、教师、家长和学生分享对不同人口群体参与教育事业模式的见解。该领域的实践者寻求制定干预措施,处理现实生活中的集体问题,促进个人和社区的进步。[③]

本章不就广义上的社区教育泛泛而谈,而是聚焦于实践层面,使用"社区为本学习"(community-based learning)这个概念,讨论如何通过"社区为本学习"促进青少年社会与情感能力发展。虽然有学者指出,英文中的"社区教育"在某些情境下常与"社区为本学习"交换使用,但本章倾向将"社区教育"视为一个大的教育概念,认为"社区为本学习"更侧重于践行。一般而言,"社区为本学习"可以被看作施教者使用各种各样的教学方法和项目,将学校所教授的内容与周围社区联系起来,这包括当地机构、历史、文学、文化遗产。社区为本的学习也是基于这样一种信念,即所有社区都有自己的教育资产和资源,施教者可以利

---

① 吴遵民. 我国当代社区教育的历史回顾与展望[J]. 远程教育杂志. 2011,29(03):9—13.

② 杨应崧,等. 各国社区教育概论[M]. 上海:上海大学出版社,2000:3-5.

③ Willie, C. (2000). The evolution of community education: Content and mission. Harvard Educational Review, Summer 70(2),191-210.

用这些资产和资源来增强学生的学习体验。倡导"社区为本学习"的学者们认为，通过使用"社区作为课堂"，教师可以帮助学生增强对知识的记忆、技能的获得和为成人阶段的生活做准备，学生也通常可以获得更多的机会。例如，通过研究当地的生态系统，可以加强在实际生活中对知识的学习和应用，或者在非营利组织里做志愿者，一起致力于积极的社区改善工作。

第二节　社区为本的社会与情感能力培养

以社区为本的学习模式多种多样，常见的有服务学习（service learning）、协作行动学习（collaborative action learning）、义工/志愿者服务（volunteering）、田野调查（field study）、从学校到工作（from school to work）等[①]，大中小学生可以通过参加这些学习活动，锻炼并提升自身的社会与情感能力。例如，服务学习可以被定义为"一种方法，即年轻人通过积极参与经过精心组织的、符合社区实际需要的活动来学习和发展"[②]。美国学者代尔（Dale, C.）认为服务学习是美国社区为本学习的一个转折点。因为政府的政策支持，社区为本学习在中学、学院和大学都得到了显著的发展。他认为服务学习这一理念的实施既有助于学生获得知识（例如，关于政府政策、人力服务项目、社会条件），又可以帮助学生培养他们与工作相关的人际交往的技能（例如团队合作、解决冲突或项目规划），并且也会使他们在个人层面（例如，自信心和自尊心）、道德层面（通过价值澄清和其他过程）和政治层面（通过增强政治效能感和公民责任感）得到提升。[③] 例如，通过参与社区河道治理维护公共环境的活动等，学生可以花相当的时间观摩参与社区的治理。相比服务学习，协作行动学习会为学生提供更多与社区成员一起制定问题解决策略的机会，协作完成一些旨在改善的项目。例如，如何安置无家可归者，如何根据社区的需求创造新的就业机会。在诸如此类的工作场景中，学生的创造力、与人交往、协作等能力都能得到锻炼。

本章以下部分聚焦社区为本社会与情感能力发展较好的加拿大和日本两个国家，通过检视政府政策及导向、公益组织/慈善机构、学校及社区自身的教育活动类型，探讨其如何通过社区为本学习促进青少年的社会与情感能力发展及对中国的启示。

---

① Owens，T. R. , & Wang，C. (1996). Community-based learning: A foundation for meaningful educational reform. Retrieved from https://educationnorthwest. org/sites/default/files/Community-BasedLearning. pdf

② Alliance for Service Learning in Educational Reform. (1997). Standards of Quality for School-Based and Community-Based Service Learning. The Social Studies, 88，215－219.

③ Dale, C. (2005). Community based learning. Humanity & Society，29(3－4),192－208.

第三节　政府在推动社区为本社会与情感能力培养中的作用

一、教育理念与背景

虽然国情、社会制度、文化和教育需求有所不同,但加拿大和日本政府都重视并积极发展青少年社会与情感能力。因移民的历史表征和种族、文化、语言、宗教信仰的多样性,加拿大也被称为"多元文化社会"(multicultural society)。作为社会学事实而存在的多元文化在加拿大既是一种思想观念,也是一种国家政策。但毋庸置疑,文化的多元和种族的多样性对加拿大的教育与社会发展是一个很大的挑战。为了让来自不同文化和族裔的青少年安全、健康、幸福地生活并致力于国家建设和社会的和谐发展,加拿大各级政府一直高度重视青少年的社会与情感能力培养,多年来积极倡导生态学视角,从学校、家庭、社区各个维度推进落实青少年社会与情感能力的培养。

如果将国家视为一个大的社区,那么除了重视对青少年健康的调查研究,在过去的几年,加拿大联邦政府高度重视并鼓励年轻一代加拿大人参与社区治理。因为"加拿大的青年们是这个国家有史以来受教育程度最高、联系最广、多元化程度最高的一代人。他们正在改变我们的社区,挑战现状,引领建设一个更美好、更公平、更可持续的未来"①。加拿大现任总理贾斯汀·特鲁多(Justin Trudeau)在 2015 年直接出任青年部长,并建立了加拿大第一个总理青年委员会,该委员会由具有不同生活经历的年轻领导人组成,他们代表着加拿大所有地区的社区,为总理和政府提供了一些对加拿大年轻人很重要的建议,并于 2018 年促成了加拿大青年政策(Canada's Youth Policy)的形成。加拿大联邦政府的愿景是让年轻人有能力过上健康、充实的生活,并让他们能感受到自身在为自己、为社区和世界作出积极改变时是被赋权的。当前加拿大青年政策确定了六个优先领域:领导力和影响;健康和福利;创新、技能和学习;就业;真相与和解;环境与气候行动。他们热衷于在这些领域采取行动,并在寻找新的途径,让人们听到他们的声音,实现他们希望看到的世界变化。加拿大的青年政策反映了该国青年人的价值观,代表了政府旨在改善青年人生结果和让青年人参与联邦决策的整个方针,让年轻人在影响他们生活和个人生活结果的决策中拥有发言权。

日本在二战后一方面受国际新自由主义、终身教育等理念的影响,另一方面因国内少子化现象加剧、学历教育弊病和经济社会发展的压力,开始意识到社区在学生成长中的作用,关

---

① Government of Canada. The Minister of Youth. (2020). Canada's Youth Policy. Retrieved from https://www.canada.ca/en/youth/programs/policy.html

注培养学生的价值观、生活习俗、亲子关系、伦理道德和归属感等，并尝试寻求以社区、家庭为代表的学校外教育力量的支援和辅助。日本的社区为本的学生社会与情感能力培养政策受日本的国内环境和国际大环境的影响，由国家的福利部门和教育部门共同合作推动，由初始的社区教育或社会教育是学校教育的补充和辅助逐渐转变为学生教育场域的重要组成部分，展示了从"学校中心论"向"学社复合论"的转变。

日本以社区（在日本被称为地域社会）为中心拓展学生校外教育活动，即把社区与教育二者结合起来，开展学生课外时间的社区教育，这在日本也被称为"社会教育"。对于学生来说，社区是他们最为熟悉的生活和活动区域，如市町村。作为一种地域生活环境，社区里蕴含着丰富的教育资源，对于学生的社会与情感能力培养产生直接或间接的影响。例如地域社会中的人际交往、公共活动有利于学生丰富社会知识、培养社会态度；地域中的文化艺术、历史变迁有利于对学生进行文化、民俗、历史的熏陶与感染；地域环境中的自然环境有利于学生养成好的自然意识和环保习惯等。日本高度重视以社区为本的社会与情感能力培养，并由研究界、政府部门、公益性社会组织及社区共同推动和落实，形成了校内校外相结合的多元培养路径。

二、政策及实施路径

加拿大属联邦体制，各省及地区的教育政策与实施由省政府或地区政府决定，每个省或地区的教育政策是不完全相同的。以加拿大阿尔伯塔省政府为例，其将"社会与情感学习"视为积极的社会行为、健康和幸福、品德和公民意识、进取心和学习的基础，并认为它有助于发展学生管理情绪的知识、态度和技能，帮助学生建立健康的关系，树立目标并能做决定。同时政府也意识到推动"社会与情感学习"需聚焦于帮助学生发展一系列的社会与情感能力，这些能力是其与他人共事、具备弹性、达成目标、减少欺凌和危险行为所必需的，是其在学校和人生取得成功的基础。"社会与情感能力"是需要被教授的而且可以在不同情境下通过实践得以提升。"社会与情感学习"则是一个长期的过程，需要用"全校参与法"（whole-school approach），让家庭和社区都参与进来。在阿尔伯塔省，"社会与情感学习"与政府"欢迎、关爱、尊重和安全的学习环境"的方针联系在一起。政府实施的是多方参与共同担责的社区为本社会与情感能力的培养路径。阿尔伯塔省教育部认为学生、家长、学校、社区和省政府共同承担着塑造"欢迎、关爱、尊重和安全的学习环境"的责任，并对这样的"环境"做了描述，如：形成健康尊重的人际关系；学生感受到成人对他们作为群体或个人的关爱；对价值、权利和责任的尊重；儿童、青年及成人展示了积极的社会与情感能力等。政府认为这样的学习环境尊重多样性，能够培养人的归属感及积极的自我意识。[①]

---

① Government of Alberta. (2022). Safe and Caring Schools. https://www.alberta.ca/safe-and-caring-schools.aspx.

此外,阿尔伯塔省政府对社会与情感教育做了很多科普工作,主要是通过官方网站发布"社会与情感学习"的资源信息单及视频,用可读性强易懂的文字对公众介绍说明,并用简明的示例给公众展示如何在学校或家里培养孩子的"社会与情感能力"。除了为教师提供在教室使用的"社会与情感学习"的资源,还提供了预防欺凌、冲突解决和防止暴力等在线资源。在阿尔伯塔省教育部公布的系列学习课程中,"幼儿园—九年级健康与生活技能"(K-9 Health and Life Skills)和高中的"职业与生活管理"(Career and Life Management),以及"环境与户外教育"(Environmental and Outdoor Education)等课程都涉及社会与情感素养的培养。①

在推动社区为本学习方面,阿尔伯塔省政府设有社区发展部(Community Development Unit),主要为阿尔伯塔省内的社区、非营利和志愿者组织提供帮助,向非营利组织、工作人员和志愿者以及整个部门提供便利,包括公众参与、社区协作以及学习和发展服务,服务内容涉及:战略规划、资金开发和申请、发展和提升组织内和社区内的伙伴关系、协作关系等。通过在线讨论会和定期的线下讨论会为这些服务对象提供支持。此外,阿尔伯塔省政府于1974年起设立"传承日"(Heritage Day),将每年8月的第一个星期一定为"传承日",庆祝全省的历史和文化遗产,促进来自各个社区的民众相互理解与交流。另外,省政府也推行"阿尔伯塔文化日"(Alberta Culture Days),鼓励社区组织庆祝活动。阿尔伯塔省文化日通过组织一系列当地的活动为全省居民提供了在场或在线体验及艺术和文化交流的机会,例如免费对公众开放皇家博物馆和历史遗迹等,以此促进公民教育。

以阿尔伯塔省省会埃德蒙顿市(Edmonton)为例,该市以国际儿童基金会儿童友好型城市倡议为基础,提出建设"儿童友好的埃德蒙顿市"(Child Friendly Edmonton)理念,旨在创建一个充满活力、相互联系、安全、可持续和受欢迎的城市。这一理念重视儿童和青年在社会中的参与,倡导年轻人作为社会一员贡献社会的权利,让年轻人在社区中形成主人翁意识并拥有发言权。在这一理念的指导下,政府与社区联合发起了许多有益于培养青少年社会与情感能力的提议与活动。例如,"让年轻人参与公民事务补充指南"(Involving Young People in Civic Matters Supplementary Guide)中,明确指出让儿童和青年参与公民事务进程对青年人本身、市政府和整个社区的重要益处。例如,能够帮助年轻人获得新技能、自信和自尊,能够与社区榜样和掌控资源的人员建立联系形成新的社交网络;市政部门则能够获得有关儿童作为服务对象的信息,如不断变化的态度、需求、喜好和兴趣,这能够帮助市政工作人员提高服务质量;儿童作为社会的贡献者,被积极纳入社区,而不是被排除在社区之外,会使地方社区凝聚力也得到加强。而为期两年的领导者培训(The Leaders in Training,LIT)项目面向13—17岁的青少

---

① Government of Alberta.(2021). Social-emotional Learning Resources Fact Sheet-Building Social Emotional Competencies: Choosing Instructional Resources. https://open. alberta. ca/dataset/6bbac88b-a6a7-41c6-938a-bebfe461e3d4/resource/b3dc90c0-ea7a-4b48-a230-414cedcf6844/download/edc-choosing-social-emotional-learning-resources. pdf

年,旨在培养领导技能,帮助孩子们获得宝贵的志愿服务经验,赋予孩子们玩耍乐趣的同时也为青年人回馈社区提供机会。①

不同于加拿大的联邦体制,日本的教育实行的是中央领导下的地方分权制,教育制度的原则和特点由《宪法》和《教育基本法》决定,教育行政上属于中央权力与地方权力合作型。中央教育行政机构为文部科学省,承担制定教育规划、教育标准和财政补助等职责;地方教育行政机构为教育委员会,有都道府县和市町村,主要负责本辖区内具体教育规划的实施、管理等。

日本很早就从法律层面对社区育儿的地位进行了规定,还颁布法令和政令保障法律的实施。1947 年制定的《教育基本法》中规定:终身教育的理念是"努力实现一切机会均等、一切场所普及";"国家和地方公共团体应当通过设立图书馆、博物馆、公民馆等社会教育设施,利用学校设施或以其他适当方式来努力推广教育活动。"1949 年 6 月,日本颁布了《社会教育法》,将社会教育定义为在学校之外所举办的、主要针对青少年和成人的有组织的教育活动,从法律层面保障学校外教育活动。《社会教育法》还规定都道府县、市町村两个层面对于学校和社区设施的联动、开放和文化传播等内容。《儿童福利法》的第三十八条至第四十条规定:为 0—18 岁儿童提供健康发展和提高文化情操为目的的儿童馆设施,由厚生劳动省举办。儿童馆作为社会福利事业,是儿童福利设施,由国家补助,目的是实现"儿童放学后健全育成事业"。此时,日本上到文部省下到市町村都设立了"社会教育委员会",管理社会教育事务,并通过《关于公民馆设置》文件,在全国范围内设置公民馆,将其作为青年培养、社交娱乐、社区教育的综合性场所。此外,日本政府还颁布《图书馆法》和《博物馆法》等,对各自的社会教育定位进行规定。

从 1970 年开始至今,日本社会面临着宏观和微观层面多重社会压力,包括产业结构调整、劳动力转型、公共服务、学生培养和公民道德教育等,教育界开始掀起声势浩大的第三次教育改革。这次改革对以学校为中心的教育体系和学历社会进行了严厉批判,并开始着手构建新的终身学习体系和树立个性化、自由化的教育思想。日本首相设置了临时教育审议会这一直属内阁机构,该机构出台了"振兴社区终身学习"体系,强调将学校、社区和家庭三者相结合为居民提供学习机会。学校的重心逐渐向校外空间延伸,学校、社区、家长和学生的角色和地位开始发生变化,家校社合作成为提升教育质量的重要手段。社区一方面受到学校教育的支持,另一方面又为学生和社区居民的终身学习提供了更为丰富的教育资源。

2001 年和 2008 年日本两次修正了《社会教育法》,明确指出市町村政府在条件允许的情况下,学校和社会教育设施应为儿童提供充分的学习空间和活动场次,并且将学校的场地归

---

① City of Edmonton. (2022). Leaders in Training. Retrieved from https://www.edmonton.ca/programs_services/for_children_kids_youth/leaders-in-training

于社区的整体范畴中。文部省在 2004 年还公布了"社区儿童教室推进事业"，提出调动社区内的人力资源力量，开展社区型体验活动，如开展文化艺术活动、居民互动、运动会等，以此促进儿童对于社区的认知，与社区的互动。其中活动费用由中央、都道府县和市町村各承担 1/3。

日本政府还重视社区教育的财政经费投入，开设了"地方终身学习振兴补助金"，用于地方建设教育设施，开展地域终身教育活动。除此以外，日本政府还规定终身教育组织、设施和非营利性教育事业实施免税或减税政策，如对于社会教育机构所有土地减免或免除地产税，对于捐赠给终身教育事业的资金免除赠予税和遗产税，并且还适当减免捐赠人的个人所得税。这些政策和制度都在一定程度上鼓励和支持地域教育活动的开展。

三、对相关研究的支持

虽然加拿大联邦政府不干预各省的教育治理，但在整个国家的教育发展导向方面发挥着重要作用，并积极支持相关研究。联邦政府高度重视与青少年健康、幸福感和社会行为相关的研究，自 1988 年起就支持本国加入世界卫生组织的学龄儿童健康行为研究（Health Behavior in School-aged Children study，HBSC）。这项长期的全国范围的调查研究也为政策制定者提供直接的事实依据。世界卫生组织的 HBSC 研究始于 1982 年，每四年开展一次，加拿大自第一次参加 1989/1990 的研究，至今已参加了八次研究，最近的一次参与年份为 2018 年。这项研究使用的是社会—行为理念框架，但也鼓励研究者们从不同的理论视角去分析数据，检视与青少年健康有关的行为和影响这些行为的因素。"社会化视角"一直存在于 HBSC 这个研究的发展过程中。HBSC 的研究人员认为青少年的健康应该有个广义的概念，不仅包括身体上的，还有社会的、情感的、精神上的健康。"Health"（健康）一词被视为日常生活的源泉，而非狭义的"没有疾病"。这个研究使用青少年健康研究中的"资产基础法"（assets-based approaches），研究者们有意识地思考影响健康的积极方面和可能危及健康的风险因素。[①]

这项研究具体为女王大学（Queen's University）的社会项目评估小组（Social Program Evaluation Group）和加拿大公共卫生署的专员协调主导，由女王大学、麦吉尔大学（McGill University）、不列颠哥伦比亚大学（University of British Columbia）的师生及研究人员参与的一个学龄儿童健康行为研究组来实施。其目的是为深入了解学龄青少年的健康态度、行为和生活方式收集数据，长期记录监测加拿大青少年的健康趋势，检视情境因素的影响，参与国际比

---

① Public Health Agency of Canada. (2011). HBSC Study Overview. Retrieved from https://www.canada.ca/en/public-health/services/health-promotion/childhood-adolescence/programs-initiatives/school-health/health-behaviour-school-aged-children/hbsc-study-overview.html.

较;致力于理论、概念和方法论的发展,形成健康行为和健康的社会环境,积累国际专业知识,支持加拿大关于青少年健康的国家信息系统建设;向相关人员比如研究人员、健康和教育政策制定者、倡导健康的政策执行者、教师、家长和年轻人传递研究结果;促进和加强对青少年的健康行为和健康的社会环境的国家和国际研究。

通过在加拿大境内各省及地区随机抽取 11 到 15 岁(6 到 10 年级)的在校学生,采用国际标准问卷收集数据,此研究系统地探索了不同的情境和环境因素如家庭、学校、朋友和媒体对青少年健康和与健康有关的行为的影响。其问卷内容亦加入了有关加拿大国家情境的问题,且各年级的问卷内容也略有不同。这是加拿大唯一的全国性的针对这个年龄群的健康研究。2018 年的调研结果则显示,每个年级和性别组有一半及以下的学生认为他们从社区获得了高水平的支持。在男孩和女孩中,感知到的社区支持度随着年级的增加而下降。例如,48%的 6年级女孩和 38%的 10 年级女孩认为她们的社区支持度较高,相差 10 个百分点。总的来说,男孩比女孩更积极地看待他们的社区支持度。例如,在 10 年级,43%的男孩报告他们得到了高水平的社区支持,而只有 38%的女孩报告了同样的情况。研究显示从 6 到 10 年级的每个年级,参与志愿者工作的女生都比男生多。例如,在 9 年级和 10 年级,参与志愿者工作的女生比例为 57%,而男生为 37%。在男孩中,参与志愿者工作的比例从 6 年级的 25%到 9 年级和10 年级的 37%不等。这些都说明在联邦政府的支持下,各省、地区政府针对青少年健康和社会与情感教育实施的积极的教育方针已见成效。

在日本,研究界对学社融合理念做了深入研究和推广。面对日本学校的欺侮事件、校园暴力、自杀、厌世、不上学等日益严重的教育病例现象,教育研究界深刻批判传统学校教育中的学历中心、知识中心、书本中心、课堂中心等顽固、呆板的教育症结,认为其忽视了学生社会与情感能力的培养,阻断了学校与社区、教育与生活之间的联系,呼吁为学生提供能够培养人际关系、生活能力、自主性、社会性等隐性知识的教育,主张开放学校以听取外界社会的意见,加强学校与社区和家庭的联络与沟通,扎根社区培养全面发展的新人才,形成教育的合力。

日本学术界最早关注社区与学校关系的研究可以追溯到二战后的 20 世纪 50 年代,主要受美国社区学校理论的影响。如日本学者宗像诚也和渡边诚等翻译了美国学者的著作《学校与社区》(School and Community),并指出学校不应该仅仅是一座建筑物,而应该是立足于区域内、融入当地文化、发挥联动作用的社会机构。不过,这一时期学社结合更多停留在理论层面,尚未形成完善的行动方案。20 世纪 70 年代以后,随着终身学习思潮的兴起,学校和社区的关系逐渐走向结合,二者共同致力于培养健康的青少年,关注学生的社会教育活动和校外教育活动。如武田真太郎在《学校保健活动中学校、家庭、社区的联动》(学校保健活动における学校・家庭・地域の連携,1987)一书中就主张家校社联合培养学生。[①] 20 世纪 90 年代中期以后,学社融合作为更为先进的理念逐渐代替学社结合,它强调在终身学习社会中,学校和社区在相互重叠中不断融合,全方位发挥教育功能,共同探索青少年养成之路。20 世纪 90 年代后期,学社融合理念在日本社会普及开来。

由东京大学社会科学研究所(東京大学社会科学研究所)和 Benesse 教育综合研究所(ベネッセ教育総合研究所)联合开展的教育研究项目《青少年生活与学生相关亲子调查》(子どもの生活と学びに関する親子調査),就是一项典型的关注学生社会与情感能力变化的全国范围内的社会调查研究活动,为期十年(2015 年至 2024 年)。[②] 该项目始于 2015 年,已进行了 6 次大规模的社会调研,目的是定期了解学生对于人际关系的认识、价值观的变化、家长的教育意识变化、学生的独立性状况、课外活动场所偏好等主题,调查对象主要为全国小学四年级至高中三年级的学生和小学一年级至高中三年级的学生家长,每年共选取约 2 万多名调研对象。在 2015 年的第一次调查中,就学生对身边地域环境中学习场所的喜好而言,小学生群体将家庭、公园或广场、朋友家、体育馆或运动场、儿童馆或图书馆等公共设施排在前几位。低年级的学生普遍喜欢地域内的校外公共活动空间,随着学生年级的升高,他们的空间喜好逐渐由校外转为校内。如 31％的小学高年级学生和 21.8％的初中生表示地域内的儿童馆、图书馆等公共设施是其最喜欢的放学后学习和活动空间,而对于高中生而言,选择这一项的比例仅为14.8％。从这项调查研究可以看出日本对学生社会与情感能力研究的重视,同时十分强调地域社区、家庭和学校在学生社会与情感能力养成中的融合作用。

第四节　社会公益性慈善机构在社区为本的社会与情感能力培养中的作用

谈及西方国家的教育力量,慈善机构的助力作用不可忽视。在加拿大,不少学者、教育家、慈善家自发成立非营利组织,从事公益事业,关注青少年健康和社会与情感能力培养,担当着对社会和社区的责任。不少教育慈善机构致力于社会与情感教育和以社区为本学习促进家校合作的研究。例如,早在 1996 年,"加拿大家庭服务"(Family Service Canada)这样一个全国的公益性慈善组织就与"孩子家庭联盟"(Alliance for Children's Families)在阿尔伯塔省卡

---

① 武田真太郎.学校保健活动中的学校、家庭和地域合作(儿童和学生健康促进《特集》)[J].文部时报,1987(1325):31—36.

② 东京大学社会科学研究所,Benesse 教育综合研究所联合研究.2015 年儿童生活与学习亲子调查[EB/OL].[2016 - 03 - 14].https://berd.benesse.jp/up_images/research/kodomoseikatsu_digest_web_all.pdf.

尔加里市实施了"家校同在"项目(Family and Schools Together，F&ST)的研究，并将其发展成为全国性的社区"家校同在"项目。"家校同在"研究项目于 1988 年始创于美国，研究周期为两年，针对 0—12 岁的孩子，以改善孩子健康，提升他们的社会和学习成果为目的。这个研究为8 周，以多个家庭见面会开始，然后转向长期的跟踪调研。它搭建了被测试"家庭治疗原则—反社会行为和药物滥用预防策略—精神病学技术—家庭系统理论—社会资本理论—集体动态学"这样一个独特又复杂的理论框架，使用了混合研究方法，并做了干预，设计了"家校同在"课程，旨在系统地提高家长与孩子的互动，提升家长对孩子教育的支持。项目邀请所有的家庭参与进来，但社区老师通常会邀请显示出未来学习和社会问题风险指数高的学生及家长参与。每周的见面会遵循统一的活动议程，包括安排好的家庭活动、家长互助时间、孩子时间、家长—孩子一对一时间。每一次的见面会由一支训练有素的队伍组织引导，包括一位已从"家校同在"项目毕业的家长、一位教职工(教师、校长或学校社工)及两名社区工作人员。这些活动生动而有趣，以家庭团结为目的，包括一起用餐、制作家庭旗、唱歌、沟通和情感认同方面的练习。家长—孩子一对一时间则是这个项目的核心，它通过家长高质量的陪伴，帮助孩子建立自尊心并改善家长与孩子的交流。另外，此项目也使用问卷调查收集数据，问卷内容包括四个部分：孩子的行为；家庭的作用；家长—学校的参与；参与者项目体验。其中家长需在研究开始之前和八周干预课程结束之后各填写一次问卷，而教师只需在研究开始之前和结束之后各填写一次关于孩子行为的问卷。2004 年该项目研究组撰写了一份研究报告，统计显示 1996—2004 年间 7 个省份的 122 所小学参与了这项研究，约 1 494 名孩子从这个项目毕业。家长和教师的反馈显示孩子们的行为问题明显减少，行为及情绪管控能力得到提升。[①]

公益性研究机构推动着阿尔伯塔省社会与情感教育的发展，这些公益性组织也与省政府和各大学保持着合作关系。例如，"为了孩子和家庭的明智政策"(Policy Wise for Children & Families)就是一个联系着大学、社区和省政府的公益性组织，它支持了一系列关于学生成功和幸福的研究项目。例如："大脑发育"(brain development)、"欺凌对孩子的影响"(the effects of bullying on children)、"支持难民学生"(supporting refugee students)、"创伤知情实践"(trauma-informed practice)、"恢复性实践"(restorative practices)、"全校参与法"(whole school approach)、"社会与情感学习"(social emotional learning)等[②]，这些项目基本都是由加拿大大学教授或当地学校董事会和学校主持，多方参与合作的。

---

① Families and Schools Together Canada. (2019). Canadian National Evaluation of Outcomes 1996 - 2004. https://www. familyservicecanada. org/programs-events.

② Policy wise for children & family. (2020). Supporting every student learning series. https://policywise. nickpetlock. com/resource/supporting-every-student-learning-series/ses/.

日本的社会公益组织也很发达,涉及教育领域的有各种各样的公益财团法人、公益社团法人、学校法人和其他各种公益法人,通过开展各种各样的教育支援活动,依托社区,为地域内的青少年学生提供良好的学习机会和学习场所,积极构建学习型社区和社会。例如由日本内阁府认定的公益财团法人儿童教育支援财团(こども教育支援财团)就是一个典型的例子。[①] 该组织成立于2001年,位于东京都圈内,主要的目的是调查和研究如何培养面向未来的有担当的青少年学生,支援地域内各种各样的家庭教育活动和社区教育活动,培养身心健康的学生等。儿童教育支援财团特别重视地域环境在学生社会与情感能力培养中的作用,并开展了丰富多样的社区为本的教育支援活动。正如该财团的理事长大桥博所言,要为处于不同时期的学生提供恰当的教育,培养具有创造性和适应性的社会人。该财团法人依托地域社会内的各种资源,主要通过三类教育事业活动来促进社区为本教育事业的发展。第一类是教育支援事业,主要包括组织学生参加各类自然体验活动(亲子宿泊体验教室、一日农民体验活动等)、环境教育活动(地理知识竞赛、保护环境漫画家大会、清扫沙滩等)、海外体验活动(英语日活动、海外经验演讲比赛等)、中学生升学支援活动、失学学生重返学校的支援活动、教育设施运营等;第二类是教育相谈事业,即举办各种演讲会、说明会、介绍会和培训会,参与主体有学生、学生家长、在校教师和教育专业人士。相谈事业包括教育类研讨活动和人才养成研修活动,具体包括新教师培训活动、失学儿童广播支援教育活动、升学说明会和考试说明会、各类学生见习实习活动等;第三类为儿童教育相关研究事业,主要包括家庭教育研究,学生的非认知能力(社会情动のスキル)发展与研究,即社会与情感能力,此外还开设中长期研修班,培养合格的父母和保育士等。该组织2019年开设了以亲子自然体验活动为主体的大志森林和亲子宿泊体验教室,详细介绍该组织开展社区为本教育活动的初衷、过程和成效。2019年该组织开展了四次亲子一日自然体验活动,有春季野炊活动、夏季山林观察活动、秋季割稻和收花生活动、冬季炊饼制作活动等。根据当地季节变化和自然人文资源,组织了丰富多彩的活动,引导学生观察身边环境,激发求知欲,增进师生、同学和亲子之间的关系,促进社会与情感能力的发展。此外,2019年8月,该组织安排了三天两夜的亲子体验教室活动,选取了千叶市的少年之家作为活动场所,旨在通过活动加强亲子关系。该组织挑选学校里那些自信心不足的学生作为对象,邀请其父母一起参与体验活动,通过共同制作料理、亲子游戏和聊天活动,使学生能敞开心扉,帮家长排解焦虑,让学生重拾信心,重拾对于未来的期待。日本国内的各级各类非营利性民间组织围绕地域共生、地域自治的主题,充分挖掘和利用地域社会内的各种资源开展丰富多彩的社区为本教育支援活动,是推动日本社会与情感能力教育活动的重要力量。

---

① 日本儿童教育支援财团. https://kodomo-zaidan.net/

第五节 以学校为主体开展社区为本学习的社会与情感能力培养路径

在整个教育体系中，学校在学生的社会与情感能力培养上起着重要作用。在加拿大阿尔伯塔省，"幼儿园—9 年级健康与生活技能"是当地公立学校和社会与情感能力培养密切相关的健康素养必修课程。以其为例，本节审视学校如何践行社区为本学习以促进青少年的社会与情感能力培养。这个课程的设计和实施基于"共同担责"和"综合性学校健康"理念，共同担责和团队合作被视为能成功实施综合性学校健康路径的关键因素。家庭、学校和社区需要相互合作，为学生、家庭和社区提供课程、服务和资源，促进健康的生活方式和决定。

阿尔伯塔省教育部自 2002 年开始在学校实施该课程，并提供了相应的实施方案，以此取代先前的"小学健康"（Elementary Health，1989 年）课程。该课程的主旨是帮助学生做出明智的健康选择，并发展有助于自己和他人幸福的行为。为了实现这一目标，学生需要了解自我，以此作为与他人健康互动、职业发展和终身学习的基础。学生们还需要一个安全和有爱心的学校和社区环境，在这个环境中探索个人选择的想法和问题，寻求准确的信息，并实践健康的行为。整个课程包括与健康的日常生活和未来规划相关的习惯、行为、互动和决策的学习内容，它本质上是个性的，因为涉及建立在家庭、学校和社区范围内个人价值观和信仰基础上的知识和实践主体的能力培养。该课程强调家庭和学校的作用，指出了社区在促进学生个人健康发展方面发挥着重要作用，这三者为青少年提供了一个思考信息、获取、实践和展示应对生活挑战的策略的机会。此课程及其实施方案为学校的教学提供了基础，它呼吁为实现学生的总体健康目标，需要在学校和更广泛社区的服务和资源之间建立课程联系，倡导一个综合性学校健康路径，即旨在改善对健康的选择、行为的健康和体育教育的指导；促进健康并重点发展为需要帮助和干预的学生提供适当服务的健康和社区服务；促进和支持改善学生、家庭和学校工作人员健康行为的环境。

该课程的实施首先要求教师确定当地的需求和问题，即与学生及其所在社区最相关的情境与问题。其次教师需要了解哪些社区资源可用于改进学生的健康和生活技能教学。因为许多社区机构和社区里拥有资源的人物都能够为健康和生活技能课程提供信息、培训和资料。学校需要收集并掌握有关社区机构和现有资源的最新信息，还需与当地卫生部门保持联系，与社区服务在当地的分支机构取得联系。另外，地方媒体也被视为了解社区的窗口。教师可以通过新近的期刊文章、典型的故事和视频将社区的问题或观点带入健康和生活技能课的课堂。此外，该课程强调学生需要与社区建立健康的联系，因此邀请社区人员来学校担任客座教师也是推动社区为本学习的一种方式。例如，社区客座人员可以在学校课堂上和学生们讨论社区组织如何鼓励人们作出健康的选择，与学生们交流他们为什么选择参与他们的组织或从事他们的职业，与学生们一起就积极行为和健康关系的某个方面策划一项活动，就某一健康问题与学生们分享自己的经历，跟学生们分享志愿者经验，推广服务学习等。

除了邀请社区客座人员进课堂，学生们也可以通过电话或者电子邮件与社区里拥有资源的人员取得联系，为研究某一问题对其进行访谈获取信息。该课程鼓励学生参与社区服务机构或组织合作完成特定的任务或者项目，以培养学生的社区意识和目标意识。例如，年长的学生可以帮助组织和推广一个献血诊所，或者在老年人中心做午餐服务。另外，学生也可以通过进入社区收集信息或提供服务来达成学校的课程目标。

在日本，学社融合作为一种教育变革的理念，在政策和理论研究的推动下，走向广泛实践。在学校教育活动中，开展了通学合宿活动和综合学习时间课程等。

通学合宿又称生活体验学校，是一种面向小学高年级学生，利用正常上课的时间，安排学生走进社区的公民馆、会馆、大学的生活馆等青少年教育设施，实施共同食宿的一种体验活动，目的是让学生们脱离依赖于父母的家庭环境，在集体生活中锻炼自理能力、培养良好习惯和学会与他人相处的技能。高知县土佐町开展的"交流通学合宿"就是典型的例子。[①] 该合宿活动为期一周，主要面向当地五、六年级学生，由学校的校长、教师、土佐町教育委员会、家长、社区居民和志愿者共同组成执行委员会小组，共同策划和执行。学生放学后直接到合宿的公民馆，共同完成写作业、做饭、打扫卫生等任务，饭后还安排集体活动和交流时间，交流一天的情况，反思存在的问题并讨论解决的方法。在合宿期间，所有学生必须亲自动手、共同协作，并遵守无手机、无游戏、无零食、无电视等合宿规定。通学合宿活动有利于帮助学生养成良好的生活规范，提升动手能力，提高与他人合作、协调等能力，同时增进社区与学校、社区与家庭之间的沟通、理解和合作。

"综合学习时间"并非一种活动，而是中小学的必修科目，是指在学校教育正规课程中引入社会教育活动内容，并独立存在，帮助学生进行独立性、自主性课题学习。每个学校在科目具体名称和内容上具有自主权，可根据社区特色自行安排，立足于学生兴趣和当前热点。综合学习时间可采用一般的授课方法，亦可引入讲座、小组学习等方法，授课地点可灵活安排在博物馆、寺庙等场所。如在以渔业为传统的社区，将养殖牡蛎体验活动作为学校综合学习时间的主题。在社区渔民的帮助下，在学校建立养殖试验基地，学生通过养殖、加工、贩卖等步骤进一步了解牡蛎产业，学习市场分析、环境保护等领域知识。"综合学习时间"转变了传统的单一教室授课模式，以社区为基本单位，注重家、校、社融合，重视学生的拓展性、体验性学

---

① 日本高知县土佐町开展的"交流通学合宿". http://www.town.tosa.kochi.jp/publics/index/57/&-anchor_link=page57

习,有利于提高学生的解决问题能力和社会与情感能力。

此外,社区学校作为日本实施社区为本教育的模式之一,是一种新型的日本公立中小学,其典型特征是在学校内设置学校运营协议会,通过协议会的运作将社区、家庭与学校联络起来,通过开放社会并支援社区的形式来开展教育活动。学校运营协议会是在学校、家庭、社区三者协商的基础上设立的,符合三者要求,以协调者的身份调动学校和社区的人力和资源,改善学校的教育,促进学生全面发展,提升学生社会生存力。日本第一所社区学校成立于2004年,位于东京都,经过十几年的发展,社区学校的规模越来越大,学校数量逐年攀升,几乎遍及日本各个县市。

日本社区学校设立的主要目标是为了构建社会可信赖的学校并促进地域自治和创生,实现学校与社区协同共创的育人模式。随着时代的发展,人们的要求和需求也随之增多,希望转变学校教育闭锁、单一现状的呼声越来越高,共享教育资源,个性化、弹性化、开放化、自主化成为教育新主张。社区学校可以帮助家长和社区参与学校管理,吸纳社区内的商店、企业、福利组织等社会力量和资源办教育,提高学校管理效率、教育质量和社会满意度。社区学校除了具备一般学校教育的功能外,还为地域社会的发展培养具备生存力的人才,促进地域自治和创生。2016年3月日本章部科学省召开的"教育再生实行会议"的第六次提议中提出了地方创生综合战略目标,会议中强调:以社区学校为首,学校与地区协同共创的体制构建是地区振兴的核心力量。社区学校具有地域性,社区学校所开启的学校与地区协同共创模式为日本地方创生综合战略目标的实现提供强大支撑。

社区学校的课程形式多种多样,主要是依据社区的资源和特色设计和展开,给予学生更多的自主选择机会,注重培养他们的社会与情感能力,如让学生走出课堂、走进社区,创造与社区内老人、残障人士交流的机会。以日本京都市立藤城学校为例,其在2005年由一般学校转型为社区学校,是日本较早实现转型的代表性社区学校之一。① 学校以培养勤思考、会生活、有爱心、善践行、爱自然的青少年儿童为目标,成立了"山樱 NET21"学校运营协议会,由社区代表、学校代表、专业人员等组成,共同研讨和制定学校运营的方针、计划、方案等重要事宜。在山樱 NET21 协议会的决策和执行下,学校开展了各种各样以社区为本的特色活动,包括改革现有的"综合学习时间"课程、制作和发行学校信息册、组织社区同行活动等。以改革综合学习时间课程为例,为了应对日本社会少子化带来的人际关系狭隘化、冷漠化等问题,以学校所在的市町村为基本单位,开展学生进社区活动,深入居民生活,与不同年龄的人互动与交流,学会尊老爱幼,懂得基本人际交往礼仪,培养社会与情感能力。该学校主要开展的活动内容包括:组织学生与社区居民交流,收集有关社区发展的历史、习俗、文化和趣事等,增强社区

---

① 日本京都市立藤城学校官方网站. http://cms. edu. city. kyoto. jp/weblog/index. php? id=114806

认同感;增进师生间交流及利用学习社区特色资源,并将其整合为综合学习时间的教学素材,推广开来;组织社会里的年长者到学校,教授学生体验老一代接触过的游戏项目、介绍过去的生活物品和经历等。学校还将社区的趣事、学社联合开展的各项活动、学校的及时消息等信息刊登在专门发行的刊物上,供社区和家长及时知晓学校的各项动态,促进相互了解和理解。除此之外,藤城小学的山樱 NET21 运营协议会还成立了活动部,组织和安排各类社区同行活动,包括开设茶道体验课、手工制作课、足球培训班等,由学校、家长和社区居民共同承办,充分利用社区人才资源,为儿童开展各种书本中学不到的生活体验活动,丰富学生生活体验,加强学校与社区的沟通。

第六节　社区在社会与情感能力培养中的作用

社区自身也存在各种实体机构和活动场所,对青少年社会与情感能力的培养进行积极干预。例如,以加拿大阿尔伯塔省省会埃德蒙顿市为例,市政厅下面有一支社区工作者队伍,分布在全市各个社区。他们与学校、非营利机构、信仰团体、娱乐设施、企业和居民等正式和非正式团体合作,建立联系。在硬件设施上,每个社区一般都设有娱乐中心,里面设有健身中心、健身房和室内运动场及水上活动场所,让社区里所有年龄段的人都可以聚集在这个社区中心学习、锻炼、放松、聚会和娱乐。操场被视为儿童在户外成长的最重要环境之一。埃德蒙顿市有许多供儿童玩耍的操场,让孩子们在玩得开心的同时,保持活跃,发展他们的社交和创造技能。此外,埃德蒙顿市政厅还专为社区活动制定了指南(community programming and special event planning guide)。社区既有定期开展又有可灵活加入的与青少年社会与情感能力发展相关的活动。例如,绿色小屋计划(green shack programs),几乎遍及埃德蒙顿市的每个邻里社区,为青少年提供参与游戏、运动、手工艺、音乐、戏剧及其他特别活动的机会。该社区活动的组织者每周都会在社区绿色棚屋旁张贴一份完整的活动清单。如果孩子对其中任何一个游戏或活动感兴趣,家长都可以联系活动组织者为孩子报名。在日本,社区志愿者活动、社会体验活动等也承担儿童的社会教育功能,以学生自发主动参与为前提,以地域服务为主要内容,开展清扫社区垃圾、野生动物保护调查、回收废旧物品、募捐、交通安全宣传、防火防灾宣传等。除此之外,还有一些丰富的地域空间文化活动,如茶道、插花、书法、传统文化表演活动等,供儿童体验和学习。

除了社区自发组织的活动,社区里的图书馆、博物馆、文化活动中心等各种场馆也可以助力青少年社会与情感能力发展。公共图书馆是学生课后教育的又一个场域空间,采取多种形式为儿童服务,同时也为社区居民提供图书、资料和情报信息服务。加拿大每个社区的公立图书馆每周都为儿童安排专门的讲故事时间，日本大多数图书馆都设有专门为少儿服务的儿童图书室，采取少儿读书会、手工、书展、书评等多种形式活动为儿童服务。有的图书馆还设立移动图书馆，方便远距离的少儿借阅。此外，日本还设有公民馆、儿童馆，依托社区地域，开展文化活动、社会体验活动、志愿者活动、自然体验活动等。

公民馆是当前日本实施社会教育活动最主要、数量最多的机构，承担着社会教育和社会福利双重职能，是集提高居民文化素养、开展学习交流活动、传承地域文化、促进社区自治、促进学生健康成长等功能于一体的活动中心。日本全国 90％以上的市町村都设有公民馆，截至 2018 年 10 月，全国共有 14 281 所公民馆。公民馆内设有"放学后儿童教室""放学后儿童俱乐部""地域未来塾""星期六教育活动"等，为各个年龄段的学生和居民提供学习机会。公民馆内设有图书室、音乐室、美术室、活动室、公共厨房等设施。学生在放学后，公民馆开始接纳学生在馆内活动和学习，并针对他们开展一系列课程或者讲座，承担起社区教育和部分家庭教育的职能。根据日本厚生劳动省的统计，"放学后儿童教室"在公民馆实施的活动中占比达 17％，是继小学以外，实施校外教育最多的场所。

位于冲绳县那霸市的若狭公民馆（若狭公民館）[①]设立于 1992 年，以面向人人开放为主题，努力打造成为社区居民的学习场、休息场和谈心场。馆内设有大厅（举办音乐会、演讲会、发表会等）、实习室（进行料理实习等）、和室（举办插花、茶道、体验和服等活动）和研修室（举办各类培训活动），定期举办各类学习活动和地域活动，面向地域内的成年人、高龄者和青少年等群体。其中主要面向青少年群体的青少年教室活动丰富，涉及文化、生活、地理、环境等主题活动。如馆内的"地球心俱乐部"，邀请了专业人员就沙滩问题向青少年讲解若狭海岸的垃圾问题、沙滩清洁，并介绍环境会议相关事宜等；南极教室课邀请越冬队人员担任讲师，介绍南极观测实录，让青少年了解南极的气候、冰层及防寒服等；开展料理制作体验活动，教青少年学习制作大酱汤、酱黄瓜、炸天妇罗等传统日本料理；还组织安排了夜间徒步活动，带领社区内青少年体验 32 公里夜间步行。公民馆内设放学后儿童教室，以儿童和小学生为主要服务对象，举办各种文化体验活动，如新年晚会、文化祭，帮助学生接触乡土文化，加强学生的社区归属感、认同感和参与感。除了专门针对青少年群体举办的各种形式的学习活动外，公民馆还与地域社会联系起来，举办各类集体性质的地域活动，参与者包括地域内的中学、小学、幼儿园、社区居民、各类委员会、自治会等。较为典型的教育活动包括防灾体验活动、公共场所清扫活动、成人礼、异国文化体验活动等。

儿童馆是日本青少年学生课后的主要地域活动空间，面向 18 岁以下儿童，属于儿童福利保育设施，馆内配有专业的儿童保育员，社区内儿童及其监护人均可以自由使用。儿童馆主

---

① 日本那霸市若狭公民馆官方网站. https://cs-wakasa.com/kouminkan/

要的宗旨是保障儿童身心健康、培养情感能力和文化素养,提高儿童的独立性、社会性和创造性。日本全国上下共有4 600多所儿童馆,分为公立性质和私营委托管理两大类,有地域内的小型儿童馆,也有县级的中央儿童馆。日本对于儿童馆的设施面积和内容做了明确规定,要求儿童馆的总占地规模达到1 200平方米,建筑面积达到480平方米。位于宫城县的仙台市共设有100多所儿童馆,主要为区域内儿童提供自由活动的游戏空间。儿童馆内一般均设有育儿支持俱乐部,为社区内的婴幼儿及家长提供育儿信息,促进家长间相互交流,提供亲子互动空间等;设有各类儿童课后服务活动,负责儿童放学后托管服务。儿童馆的使用时间一般为周一至周五放学后到18:00,寒暑假期间开放时间为8:30—18:00,也有个别儿童馆会提供延时服务,开放至19:00,以照顾到个别监护人的工作时间。公立儿童馆的费用由仙台市统一设立标准,一般为每人每月4千日元,若同一家庭有多名儿童使用,则第二位的费用做相应减免。私营的儿童馆没有统一收费标准,但普遍高于公立机构。

　　儿童馆内设有体育馆、图书室、工作室、实习室、俱乐部教室、游乐室和事务室。儿童馆日常开展的活动内容有:戏剧活动,通过电影、木偶剧和儿童剧来提高他们的社会与情感能力;创造活动,在实习室内让儿童们用身边的物品如纸和废弃的牛奶盒等制作手工,让他们享受乐趣并培养其创造性;展示活动,通过文化展览和作品展示让儿童了解地域文化;体验活动,开放亲子游戏室和开展户外自然活动,与其他人一起活动交流,培养社会性。

　　本章主要以加拿大和日本两个国别案例检视了如何以社区为本促进青少年社会与情感能力发展。这两个国家从多个维度在幼儿早期就实施干预,已形成一个网状的、相互支撑融合的政府、家、校、社培养机制。虽然中国与加拿大和日本的国情不同,但其在家校社合作上的政策和研究探索有值得我们学习的地方。首先,我们可以借鉴加拿大联邦政府对青少年研究的支持策略,积极参与国际组织关于青少年社会与情感相关的研究项目,建立用于长期追踪的全国性或区域性的数据库,供各方调研和决策使用;其次,各级政府的教育主管部门可以进一步整合资源,及时更新政策信息和研究成果,加大对以社区为本开展社会与情感能力教育理念的科普。例如,借鉴日本充分发挥社区地域优势,通过社区的各种场馆资源为青少年提供学校之外的社会与情感能力培养场所;再次,各级教育主管部门需加大对社区为本研究的投入,鼓励社区工作者、学者、教育工作者、学校、家长、学生多方合作参与研究,探索合适的理论架构和最佳实践。研究不止于问卷调查呈现问题,而是在发现问题之后,用科学的、人文的视角做跟进研究,积极探索原因并付诸实践干预,进而致力于探索我国社区为本青少年社会与情感能力培养模式。

后　记

2017 年，经济合作与发展组织（OECD）在世界范围内启动了青少年社会与情感能力的国际大规模测评项目，全球共有 9 个国家的 10 个城市参与。2018 年，华东师范大学正式加入该项目，作为 OECD 社会与情感能力测评项目唯一的中方代表，积极推进社会与情感能力测评项目在中国的实施。经过三年的研究，2021 年 9 月华东师范大学向全球发布了中国青少年社会与情感能力发展报告，受到国内外广泛的关注。这个大规模测评是全球的第一次，也是中国的第一次，开启了青少年社会与情感能力研究的新篇章。

开展中国青少年社会与情感能力测评一方面是促进我国教育的国际合作与对话，另一方面也是为了回应我国教育政策的重大需求，为了进一步改进我们的学校实践。21 世纪到底培养什么样的人、如何培养人，如何基于全球大规模的测评证据开展有针对性的学校实践，为素质教育深化探索新的道路，培养未来不确定性社会和学习化社会所需要的人才，是我们在新的历史时期要思考的重大问题。

为了满足中小学校日益增长的对培养学生社会与情感能力的迫切需求，华东师范大学社会与情感能力研究中心组织了华东师范大学跨学科的学术团队，成员包括教育学、心理学、政策学、管理学、统计学、测量学、信息技术和脑科学等不同学科的研究者，连接国内与国际、不同区域多部门，开展跨国、跨区域、跨机构的联合攻关研究，在此基础上共同撰写了这本著作。

具体的分工如下：导论（黄忠敬）；第一章（刘志）；第二章（张静）；第三章（黄忠敬）；第四章（刘志）；第五章（朱锐锐）；第六章（王娟　陈菀月）；第七章（周子朝）；第八章（樊梦婷）；第九章（崔海丽　王亚飞）；第十章（黄忠敬）；第十一章（高星原）；第十二章（胡栎）；第十三章（王娟）；第十四章（崔海丽　张猛猛）；第十五章（王昆杞）；第十六章（张睿）；第十七章（张海静　刘志）；第十八章（郑杰　蔡金芳）。

黄忠敬

华东师范大学社会与情感能力研究中心

附录 社会与情感能力测评工具

附录一

社会与情感能力测评

Survey on Social and Emotional Skills（SSES）

学生问卷（15 岁）

谢谢您参与社会与情感能力研究。

社会与情感能力研究旨在评估多个国家或地区学生的社会与情感能力，并检测学生家庭、学校和社区环境中促进或阻碍这些技能发展的因素。

所有收集到的信息都将严格保密。为了确保您的隐私得到保护，将只分析和报告整个研究的综合结果。除非您提出书面要求并经您授权，否则任何个人信息都不会泄露给任何个人或单位。参与这项研究是自愿的。您可以随时退出或选择不参加研究。如果您同意参加，请继续。

答案没有"对"或"错"之分。请尽量回答每个问题。

学校名称：_____

学生姓名：_____

SECTION 1

在本部分中，将向你介绍一些学生。假设你认识他们。

XXV001

1	你在多大程度上同意下列学生是学习努力的人？ （请每行选择一个答案）	非常 不同意	不同意	一般	同意	非常 同意
a.	小红努力学习并获得非常好的成绩。她总能做完作业，完成学习任务并且在上课前总是做好准备。你在多大程度上同意小红是学习努力的人？	○	○	○	○	○
b.	小强通常取得好成绩。他有时在课堂上注意力不集中，但通常会按时完成作业。你在多大程度上同意小强是学习努力的人？	○	○	○	○	○
c.	小明经常忘记做作业，很少在上课前做好准备，也不关心自己的成绩。你在多大程度上同意小明是学习努力的人？	○	○	○	○	○

XXV002

2	你在多大程度上同意下列学生能够很好地管理他/她的情绪？ （请每行选择一个答案）	非常 不同意	不同意	一般	同意	非常 同意
a.	小华看起来没有压力。他在考试前总能保持冷静，积极应对。你在多大程度上同意小华能很好地管理他的情绪？	○	○	○	○	○
b.	小丽在课堂上总能保持冷静，但有时她也会变得心烦意乱，情绪多变。你在多大程度上同意小丽能很好地管理她的情绪？	○	○	○	○	○
c.	小娜经常心情不好，每次有人做了她不喜欢的事情她也会变得焦躁不安。你在多大程度上同意小娜能很好地管理她的情绪？	○	○	○	○	○

3	你在多大程度上同意下列学生是友善的人？ （请每行选择一个答案）	非常 不同意	不同意	一般	同意	非常 同意
a.	小马几乎对每个人都很友好。他总是乐于助人，也愿意借东西给同学。你在多大程度上同意小马是友善的人？	○	○	○	○	○
b.	小王乐于帮助大多数朋友，但也有几个同学觉得他并不友好。你在多大程度上同意小王是友善的人？	○	○	○	○	○
c.	小瑞经常和她的同学争吵，而且相当粗鲁。她从不把东西借给她的同学。你在多大程度上同意小瑞是友善的人？	○	○	○	○	○

4	你在多大程度上同意下列学生是善于交际的和外向的人？ （请每行选择一个答案）	非常 不同意	不同意	一般	同意	非常 同意
a.	小雪有很多朋友，她喜欢和她的同学交谈。她非常积极主动，主持很多学校活动。你在多大程度上同意小雪是个善于交际的和外向的人？	○	○	○	○	○
b.	小梅喜欢和她的朋友们在一起，但是有时她很安静，不跟其他同学交谈。你在多大程度上同意小梅是个善于交际的和外向的人？	○	○	○	○	○
c.	小刚很腼腆，很少和他的同学交谈。他更喜欢独处而非在其他人面前交谈。你在多大程度上同意小刚是个善于交际的和外向的人？	○	○	○	○	○

5	你在多大程度上同意下列学生喜欢学习新事物？ （请每行选择一个答案）	非常 不同意	不同意	一般	同意	非常 同意
a.	小兵对了解世界很感兴趣。他对不同的地方和人感到好奇，也喜欢阅读不同的东西。你在多大程度上同意小兵喜欢学习新事物？	○	○	○	○	○
b.	小芳有时对了解其他地方和人很感兴趣，但她很少阅读不同的东西。你在多大程度上同意小芳喜欢学习新事物？	○	○	○	○	○
c.	小孙对了解其他地方和人不感兴趣。他不喜欢探索新地方，不喜欢阅读不同的东西。你在多大程度上同意小孙喜欢学习新事物？	○	○	○	○	○

说明：在接下来的几页中，你将发现一系列可能符合或者可能不符合你的陈述。答案没有对错之分——你自己的想法是最重要的。请回答每句话，即使你不完全确定你的答案。

STA 0001

6	请阅读每句话并选择五个答案中的一个，以表明你在多大程度上同意或不同意关于你的描述。 （请每行选择一个答案）	非常 不同意	不同意	一般	同意	非常 同意
a.	我不容易沮丧。	○	○	○	○	○
b.	我乐意和来自其他文化的人交朋友。	○	○	○	○	○
c.	我有时表现得不负责任。	○	○	○	○	○
d.	我精力充沛。	○	○	○	○	○
e.	我认为我的大多数同学都信守承诺。	○	○	○	○	○
f.	我能找到做事情的新方法。	○	○	○	○	○
g.	我经常感到难过。	○	○	○	○	○
h.	我对别人说话小心谨慎。	○	○	○	○	○
i.	我是一个领导者。	○	○	○	○	○
j.	我喜欢帮助别人。	○	○	○	○	○

STA 0002

7	请阅读每句话并选择五个答案中的一个,以表明你在多大程度上同意或不同意关于你的描述。 (请每行选择一个答案)					
		非常 不同意	不同意	一般	同意	非常 同意
a.	我能控制自己的行动。	○	○	○	○	○
b.	我能控制自己的情绪。	○	○	○	○	○
c.	我是有创意的且能提出新想法。	○	○	○	○	○
d.	我遇事会往好处想。	○	○	○	○	○
e.	我想处于主导地位。	○	○	○	○	○
f.	我外向且善于交际。	○	○	○	○	○
g.	我乐于助人且不自私。	○	○	○	○	○
h.	我是可靠的,别人总能指望我。	○	○	○	○	○
i.	我对许多不同的事情感到好奇。	○	○	○	○	○
j.	我坚持不懈直到任务完成。	○	○	○	○	○

STA 0003

8	请阅读每句话并选择五个答案中的一个,以表明你在多大程度上同意或不同意关于你的描述。 (请每行选择一个答案)					
		非常 不同意	不同意	一般	同意	非常 同意
a.	我有强烈的学习欲望。	○	○	○	○	○
b.	我很放松且能很好地处理压力。	○	○	○	○	○
c.	我会三思而后行。	○	○	○	○	○
d.	我有许多朋友。	○	○	○	○	○
e.	我会问一些关于其他文化的问题。	○	○	○	○	○
f.	我和他人相处得很好。	○	○	○	○	○
g.	我知道如何说服别人做我想做的事。	○	○	○	○	○
h.	我确保能完成任务。	○	○	○	○	○
i.	我经常忘记自己的职责。	○	○	○	○	○
j.	我的朋友过得好对我来说很重要。	○	○	○	○	○

9	请阅读每句话并选择五个答案中的一个,以表明你在多大程度上同意或不同意关于你的描述。 (请每行选择一个答案)	非常 不同意	不同意	一般	同意	非常 同意
a.	我相信我的朋友永远不会背叛我。	○	○	○	○	○
b.	我喜欢了解事物的原理。	○	○	○	○	○
c.	我能体会别人的感受。	○	○	○	○	○
d.	我与别人合作得很好。	○	○	○	○	○
e.	我对未来总是积极乐观的。	○	○	○	○	○
f.	我不如别人积极主动。	○	○	○	○	○
g.	我容易生气。	○	○	○	○	○
h.	我在新的文化环境中感到舒适。	○	○	○	○	○
i.	我喜欢和朋友们在一起。	○	○	○	○	○
j.	我容易紧张。	○	○	○	○	○

10	请阅读每句话并选择五个答案中的一个,以表明你在多大程度上同意或不同意关于你的描述。 (请每行选择一个答案)	非常 不同意	不同意	一般	同意	非常 同意
a.	我喜欢领导别人。	○	○	○	○	○
b.	我知道如何安慰别人。	○	○	○	○	○
c.	我容易放弃。	○	○	○	○	○
d.	我会逃避责任。	○	○	○	○	○
e.	我知道如何控制我的怒火。	○	○	○	○	○
f.	我做事小心谨慎避免出错。	○	○	○	○	○

（续表）

10	请阅读每句话并选择五个答案中的一个，以表明你在多大程度上同意或不同意关于你的描述。 （请每行选择一个答案）	非常 不同意	不同意	一般	同意	非常 同意
g.	我会担心很多事情。	○	○	○	○	○
h.	我在想象方面有困难。	○	○	○	○	○
i.	我表现得很热情。	○	○	○	○	○
j.	我相信我的朋友能够保守我的秘密。	○	○	○	○	○

STA 0006

11	请阅读每句话并选择五个答案中的一个，以表明你在多大程度上同意或不同意关于你的描述。 （请每行选择一个答案）	非常 不同意	不同意	一般	同意	非常 同意
a.	我常常挑起争吵。	○	○	○	○	○
b.	我几乎每天醒来都很开心。	○	○	○	○	○
c.	我相信大多数人是友善的。	○	○	○	○	○
d.	我喜欢问问题。	○	○	○	○	○
e.	我有时能找到别人找不到的解决办法。	○	○	○	○	○
f.	我做事有始有终。	○	○	○	○	○
g.	我不如我的同学精力充沛。	○	○	○	○	○
h.	我对很多事情感到害怕。	○	○	○	○	○
i.	我想去其他国家旅行。	○	○	○	○	○
j.	我喜欢独处。	○	○	○	○	○

12	请阅读每句话并选择五个答案中的一个，以表明你在多大程度上同意或不同意关于你的描述。 *(请每行选择一个答案)*					
		非常 不同意	不同意	一般	同意	非常 同意
a.	只要有地方，我就想运动。	◯	◯	◯	◯	◯
b.	我喜欢与不同的人交谈。	◯	◯	◯	◯	◯
c.	我享受生活。	◯	◯	◯	◯	◯
d.	我做事半途而废。	◯	◯	◯	◯	◯
e.	我容易恐慌。	◯	◯	◯	◯	◯
f.	我不信任他人。	◯	◯	◯	◯	◯
g.	我喜欢学习新东西。	◯	◯	◯	◯	◯
h.	我尊重他人。	◯	◯	◯	◯	◯
i.	我的情绪波动大。	◯	◯	◯	◯	◯
j.	我喜欢了解其他文化和宗教。	◯	◯	◯	◯	◯

13	请阅读每句话并选择五个答案中的一个，以表明你在多大程度上同意或不同意关于你的描述。 *(请每行选择一个答案)*					
		非常 不同意	不同意	一般	同意	非常 同意
a.	我信守承诺。	◯	◯	◯	◯	◯
b.	我喜欢创造新东西。	◯	◯	◯	◯	◯
c.	我喜欢与他人一起度过闲暇时光。	◯	◯	◯	◯	◯
d.	我想到什么就说什么。	◯	◯	◯	◯	◯
e.	我总是愿意帮助我的同学。	◯	◯	◯	◯	◯
f.	我的情绪和心情难以捉摸。	◯	◯	◯	◯	◯
g.	我对其他国家和文化不感兴趣。	◯	◯	◯	◯	◯
h.	我总能看到生活中好的一面。	◯	◯	◯	◯	◯

（续表）

13	请阅读每句话并选择五个答案中的一个,以表明你在多大程度上同意或不同意关于你的描述。 (请每行选择一个答案)					
		非常 不同意	不同意	一般	同意	非常 同意
i.	我经常感到紧张。	○	○	○	○	○
j.	我容易精疲力尽。	○	○	○	○	○

STA 0009

14	请阅读每句话并选择五个答案中的一个,以表明你在多大程度上同意或不同意关于你的描述。 (请每行选择一个答案)					
		非常 不同意	不同意	一般	同意	非常 同意
a.	我经常担心某些事情。	○	○	○	○	○
b.	我知难而退。	○	○	○	○	○
c.	我不喜欢学习。	○	○	○	○	○
d.	即使遇到紧张情况我也能够保持冷静。	○	○	○	○	○
e.	我总是确保没有错误。	○	○	○	○	○
f.	我不喜欢领导团队。	○	○	○	○	○
g.	我相信别人会帮助我。	○	○	○	○	○
h.	我能揣摩别人的需求。	○	○	○	○	○
i.	我想象力丰富。	○	○	○	○	○
j.	我是一个负责任的人。	○	○	○	○	○

STA 0010

15	请阅读每句话并选择五个答案中的一个,以表明你在多大程度上同意或不同意关于你的描述。 (请每行选择一个答案)					
		非常 不同意	不同意	一般	同意	非常 同意
a.	我容易结交朋友。	○	○	○	○	○
b.	我早上很慢进入状态(比如花很多时间穿衣、洗漱、吃早饭等,并犯困)。	○	○	○	○	○

（续表）

15	请阅读每句话并选择五个答案中的一个，以表明你在多大程度上同意或不同意关于你的描述。 （请每行选择一个答案）					
		非常 不同意	不同意	一般	同意	非常 同意
c.	我乐意帮助任何人。	○	○	○	○	○
d.	我想成为班干部。	○	○	○	○	○
e.	我能理解他人的需求。	○	○	○	○	○
f.	我经常忘记做答应过别人的事情。	○	○	○	○	○
g.	我先思而后行。	○	○	○	○	○
h.	我相信大多数人是诚实的。	○	○	○	○	○
i.	我讨厌做事半途而废。	○	○	○	○	○
j.	我是一个快乐的人。	○	○	○	○	○

STA 0011

16	请阅读每句话并选择五个答案中的一个，以表明你在多大程度上同意或不同意关于你的描述。 （请每行选择一个答案）					
		非常 不同意	不同意	一般	同意	非常 同意
a.	我觉得创造新东西很难。	○	○	○	○	○
b.	我会忘记去做分配给我的任务。	○	○	○	○	○
c.	我从不同看法的人那里学到了很多东西。	○	○	○	○	○
d.	我信任别人。	○	○	○	○	○
e.	即使过程中困难重重，我也会完成任务。	○	○	○	○	○
f.	我喜欢在学校学习新东西。	○	○	○	○	○
g.	我礼貌待人。	○	○	○	○	○
h.	我交朋友有困难。	○	○	○	○	○
i.	我热情待人。	○	○	○	○	○
j.	我喜欢做一个团队的领袖。	○	○	○	○	○

STA0012

17	请阅读每句话并选择五个答案中的一个,以表明你在多大程度上同意或不同意关于你的描述。 (请每行选择一个答案)					
		非常 不同意	不同意	一般	同意	非常 同意
a.	我极少询问别人的感受。	○	○	○	○	○
b.	我像领导者一样起主导作用。	○	○	○	○	○
c.	我容易害怕。	○	○	○	○	○
d.	我喜欢了解其他国家和文化。	○	○	○	○	○
e.	我全天保持精力旺盛。	○	○	○	○	○
f.	我遇事会往坏处想。	○	○	○	○	○
g.	我几乎没有创造力。	○	○	○	○	○
h.	我觉得科学这门学科有趣。	○	○	○	○	○
i.	我常常不经思考就匆忙行动。	○	○	○	○	○
j.	我常常感到生气。	○	○	○	○	○

XXB500O

18	请指出以下的行为在多大程度上对你的描述是准确的。 (请每行选择一个答案)					
		一点也 不准确	有点 准确	有些 准确	非常 准确	极为 准确
a.	我难以集中注意力。	○	○	○	○	○
b.	我从不打架。	○	○	○	○	○
c.	我在家里、学校和其他地方都遵守规则。	○	○	○	○	○
d.	我从不拿不属于我的东西。	○	○	○	○	○
e.	我难以入睡。	○	○	○	○	○
f.	我经常参加班级活动。	○	○	○	○	○
g.	收银员出错时,我会退还多找的钱。	○	○	○	○	○
h.	我逃课。	○	○	○	○	○
i.	我抽烟、咀嚼或闻烟草。	○	○	○	○	○
j.	我喝酒。	○	○	○	○	○

SECTION 2

19	你在哪个年级？
	＿＿＿＿＿＿＿＿＿＿

20	不包括这个学年，你在这所学校多久了？
	＿＿＿＿＿年

21	你出生于哪年哪月？
	年　　月

22	你是女生还是男生？ （请选择一个答案）	
女生		○
男生		○

23	你不穿鞋子有多高？ （请在空格处填写一个数字）
	＿＿＿＿＿厘米

24	你不穿鞋子和衣服有多重？ （请在空格处填写一个数字）
	＿＿＿＿＿公斤

STQM007

25	你母亲(或女性监护人)和父亲(或男性监护人)的最高学历是什么? *(请每栏选择一个答案)*	母亲或其他 女性监护人	父亲或其他 男性监护人
	高中(含中职)及以下	○	○
	高中后非高等教育(高中后非学历成人教育)或大专	○	○
	本科及以上	○	○

STQM008

26	你家中有下列物品吗? *(请每行选择一个答案)*		没有	有
a.		一张学习用的书桌	○	○
b.		一个你自己的房间	○	○
c.		一个安静的学习场所	○	○
d.		一台你可以用来完成学校作业的电脑	○	○
e.		教育软件	○	○
f.		因特网连接	○	○
g.		经典文学作品(例如《红楼梦》)	○	○
h.		诗词集	○	○
i.		艺术品(例如绘画作品)	○	○
j.		教辅读物	○	○
k.		技术类参考书	○	○
l.		字典、词典	○	○
m.		艺术、音乐或设计类书籍	○	○
n.		吸尘器	○	○
o.		数码相机或数码摄像机	○	○
p.		榨汁机	○	○

STQM009

27	你家中有多少下列物品？ （请每行选择一个答案）	一个没有	一个	两个	三个或更多
a.	电视机	○	○	○	○
b.	汽车	○	○	○	○
c.	带有浴缸或淋浴的房间	○	○	○	○
d.	手机（有上网功能，例如智能手机）	○	○	○	○
e.	电脑（台式机、手提电脑或笔记本电脑）	○	○	○	○
f.	平板电脑（例如 iPad、三星平板电脑）	○	○	○	○
g.	电子阅读器（例如 Kindle、索尼阅读器）	○	○	○	○
h.	乐器（例如吉他、钢琴）	○	○	○	○

STQM010

28	你家里有多少本书？ （每一米长的书架上通常可以放大约 40 本书。请不要将杂志、报纸和你的课本计算在内） （请在下面的选项中选择一个答案）	
	0—10	○
	11—25	○
	26—100	○
	101—200	○
	201—500	○
	超过 500	○

以下两个问题是关于你母亲（或女监护人）的工作的。

（如果她现在不工作，请告诉我们她上一份主要工作）

29	你母亲(或女监护人)的主要工作是什么？ (例如学校老师、帮厨、销售经理)
	请填写她的工作岗位。 _____

30	你母亲(或女监护人)的主要工作职责是什么？(例如在中学教书、在餐厅帮厨师备菜、管理一支销售队伍)
	请用一句话描述她在上面所说的这份工作中做的事情。 _____

以下两个问题是关于你父亲(或男监护人)的工作的。

(如果他现在不工作，请告诉我们他上一份主要工作)

31	你父亲(或男监护人)主要从事什么工作？ (例如学校老师、帮厨、销售经理)
	请填写他的工作岗位。 _____

32	你父亲(或男监护人)的主要工作职责是什么？(例如在中学教书、在餐厅帮厨师备菜、管理一支销售队伍)
	请用一句话描述他在上面所说的这份工作中做的事情。 _____

33	你和你父母是在哪个国家(地区)出生的？ (请每栏选择一个答案)			
		你	母亲或其他 女性监护人	父亲或其他 男性监护人
	本省(市)	○	○	○
	中国大陆其他省(市)	○	○	○
	中国港澳台地区	○	○	○

34	你在家时最常用的是什么语言？ (请在下面的选项中选择一个答案)	
	普通话	○
	本地方言	○
	非本地方言	○
	其他民族语言	○
	其他语言	○

35	你几周岁开始上幼儿园？	
	0	○
	1	○
	2	○
	3	○
	4	○
	5	○
	6	○
	7	○
	我没上过幼儿园	○

STQM018

36	你几周岁开始上小学?	
3		○
4		○
5		○
6		○
7		○
8		○
9		○

STQM019

37	总的来说,你对自己最近生活的满意度是多少? 下面的问题是关于你对生活的满意度的,从"0"到"10"来衡量。"0"表示"一点都不满意","10"表示"完全满意"。 (请在下面的选项中选择一个答案)

○	○	○	○	○	○	○	○	○	○	○
0	1	2	3	4	5	6	7	8	9	10

STQM020

38	在每个描述中,哪个最能表明你最近两周的感受? (例如:过去的两周如果你在一半以上的时间感到愉悦和精神振奋,请选择第3列的圆圈) (请每行选择一个答案)					
		从未	有时	过半时间	大多数时间	全部时间
a.	我感到愉悦和精神振奋。	○	○	○	○	○
b.	我感到平静和放松。	○	○	○	○	○
c.	我感到精力充沛。	○	○	○	○	○
d.	我醒来时感觉神清气爽和精神焕发。	○	○	○	○	○
e.	日常生活中充满了让我感兴趣的事情。	○	○	○	○	○

STQM021

39	总体来说，你的健康状况如何？ （请在下面的选项中选择一个答案）	
	极好	○
	很好	○
	好	○
	一般	○
	差	○

STQM022

40	你在下面情境中的安全感如何？ （请每行选择一个答案）			
		不安全	比较安全	非常安全
a.	在学校	○	○	○
b.	在社区	○	○	○
c.	在家里	○	○	○
d.	和同伴在一起	○	○	○

STQM023

41	你希望获得以下哪个学历？ （请选择一个答案）	
	高中(含中职)及以下	○
	高中后非学历高等教育(高中后非学历成人教育)或大专	○
	本科及以上	○

STQM024

42	你预期自己30岁左右时会做什么样的工作？
	（请填写工作岗位）
	_____

STQM025

43	你有多了解以下问题？ (请每行选择一个答案)				
		从未听说过	了解很少	了解一些	了解很多
a.	气候变化和全球变暖	○	○	○	○
b.	全球健康(如:流行病)	○	○	○	○
c.	国际冲突	○	○	○	○
d.	贫困原因	○	○	○	○
e.	世界各地的男女平等	○	○	○	○

STQM026

44	在下面的问题中,我们请你描述你和不同人群的亲密程度。在五对圆中,较小的圆代表你,较大的圆代表不同的人群。 A B C D E 请选择下面最能描述你与每组人群关系的一对圆。例如,选择 E 表示你与另一个人或群体非常亲近。 你们的亲密程度如何? (请每行选择一个答案)					
		A	B	C	D	E
a.	你的妈妈	○	○	○	○	○
b.	你的爸爸	○	○	○	○	○
c.	你的兄弟姐妹	○	○	○	○	○
d.	你的亲属(爷爷奶奶,姑妈/叔叔,堂兄弟等)	○	○	○	○	○
e.	你的朋友	○	○	○	○	○
f.	你的同学	○	○	○	○	○
g.	你喜爱的老师	○	○	○	○	○
h.	你的邻居	○	○	○	○	○

STQM027A

45A	请选择最符合你情况的说法。 （请每行选择一个答案）	几乎不或 从未如此	有时如此	经常如此	几乎是或 总是如此
a.	我的妈妈理解我。	○	○	○	○
b.	我的妈妈倾听我。	○	○	○	○
c.	我的妈妈对我很严格。	○	○	○	○
d.	我的妈妈会严厉惩罚我。	○	○	○	○

STQM028A

46A	请选择最符合你情况的说法。 （请每行选择一个答案）	几乎不或 从未如此	有时如此	经常如此	几乎是或 总是如此
a.	我的爸爸理解我。	○	○	○	○
b.	我的爸爸倾听我。	○	○	○	○
c.	我的爸爸对我要求严格。	○	○	○	○
d.	我的爸爸会严厉惩罚我。	○	○	○	○

STQM027B

45B	请选择最符合你情况的说法。 （请每行选择一个答案）	几乎不或 从未如此	有时如此	经常如此	几乎是或 总是如此
a.	我的妈妈会严厉惩罚我。	○	○	○	○
b.	我的妈妈对我很严格。	○	○	○	○
c.	我的妈妈倾听我。	○	○	○	○
d.	我的妈妈理解我。	○	○	○	○

STQM028B

46B	请选择最符合你情况的说法。 （请每行选择一个答案）	几乎不或 从未如此	有时如此	经常如此	几乎是或 总是如此
a.	我的爸爸会严厉惩罚我。	○	○	○	○
b.	我的爸爸对我要求严格。	○	○	○	○
c.	我的爸爸倾听我。	○	○	○	○
d.	我的爸爸理解我。	○	○	○	○

STQM029

47	请选择最符合你情况的说法。 （请每行选择一个答案）	几乎不或 从未如此	有时如此	经常如此	几乎是或 总是如此
a.	父母容易让我心烦。	○	○	○	○
b.	我与父母交流有困难。	○	○	○	○
c.	我对父母感到气愤。	○	○	○	○

STQM030

48	请选择最符合你情况的说法。 （请每行选择一个答案）	几乎不或 从未如此	有时如此	经常如此	几乎是或 总是如此
a.	我的朋友理解我。	○	○	○	○
b.	我的朋友接受我。	○	○	○	○
c.	我与朋友容易交谈。	○	○	○	○
d.	我的朋友尊重我的感受。	○	○	○	○

49	请告诉我们你有多少朋友符合以下的说法。 （请每行选择一个答案）	很少	有些	大约一半	大多数	几乎所有
a.	在学校表现得很好。	○	○	○	○	○
b.	表现不好或者违反规矩。	○	○	○	○	○
c.	尝试过抽烟或吸毒。	○	○	○	○	○

50	下面的问题是关于你的朋友的。你的朋友中有多少人符合以下的说法？ （请每行选择一个答案）	很少	有些	大约一半	大多数	几乎所有
a.	对你友好	○	○	○	○	○
b.	对你不友好	○	○	○	○	○

51	你在多大程度上同意或者不同意以下的说法？ （请每行选择一个答案）	非常不同意	不同意	一般	同意	非常同意
a.	我的父母期望我做的每件事都完美。	○	○	○	○	○
b.	我的父母总是期望我表现得比别人好。	○	○	○	○	○
c.	我的老师期望我的功课做得完美。	○	○	○	○	○
d.	我的老师对我要求太多。	○	○	○	○	○
e.	朋友对我的期望比我能给予的多。	○	○	○	○	○
f.	我的朋友对我要求太多。	○	○	○	○	○

STQM034

52	下面的问题是关于你的朋友的。你的朋友中有多少人符合以下的说法？*（请每行选择一个答案）*				
		很少	有些	许多	几乎所有
a.	来自与你不同的国家。	○	○	○	○
b.	与你有不同的宗教或信仰。	○	○	○	○
c.	与你有不同的民族背景。	○	○	○	○

STQM035

53	平时放学后，你花多少时间做下列事情？*（请每行选择一个答案）*				
		不花时间	每天1小时以内	每天1—4个小时	每天超过4小时
a.	做家庭作业。	○	○	○	○
b.	看电视节目。	○	○	○	○
c.	阅读书籍/报纸/杂志。	○	○	○	○
d.	跟父母交谈。	○	○	○	○
e.	做家务或者照顾其他家庭成员。	○	○	○	○
f.	玩网络游戏。	○	○	○	○
g.	网上聊天。	○	○	○	○
h.	参加网络社交。	○	○	○	○
i.	为娱乐而上网(例如,看网上视频)。	○	○	○	○
j.	为获取信息而上网(例如,读新闻或者查地址)。	○	○	○	○
k.	校外锻炼或者运动。	○	○	○	○
l.	在校外与朋友碰面或者交谈。	○	○	○	○

54	想想你的学校，你在多大程度上同意以下说法？ （请每行选择一个答案）	非常 不同意	不同意	同意	非常 同意
a.	在学校我觉得自己像个局外人。	○	○	○	○
b.	我在学校很容易结交朋友。	○	○	○	○
c.	我觉得在学校有归属感。	○	○	○	○
d.	我在学校感觉很糟，总觉得无所适从。	○	○	○	○
e.	同学似乎都喜欢我。	○	○	○	○
f.	我在学校觉得孤单。	○	○	○	○

55	以下说法在多大程度上符合你所在学校的情况？ （请每行选择一个答案）	几乎不或 从未如此	有时如此	经常如此	几乎是或 总是如此
a.	同学们看起来重视合作(如：一起学习)。	○	○	○	○
b.	看起来同学们在相互合作。	○	○	○	○
c.	同学们看起来重视竞争(如：相互竞争)。	○	○	○	○
d.	看起来同学们都在相互竞争。	○	○	○	○

56	在过去的 12 个月里，你在学校多久会遇到一次下列情况？ （请每行选择一个答案）	从未或 几乎不	一年几次	一月几次	一周一次 或多次
a.	其他学生嘲笑我。	○	○	○	○
b.	我被其他学生威胁。	○	○	○	○
c.	其他学生拿走或弄坏我的东西。	○	○	○	○
d.	我被其他学生打或推搡。	○	○	○	○

STQM039

57	过去的 12 个月中,当你在聊天或者使用社交媒体时(例如,QQ、微信等),以下事情是否经常发生在你身上? (请每行选择一个答案)					
		从未或 几乎不	一年几次	一月几次	一周一次 或更多	我不用 社交媒体
a.	我被人威胁过。	○	○	○	○	○
b.	有人散布过关于我的恶毒谣言。	○	○	○	○	○

STQM040

58	在过去的 12 个月里,以下事情是否经常发生在你身上? (请每行选择一个答案)				
		从不或 几乎不	一年几次	一月几次	一周一次 或更多
a.	大多数老师待我公平。	○	○	○	○
b.	我与大多数老师相处得很好。	○	○	○	○
c.	大多数老师关心我的幸福。	○	○	○	○

STQM041

59	你在多大程度上同意或不同意以下关于你自己的说法? (请每行选择一个答案)				
		非常 不同意	不同意	一般	同意	非常 同意
a.	我经常担心考试太难。	○	○	○	○	○
b.	即使考前作了充分的准备,我也会感到很焦虑。	○	○	○	○	○
c.	我在复习备考的时候会很紧张。	○	○	○	○	○

STQM042

60	你是否参加以下这些校外的课外活动？ （请每行选择一个答案）	否	是
a.	运动（如俱乐部、课程等）	○	○
b.	艺术（如演奏乐器、舞蹈、绘画等）	○	○
c.	社会活动（如读书俱乐部、组织活动）	○	○
d.	社区服务（如通过宗教组织或你的街区/社区，在学校做志愿服务）	○	○
e.	环保活动（如回收、种植花草/树木、清理垃圾）	○	○

STQM043

61	你在多大程度上同意或者不同意以下的说法？ （请每行选择一个答案）	非常不同意	不同意	一般	同意	非常同意
a.	你的社交技能是你自身不能做太多改变的。	○	○	○	○	○
b.	你的情感技能是你自身不能做太多改变的。	○	○	○	○	○
c.	你的智力是你自身不能做太多改变的。	○	○	○	○	○

请尽你所能回答以下问题。

COGM001

62	一年的第六个月是？ （请选择一个答案）	
	九月	○
	七月	○
	五月	○
	八月	○
	六月	○

（续表）

62	一年的第六个月是? （请选择一个答案）	
	四月	○
	我不知道	○

COGM002

63	三头牛和四只鸡总共有几条腿? （请选择一个答案）	
	16	○
	18	○
	20	○
	21	○
	22	○
	24	○
	我不知道	○

COGM003

64	小明比小红矮,且小芳比小红高。 下列哪项陈述最准确? （请选择一个答案）	
	小芳比小明高	○
	小芳比小明矮	○
	小芳和小明一样高	○
	无从知晓	○
	小明比小红高	○
	小红比小芳高	○
	我不知道	○

65	小强和小张去钓鱼，共钓了 32 条鱼。小张钓鱼的数量是小强的三倍。小强钓了多少条鱼？ （请选择一个答案）	
7		○
8		○
9		○
10		○
11		○
12		○
我不知道		○

66	如果后天是星期四的前两天，那么今天是什么日子？ （请选择一个答案）	
星期五		○
星期一		○
星期三		○
星期六		○
星期二		○
星期日		○
我不知道		○

67	在下面的数列中，接下来是什么数？ 4, 7, 11, 18, 29, … （请选择一个答案）	
37		○
39		○
46		○
47		○

（续表）

67	在下面的数列中,接下来是什么数? 4,7,11,18,29,… *(请选择一个答案)*	
49		○
55		○
我不知道		○

COGM007

68	在下面的数列中,接下来是什么数? 64,81,100,121,144,… *(请选择一个答案)*	
154		○
156		○
162		○
169		○
178		○
196		○
我不知道		○

附录二

社会与情感能力测评

Survey on Social and Emotional Skills（SSES）

教师问卷

学校名称：_____

学生登录名：_____

教师登录名：_____

谢谢您参与社会与情感能力研究。

社会与情感能力研究旨在评估多个国家或地区学生的社会与情感能力，并检测学生家庭、学校和社区环境中促进或阻碍这些技能发展的因素。

所有收集到的信息都将严格保密。为了确保您的隐私得到保护，将只分析和报告整个研究的综合结果。除非您提出书面要求并经您授权，否则任何个人信息都不会泄露给任何个人或单位。参与这项研究是自愿的。您可以随时退出或选择不参加研究。如果您同意参加，请继续。

答案没有"对"或"错"之分。请尽量回答每个问题。

请阅读以下指南

- 黑色水笔完成这张表格。

- 如果有错误，用这种方法改正：　是 ☑　　否 ☒

- 如果你不能或不想回答就在答题处空着。

SECTION 1

TCQM001

1	您的性别是： （请选择一个答案）	
	女性	○
	男性	○

TCQM002

2	您的年龄是： （请填写一个数字）
	_____周岁

TCQM003

3	您同时在另一所学校教学吗？ （请选择一个答案）	
	否	○
	是	○

TCQM004

4	作为教师，您所有的教学聘任情况如何？ （请选择一个答案）	
	全职（占全日制工作时间的90%以上）	○
	兼职（占全日制工作时间的71%—90%）	○
	兼职（占全日制工作时间的50%—70%）	○
	兼职（占全日制工作时间的50%以下）	○

TCQM005

5	您有多少年的工作经验？请包括全职和兼职工作。 (请不要计入长期的离岗时间,如产假。请在每行填写一个数字。如果没有,请填写0。请以年为单位四舍五入取整)	
a.	_____	在当前学校任教 年
b.	_____	一共任教 年
c.	_____	任其他教职年(不包括教师工作)
d.	_____	从事其他工作年

TCQM006

6	您已完成的正规教育的最高学历是什么？ (请选择一个答案)	
高中以下		○
高中		○
高中后非高等教育(高中后非学历成人教育)		○
大专		○
本科		○
硕士研究生		○
博士研究生		○

TCQM007

7	您是否已经完成了教师教育或培训项目？ (请选择一个答案)	
否		○
是		○

这是一道跳转题。
如果您对第7题的作答为"是",请回答第8题。
如果您对第7题的作答为"否",请跳到第9题。

8	您是如何获得您的教学资格的？ (请选择一个答案)	
	我在高等师范院校参加了标准教师教育或培训项目。	○
	我参加了一个在职教师的教师教育或培训项目。	○
	我参加了一个兼职教师的教师教育或培训项目。	○
	我参加了一个其他教学专业的培训。	○
	其他	○

9	在您的教师教育或后续专业发展中是否包含下列科目？ (请每行选择一个答案)	否	是
a.	如何管理课堂。	○	○
b.	如何应对困难学生(上课捣乱、违规、注意力不集中等)。	○	○
c.	如何让学生分组学习。	○	○
d.	如何让家长参与教育过程。	○	○

10	在您的职前和在职培训以及专业发展中您是否有机会涉及以下主题？ (请每行选择一个答案)	从来没有	一点	有些	很多	非常多
a.	师生互动	○	○	○	○	○
b.	儿童发展	○	○	○	○	○
c.	涉及小组活动的教学方法	○	○	○	○	○
d.	课堂管理	○	○	○	○	○
e.	培养儿童的社会与情感能力	○	○	○	○	○

TCQM011

		没有	有的,持续一周或更短	有的,持续几周	有的,持续一个月到一年的培训	有的,持续一年多的大量培训或项目
11	对于以下类型的教师培训,请指出您是否获得过任何有关社会与情感能力及其发展的正式培训或专业发展,如果有,多长时间? "社会与情感能力"指的是人们管理自己的情绪和与他人交往的能力(如同理心、责任感、情绪控制、好奇心、合作等),与人的学术能力(如识字或算术能力)不同。 (如果您不止一次获得过正式培训或专业发展,请选择持续时间最长的那次) (请每行选择一个答案)					
a.	您刚入职时的教师培训。	○	○	○	○	○
b.	在校外或您工作的学区的教师发展培训。	○	○	○	○	○
c.	学校或学区提供或资助的培训课程。	○	○	○	○	○

TCQM012

		否	是
12	本学年内,您是否给 10 岁或 15 岁学生教授下列内容? (请每行选择一个答案)		
a.	阅读、写作和文学	○	○
b.	数学	○	○
c.	科学	○	○
d.	社会学	○	○
e.	现代外语	○	○
f.	古代语言(例如拉丁语)	○	○
g.	技术	○	○
h.	艺术	○	○
i.	体育	○	○
j.	宗教和/或伦理学	○	○
k.	实践和职业技术	○	○
l.	其他	○	○

13	以下情况出现在您课堂的频率如何？ （请每行选择一个答案）				
		从不或 几乎不	有些课	许多课	每节课或 几乎每节课
a.	给予学生解释想法的机会。	○	○	○	○
b.	学生间的小组讨论。	○	○	○	○
c.	我参与的全班讨论。	○	○	○	○
d.	我讨论学生提出的问题。	○	○	○	○
e.	学生向班里其他同学做展示。	○	○	○	○
f.	学生讨论课本内容。	○	○	○	○

14	您给您的学生分配以下活动的频率如何？ （请每行选择一个答案）						
		从不或 几乎不	一年1次 或更少	一年2 —4次	一年5 —9次	一个月 1—3次	一周1次 或更多
a.	团队合作完成小型任务（10分钟—2个小时），例如练习或思考题。	○	○	○	○	○	○
b.	团队合作做一个较长期的任务（几个星期），例如写一个文件、发明东西等。	○	○	○	○	○	○
c.	一起准备一个主题演讲。	○	○	○	○	○	○

15	整个学年内，您的课堂发生以下活动的频率如何？ （请每行选择一个答案）					
		从不或 几乎不	约四分之 一的课	约一半 的课	约四分之 三的课	几乎每 一节课
a.	学生通过小组合作，提出一个共同的问题解决方案。	○	○	○	○	○

（续表）

15	整个学年内，您的课堂发生以下活动的频率如何？ （请每行选择一个答案）	从不或 几乎不	约四分之 一的课	约一半 的课	约四分之 三的课	几乎每 一节课
b.	我给学习有困难的学生或学习进度较快的学生布置不同的学习内容。	○	○	○	○	○
c.	学生参加需要至少一周完成的项目。	○	○	○	○	○
d.	根据学生的能力分组学习。	○	○	○	○	○
e.	学生会因持有不属于他们自己的某一观点而进行辩论和争论。	○	○	○	○	○

TCQM016

16	在您的教学中，您会在多大程度上做以下几点？ （请每行选择一个答案）	完全没有	在一定程 度上有	在相当程 度上有	在很大程 度上有
a.	让学生相信他们可以在学校中表现好。	○	○	○	○
b.	帮助我的学生重视学习。	○	○	○	○
c.	管控课堂中的捣乱行为。	○	○	○	○
d.	激励对学习兴趣不高的学生。	○	○	○	○
e.	明确对学生行为的期望。	○	○	○	○
f.	帮助学生作批判性思考。	○	○	○	○
g.	让学生遵守课堂规则。	○	○	○	○

TCQM017

17	您使用下列方法评估学生学习的频率如何？ （请每行选择一个答案）	从不或 几乎不	有些课	许多课	每节课或 几乎每节课
a.	我让学生来判断他们自己的进步。	○	○	○	○

（续表）

17	您使用下列方法评估学生学习的频率如何？ （请每行选择一个答案）				
		从不或 几乎不	有些课	许多课	每节课或 几乎每节课
b.	我让个别学生在课堂上回答问题。	○	○	○	○
c.	我从课堂作业或家庭作业中收集数据。	○	○	○	○
d.	学生在执行某些具体任务时，我观察学生并提供即时反馈。	○	○	○	○

TCQM018

18	对您所教的年级，您使用以下方法评定期末成绩的频率如何？ （请每行选择一个答案）				
		从不或 几乎不	有些课	许多课	每节课或 几乎每节课
a.	我会考虑学生自学期开始后的个人进步。	○	○	○	○
b.	我会比较学生们在课程中的表现。	○	○	○	○
c.	即使表现没有进步，我也会认可他们的努力。	○	○	○	○
d.	我会考虑学生的课程参与程度。	○	○	○	○
e.	无论其他学生的表现如何，我会依据标准分来考虑学生的成绩水平。	○	○	○	○

TCQM019

19	您所在学校通过以下哪些方式来提升学生的社会与情感能力？ （请每行选择一个答案）		
		没有	有
a.	要求教师把促进学生的社会与情感能力的发展作为他们工作的一部分(或在课堂上)。	○	○
b.	发展社会与情感能力是学校发展规划的目标之一。	○	○
c.	我们有针对这些能力发展的单独的课或学校活动。	○	○
d.	作为专门针对发展这些能力的特设课的一部分。	○	○

（续表）

19	您所在学校通过以下哪些方式来提升学生的社会与情感能力？ （请每行选择一个答案）	没有	有
e.	通过实施学校规章制度的方式。	○	○
f.	通过常规的学校实践。	○	○
g.	通过组织课外活动。	○	○
h.	通过向家长提供有关孩子的社会与情感能力的反馈和建议。	○	○

TCQM020

20	您所在学校是否评估学生在社会与情感能力方面的成就？ （请选择一个答案）	
	不,我们不评估这些能力	○
	是的,使用非正式评估(例如口头报告等。)	○
	是的,使用正式评估(例如书面报告、成绩等。)	○

这是一道跳转题：

如果您对第 20 题的回答是"是的,使用正式评估",请回答第 21 和 22 题。

如果您的回答是"是的,使用非正式评估",请跳到第 22 题。

如果您的回答是"不,我们不评估这些能力",请跳到第 23 题。

TCQM021

21	学校如何使用您对学生社会与情感能力方面的评估？ （请每行选择一个答案）	否	是
a.	用于学校绩效的内部评估。	○	○
b.	用于学校绩效的外部评估。	○	○
c.	用于您的绩效的内部评估。	○	○

TCQM022

22	您向谁提交学生社会与情感能力报告？ （请每行选择一个答案）	否	是
a.	向父母	○	○

（续表）

22	您向谁提交学生社会与情感能力报告？ （请每行选择一个答案）		
		否	是
b.	向校长	○	○
c.	向更高级别的管理者	○	○

TCQM023

23	在您的学校，下列现象在多大程度上影响到学生的学习？ （请每行选择一个答案）				
		没有影响	影响很小	有些影响	影响很大
a.	学生逃学。	○	○	○	○
b.	学生逃课。	○	○	○	○
c.	学生上学迟到。	○	○	○	○
d.	学生对老师不够尊重。	○	○	○	○
e.	学生课堂捣乱。	○	○	○	○
f.	学生喝酒或吸毒。	○	○	○	○
g.	学生威胁或欺负其他学生。	○	○	○	○

TCQM024

24	在您的学校，下列现象在多大程度上影响到学生的学习？ （请每行选择一个答案）				
		没有影响	影响很小	有些影响	影响很大
a.	学生参与轻微的非法活动。	○	○	○	○
b.	学生参与重大的非法活动。	○	○	○	○
c.	缺乏对学生的鼓励。	○	○	○	○
d.	师生关系差。	○	○	○	○
e.	教师不得不在同一个班级里教授能力水平不同的学生。	○	○	○	○
f.	教师不得不在同一个班级里教授有着不同民族背景的学生(即语言、文化)。	○	○	○	○
g.	教师对学生的期望低。	○	○	○	○

TCQM025

25	您在多大程度上同意或不同意以下说法适用于您的学校? (请每行选择一个答案)					
		非常 不同意	不同意	一般	同意	非常 同意
a.	这所学校为教职工提供积极参与学校决策的机会。	○	○	○	○	○
b.	这所学校为家长或监护人提供积极参与学校决策的机会。	○	○	○	○	○
c.	这所学校为学生提供积极参与学校决策的机会。	○	○	○	○	○
d.	这所学校有一个为学校问题共同担责的文化。	○	○	○	○	○
e.	有一种以相互支持为特征的合作的学校文化。	○	○	○	○	○
f.	教师与学校领导相处融洽。	○	○	○	○	○

TCQM026

26	您在多大程度上同意或不同意以下说法适用于您的学校? (请每行选择一个答案)					
		非常 不同意	不同意	一般	同意	非常 同意
a.	这所学校的师生通常都相处融洽。	○	○	○	○	○
b.	这所学校的大多数老师都认为学生的幸福很重要。	○	○	○	○	○
c.	这所学校的大多数老师都对学生要说的内容感兴趣。	○	○	○	○	○
d.	如果有学生需要额外的帮助,学校会提供额外的帮助。	○	○	○	○	○

27	在本学年，以下情况发生的频率如何？ 欺凌是一种重复的、攻击性的行为，意图从身体、情感、语言上，或通过网络传播伤害他人。 （请每行选择一个答案）					
		从不	每月不到一次	每月1—3次	每周一次	每周多于一次
a.	有学生告诉您其他学生的攻击性或破坏性行为。	○	○	○	○	○
b.	有学生告诉您他/她受到另一个学生的欺凌。	○	○	○	○	○
c.	有老师告诉您一个学生被别的学生欺凌。	○	○	○	○	○
d.	有老师告诉您一个学生帮助另一个被欺凌的学生。	○	○	○	○	○
e.	有学生告诉您他/她受到另一个学生的欺凌。	○	○	○	○	○
f.	有家长告诉您他/她的儿子/女儿被别的学生欺凌。	○	○	○	○	○
g.	有老师告诉您他/她被学生欺凌。	○	○	○	○	○
h.	您见过学生的欺凌行为。	○	○	○	○	○

28	作为老师，您的工作满意度如何？ （请选择一个答案）	
	非常满意	○
	比较满意	○
	一般	○
	比较不满意	○
	非常不满意	○

TCQM029

29	您在多大程度上同意或者不同意以下的说法？ （请每行选择一个答案）	非常 不同意	不同意	一般	同意	非常 同意
a.	您的社交技能是您自身不能做太多改变的。	○	○	○	○	○
b.	您的情感技能是您自身不能做太多改变的。	○	○	○	○	○
c.	您的智力是您自身不能做太多改变的。	○	○	○	○	○

在本部分中，将向你介绍一些学生。假设你认识他们。

XXV001

30	你在多大程度上同意下列学生是学习努力的人？ （请每行选择一个答案）	非常 不同意	不同意	一般	同意	非常 同意
a.	小红努力学习并获得非常好的成绩。她总能做完作业，完成学习任务并且在上课前总是做好准备。你在多大程度上同意小红是学习努力的人？	○	○	○	○	○
b.	小强通常取得好成绩。他有时在课堂上注意力不集中，但通常会按时完成作业。你在多大程度上同意小强是学习努力的人？	○	○	○	○	○
c.	小明经常忘记做作业，很少在上课前做好准备，也不关心自己的成绩。你在多大程度上同意小明是学习努力的人？	○	○	○	○	○

XXV002

31	你在多大程度上同意下列学生能够很好地管理他/她的情绪？ （请每行选择一个答案）	非常 不同意	不同意	一般	同意	非常 同意
a.	小华看起来没有压力。他在考试前总能保持冷静，积极应对。你在多大程度上同意小华能很好地管理他的情绪？	○	○	○	○	○

（续表）

31	你在多大程度上同意下列学生能够很好地管理他/她的情绪？ （请每行选择一个答案）	非常 不同意	不同意	一般	同意	非常 同意
b.	小丽在课堂上总能保持冷静，但有时她也会变得心烦意乱，情绪多变。你在多大程度上同意小丽能很好地管理她的情绪？	○	○	○	○	○
c.	小娜经常心情不好，每次有人做了她不喜欢的事情她也会变得焦躁不安。你在多大程度上同意小娜能很好地管理她的情绪？	○	○	○	○	○

XXV003

32	你在多大程度上同意下列学生是友善的人？ （请每行选择一个答案）	非常 不同意	不同意	一般	同意	非常 同意
a.	小马几乎对每个人都很友好。他总是乐于助人，也愿意借东西给同学。你在多大程度上同意小马是友善的人？	○	○	○	○	○
b.	小王乐于帮助大多数朋友，但也有几个同学觉得他并不友好。你在多大程度上同意小王是友善的人？	○	○	○	○	○
c.	小瑞经常和她的同学争吵，而且相当粗鲁。她从不把东西借给她的同学。你在多大程度上同意小瑞是友善的人？	○	○	○	○	○

XXV004

33	你在多大程度上同意下列学生是善于交际的和外向的人？ （请每行选择一个答案）	非常 不同意	不同意	一般	同意	非常 同意
a.	小雪有很多朋友，她喜欢和她的同学交谈。她非常积极主动，主持很多学校活动。你在多大程度上同意小雪是个善于交际的和外向的人？	○	○	○	○	○

（续表）

33	你在多大程度上同意下列学生是善于交际的和外向的人？ （请每行选择一个答案）					
		非常 不同意	不同意	一般	同意	非常 同意
b.	小梅喜欢和她的朋友们在一起，但是有时她很安静，不跟其他同学交谈。你在多大程度上同意小梅是个善于交际的和外向的人？	○	○	○	○	○
c.	小刚很腼腆，很少和他的同学交谈。他更喜欢独处而非在其他人面前交谈。你在多大程度上同意小刚是个善于交际的和外向的人？	○	○	○	○	○

XXV005

34	你在多大程度上同意下列学生是学习努力的人？ （请每行选择一个答案）					
		非常 不同意	不同意	一般	同意	非常 同意
a.	小兵对了解世界很感兴趣。他对不同的地方和人感到好奇，也喜欢阅读不同的东西。你在多大程度上同意小兵喜欢学习新事物？	○	○	○	○	○
b.	小芳有时对了解其他地方和人很感兴趣，但她很少阅读不同的东西。你在多大程度上同意小芳喜欢学习新事物？	○	○	○	○	○
c.	小孙对了解其他地方和人不感兴趣。他不喜欢探索新地方，不喜欢阅读不同的东西。你在多大程度上同意小孙喜欢学习新事物？	○	○	○	○	○

SECTION 2

INA0008

1	您认识这个学生多久了？ (请选择一个答案)	
	少于 1 个月	○
	1—3 个月	○
	4—6 个月	○
	7—11 个月	○
	1—2 年	○
	超过 2 年	○

INA0009

2	在常规工作周,您和这个学生有多久的接触时间(比如,以课时量计算)？ (请选择一个答案)	
	每周少于 1 个小时(或课时)	○
	每周 1 到 2 个小时(或课时)	○
	每周 3 到 4 个小时(或课时)	○
	每周 5 到 6 个小时(或课时)	○
	每周 6 到 10 个小时(或课时)	○
	每周多于 10 个小时(或课时)	○

说明:

在接下来的几页中,你将发现一系列可能符合或者可能不符合对这个学生的陈述。没有正确或错误的答案——你自己的想法是最重要的。请回答每句话,即使你不完全确定你的答案。

TCQ001

3	请阅读每句话并选择五个答案中的一个,以表明你在多大程度上同意或不同意对这个学生的描述。 (请每行选择一个答案)	非常 不同意	不同意	一般	同意	非常 同意
a.	这个学生能控制自己的情绪。	○	○	○	○	○

（续表）

3	请阅读每句话并选择五个答案中的一个，以表明你在多大程度上同意或不同意对这个学生的描述。 （请每行选择一个答案）	非常 不同意	不同意	一般	同意	非常 同意
b.	这个学生是可靠的，别人能指望他/她。	○	○	○	○	○
c.	这个学生会问一些其他文化的问题。	○	○	○	○	○
d.	这个学生精力充沛。	○	○	○	○	○
e.	这个学生会担心很多事情。	○	○	○	○	○
f.	这个学生是有创意的且能提出新想法。	○	○	○	○	○
g.	这个学生是一个领导者。	○	○	○	○	○
h.	这个学生对未来总是积极乐观的。	○	○	○	○	○
i.	这个学生能控制自己的行动。	○	○	○	○	○

TCQ002

4	请阅读每句话并选择五个答案中的一个，以表明你在多大程度上同意或不同意对这个学生的描述。 （请每行选择一个答案）	非常 不同意	不同意	一般	同意	非常 同意
a.	这个学生专心一意直到任务完成。	○	○	○	○	○
b.	这个学生有时能找到别人找不到的解决办法。	○	○	○	○	○
c.	这个学生喜欢领导别人。	○	○	○	○	○
d.	这个学生喜欢了解其他文化和宗教。	○	○	○	○	○
e.	这个学生会三思而后行。	○	○	○	○	○
f.	这个学生经常主动引发与别人的争吵。	○	○	○	○	○
g.	这个学生不喜欢学习。	○	○	○	○	○
h.	这个学生相信他/她的朋友永远不会背叛他/她。	○	○	○	○	○
i.	这个学生容易生气。	○	○	○	○	○

5	请阅读每句话并选择五个答案中的一个，以表明你在多大程度上同意或不同意对这个学生的描述。 （请每行选择一个答案）					
		非常 不同意	不同意	一般	同意	非常 同意
a.	这个学生想到什么就说什么。	○	○	○	○	○
b.	这个学生经常感到紧张。	○	○	○	○	○
c.	这个学生享受生活。	○	○	○	○	○
d.	这个学生容易结交朋友。	○	○	○	○	○
e.	这个学生经常忘记做他/她承诺过的事情。	○	○	○	○	○
f.	这个学生能体会别人的感受。	○	○	○	○	○
g.	这个学生确保能完成任务。	○	○	○	○	○
h.	这个学生想象力丰富。	○	○	○	○	○
i.	这个学生不如别人积极主动。	○	○	○	○	○

6	请阅读每句话并选择五个答案中的一个，以表明你在多大程度上同意或不同意对这个学生的描述。 （请每行选择一个答案）					
		非常 不同意	不同意	一般	同意	非常 同意
a.	这个学生相信大多数人是诚实的。	○	○	○	○	○
b.	这个学生不如他/她的同学精力充沛。	○	○	○	○	○
c.	这个学生尊重别人。	○	○	○	○	○
d.	这个学生喜欢在学校学习新东西。	○	○	○	○	○
e.	这个学生想成为班干部。	○	○	○	○	○
f.	这个学生的情绪和心情难以捉摸。	○	○	○	○	○
g.	这个学生能理解他人的需求。	○	○	○	○	○
h.	这个学生了解其他国家和文化。	○	○	○	○	○
i.	这个学生喜欢与他人一起度过闲暇时光。	○	○	○	○	○

TCQ005

7	请阅读每句话并选择五个答案中的一个,以表明你在多大程度上同意或不同意对这个学生的描述。 (请每行选择一个答案)	非常 不同意	不同意	一般	同意	非常 同意
a.	这个学生喜欢学习新东西	○	○	○	○	○
b.	这个学生有许多朋友。	○	○	○	○	○
c.	这个学生觉得他/她的朋友过得好对他/她来说很重要。	○	○	○	○	○
d.	这个学生认为他/她的大多数同学都信守承诺。	○	○	○	○	○
e.	这个学生做事有始有终。	○	○	○	○	○
f.	这个学生是一个快乐的人。	○	○	○	○	○
g.	这个学生信守承诺。	○	○	○	○	○
h.	这个学生喜欢帮助别人。	○	○	○	○	○
i.	这个学生经常担心某些事情。	○	○	○	○	○

XXB200TO

8	请指出以下的行为在多大程度上对这个学生的描述是准确的。 (请每行选择一个答案)	一点也 不准确	有点 准确	有些 准确	非常 准确	极为 准确
a.	难以坐得住。	○	○	○	○	○
b.	扰乱课堂纪律。	○	○	○	○	○
c.	上课准时且准备充分。	○	○	○	○	○
d.	行为太幼稚,与年龄不相符。	○	○	○	○	○
e.	言语或身体上有攻击性。	○	○	○	○	○
f.	从不咒骂或使用淫秽语言。	○	○	○	○	○

TCQM030·

9	在以下学科中学生的学业表现如何？ （请每行选择一个答案）						
		差	中下等	一般	中上等	优秀	我不知道
a.	语文	○	○	○	○	○	○
b.	数学	○	○	○	○	○	○
c.	科学	○	○	○	○	○	○
d.	艺术	○	○	○	○	○	○

附录三

社会与情感能力测评

Survey on Social and Emotional Skills（SSES）

家长问卷

学校名称：_____

家长登录名：_____

谢谢您参与社会与情感能力研究。

社会与情感能力研究旨在评估多个国家或地区学生的社会与情感能力，并检测学生家庭、学校和社区环境中促进或阻碍这些技能发展的因素。

所有收集到的信息都将严格保密。为了确保您的隐私得到保护，将只分析和报告整个研究的综合结果。除非您提出书面要求并经您授权，否则任何个人信息都不会泄露给任何个人或单位。参与这项研究是自愿的。您可以随时退出或选择不参加研究。如果您同意参加，请继续。

答案没有"对"或"错"之分。请尽量回答每个问题。

请阅读以下指南

- 用黑色水笔完成这张表格。

- 如果有错误，用这种方法改正：　是　🗸　　否　🗶

- 如果你不能或不想回答就在答题处空着。

SECTION 1

在本部分中,将向你介绍一些学生。假设你认识他们。

XXV001

1	你在多大程度上同意下列学生是学习努力的人? *(请每行选择一个答案)*					
		非常 不同意	不同意	一般	同意	非常 同意
a.	小红努力学习并获得非常好的成绩。她总能做完作业,完成学习任务并且在上课前总是做好准备。你在多大程度上同意小红是学习努力的人?	○	○	○	○	○
b.	小强通常取得好成绩。他有时在课堂上注意力不集中,但通常会按时完成作业。你在多大程度上同意小强是学习努力的人?	○	○	○	○	○
c.	小明经常忘记做作业,很少在上课前做好准备,也不关心自己的成绩。你在多大程度上同意小明是学习努力的人?	○	○	○	○	○

XXV002

2	你在多大程度上同意下列学生能够很好地管理他/她的情绪? *(请每行选择一个答案)*					
		非常 不同意	不同意	一般	同意	非常 同意
a.	小华看起来没有压力。他在考试前总能保持冷静,积极应对。你在多大程度上同意小华能很好地管理他的情绪?	○	○	○	○	○
b.	小丽在课堂上总能保持冷静,但有时她也会变得心烦意乱,情绪多变。你在多大程度上同意小丽能很好地管理她的情绪?	○	○	○	○	○
c.	小娜经常心情不好,每次有人做了她不喜欢的事情她也会变得焦躁不安。你在多大程度上同意小娜能很好地管理她的情绪?	○	○	○	○	○

3	你在多大程度上同意下列学生是友善的人？ （请每行选择一个答案）					
		非常 不同意	不同意	一般	同意	非常 同意
a.	小马几乎对每个人都很友好。他总是乐于助人，也愿意借东西给同学。你在多大程度上同意小马是友善的人？	○	○	○	○	○
b.	小王乐于帮助大多数朋友，但也有几个同学觉得他并不友好。你在多大程度上同意小王是友善的人？	○	○	○	○	○
c.	小瑞经常和她的同学争吵，而且相当粗鲁。她从不把东西借给她的同学。你在多大程度上同意小瑞是友善的人？	○	○	○	○	○

4	你在多大程度上同意下列学生是善于交际的和外向的人？ （请每行选择一个答案）					
		非常 不同意	不同意	一般	同意	非常 同意
a.	小雪有很多朋友，她喜欢和她的同学交谈。她非常积极主动，主持很多学校活动。你在多大程度上同意小雪是个善于交际的和外向的人？	○	○	○	○	○
b.	小梅喜欢和她的朋友们在一起，但是有时她很安静，不跟其他同学交谈。你在多大程度上同意小梅是个善于交际的和外向的人？	○	○	○	○	○
c.	小刚很腼腆，很少和他的同学交谈。他更喜欢独处而非在其他人面前交谈。你在多大程度上同意小刚是个善于交际的和外向的人？	○	○	○	○	○

5	你在多大程度上同意下列学生喜欢学习新事物？ （请每行选择一个答案）					
		非常 不同意	不同意	一般	同意	非常 同意
a.	小兵对了解世界很感兴趣。他对不同的地方和人感到好奇，也喜欢阅读不同的东西。你在多大程度上同意小兵喜欢学习新事物？	○	○	○	○	○
b.	小芳有时对了解其他地方和人很感兴趣，但她很少阅读不同的东西。你在多大程度上同意小芳喜欢学习新事物？	○	○	○	○	○
c.	小孙对了解其他地方和人不感兴趣。他不喜欢探索新地方，不喜欢阅读不同的东西。你在多大程度上同意小孙喜欢学习新事物？	○	○	○	○	○

说明：

在接下来的几页中，你将发现一系列可能符合或者可能不符合您孩子的陈述。答案没有对错之分——你自己的想法是最重要的。请回答每句话，即使你不完全确定你的答案。

6	请阅读每句话并选择五个答案中的一个，以表明您在多大程度上同意或不同意对您孩子的描述。 （请每行选择一个答案）					
		非常 不同意	不同意	一般	同意	非常 同意
a.	我的孩子不容易沮丧。	○	○	○	○	○
b.	我的孩子乐意和来自其他文化的人交朋友。	○	○	○	○	○
c.	我的孩子有时表现得不负责任。	○	○	○	○	○
d.	我的孩子精力充沛。	○	○	○	○	○
e.	我的孩子认为他/她的大多数同学都信守承诺。	○	○	○	○	○
f.	我的孩子能找到做事情的新方法。	○	○	○	○	○
g.	我的孩子经常感到难过。	○	○	○	○	○
h.	我的孩子对别人说话小心谨慎。	○	○	○	○	○

（续表）

6	请阅读每句话并选择五个答案中的一个，以表明您在多大程度上同意或不同意对您孩子的描述。 （请每行选择一个答案）					
		非常 不同意	不同意	一般	同意	非常 同意
i.	我的孩子是一个领导者。	○	○	○	○	○
j.	我的孩子喜欢帮助别人。	○	○	○	○	○

PAAQ002

7	请阅读每句话并选择五个答案中的一个，以表明您在多大程度上同意或不同意对您孩子的描述。 （请每行选择一个答案）					
		非常 不同意	不同意	一般	同意	非常 同意
a.	我的孩子能控制自己的行动。	○	○	○	○	○
b.	我的孩子能控制自己的情绪。	○	○	○	○	○
c.	我的孩子是有创意的且能提出新想法。	○	○	○	○	○
d.	我的孩子遇事会往好处想。	○	○	○	○	○
e.	我的孩子想处于领导地位。	○	○	○	○	○
f.	我的孩子外向且善于交际。	○	○	○	○	○
g.	我的孩子乐于助人且不自私。	○	○	○	○	○
h.	我的孩子是可靠的,能被别人指望。	○	○	○	○	○
i.	我的孩子对许多不同的事情感到好奇。	○	○	○	○	○
j.	我的孩子坚持不懈直到任务完成。	○	○	○	○	○

PAAQ003

8	请阅读每句话并选择五个答案中的一个,以表明您在多大程度上同意或不同意对您孩子的描述。 （请每行选择一个答案）					
		非常 不同意	不同意	一般	同意	非常 同意
a.	我的孩子有强烈的学习欲望。	○	○	○	○	○

(续表)

8	请阅读每句话并选择五个答案中的一个,以表明您在多大程度上同意或不同意对您孩子的描述。 *(请每行选择一个答案)*	非常 不同意	不同意	一般	同意	非常 同意
b.	我的孩子很放松且能很好地处理压力。	○	○	○	○	○
c.	我的孩子会三思而后行。	○	○	○	○	○
d.	我的孩子有许多朋友。	○	○	○	○	○
e.	我的孩子会问一些关于其他文化的问题。	○	○	○	○	○
f.	我的孩子和他人相处得很好。	○	○	○	○	○
g.	我的孩子知道如何说服别人做他/她想做的事。	○	○	○	○	○
h.	我的孩子确保能完成任务。	○	○	○	○	○
i.	我的孩子经常忘记他/她自己的职责。	○	○	○	○	○
j.	我的孩子觉得他/她的朋友过得好对他/她来说很重要。	○	○	○	○	○

PAAQ004

9	请阅读每句话并选择五个答案中的一个,以表明您在多大程度上同意或不同意对您孩子的描述。 *(请每行选择一个答案)*	非常 不同意	不同意	一般	同意	非常 同意
a.	我的孩子相信他/她的朋友永远不会背叛他/她。	○	○	○	○	○
b.	我的孩子喜欢了解事物的原理。	○	○	○	○	○
c.	我的孩子能体会别人的感受。	○	○	○	○	○
d.	我的孩子与别人合作得很好。	○	○	○	○	○
e.	我的孩子对未来总是积极乐观的。	○	○	○	○	○
f.	我的孩子不如别人积极主动。	○	○	○	○	○
g.	我的孩子容易生气。	○	○	○	○	○
h.	我的孩子在新的文化环境中感到舒适。	○	○	○	○	○

（续表）

9	请阅读每句话并选择五个答案中的一个,以表明您在多大程度上同意或不同意对您孩子的描述。 （请每行选择一个答案）	非常 不同意	不同意	一般	同意	非常 同意
i.	我的孩子喜欢和他/她的朋友们在一起。	○	○	○	○	○
j.	我的孩子容易紧张。	○	○	○	○	○

PAAQ005

10	请阅读每句话并选择五个答案中的一个,以表明您在多大程度上同意或不同意对您孩子的描述。 （请每行选择一个答案）	非常 不同意	不同意	一般	同意	非常 同意
a.	我的孩子喜欢领导别人。	○	○	○	○	○
b.	我的孩子知道如何安慰别人。	○	○	○	○	○
c.	我的孩子容易放弃。	○	○	○	○	○
d.	我的孩子会逃避责任。	○	○	○	○	○
e.	我的孩子知道如何控制他/她的怒火。	○	○	○	○	○
f.	我的孩子做事小心谨慎避免出错。	○	○	○	○	○
g.	我的孩子会担心很多事情。	○	○	○	○	○
h.	我的孩子在想象方面有困难。	○	○	○	○	○
i.	我的孩子表现得很热情。	○	○	○	○	○
j.	我的孩子相信他/她的朋友能够保守他/她的秘密。	○	○	○	○	○

PAAQ006

11	请阅读每句话并选择五个答案中的一个,以表明您在多大程度上同意或不同意对您孩子的描述。 （请每行选择一个答案）	非常 不同意	不同意	一般	同意	非常 同意
a.	我的孩子会挑起争吵。	○	○	○	○	○

（续表）

11	请阅读每句话并选择五个答案中的一个，以表明您在多大程度上同意或不同意对您孩子的描述。 （请每行选择一个答案）					
		非常 不同意	不同意	一般	同意	非常 同意
b.	我的孩子几乎每天醒来都很开心。	○	○	○	○	○
c.	我的孩子相信大多数人是友善的。	○	○	○	○	○
d.	我的孩子喜欢问问题。	○	○	○	○	○
e.	我的孩子有时能找到别人找不到的解决办法。	○	○	○	○	○
f.	我的孩子做事有始有终。	○	○	○	○	○
g.	我的孩子不如他/她的同学精力充沛。	○	○	○	○	○
h.	我的孩子对很多事情感到害怕。	○	○	○	○	○
i.	我的孩子想去其他国家旅行。	○	○	○	○	○
j.	我的孩子喜欢独处。	○	○	○	○	○

PAAQ007

12	请阅读每句话并选择五个答案中的一个，以表明您在多大程度上同意或不同意对您孩子的描述。 （请每行选择一个答案）					
		非常 不同意	不同意	一般	同意	非常 同意
a.	我的孩子喜欢可以跑步的运动。	○	○	○	○	○
b.	我的孩子喜欢和不同的人交谈。	○	○	○	○	○
c.	我的孩子享受生活。	○	○	○	○	○
d.	我的孩子做事半途而废。	○	○	○	○	○
e.	我的孩子容易恐慌。	○	○	○	○	○
f.	我的孩子不信任别人。	○	○	○	○	○
g.	我的孩子喜欢学习新东西。	○	○	○	○	○
h.	我的孩子尊重他人。	○	○	○	○	○
i.	我的孩子情绪波动大。	○	○	○	○	○
j.	我的孩子喜欢了解其他文化和宗教。	○	○	○	○	○

13	请阅读每句话并选择五个答案中的一个，以表明您在多大程度上同意或不同意对您孩子的描述。 （请每行选择一个答案）					
		非常 不同意	不同意	一般	同意	非常 同意
a.	我的孩子信守承诺。	○	○	○	○	○
b.	我的孩子喜欢创造新东西。	○	○	○	○	○
c.	我的孩子喜欢与他人一起度过闲暇时光。	○	○	○	○	○
d.	我的孩子想到什么就说什么。	○	○	○	○	○
e.	我的孩子总是愿意帮助他/她的同学。	○	○	○	○	○
f.	我的孩子的情绪和心情难以捉摸。	○	○	○	○	○
g.	我的孩子对其他国家和文化不感兴趣。	○	○	○	○	○
h.	我的孩子总能看到生活中好的一面。	○	○	○	○	○
i.	我的孩子经常感到紧张。	○	○	○	○	○
j.	我的孩子容易精疲力尽。	○	○	○	○	○

14	请阅读每句话并选择五个答案中的一个，以表明您在多大程度上同意或不同意对您孩子的描述。 （请每行选择一个答案）					
		非常 不同意	不同意	一般	同意	非常 同意
a.	我的孩子经常担心某些事情。	○	○	○	○	○
b.	我的孩子知难而退。	○	○	○	○	○
c.	我的孩子不喜欢学习。	○	○	○	○	○
d.	我的孩子遇到紧张情况也能够保持冷静。	○	○	○	○	○
e.	我的孩子喜欢确保没有犯错误。	○	○	○	○	○
f.	我的孩子不喜欢领导团队。	○	○	○	○	○
g.	我的孩子相信别人会帮助他/她。	○	○	○	○	○

（续表）

14	请阅读每句话并选择五个答案中的一个,以表明您在多大程度上同意或不同意对您孩子的描述。 （请每行选择一个答案）	非常 不同意	不同意	一般	同意	非常 同意
h.	我的孩子能揣摩别人的需求。	○	○	○	○	○
i.	我的孩子想象力丰富。	○	○	○	○	○
j.	我的孩子是一个负责的人。	○	○	○	○	○

PAAQ010

15	请阅读每句话并选择五个答案中的一个,以表明您在多大程度上同意或不同意对您孩子的描述。 （请每行选择一个答案）	非常 不同意	不同意	一般	同意	非常 同意
a.	我的孩子容易结交朋友。	○	○	○	○	○
b.	我的孩子早上很慢进入状态(比如花很多时间穿衣、洗漱、吃早饭等,并犯困)。	○	○	○	○	○
c.	我的孩子乐意帮助任何人。	○	○	○	○	○
d.	我的孩子想成为班干部。	○	○	○	○	○
e.	我的孩子能理解他人的需求。	○	○	○	○	○
f.	我的孩子经常忘记做他/她答应过别人的事情。	○	○	○	○	○
g.	我的孩子先思而后行。	○	○	○	○	○
h.	我的孩子相信大多数人是诚实的。	○	○	○	○	○
i.	我的孩子讨厌做事半途而废。	○	○	○	○	○
j.	我的孩子是一个快乐的人。	○	○	○	○	○

16	请阅读每句话并选择五个答案中的一个，以表明您在多大程度上同意或不同意对您孩子的描述。 *(请每行选择一个答案)*					
		非常 不同意	不同意	一般	同意	非常 同意
a.	我的孩子觉得创造新东西很难。	○	○	○	○	○
b.	我的孩子会忘记去做分配给他/她的学习任务。	○	○	○	○	○
c.	我的孩子从持有不同看法的人那里学到了很多东西。	○	○	○	○	○
d.	我的孩子信任别人。	○	○	○	○	○
e.	即使过程中困难重重，我的孩子也会完成任务。	○	○	○	○	○
f.	我的孩子喜欢在学校学习新东西。	○	○	○	○	○
g.	我的孩子礼貌待人。	○	○	○	○	○
h.	我的孩子交朋友有困难。	○	○	○	○	○
i.	我的孩子热情待人。	○	○	○	○	○
j.	我的孩子喜欢做一个团队的领袖。	○	○	○	○	○

17	请阅读每句话并选择五个答案中的一个，以表明您在多大程度上同意或不同意对您孩子的描述。 *(请每行选择一个答案)*					
		非常 不同意	不同意	一般	同意	非常 同意
a.	我的孩子极少询问别人的感受。	○	○	○	○	○
b.	我的孩子像领导者一样起主导作用。	○	○	○	○	○
c.	我的孩子容易害怕。	○	○	○	○	○
d.	我的孩子喜欢了解其他国家和文化。	○	○	○	○	○
e.	我的孩子全天保持精力旺盛。	○	○	○	○	○
f.	我的孩子遇事会往坏处想。	○	○	○	○	○

（续表）

17	请阅读每句话并选择五个答案中的一个,以表明您在多大程度上同意或不同意对您孩子的描述。 *(请每行选择一个答案)*					
		非常 不同意	不同意	一般	同意	非常 同意
g.	我的孩子几乎没有创造力。	○	○	○	○	○
h.	我的孩子觉得科学有趣。	○	○	○	○	○
i.	我的孩子常常不经思考就匆忙行动。	○	○	○	○	○
j.	我的孩子常常感到生气。	○	○	○	○	○

XXB000P

18	请指出以下的行为在多大程度上对您孩子的描述是准确的。 *(请每行选择一个答案)*					
		一点也 不准确	有点 准确	有些 准确	非常 准确	极为 准确
a.	身体有问题,但查不出病因(如疼痛)。	○	○	○	○	○
b.	做家务(如清理房间、铺床等)。	○	○	○	○	○
c.	过于依赖成人的帮助。	○	○	○	○	○
d.	诚实的,总是实话实说。	○	○	○	○	○
e.	需要很多关注。	○	○	○	○	○

SECTION 2

PAQM001

19	请确认您孩子的出生年月
填写年月:	月　　　　　　　年

20	谁在填写问卷？ (请选择一个答案)	
	母亲	○
	其他女性监护人	○
	父亲	○
	其他男性监护人	○
	其他	○

21	作为孩子的父母/监护人，您的年龄是几周岁？ (请选择一个答案)		
		母亲或其他女性监护人	父亲或其他男性监护人
	24 岁及以下	○	○
	25—29 岁	○	○
	30—34 岁	○	○
	35—39 岁	○	○
	40—44 岁	○	○
	45—49 岁	○	○
	50 岁及以上	○	○

22	下列有多少人经常与您的孩子一起住在家里？ 这里的家是孩子主要生活的地方，可以不止一个。 (请每行选择一个答案)				
		一个没有	一个	两个	三个或更多
a.	母亲(包括继母或养母)	○	○	○	○
b.	父亲(包括继父或养父)	○	○	○	○
c.	姐妹	○	○	○	○

（续表）

22	下列有多少人经常与您的孩子一起住在家里？ 这里的家是孩子主要生活的地方，可以不止一个。 （请每行选择一个答案）	一个没有	一个	两个	三个 或更多
d.	兄弟	○	○	○	○
e.	爷爷奶奶/外公外婆	○	○	○	○
f.	姑妈叔伯（或姨妈舅舅）	○	○	○	○
g.	其他人（如表兄弟姐妹、堂兄弟姐妹、朋友等）	○	○	○	○

PAQM005

23	您的孩子有多少兄弟姐妹？ 这可能包括其他永久居住在家里的孩子（例如亲戚的孩子）以及住在其他地方的兄弟姐妹。 （请每行选择一个答案）	0个	1个	2个	3个	超过3个
a.	年轻的	○	○	○	○	○
b.	年长的	○	○	○	○	○
c.	同龄的	○	○	○	○	○

PAQM006

24	孩子父母的最高学历是什么？ （请父母处各选择一个答案）	母亲或其他女性监护人	父亲或其他男性监护人
	小学	○	○
	初中	○	○
	高中	○	○
	高中后非学历高等教育（非学历成人教育）	○	○
	大专	○	○
	本科	○	○

（续表）

24	孩子父母的最高学历是什么？ （请父母处各选择一个答案）		
		母亲或其他女性监护人	父亲或其他男性监护人
	硕士研究生	○	○
	博士研究生	○	○

PAQM007

25	下列哪句最能描述孩子父母目前的就业情况？ （请每行选择一个答案）						
		没有工作	做志愿工作或其他没有报酬的活动（如学习）	做临时或不稳定的工作	做稳定的兼职工作（不到全职工作时间的50%）	做稳定的兼职工作（全职工作时间的50%到90%）	做稳定的全职工作
a.	母亲或其他女性监护人	○	○	○	○	○	○
b.	父亲或其他男性监护人	○	○	○	○	○	○

　　下列两个问题是关于孩子母亲或其他女性监护人的工作情况的。（如果她现在没有工作，请告诉我们她的上一份主要工作）

PAQM008

26	孩子的母亲或其他女性监护人的主要工作是什么？（例如学校教师、帮厨、销售经理等） 请填写工作岗位

PAQM009

27	孩子的母亲或其他女性监护人主要从事什么工作？ （例如教高中生、在饭店帮助厨师准备饭菜、管理一个销售团队等）
	请用一句话来描述她现在或过去所从事工作的类别。

下列两个问题是关于孩子父亲或其他男性监护人的工作情况的。（如果他现在没有工作，请告诉我们他的上一份主要工作）

28	孩子的父亲或其他男性监护人的主要工作是什么？（例如学校教师、帮厨、销售经理等） 请填写工作岗位
	.

29	孩子的父亲或其他男性监护人主要从事什么工作？（例如教高中生、在饭店帮助厨师准备饭菜、管理一个销售团队等）
	请用一句话来描述他现在或过去所从事工作的类别。

30	您的家庭年收入是多少？（人民币） （请选择您的税前家庭总收入） （请尽量作答，我们会严格保密） （请选择一个答案）	
	5 万以下	○
	5 万—15 万（含）	○
	15 万—30 万（含）	○
	30 万—50 万（含）	○
	50 万—100 万（含）	○
	100 万以上	○

31	下列人员是在哪个国家出生的？ （请每栏选择一个答案）			
		孩子	母亲或其他女性监护人	父亲或其他男性监护人
	中国	○	○	○
	美国	○	○	○

（续表）

31	下列人员是在哪个国家出生的？ *(请每栏选择一个答案)*			
		孩子	母亲或其他女性监护人	父亲或其他男性监护人
	澳大利亚	○	○	○
	日本	○	○	○
	韩国	○	○	○
	加拿大	○	○	○
	新加坡	○	○	○
	其他国家	○	○	○

PAQM014

32	以下家庭成员在家中最常讲什么语言？ *(请每行选择一个答案)*						
		普通话	方言	英语	日语	韩语	其他国家的语言
a.	孩子	○	○	○	○	○	○
b.	母亲或其他女性监护人	○	○	○	○	○	○
c.	父亲或其他男性监护人	○	○	○	○	○	○

PAQM015

33	您在多大程度上同意这些关于您居住区域的描述？ *(请每行选择一个答案)*					
		非常不同意	不同意	一般	同意	非常同意
a.	在我生活的地方，人们互相帮助。	○	○	○	○	○
b.	在我生活的地方，人们互相帮忙照看孩子。	○	○	○	○	○
c.	在我生活的地方，我的孩子是安全的。	○	○	○	○	○
d.	当遇到困难时，我们知道在社区中去哪寻求帮助。	○	○	○	○	○

34	您的孩子几周岁开始上幼儿园？ （请选择一个答案）	
	我的孩子没有上幼儿园	○
	0	○
	1	○
	2	○
	3	○
	4	○
	5	○
	6	○
	7	○

35	您的孩子几周岁开始上小学？ （请选择一个答案）	
	3	○
	4	○
	5	○
	6	○
	7	○
	8	○
	9	○

36	您的孩子在上小学之前参加过何种学前教育？ 由哪种机构提供的这些学前教育？ （请选择一个答案）	
	公办	○
	公校民营	○
	私立	○

37	在上小学之前,您的孩子是否定期去下列机构? (请每行选择一个答案)	否	是
a.	由爷爷奶奶/外公外婆照看	○	○
b.	由其他亲戚照看	○	○
c.	由保姆照看	○	○
d.	托儿所(0—3岁)	○	○
e.	早教机构	○	○
f.	幼儿园(3—6岁)	○	○

38	您的孩子是否遇到过以下任何问题或困难? (请每行选择一个答案)	否	是
a.	出生体重轻(低于2 500克)或早产	○	○
b.	听力困难(无法用助听器纠正)	○	○
c.	视力困难(无法用眼镜矫正)	○	○
d.	行动困难	○	○
e.	学习困难(例如言语或语言延迟、智障)	○	○
f.	社交与情感困难	○	○
g.	行为困难	○	○

39	据您所知,您孩子的朋友中有多少是以下情况? (请每行选择一个答案)	很少	有些	许多	几乎所有	没有	不知道或不确定
a.	来自不同的国家	○	○	○	○	○	○
b.	有不同的宗教信仰	○	○	○	○	○	○
c.	来自不同的社会经济背景	○	○	○	○	○	○
d.	有不同的种族或民族背景	○	○	○	○	○	○

PAQM022

40	您的孩子做以下事情的频率如何？ (请每行选择一个答案)	一周一次 或更少	一周 2—3 天	一周 4—6 天	每天
a.	刷牙	○	○	○	○
b.	吃早餐(即不止一杯牛奶或果汁)	○	○	○	○
c.	吃水果	○	○	○	○
d.	吃蔬菜	○	○	○	○
e.	每天至少做 60 分钟适度的体育锻炼 (例如步行、爬楼梯、骑自行车上学)	○	○	○	○
f.	每天至少进行 20 分钟的剧烈运动(例 如跑步、骑自行车、健美操、足球、滑冰 等)	○	○	○	○
g.	晚上睡 8 小时或更长时间	○	○	○	○

PAQM023

41	一般来说,您如何描述您孩子的健康状况? (请选择一个答案)	
	极好	○
	很好	○
	好	○
	一般	○
	差	○

PAQM024

42	总的来说,您对自己最近生活的满意度是多少? 下列问题是问您对生活的满意度,从"0"到"10"。0 意味着您感到"完全不满意", 10 意味着您感到"完全满意"。 (请选择一个答案)										
	○	○	○	○	○	○	○	○	○	○	○
	0	1	2	3	4	5	6	7	8	9	10

43	在每个描述中，哪个最能表明您最近两周的感受？ (例如：过去的两周如果您在一半以上的时间里感到愉悦和精神振奋，请选择第 3 列的圆圈) *(请每行选择一个答案)*					
		从未	有时	过半时间	大多数时间	全部时间
a.	我感到愉悦和精神振奋。	○	○	○	○	○
b.	我感到平静和放松。	○	○	○	○	○
c.	我感到活力充沛。	○	○	○	○	○
d.	我醒来时感觉神清气爽和精神焕发。	○	○	○	○	○
e.	日常生活中充满了让我感兴趣的事情。	○	○	○	○	○

44	以下的一些特征可能符合也可能不符合您。 请说明您在多大程度上同意或不同意以下说法。 *(请每行选择一个答案)* 我是一个……的人					
		非常不同意	不同意	一般	同意	非常同意
a.	富有同情心且心软	○	○	○	○	○
b.	痴迷于艺术、音乐或文学	○	○	○	○	○
c.	像领导者一样起主导作用	○	○	○	○	○
d.	精力充沛	○	○	○	○	○
e.	把人往好处想	○	○	○	○	○
f.	是可信赖的，别人总能指望我	○	○	○	○	○
g.	情绪稳定，不容易沮丧	○	○	○	○	○
h.	有创意的且能提出新想法	○	○	○	○	○
i.	外向且善于交际	○	○	○	○	○
j.	保持干净整洁	○	○	○	○	○
k.	很放松且能很好地处理压力	○	○	○	○	○
l.	有礼貌，尊重别人	○	○	○	○	○

（续表）

44	以下的一些特征可能符合也可能不符合您。 请说明您在多大程度上同意或不同意以下说法。 *(请每行选择一个答案)* 我是一个……的人					
		非常 不同意	不同意	一般	同意	非常 同意
m.	有毅力的,坚持不懈直到任务完成	○	○	○	○	○
n.	感觉安全,自我感觉舒适	○	○	○	○	○
o.	复杂的,一个深沉思考	○	○	○	○	○

PAQM027

45	请选择以下说法的符合程度。 *(请每行选择一个答案)*				
		几乎不或 从未如此	有时如此	经常如此	几乎是或 总是如此
a.	母亲/女性监护人理解孩子	○	○	○	○
b.	母亲/女性监护人倾听孩子	○	○	○	○
c.	母亲/女性监护人对孩子非常严苛	○	○	○	○
d.	母亲/女性监护人给孩子严厉的惩罚	○	○	○	○

PAQM028

46	请选择以下说法的符合程度。 *(请每行选择一个答案)*				
		几乎不或 从未如此	有时如此	经常如此	几乎是或 总是如此
a.	父亲/男性监护人理解孩子。	○	○	○	○
b.	父亲/男性监护人倾听孩子。	○	○	○	○
c.	父亲/男性监护人对孩子非常严苛。	○	○	○	○
d.	父亲/男性监护人给孩子严厉的惩罚。	○	○	○	○

PAQM029

47	您的孩子在做以下事情的时候在多大程度上需要您的鼓励？ *（请每行选择一个答案）*				
		根本不需要	几乎不需要	有些需要	非常需要
a.	努力学习且负责任。	○	○	○	○
b.	即使在困难情况下也能保持放松和冷静。	○	○	○	○
c.	与他人交往。	○	○	○	○
d.	友善并帮助别人。	○	○	○	○
e.	学习新东西。	○	○	○	○

PAQM030

48	您或家中的其他人跟您的孩子一起做下列事情的频率如何？ *（请每行选择一个答案）*					
		从不或几乎不	一年1到2次	一月1到2次	一周1到2次	每天或几乎每天
a.	讨论孩子在学校中的表现。	○	○	○	○	○
b.	与孩子在餐桌上一起吃主餐。	○	○	○	○	○
c.	专门花时间与孩子交谈。	○	○	○	○	○
d.	辅导孩子的家庭作业。	○	○	○	○	○

PAQM031

49	您希望您的孩子最高学历是？ *（请选择一个答案）*

小学	○
初中	○
高中	○
高中后非学历高等教育（高中后非学历成人教育）	○
大专	○
本科	○
硕士研究生	○
博士研究生	○

PAQM032

50	在过去的一学年,您参加过以下任何与学校有关的活动吗? (请每行选择一个答案)			
		否	是	学校不支持
a.	主动与学校老师讨论了孩子的行为表现和进步。	○	○	○
b.	主动与学校老师讨论了孩子的行为表现和进步。	○	○	○
c.	在您孩子的学校或学校组织的旅行中做志愿者。	○	○	○

PAQM033

51	孩子的朋友,您认识多少个? (请选择一个答案)	
	没有	○
	一些	○
	很多	○
	全部	○

PAQM034

52	当您的孩子不在家的时候,您有多了解他/她和谁在一起? (请选择一个答案)	
	全部时间	○
	大多数时间	○
	有时	○
	很少或几乎没有	○

PAQM035

53	您在多大程度上同意或者不同意以下说法? (请每行选择一个答案)					
		非常 不同意	不同意	一般	同意	非常 同意
a.	您的社交技能是您自身不能做太多改变的。	○	○	○	○	○
b.	您的情感技能是您自身不能做太多改变的。	○	○	○	○	○
c.	您的智力是您自身不能做太多改变的。	○	○	○	○	○

社会与情感能力测评

Survey on Social and Emotional Skills（SSES）

校长问卷

学校名称：_____

校长登录名：_____

谢谢您参与社会与情感能力研究。

社会与情感能力研究旨在评估多个国家或地区学生的社会与情感能力，并检测学生家庭、学校和社区环境中促进或阻碍这些技能发展的因素。

所有收集到的信息都将严格保密。为了确保您的隐私得到保护，将只分析和报告整个研究的综合结果。除非您提出书面要求并经您授权，否则任何个人信息都不会泄露给任何个人或单位。参与这项研究是自愿的。您可以随时退出或选择不参加研究。如果您同意参加，请继续。

答案没有"对"或"错"之分。请尽量回答每个问题。

请阅读以下指南

- 用黑色水笔完成这张表格。

- 如果有错误，用这种方法改正：是 ✓　　否 ✗

- 如果您不能或不想回答就在答题处空着。

1	您的性别是： (请选择一个答案)	
女性		○
男性		○

2	您的年龄是： (请填写一个数字)
_____周岁	

3	您有多少年的工作经验？请包括全职和兼职工作。 (请不要计入长期的离岗时间，如产假。请在每行填写一个数字。如果没有，请填写 0。请以年为单位四舍五入取整)
a.	_____ 在本校担任校长职务的年数
b.	_____ 担任校长(正职)职务的总年数
c.	_____ 担任学校其他管理职位的年数(不包括担任正职校长职务的年数)
d.	_____ 任教总年数(含所有任教年数)
e.	_____ 从事其他非教育职业的年数

4	通常贵校一年的总经费中，下列来源各占多少比例？ (请在每行填写一个数字。如果没有，请填写 0)	
		%
a.	政府(包括来自区县、市、部委、国家级政府部门的经费)	_____
b.	学校向家长收取的费用	_____
c.	赞助、资助、捐赠、遗赠、家长筹资	_____
d.	其他	_____
	总共	100%

5	以下哪个定义最能描述您学校所在的地区？ (请选择一个答案)	
	农村(不到 3 千人)	○
	乡镇(3 千到 1.5 万人左右)	○
	县城(1.5 万人到 10 万人左右)	○
	城市(10 万人到 100 万人左右)	○
	大城市(100 万人以上)	○

6	贵校 10 岁/15 岁学生语文课上的学生人数平均是多少？ (请选择一个答案)	
	15 个学生或更少	○
	16—20 个学生	○
	21—25 个学生	○
	26—30 个学生	○
	31—35 个学生	○
	36—40 个学生	○
	41—45 个学生	○
	46—50 个学生	○
	50 个学生以上	○

7	至 2019 年 10 月 1 日,贵校共有多少在校生？ (请在每行填写一个数字。如果没有,请填写 0)	
a.	男生人数：	———
b.	女生人数：	———

8	贵校 10 岁/15 岁学生中，符合下列描述的比例有多少？请估计一下。 (请考虑到同一位学生可能属于多个类别) (请每行选择一个答案)					
		低于 5%	5—10%	11—25%	26—50%	高于 50%
a.	母语不是中文的学生	○	○	○	○	○
b.	有特殊教育需求的学生	○	○	○	○	○
c.	家庭经济困难的学生	○	○	○	○	○
d.	有移民背景的学生(即父母双方或一方在国外出生)	○	○	○	○	○
e.	有不同宗教背景的学生	○	○	○	○	○

9	平均而言，贵校的学生每天在校多长时间(课外活动除外)？ (请填写一个数字)
	_____ 小时

10	在贵校，以下各类教师各有多少人？ (请在每一个空格处填写一个数字，如果没有，就填写 0)	
a.	全体教师	_____
b.	获得相关教师资格证的教师	_____
c.	有学士学位的教师	_____
d.	有硕士学位的教师	_____
e.	有博士学位的教师	_____

PRQM011

11	下列问题是否影响了贵校教学活动的开展? (请每行选择一个答案)				
		没有影响	影响很小	有些影响	影响很大
a.	教师数量匮乏	○	○	○	○
b.	教师专业能力低	○	○	○	○
c.	教辅人员匮乏	○	○	○	○
d.	教辅人员质量低	○	○	○	○

PRQM012

12	贵校有多少比例的教师教龄达到 10 年及以上? (请选择一个答案)	
	低于 10%	○
	11—25%	○
	26—50%	○
	51—75%	○
	超过 75%	○

PRQM013

13	贵校是否通过以下方式为教师提供正式的社会与情感能力培训? "社会与情感能力"指的是人们管理自己的情绪和与他人交往的能力(如同理心、责任感、情绪控制、好奇心、合作等),与人的学术能力(如识字或算术能力)不同。 (请每行选择一个答案)				
		没有	有的,持续几周	有的,持续一个月到一年	有的,持续一年多的大量培训或项目
a.	学校提供或资助有关社会与情感能力的培训,以此作为学校内部定期教师培训的一部分。	○	○	○	○
b.	学校资助在校外进行的社会与情感能力培训。	○	○	○	○

14	贵校通过以下哪些方式来提升学生的社会与情感能力？ （请每行选择一个答案）	没有	有
a.	要求教师把促进学生的社会与情感能力的发展作为他们工作的一部分(或在课堂上)。	○	○
b.	发展社会与情感能力是学校发展规划的目标之一。	○	○
c.	我们有针对这些能力发展的单独的课或学校活动。	○	○
d.	作为专门针对发展这些能力的特设课的一部分。	○	○
e.	通过实施学校规章制度的方式。	○	○
f.	通过常规的学校实践。	○	○
g.	通过组织课外活动。	○	○
h.	通过向家长提供有关孩子的社会情感与能力的反馈和建议。	○	○

15	您所在学校是否评估学生在社会与情感能力方面的成就？ （请选择一个答案）	
	不，我们不评估这些能力	○
	是的，使用非正式评估(例如口头报告等)	○
	是的，使用正式评估(例如书面报告、成绩等)	○

这是一道跳转题：

如果您对第 15 题的回答是"不，我们不评估这些能力"，请跳到第 18 题。

如果您对第 15 题的回答是"是的，使用非正式评估"，请跳到第 17 题。

如果您对第 15 题的回答是"是的，使用正式评估"，请回答第 16 和 17 题。

16	学校如何使用您对学生社会与情感能力方面的评估？ （请每行选择一个答案）	否	是
a.	用于学校绩效的内部评估	○	○
b.	用于学校绩效的外部评估	○	○
c.	用于您的绩效的内部评估	○	○
d.	用于教师绩效的内部评估	○	○

PRQM017

17	您向谁提交学生社会与情感能力报告? (请每行选择一个答案)		
		否	是
a.	向学生父母	○	○
b.	向校长	○	○
c.	向更高级别的管理者	○	○

PRQM018

18	贵校的学生如何分班? (请每行选择一个答案)			
		任何学科 都不分班	一些学 科分班	所有学科 都分班
a.	根据学生成绩	○	○	○
b.	根据纪律原因(例如有的学生有行为 问题)	○	○	○
c.	根据语言分班	○	○	○
d.	根据他们的身体状况(如是否有特殊 教育需求)	○	○	○
e.	根据姓氏首字母顺序	○	○	○
f.	其他	○	○	○

PRQM019

19	这一学年,贵校是否向 10 岁/15 岁学生提供下列活动? (请每行选择一个答案)		
		否	是
a.	乐队、管弦乐队或合唱团	○	○
b.	校园戏剧演出或校园音乐剧	○	○
c.	学校年鉴、校报或校刊	○	○
d.	志愿者或社区服务活动	○	○
e.	科学兴趣小组	○	○
f.	象棋兴趣小组	○	○

（续表）

19	这一学年,贵校是否向 10 岁/15 岁学生提供下列活动? (请每行选择一个答案)	否	是
g.	计算机/信息和通讯技术社团(兴趣小组)	○	○
h.	美术社团(兴趣小组)或美术活动	○	○
i.	运动队或体育活动	○	○

PRQM020

20	有多少比例的五年级或十年级学生在放学后参加这些活动? (即乐队、管弦乐队或合唱团;学校演出或音乐剧;学校年鉴、报纸或杂志;志愿服务或社区服务活动;科学社团;象棋社团;以计算机为中心的社团;艺术社团或艺术活动;运动队或活动) (请选择一个答案)	
	低于 10%	○
	高于 10%但低于 25%	○
	高于 25%但低于 50%	○
	高于 50%但低于 75%	○
	高于 75%但低于 90%	○
	高于 90%	○

PRQM021

21	在贵校,对 15 岁学生进行的测试是否有下列目的? (请每行选择一个答案)	否	是
a.	为了把本校与其他学校相比较。	○	○
b.	为了指导学生的学习。	○	○
c.	为了能把孩子的进步告诉家长。	○	○
d.	为了决定学生的升留级。	○	○
e.	为了能按照教学目的对学生进行分组。	○	○
f.	为了把学校与区县、全市、全省或全国的成绩相比较。	○	○
g.	为了监测学校每年的进步。	○	○

（续表）

21	在贵校,对 15 岁学生进行的测试是否有下列目的? （请每行选择一个答案）		
		否	是
h.	为了评判教师的效能。	○	○
i.	为了发现教学或课程中可以改进的地方。	○	○
j.	为了改进教学以适应学生的需求。	○	○
k.	为了给学生颁发证书。	○	○

PRQM022

22	您在多大程度上同意贵校有下列目标? （请每行选择一个答案）	非常 不同意	不同意	一般	同意	非常 同意
a.	取得好成绩	○	○	○	○	○
b.	就业能力	○	○	○	○	○
c.	做个好公民	○	○	○	○	○
d.	个人的福祉	○	○	○	○	○
e.	社会与情感能力	○	○	○	○	○

PRQM023

23	下列哪个陈述最能描述贵校与学生及其家庭参与社区活动的关系? （请选择一个答案）	
	社区服务是我们的必修课。	○
	学校组织社区服务活动。	○
	学校支持或鼓励社区服务活动。	○
	学校支持或鼓励教师协助组织社区服务活动。	○
	虽然我们学校没有组织社区服务活动,但家长和学生团体自己积极参与这类活动。	○

PRQM024

24	以下哪种说法符合贵校情况？ （请每行选择一个答案）	这不符合我们 学校的情况	这符合我们 学校的情况
a.	我们的课程包括教学生应对压力的技巧。	○	○
b.	我们的课程包括教学生应对压力的技巧。	○	○
c.	我们的课程包括教学生应对压力的技巧。	○	○
d.	我们希望学生能解决他们之间的矛盾冲突。	○	○
e.	我们学校可以暂停有行为问题的学生的课。	○	○
f.	我们学校可以开除有行为问题的学生。	○	○

PRQM025

25	在贵校，下列现象在多大程度上影响到学生的学习？ （请每行选择一个答案）	没有影响	影响很小	有些影响	影响很大
a.	学生逃学。	○	○	○	○
b.	学生逃课。	○	○	○	○
c.	学生上学迟到。	○	○	○	○
d.	学生对老师不够尊重。	○	○	○	○
e.	学生课上捣乱。	○	○	○	○
f.	学生喝酒或吸毒。	○	○	○	○
g.	学生威胁或欺负其他学生。	○	○	○	○

PRQM026

26	在贵校，下列现象在多大程度上影响到学生的学习？ （请每行选择一个答案）	没有影响	影响很小	有些影响	影响很大
a.	学生参与轻微的非法活动。	○	○	○	○
b.	学生参与重大的非法活动。	○	○	○	○
c.	缺乏对学生的鼓励。	○	○	○	○

（续表）

26	在贵校,下列现象在多大程度上影响到学生的学习? (请每行选择一个答案)				
		没有影响	影响很小	有些影响	影响很大
d.	师生关系差。	○	○	○	○
e.	教师不得不在同一个班级里教授能力水平不同的学生。	○	○	○	○
f.	教师不得不在同一个班级里教授有着不同民族背景的学生(即语言、文化)。	○	○	○	○
g.	教师对学生的期望低。	○	○	○	○

PRQM027

27	在贵校,下列现象在多大程度上影响到学生的学习? (请每行选择一个答案)				
		没有影响	影响很小	有些影响	影响很大
a.	教师不能满足学生个别化的需要。	○	○	○	○
b.	教师缺席。	○	○	○	○
c.	教职工不愿变革。	○	○	○	○
d.	教师对学生太严厉。	○	○	○	○
e.	教师上课迟到。	○	○	○	○
f.	教师备课不充分。	○	○	○	○

PRQM028

28	以下哪个说法最能描述学生家长对贵校的期望? (请选择一个答案)	
	来自许多家长的持续压力,他们希望我们的学校能够设定很高的学业标准并让学生达到这个标准。	○
	来自少数家长的压力,他们希望学校要求学生达到更高的学业标准。	○
	在要求学校让学生达到更高的学业标准方面,没有来自家长的压力。	○

29	本校是否实施以下有关多样性的政策及教学？ （请每行选择一个答案）	否	是
a.	支持那些鼓励学生展示民族和文化认同多样性的活动或组织（如艺术团体）。	○	○
b.	组织多元文化全校性活动（如文化节）。	○	○
c.	教学生如何处理文化歧视。	○	○
d.	采用能够将全球性议题融入所有课程中的教学方法。	○	○

30	贵校招生时，是否经常考虑下列因素？ （请每行选择一个答案）	从不	有时	总是
a.	学生的学习成绩单（包括升学考试）。	○	○	○
b.	学生母校的推荐。	○	○	○
c.	学生是否对某个特定课程感兴趣或要求学习某个特定课程。	○	○	○
d.	学生是否在艺术、体育上表现出非凡的天赋和能力，或者在一个或多个学业领域内遥遥领先。	○	○	○
e.	优先考虑本校学生或校友的家庭成员。	○	○	○
f.	居住在特定的区域。	○	○	○

31	在过去六个月，贵校有多少比例的教师参加专业发展项目？ 专业发展项目指的是旨在提高教学技能或教学实践的正式项目。该项目可能会使教师获得受公众认可的资质（或资格证书），但也可能不会。该项目必须总共持续至少一天，且必须以教学和教育为中心。 （如果贵校没有教师参加任何专业发展活动，请填写"0"）

_____ %

PRQM032

32	作为校长,您对自己工作的满意度如何? (请选择一个答案)	
	非常满意	◯
	比较满意	◯
	一般	◯
	比较不满意	◯
	非常不满意	◯